国家社会科学基金重大招标项目
《百年道家与道教研究著作提要集成》
（批准号：14ZDB118）成果

道家与道教研究著作提要集成

（1901—2017）（五）

詹石窗 总主编

国家图书馆出版社

第五辑　道家与道教的特别专题研究（医学养生）

本辑统稿：张　钦
撰稿人（排名不分先后）：
张　欣　颜文强　雷　宝　张　涛　陈俊文
徐　敏　耿琼科　孙　禄　丁酩茗　安虹宇
郑长青　宋野草　邱沛轩　胡瀚霆　阳志辉
陈昭吟　熊品华　林翠凤　李建德　蓝日昌

第六辑　道家与道教的特别专题研究（文艺审美）

本辑统稿：潘显一　李　裴
撰稿人（排名不分先后）：
包力维　李　裴　刘　敏　申喜萍　苏　宁
邢　飞　余　虹　张　苏　陈　辞　陈香雪
邓　桦　杜建明　范砚秋　干乾艺　高宝滨
韩　兵　郝春雨　贺　燊　贺　云　胡志祥
胡瀚霆　姜　红　李　科　梁　逸　刘兴健
牛二团　宋婵娟　宋南昕　谭翠微　唐咏梅
汪丽娟　邬晓雅　吴道帅　吴艺璇　徐　荟
徐　敏　杨辰鸿　易婷月　袁艺睿　张静濡
张　蕊　张毓婷　张丽娟　赵鹏程　郑启林
钟明俐　汪玉兰　吉　丽　萧百芳　林翠凤
李建德　陈昭吟　王　丹　王慧珠　王　晶
王尚静　王　庭　彭　博　王　波　亓　尹
熊品华　王悠菡子

第七辑　道家与道教的特别专题研究（科仪法术）

本辑统稿： 张泽洪

撰　稿　人（排名不分先后）：

张　晟　廖　玲　卢彦融　胡瀚霆　李建德

简一女　萧百芳　陈昭吟　林翠凤

目　录

第五辑　道家与道教的特别专题研究（医学养生）

（三）道教养生学 ··· / 45

第六辑　道家与道教的特别专题研究（文艺审美）

第七辑　道家与道教的特别专题研究（科仪法术）

第五辑

道家与道教的特别专题研究
（医学养生）

（一）道家养生学

老子气功

《老子气功》，孔庆连编著，朱胜武整理。太原：山西科学教育出版社，1990年8月第1版，32开，104千字。

孔庆连，法名孔宗仁。1947年入全真道龙门派，拜沈阳三清观第二十二代龙门派道士刘理真为师。在修炼过程中，又得第二十二代道士高理范所授老子气功和丹法，并潜心修习40余年。孔庆连道长根据老子气功的原理、特点及自身40余年的实践经验，在保留原始功法的基础上，又增加了五套静功和四套动功功法，后在沈阳市气功科学研究会和沈阳市医疗体育协会的支持下整理出版此书。

本书在介绍各种功法的过程中，不仅详细阐述功法的演习步骤、动作顺序和要领，而且配以插图，使功法演习更加直观和易于掌握，具有很强的实践指导性质。

老子气功是道家传统的身心修炼功法，历史上主要通过师徒间的心传口授而绵延传承，从不外传。20世纪80年代初，老子气功传人田宗杰、孔宗仁将该功法的初级功公布于世，老子气功由此得以普及。本书的出版适应了当时社会的需要，也是老子气功不断普及的必然结果。本书所介绍的功法为研究道教功法提供了实体样本。（张欣）

《庄子》中的修道学说

《〈庄子〉中的修道学说》，艾畦编著。天津：天津古籍出版社，1993年10月第1版，32开，106千字。

艾畦，哲学博士。曾任教于南开大学哲学系，现居加拿大，从事写作与出版。

本书篇章结构为前言一篇，正文三章。前言部分，著者就庄子其人其书进行简要介绍，对20世纪70年代末活跃起来的"气功"之名与著者所言"修道"之名做了辨析，认为"气功"一词不能代表全部的练功活动，有必要使用"修道""修持"等词来称呼，这是将本书取名为《〈庄子〉中的修道学说》的缘由。

著者认为"修道"是《庄子》最基本的思想倾向，正文内容即是围绕这一倾向，从《庄子》一书中选取了近两万字内容，加以分类、注释、今译、按语。为了避免篇幅过长，著者除了第一章尽量摘取有关内容外，其余各章节均没有把所有与主题有关的文字搜罗全，仅举其大要而已。另外，还有一些与"修道思想"这一主题没有太直接关系的内容，未做专题摘录。著者选取的原文及注释主要参考了王夫之的《庄子解》、郭庆藩的《庄子集释》以及陈鼓应的《庄子今注今译》。今译部分主要参阅了陈鼓应的《庄子今注今译》。按语部分则是著者的见解与心得。

就正文内容来说，本书以"修道"及其世界观、人生观的表现来构建框架。第一章如何修道，此章分为"修道的理与法""修道的理想境界"两节。第二章修道者的世界观，此章分为"'道'及其与万物的关系""物无同是，万物同一"两节。第三章修道者的人生观，此章分为"生死观""养生与养性""视富贵如浮云""非仁义礼乐，返朴归真"四节。另外，在书中的按语部分，著者常将佛道进行对比。如在第一章第一节第三则按语中，著者指出：道家的"坐忘"二字实与佛家的"禅定"二字有相同的境界和同样丰富的内容，而"坐忘"二字更容易理解。类似之处比比皆是，实有从修道角度融合佛道的意思。

本书主题鲜明、内容简练。想了解修道但时间精力不够的读者，可以通过本书对修道及其与《庄子》的关系作初步了解。文中按语部分也能在一定程度上引发思考。（胡瀚霆）

向往心灵转化的庄子：内篇分析

《向往心灵转化的庄子：内篇分析》，［美国］爱莲心著，周炽成译。南京：江苏人民出版社，2004年7月第1版，32开，180千字。2010年7月第2版，32开，180千字，系"海外中国研究丛书"之一种。

爱莲心（Robert E.Allinson），香港中文大学哲学系教授。撰写和主编了7

部著作，并发表了180多篇学术论文。这些作品大部分是关于中国哲学的。他被公认为英语世界中庄学研究最高产的学者之一。

　　本书在篇章结构上包括了序、自序、导言和共11章的主体内容。导言对篇章结构进行了介绍，首先确定了《庄子》潜在的主题及基本的方法论，认为《庄子》的总论题就是心灵转化。在确定总论题之后，著者分析了《庄子》一书的文学形式、惯例和重要而关键的隐喻，以及充满趣闻轶事的论辩，进而分析了心灵转化与宗教转化、心灵转化与神秘转化的联系和区别。

　　著者认为：《庄子》全书，尤其是其内篇的思想主旨是心灵的转化，这种心灵的转化是从梦向觉的改变，是从低的境界向高的境界的跃迁。本书用相当多的篇幅，说明《庄子》的哲学思想不是传统所认为的相对主义，著者对流传两千多年的"蝴蝶梦"的编排顺序提出了大胆的质疑，认为《齐物论》中"有大觉而后知此其大梦"的"大圣梦"更能体现庄子的思想，而"蝴蝶梦"只不过是"大圣梦"的不成熟版本。

　　本书引入了对神话、传说、原型、悖论等的定义和比较定义，仔细分析了神话、传说、怪物、吊诡、比喻等手法在系统地引导和开发人心的灵性维度方面所发挥的作用，并首次充分而详细地阐明，在《庄子》思想中，存在着一种深层的认知结构，这一认知结构埋藏在表面看起来随意的文学逸事、神秘的言说、隐晦的暗指之下。（张欣）

老子修身27妙术

　　《老子修身27妙术》，王麒著。北京：当代世界出版社，2006年5月第1版，16开，200千字。

　　王麒，四川泸州人。著有《苏格拉底这样思考——通向幸福的16种方式》等书。

　　本书共27章，借助《老子》这一取之不竭、用之不尽的智慧库，每一章就一个问题进行探讨，希望为人们提供精神指引，使人们能够拨云见日，发现自身主体性的价值，通过自身主体性和老子哲学智慧的结合，达成自我修养和人生目标的实现。每一章在对老子思想进行阐释的同时，都融入了著者的理解和观念。另一方面，每一章节所穿插的小故事，则使老子的深刻思想更加形象具体，从而易于理解和接受。

本书为我们突破顽固的常态意识，以个体的独特视角看待世界、发现真相提供了思想指导，只有以个性化的方式理解老子智慧，不被缤纷世界所迷惑，才能在人生之路上面临每一个抉择或困惑时做出正确的选择，这正是著者编撰此书的用意所在。（张欣）

老子传统生命学解析

《老子传统生命学解析》，韩永和著。北京：中国医药科技出版社，2007年4月第1版，32开，232千字。本书第2版更名为《听老子讲生命智慧——一位中医专家眼中的道德经》，北京：中国医药科技出版社，2011年1月版，16开，185千字。

韩永和，1960年生。现任长春中医药大学针灸推拿学院副院长、教授，长春中医药大学附属针灸骨伤医院院长，中国推拿学术委员会副秘书长，吉林省针灸学会副会长。

著者花费数年时间研读《老子》，认为千百年来人们对于老子思想没有形成一个统一认识，老子思想虽涉及哲学、养生、军事、历史等诸多内容，其实质却是阐述人生真谛、生命本然的性命之学，无论人类社会怎样发展，人们的心智怎样开发，科学学科如何分类，人类关于生命的困惑都会在老子的五千言中寻求到适合于自我的答案。

《老子》原文分为81章，本书在篇章结构上按照《老子》的内容同样分为81章，每一章均按该章《老子》的主旨大意分设标题，分章顺序依照帛书本，而且同样分为上篇道经和下篇德经两部分。在体例上，每章内容按照"原文、释词、译文、分析"的格式编排，其中"分析"部分是主体内容。部分章节的"原文"收录有通行本和帛书本两种版本，通行本以中华书局1998年出版的四部要籍注疏丛刊——《老子》为底本，帛书本以1973年长沙马王堆汉墓出土的甲乙本由专家校订后的版本为底本。"释词"主要对文中的重点词语进行解释。"译文"是用现代白话对原文进行译释。"分析"项下又分设标题，依照这些标题从多个层次对老子的生命哲学思想进行阐述论证。

著者认为，老子将道作为包括生命在内的宇宙万物的本原，创立了生命由后天复返先天的心法。本书从传统生命学角度出发，沿着古人对生命认识、实践的道路，综合运用道学、佛学、中医学、儒学以及现代物理学等知识，以及现代语言学和逻辑学来分析、解读《老子》，诠释《老子》的宇宙观与生命观。（张欣）

老子的生命智慧

《老子的生命智慧》，曾昭旭著。北京：中国广播电视出版社，2008年10月第1版，16开，86千字，系"国学经典系列解读"之一种。

曾昭旭，1943年生，别号继光，笔名明曦。原籍广东大埔，台湾哲学学者，台湾师范大学文学博士，《鹅湖月刊》创办人之一。曾任高雄师范学院国文研究所所长、"中央大学"中文系主任，现任淡江大学中文系教授。主要著作有《论语的人格世界》《性情与文化》《情与理之间》等。

本书是著者于2001年6月到次年7月，在台湾《中华日报》副刊专栏连载文章的合集。全书篇章结构为代序一篇，正文52节，附录与后记各一篇。书中配有漫画。本书代序部分讲述著者著书之缘由，主张中国自先秦以来的文化传统是一个以生命学或玄学为主流的传统。

本书正文每节选讲《老子》一章，所讲内容由所选章节之几句或全文为阐发点。例如第一节题为"一朵有刺的玫瑰"，该节选取《老子》第七十八章"天下莫柔弱于水，而攻坚强者莫之能胜"一句。第二节"该下台就欣然下台吧"，选取《老子》第九章全篇。本书是顺着报刊专栏的催稿随缘而写，因而全书没有整体性的计划，但其思路有其自然形成的内在脉络。著者在写作时亦将当时所经历的社会事件作为材料写入书中，借以印证《老子》的道理。正文之后附录《老子》81章全文，附文以王弼注本为据。

本书以现代语言解说《老子》，试图使《老子》的意思晓畅明白，著者较少去解说《老子》文本中在学术上被认为比较隆重的形而上语句，如"大道泛兮，其可左右……"（第二一五章），"道生一，一生二，二生三，三生万物"（第四十二章）等，而是多偏就于日常的生活经验作指点，寄望读者回归自己，自行去领悟《老子》中的形而上言语。本书以生命智慧作为解读《老子》的切入点，引导读者汲取《老子》的思想智慧去了解与领悟自身生命。（胡瀚霆）

读庄子学快乐人生

《读庄子学快乐人生》，王少农编著。北京：海潮出版社，2009年5月第1版，16开，138千字。

王少农简介详见《老子、庄子的做人绝学》提要。

《庄子》是春秋战国时期诸子百家中道家学派的重要文献。它既是一部哲学著作，包含了丰富的朴素辩证法思想；同时又是一部优秀的文学作品，以优美的文字和生动的寓言故事揭示了深刻的人生哲理。著者认为，两千多年前的庄子虽然物质上一无所有，却依靠精神力量构筑起理想的人生乐园。社会变动在给人带来负面影响的同时，也给了人们自我发展的机会，因此庄子留给我们的是"陆沉"于世俗同时积极追寻精神理想的热忱和智慧。著者希望通过解读《庄子》，使读者更加贴近庄子的内心世界，在物欲横流中找寻"至德之世"的快乐意境，在名利世界的混沌中护守快乐的一方净土。

本书通过引述、翻译和讲解《庄子》中的故事阐释人生哲理，解答人生困惑。每篇内容大致分为四个部分，首先引述《庄子》的故事原文，然后用现代白话对原文进行意译，第三部分是解释故事所蕴含的人生哲理，最后引用《庄子》中的语句进一步阐述这一哲理。《庄子》版本众多，《读庄子学快乐人生》所引《庄子》原文，采用的是1993年岳麓书社出版的《百子全书》中所收的《庄子南华真经》之版本，岳麓书社的这一版本，为经校勘的清光绪元年（1875）湖北崇文书局《百子全书》原版。

前人译注《庄子》，其体例基本是首先列示原文，对其中晦涩难懂的字句进行注释，然后进行全文翻译。按照本书著者的看法，这些译注所依据的庄子所处时代的生活"实景"多为杜撰，因而难脱牵强附会之嫌。本书对《庄子》的解读，不以字句的精确注释和文意的精准理解为目标，而以将《庄子》所阐述的人生哲理运用于指导现实人生为目的，故本书对所引用的故事以意译为主，且浅显易懂。（张欣）

老子人体生命科学

《老子人体生命科学》，干昌新著。北京：中央编译出版社，2009年10月第1版，16开，241千字。

干昌新，1929年生，上海人。曾任上海市某大型企业办公室主任。63虚岁那年，身患绝症住院手术，出院后以《老子》为师，踏上了"边译、边学、边实修、边寻觅《老子》祖本"的道路。他以湖南长沙马王堆帛书本《老子》为《老子》祖本，在实修的基础上，撰写了《老子》系列丛书，包括《破译〈老子〉祖本》《老子如何修道养寿》等。

本书运用现代语言和现代科学知识对老子思想进行引申阐释，力图从老子思想中引申挖掘气功学等现代生命科学的理论根源。主要阐述了老子气功经络学、意识对生理功能的反作用、超常功能态下六条基本运动规律、老子科学气功、老子气功长寿学、建立人体第二呼吸系统、空气营养学与气功辟谷、人体特异功能的存在与开发、气功原动力与曳引做功原理、超常态自然科学等十个方面的内容，这些内容基本都涉及气功学和气功修炼，因此其核心内容在于探究气功学和气功修炼对于开发人体自身潜能的途径和意义。

本书将《老子》思想与现代科学相联系，开辟了解读《老子》思想的新途径，为我们了解和探究《老子》思想打开了一扇新窗口。（张欣）

读《老子》悟养生

《读〈老子〉悟养生》，张成博主编。青岛：青岛出版社，2010年3月第1版，16开，200千字。系"读名篇悟养生"之一种。

张成博，1961年生，山东济南人。毕业于山东中医学院中医文献学专业，获博士学位。曾任山东中医药大学副校长，兼任中国中医学会会员，山东省中医药学会基础专业委员会副主任委员；现任山东中医药大学中医文献研究所教授、博士生导师。主要研究方向为中医临床文献研究和中医药文化研究。编著有：《中医诊法学》《〈本草纲目〉附方现代研究全集》《虚劳病实用方》等。

"养生"一词，最早见于《庄子》。"养"，即保养、调养、补养、护养；"生"，即生命、生存、生长。"养生"的主要意义在于延长生命时限和提高生命质量。综观《老子》全书，其中闪耀着诸多鲜明而独特的养生智慧，如顺应自然、恬淡寡欲、宽容无争等。因此，尽管"养生"一词最早见于《庄子》，但养生思想却可以追溯到《老子》。本书对《老子》中所蕴含的养生思想进行摘录、解读、剖析。由于《老子》的诸多养生思想与修身养性是紧密联系在一起的，本书对《老子》养生思想的解读和剖析同样离不开对其中修身养性哲理的阐述。

本书以汉代河上公注解为基础，同时参照了大量的后代注解，其在体例上分为原文、译文、阐述、养生之道、养生典范等五个部分。其具体编写过程为：先从《老子》原文中提炼与养生有关或隐含养生之道的言论，然后尽量从老子本身的视角对其进行阐释，继而运用古今社会所流行的养生言论加以佐证，最后通过一个养生典范进行实证。

"养生"重在实践，本书思想脉络清晰，结构层次分明，在挖掘老子养生思想精华的同时，注意从现代科学与文化需求角度予以新的解读，通过绘画形式阐释具体的养生方法，以服务于人们的日常健身和锻炼。为了增加趣味性，书法等形式也在本书的内容中有所运用，从而增强了可读性。（张欣）

朱鹤亭道家自我养生法

《朱鹤亭道家自我养生法》，朱鹤亭著。上海：上海锦绣文章出版社，2010年3月第1版，16开，180千字。

朱鹤亭，道号玄鹤子，1927年生，山东青岛人。自幼承受家教，熟读四书五经，习医、武、堪舆，学道家养生术。主要著作有《中国道家养生坤道秘法》《玄鹤子养生语论书法集》等。

本书汇集了从身体保健养生、夫妻生活养生、饮食保养到居家环境风水养生等与人们日常生活紧密相关的各方面的健康知识和保养治疗方法。本书在介绍食疗方、食养方、药方、保健养生方等保养治疗方法的同时，还详细介绍了每种方法的功用及所需食材、药材的品种、数量等内容，简单实用，便于实践。本书中的健康问答和52个医案进一步表明养生实践的重要性。

在介绍健康知识和保养治疗方法的过程中，著者并未舍弃对趣味性的考虑。本书在阐述有些内容时引经据典，旁征博引，展现了中华养生文化的广博。其中的成语、诗歌以及各种轶闻趣事等内容使读者在轻松愉悦中不难领悟到养生不仅在于身体的健康，还需要心性的修养，只有从内心的宁静与身体的康健两方面去进行自我修炼和提升，才能实现真正的健康。

本书集趣味性、知识性、实践性于一体。它告诉我们，养生并非高深的学问，而与我们的日常生活息息相关。其所介绍的健康知识和保养治疗方法全面、详细、易实践，是广大读者了解健康养生知识、提升自身健康水平的方便法门。（张欣）

老子瑜伽

《老子瑜伽》，松择明著。北京：华夏出版社，2011年1月第1版，32开，149千字。2015年11月第2版，32开，149千字。另有台中：好读出版有限公司，2010年版。好读出版有限公司授权华夏出版社出版发行中文简体字版。

松择明，1959年生。长期从事美术设计和文字编辑、创作。曾任汉声出版社美编，远流出版公司风行馆系列丛书执行主编，《联合报》《中国时报》《自由时报》《自立晚报》《联合文学》《皇冠杂志》等报刊特约插画家，上海古涧堂物业投资公司艺术总监。研究易学多年，曾以"有易书房主人"为笔名，出版多部易学研究著作。

本书内容主要包括三部分：基本篇——道是什么？外境篇——清明的心被什么困住了？进阶篇——回归生命本源。书末附录有瑜伽能量"清洁法"和"蜡烛法"的习练方法指导。本书以长沙马王堆帛书本《老子》为基础，对其中部分内容进行注释和白话翻译，并试图通过霎哈嘉瑜伽这一相较禅定、冥想更加简易的法门来引导读者体会老子之"道"的玄妙。

印度的"瑜伽"和老子的"道"都将天人合一视为生命的最高境界。本书认为，《老子》思想是沟通天道与生命、使之合而为一的桥梁，其内涵无比深刻，是无法用理性思维去理解的。本书将老子的"道"与印度的"瑜伽"文化相联系，借助"瑜伽"观念及其修炼方法来打破人们的思维限制。（张欣）

老子如何修道养寿

《老子如何修道养寿》，干昌新编著。北京：中国中医药出版社，2011年1月第1版，16开，307千字。

干昌新简介详见《老子人体生命科学》提要。

《老子》约成书于2500年前，千百年来人们对《老子》思想的理解可谓仁者见仁、智者见智，这也为著者以自己的视角诠释老子修道养寿之术打开了便利之门。本书对《老子》道经第一至三十七章进行了逐章译释，运用现代语言和现代科学观念对老子思想进行译释和评注，同时在译释和评注中结合自己的研习和实修心得，而非采用考据、考证等传统译注方法。

作者在译注《老子》道经过程中，通过对其中文字及其含义的剖析，认为马王堆帛书本《老子》中有29个汉字为老子所自创，而老子首创这些文字的目的则在于撰写和阐述其本人的修道养寿经验，因此认为《老子》中蕴涵有丰富的关于生命科学的思想观念，并通过对老子活到160余岁的原因及其养寿方法和途径进行分析评述，对这些思想和观念进行了阐述。

本书将修道养寿看作是一门特殊的生命学科，其探究老子修道养寿方法和途径的目的在于为当代人的健康养生和科学生活提供理论指导。（张欣）

老子庄子精粹边测边修

《老子庄子精粹边测边修》，白雅君、周凌波主编。北京：中国时代经济出版社，2011年3月第1版，32开，127千字，系"国学精粹边测边修丛书"之一。

本书前有《总序》，谓丛书的每一本皆由测试题、选项、答案及原文识意组成。国学精粹数不胜数，本套丛书只选择其中部分内容。其标准有三条：一是典型性。尽量选择具有代表性的、对后世影响较大的名言。二是通俗性。力求简洁明了，通俗易懂。三是原创性。每道测试题目的后面都引其出处，尽可能追溯本源，以示对原创者的尊敬。

本书主体六篇：政治篇、哲学篇、道德篇、人生篇、文化篇、讽喻篇。各篇内容相互独立。每一篇由测试题、测试题选项、答案及原文识意组成。测试题目简洁明了，有利于读者准确、迅速地了解《老子》《庄子》这两部经典的内容。原文识意对测试题所涉及的原典进行了现代阐释并力求通俗易懂，为读者学习经典、领悟精神内涵、修身养性提供了方便。

本书编纂目的是要在普通六众中弘扬老庄思想与精神，让人们利用闲暇时间，更好地学习了解我国传统文化精华，以利中华文化永世传承、发扬光大。依据典型性、通俗性、原创性等原则和标准，编者撷取《老子》和《庄子》中贴近生活、易于理解的名言名句和具有代表性的、对后世影响较大的格言警句，形成了集学术性、追俗性、趣味性、可读性、哲理性于一体的读物，对在当下节奏快捷的社会中传统经典的传播和弘扬进行了有益尝试和探索。（张欣）

庄子养生解密

《庄子养生解密》，柴中元著。北京：中国中医药出版社，2011年6月第1版，16开，472千字。

柴中元，1945年生，浙江上虞人。上虞市中医院副主任中医师。发表中医学术论文260余篇，巽著、主编、参编中医学术专著20种。主要著作有《温病求真》《肾病中医保健》等。

著者在本书开篇导读中，详细分析了《庄子》的思想内涵，认为"至道养生"是《庄子》的灵魂，"道之真以治身"是全书之主旨。本书以中华书局1958年版《新编诸子集成》所选用的清宣统己酉年（1909）思贤书局原刻本《庄子》为底本，按照其篇目顺序，运用现代养生学知识，逐一分析各篇目所蕴含的养生理念和养生思想。本书对各篇目的分析阐释以提要、原文、注释、解文、杂谈、附文的顺序和结构形式进行。"提要"将每个篇目中看似无关的片段予以串解，主要在于阐明每个篇目的中心思想，以此启发读者对该篇目核心思想的认识和理解。"原文"是篇目内容的完整呈现。著者将"注释"的重点放在会意和明义上，并不纠缠于对一字一句的训诂。"解文"部分运用现代通俗语言，采用直译和意译的方法，对篇目原文进行译释。"杂谈"以赏析为重点，而赏析的重点则为各个篇目中的养生格言。"附文"为著者在研读《庄子》的过程中有感而发的体会和心得感悟，多与医学有关。

传统"庄学"主要是通过字词句段的训诂、考据等方法来解读《庄子》，本书则强调运用中医理论和中医养生理论对《庄子》养生思想进行全面系统解读，而训诂之法则几乎完全被抛弃。

《庄子》作为中国古代文化之瑰宝，"庄学"研究早已走向世界。作为众所周知的论道之书，不论是国内还是国外，传统"庄学"研究主要是从哲学和文学的角度展开的。本书独辟蹊径，从养生学角度对庄子思想进行了系统全面的新解读，使我们对《庄子》的思想内涵及其社会价值有了新的认识。
（张欣）

受益终生的庄子名言

《受益终生的庄子名言》，盛文林编著。北京：北京工业大学出版社，2011年9月第1版，16开，259千字。

《庄子》历经两千多年而流传不衰，其思想深刻而独到，时至今日科学昌明的时代，其中蕴含的哲理仍然熠熠生辉，时时给人以智慧的启迪。本书编著者认为，《庄子》的基本思想包括：追求个人精神的绝对自由，主张把心灵从生死、寿夭、贵贱、贫富、荣辱等的世俗观念中解放出来，反对用一切外在的价值标准来束缚自己的思想；主张尊重人的自然本性，尊重生命，尊重个性，反对统治者用礼教、法律等手段控制人民；认为社会上流行的是非标准是相对的，从如何统治人民的目的出发而进行的是非争辩是没有意义的。而这些思想正是《庄子》一书的精华所在。编著者的目的就是要帮助人们从《庄子》思想中汲取智慧，提升人生境界。

本书共包括了天地之间有大道、在自由之境修身、于自然之中养生、相忘江湖的交往、潇洒的处世之风、美好的政治理想等六个方面的内容。每个方面又从不同角度对《庄子》思想加以撷取，并运用现代语言进行阐释。

《庄子》中的深刻哲理大多是通过生动形象的寓言故事表达和展现，这些寓言故事以其超常的想象力和艺术感染力，赋予了《庄子》极高的文学艺术价值。本书运用通俗易懂的现代语言对这些寓言故事进行意译，以阐释和说

明《庄子》的人生智慧。（张欣）

道家养生学概要

　　《道家养生学概要》，亦作《儒释合参道家养生学概要》，萧天石著。台北：自由出版社，1963 年初版，五卷，精装，系"道藏精华外集"之一种，陆续在 1971 年、1975 年、1979 年、1983 年、2000 年、2009 年等多次再版，至 2009 年已刊行至第 9 版。另有台北中华学术院佛学研究所及台北《中华大典》编印会两家出版，编辑内容与自由版无别。郑州中州古籍出版社则据 1979 年自由版之第 4 版影印，于 1988 年在大陆发行第 1 版。北京华夏出版社于 2007 年再次出版本书。

　　萧天石简介详见《道德经圣解》提要。

　　本书为著者的道学杰作，其中包含他早年踏遍名山洞府、参访各派名师所得的道教秘诀，以及穷究道藏秘典数十年的心得和体悟。全书架构以单篇形式呈现，目的在使篇篇独立，可单参亦可合参，故读一篇即得一篇之用，读多篇则得其连贯性与系统性之妙。

　　本书共分五卷，首卷凡 18 章，述道家学术旨要、道学源流、道藏经籍、丹法基础等，以示统绪。其中《道家学术旨要》《道学源流概述》《道藏与道藏精华简述》等三篇经整理后撰成《中国道家学术思想概论》一文列于《道家养生秘旨导论》卷首，对《道藏精华》的刊印具有提纲挈领、追本溯源的重要性。卷二凡 17 章，乃述道家独标之养生丹法，首言大道源于黄帝，集大成于老子，一传尹文始，是为文始派；一传王少阳，开全真教一派。继而述及龙门派、紫阳派、三丰派、崆峒派等，各派俱罗，用供参证，指出学者需知所拣择，舍旁门而入正途。卷三凡 40 章，主述道、儒、释三家所重之心学，内容主要阐述三家之心学、命学、性学、定学等静定守一之诀要。卷四凡 17 章，谈道家一般养生微旨，以字诀说之，有日用养生功诀，有女子丹法，以及外金丹及其书目等。卷五凡 12 章，以"人生修养之最高境界"为旨意，历谈三家修道养生之要，多篇录列古今养生之药言法语，间有针对现代养生之己见，语言浅近简易，俾使人人能修，人人能成。

　　书末附"玄门太极长生功"，此乃青城派之秘传抄本，实为修真之助道品，有却病强身之功，对中老年人尤宜。原本残缺简易，故著者除详为修整述说外，又将隐语改为现代术语，将之公开流行。（陈昭吟）

道家养生秘旨导论

《道家养生秘旨导论》，萧天石主编。台北：自由出版社，1965年初版，系"道藏精华"之一种，于1974年、1978年、1979年、1983年、1992年、1999年多次再版。

萧天石简介详见《道德经圣解》提要。

作为《道藏精华》的导论，本书先列出著者所撰《道藏精华》总序和例言，并说明《道藏精华》选录的原则和版本出处，从中可窥《道藏精华》一书阐扬之丹道学精神面貌。其次为《中国道家学术思想概论》，此文乃原刊于《道家养生学概要》的《道家学术旨要》《道学源流概述》《道藏与道藏精华简述》三篇文章而成。再次为《道教旨要概述》，首言大道始于无极，垂象太一，三元化育万物，续言自伏羲受图，黄帝受符，高辛受天经，夏禹受洛书，至老子集大成，作《道德经》；迄汉张道陵祖述老子，由正一道而开符箓一派，与远肇圣脉之积善派、经典派、丹鼎派、占验派并峙为五大派，则其源流可知。就学理言，则有主玄学之经教宗，主丹道之性命宗，主治平之经世宗，主术数之阴阳宗。就经籍言，自唐纂修道藏，迄宋、元、明、清，续辑不绝，三洞四辅十二部浩瀚玄妙，诚道家文化之大藏。以上诸文，总合称为《道学概论》，可概见著者所提倡的"新道学"之一斑，对《道藏精华》均具有提纲挈领、追本溯源的重要性。

除此之外，又选编道家养生短篇经典，合共24种，《道学概论》以下，包括：《养性延命录》《服气长生辟谷法》《摄生三要》《天隐子养生书》《将摄保命篇》《摄养枕中方》《真诰篇》《古仙导引按摩法》《修龄要旨》《古法养生十三则阐幽》《至言总养生论》《养生肤语》《摄生月令》《摄生消息论》《丹阳真人语录》《仙籍旨诀》《坐忘论》《广成子解》《就正录》《神仙可学论》《养生主》《养生论》《玄门太极长生功》。著者亦每于诸篇导论之末，附有选辑之相应故事及议论，以为该篇养生法之证验。（陈昭吟）

伍柳仙宗白话译

《伍柳仙宗白话译》，陈志滨注释、发行。台北：全真教出版社发行，1975年第1版。1984年第2版，32开，151千字。

陈志滨简介详见《全真仙脉源流》提要。

本书为《伍柳仙宗》第一本白话译本。全书先有《注译者序》《目录》《原文三版序》《伍真人事实及授受源流略》，后接注释者陈志滨白话译，篇幅分：壹、伍冲虚天仙正理直论白话译；贰、伍冲虚仙佛合宗九篇白话译；叁、柳华阳金仙证论白话译；肆、柳华阳前后危险说白话译。

注释者将《伍柳仙宗》之著作以白话翻译，未修改《伍柳仙宗》内容原本之解释，是希望借此推广及帮助大众理解《伍柳仙宗》及全真龙门派之丹法。注释者自述，唯《五柳仙宗》之《仙佛合宗语录》（即门人问答）一书，为其门人对直论质疑之问答，注释者将《伍柳仙宗》内之《仙佛合宗语录》与道藏之版本对照，发现不仅注解全被删除，即使大字本文亦被删除过半，且有多处被后人依个人之意增删修改，已经与伍真人之原意相异甚多。因此不适宜再为其解译。又《伍柳仙宗》之《慧命经》多摘取佛经用语，注者不懂佛经，不敢勉强翻译解释。（黉品华）

中国道家秘传养生长寿术

《中国道家秘传养生长寿术》，边治中著。哈尔滨：黑龙江人民出版社，1987年11月第1版，36开，42.3千字。另有北京：农村读物出版社，1988年8月版，32开，118千字。此外，尚有多家出版社于1988年出版此书，疑为盗版。

边治中，道号智中，原名边福生。祖籍山东，幼年丧父，家境贫寒，从小身体羸弱，拜师于道教华山派，习内丹养生学。

本书是边治中道长根据自己40年的练功体验，加以整理而成的。共包括站功、坐功、蹲功、跪功、卧功、滚功、爬功等七种功法，由于蹲功、跪功、卧功、滚功、爬功等功法需要一定的基础才能习练，并非人人适用，所以本书只介绍站功和坐功两种功法，其中站功有十三势：回春功、上元功、八卦形功、鹏翔功、龟缩功、龙游功、蟾游功、天环功、地环功、人环功、八仙庆寿功、凤凰展翅功、还童颜功；坐功有三势：左右连环功、前后环功、坐平环功。本书对于各种功法的具体做法、做功要领、作用都有详细说明，并以大量插图来具体描述做法的详细步骤和动作形态。除了介绍站、坐两种功法外，本书还附录了练功须知、功法的作用、练功答问、练功收效举要等内容供读者参阅，以帮助习练。

本书所介绍的养生长寿术是道家华山派秘传的养生功法，它以养生长寿为目的，以经络气血畅通为宗旨，以运动锻炼为核心，是动静兼修的功法，其特点是通过保持肾气的旺盛，来达到健康长寿的目的。（张欣）

道家秘传回春功

《道家秘传回春功》，武术学会编著。台北：武陵出版社，1988年1月版。

本书著者隐其名，而冠以武术学会名义。书内自述著者早年师从全真道华山派第十八代传人冯礼贵道长，传习了华山派道内秘传的养生长寿术全部功法。

著者指出：《老子》思想反映了道家养生观，说明人须合乎自然规律，才是养生之道。《庄子》进一步阐释《老子》思想，并强调养精节欲及虚静功夫。两汉时期导引、吐纳等养生法盛行，六朝后道士医家大量著书立说，宋金时内丹修炼盛行。长久以来，道门内相传了许多养生术，成就十分巨大。

本书整理道内秘传功法的精华，介绍养生长寿术十二势功法：第一势回春功，第二势上元功，第三势八卦功，第四势鹏翔功，第五势龙游功，第六势凤舞功，第七势龟缩功，第八势蟾泳功，第九势猫扑功，第十势天地功，第十一势庆寿功，第十二势还童功。此为动静双修、精气神形齐练的全身性柔韧运动功法，集中体现了保精和还精补脑的内丹修炼要旨。这套养生长寿术渊源于两汉魏晋，几乎都可以在长沙马王堆三号汉墓出土的导引图中找到原型。

著者从功理结合实践效果来看，指出这套功法三大特点和作用：

一、肾气和盛，还精补脑。这是这套功法最基本的特点和优点。古谓"肾宫主寿"，肾是人的先天之本、生命之门、造精之车，与人的寿夭休戚相关。华山道人修炼的养生长寿术，都环绕着人体的命宫，尤其是肾宫展开运动。这是古代道家保精和还精补脑的养生要旨。道家所谓"精"的含意，包含现代医学所指的激素，尤其是性激素。激素分泌问题同人体健康长寿很有关系。东汉《老子想尔注》谓："身为精车，精落故当载营之。"十二势功法即在突出"温肾养精""还精补脑"的作用。

二、疏通经络，调和气血。道家认为生命自元精始，精之存靠气血，气为血帅，血为气母，而精、气、血之维系和运行则靠经络的畅通。正如《内经·灵枢》言："经脉者所以决生死、处百病、调虚实，不可不通。"

三、利通关节，协调脏腑。十二势功法顾全人体结构运动系统的柔韧性锻炼，运动全身骨骼、关节、肌肉群等，并按摩内脏器官。

本书认为十二势功法具有使中老年回复青春的功力，故称为"回春功"。

（林翠凤）

道家摄生秘法

《道家摄生秘法》，王西平、王永康选编点校。呼和浩特：内蒙古人民出版社，1991年5月第1版，32开，140千字，系"中国佛道上乘功法秘典"之一种。

本书主要是关于道家养生经论和养生功法的介绍，其内容包括太上保真养生论、太上养生胎息气经、抱朴子养生论、摄养枕中方、保生铭、养生辨疑诀、太清养生篇、说戒、杂修摄、摄生消息论、导引却病歌诀、去病延年法、长生胎元神用经、保生要灵、卫生歌、养生咏玄集、养生篇、胎息秘要歌诀、摄生要录、诸家功法集锦，主要辑录自《道藏》《四库全书》《古今图书集成》及其他道家秘典。这些养生经论和养生功法多为历代道真高人摄生实践的经验总结，在今日现代社会仍然具有很好的实践价值。

本书的个别内容属于节录，绝大部分内容则保持了原文原貌。编者按照现代人的阅读习惯进行了点校，对一些词语进行了注释以方便理解。由于内容涉猎广泛，难以明确分类，故各功法和经论在篇章顺序的排列上以成书时间的先后为标准。

本书中的很多功法为以前道家秘不外传的秘法，其公开出版对于道家养生功法的弘扬与传承有着积极的意义。（张欣）

道家秘方精华

《道家秘方精华》，朱壮涌整理点校。呼和浩特：内蒙古人民出版社，1991年9月第1版，32开，110千字，系"中国佛道上乘功法秘典"之一种。

朱壮涌，陕西科学技术出版社总编辑。单独或与人合作出版了多部著作，主要著作有《仙术秘库》《康复自我训练》等。

本书认为，中医方药的源头皆在道家，而道家方药的宗旨皆在于养生。依据"施人以药，不若施人以方"的古训和科学、实用的原则，本书选编了源自道家的280个秘方，这些秘方在分类上按传统方法称为门，280个秘方中补益健体门52方，脾胃气滞门24方，风痰痰嗽门29方，伤寒泻痢门18方，暑湿燥火门23方，妇科产科门28方，小儿科门37方，外科门32方，杂治门37方。

本书介绍了所选方剂的功效、主治疾病、随证加减、药物组合、简明制法与服法等内容，具有很强的实用价值。由于选编内容均为源于道家的秘方，因此方剂中绝大部分都未曾在民间流传，这对于弘扬和广泛传播道家医药学具有重要意义，同时本书也有利于道家医药学的科学化和现代化发展。（张欣）

仙学解秘——道家养生秘库

《仙学解秘——道家养生秘库》，洪建林编。大连：大连出版社，1991年9月第1版，32开，790千字。

本书根据《扬善半月刊》和《仙道月报》及其他有关资料编辑而成，为陈撄宁先生及其同道论述仙学之专著。

陈撄宁简介详见《〈黄庭经〉讲义》提要。

本书的内容涉及道教养生之诸般方术。篇目包括仙学释秘、仙学论述、仙学经典、仙真事迹等，大多作于20世纪二三十年代。"仙学释秘"包括乾道修炼释秘、坤道修炼释秘、静功问答三部分内容，主要通过问答的形式对修道爱好者在修炼过程中的困惑进行解释。"仙学论述"主要是对道教及道教炼养方法的论述。"仙学经典"主要对一些内丹丹经进行讲解。"仙真事迹"介绍了古代和近代部分道教真人的传记佚事。《乐育堂语录》受到本书著者的极力称道，故本书最后一部分附录了由黄元吉先生撰写的《乐育堂语录》一至四卷。

本书重在指导人们在炼养过程中的实证实修。它不仅对于养生实践具有重要的指导价值，对于弘扬道教文化同样具有现实和历史意义。（张欣）

道家养生术

《道家养生术》，陈耀庭编。上海：复旦大学出版社，1992年8月第1版，32开，551千字。

陈耀庭简介详见《道教在海外》提要。

本书对道家有关养生的理论与方法进行了系统的整理和挖掘。分为总论、守一类、存思类、导引类、吐纳类、胎息类、服食类、内丹类、房中类、起居类、其他类等共11个大类。对于每一大类，编者都在篇首撰写了综述，介绍本类养生术的内容、源流、发展、变化等。

本书的内容主要辑录自道家尤其是道教有关养生的理论与方法的论著、经典，对于辑录的论著或经典原文，每一段都以新设小标题的形式提示其内容大意，以便于读者理解。由于道家养生离不开日常修炼，因此本书在对道家养生方法进行文字阐述的同时，还运用配图进行说明和解释，从而更加突出了知识性和实用性的特征。（张欣）

中国道家养生坤道秘法

《中国道家养生坤道秘法》，朱鹤亭著。北京：中医古籍出版社，1993年6月第1版，32开，85千字。

朱鹤亭简介详见《朱鹤亭道家自我养生法》提要。

本书分为崂山道家养生坤道篇和崂山道家养生婴幼篇，坤道篇介绍了女子月经、带下、孕育健身、安胎及体态保健。婴幼篇介绍了乳婴养护与健康之法以及婴幼儿祛病推拿手法、婴幼儿食治秘法等。

本书针对坤道和婴幼儿常见的身体不适和养生困惑等状况进行了详细的描述，如针对月经不调就列举了血热型、血寒型和气虚型等不同情况。针对每一种状况，本书从中医学和道家秘法等方面就对应的治疗方法进行了详细介绍和解释，包括按摩何处穴位、按摩次数等，必要之处还配以插图进一步详解。

由于坤道和婴幼儿特殊的生理特点，著者将道家养生普遍适用的秘法进行有针对性的改进，形成了专门针对坤道和婴幼儿生理和身体特点的特殊养生方法，这些养生方法对于普通女性同样具有适用性。因此，本书不仅对于弘扬道教养生秘法有积极意义，对于包括坤道在内的女性和婴幼儿保健同样具有一定的实用价值。（张欣）

中国道家养生祛病秘法

《中国道家养生祛病秘法》，朱鹤亭著。北京：中医古籍出版社，1994年2月第1版，32开，85千字。

朱鹤亭简介详见《朱鹤亭道家自我养生法》提要。

本书包括三部分内容：崂山道家养生祛病篇、崂山道家修性篇、崂山道家验方选。"崂山道家养生祛病篇"介绍了运用针灸、点穴、气功驱病疗疾的方法和疾病防治的知识，包括穴位、穴位按摩或针刺手法以及治则等，气功驱病方面则阐述了功法的过程和功用效果，并以医案加以例证。著者认为，祛病之道首先在于防病，而防病则需要七情有常、饮食有度、六淫有戒、劳逸有方等身安保健之法，因此祛病养生离不开对性与命的养护。"崂山道家修性篇"介绍了修性养命的功法过程和功用、修性养命的原则和益损之术。"崂山道家验方选"针对常见疾病介绍了针灸方和药方，针灸方介绍了刺激穴位的针法和灸法，药方包括药材的组成和用法。

本书重在实践应用而不在于理论讲解，因此其对于针灸方法和功法过程阐述详细，对于实践操作有一定价值。（张欣）

中国道家养生益寿秘法

《中国道家养生益寿秘法》，朱鹤亭著。北京：中医古籍出版社，1994年6月第1版，32开，87千字。

朱鹤亭简介详见《朱鹤亭道家自我养生法》提要。

本书内容包括道家养生观概述、崂山道家养生气功、崂山道家养生饮膳、崂山道家养生之道、崂山道家益寿秘法、崂山道家养生益寿点穴秘法等。"道家养生观概述"简要介绍了道教的起源、道家养生思想和养生方法，指出道家养生思想和方法具有悠久的历史，道家养生提倡性命双修，其主要内容包括气功、饮膳、丹药和房中禁忌等，性命双修和精气神合修的思想形成了道家的养生体系。第一讲崂山道家养生气功，介绍了内养功法和外动功法。第二讲崂山道家养生饮膳，介绍了饮膳宜忌、五味养生、四季饮膳养生和道家养生饮膳要方。第三讲崂山道家养生之道，介绍了心性神的修养、动静修养及四季养生等内容。第四讲崂山道家益寿秘法，介绍了老年养生的功法和药浴法。第五讲崂山道家养生益寿点穴秘法，介绍了通过穴位按摩进行保健和益寿的秘法。

本书详细介绍了养生功法的实践过程及其功用效果，涉及药物方剂的，则列明方剂的组成成分、每种成分的剂量、服用方法等，并阐明方剂的医学理论基础；对于食方，同样详细列示食物品类、数量及食用方法，并介绍其寒热属性和功用。

本书语言平实、通俗易懂，内容全面且详细，对于人们的养生保健实践具有一定的指导意义。（张欣）

话说道家养生术

《话说道家养生术》，张兴发著。济南：齐鲁书社，2006年1月第1版，16开，238千字。

张兴发，道号大善，197□年生，江苏海安人。1993年6月入道于上海，皈依道教正一派，拜陈莲笙大师为师。现为北京居庸关都城隍庙住持、中国道教协会道教文化研究所研究人员。主要著作有《道教神仙信仰》《道教内丹修炼》《话说道家养生术》等多部著作。

本书内容主要包括"流水不腐　户枢不蠹——话说道家动功养生术""重为轻根　静为躁君——话说道家静功养生术""点石成金　叱石成羊——话说道家外丹养生术""我命由我　不属天地——话说道家内丹养生术""药以却病　饵以延年——话说道家医药养生术""民以食为天　食为民之本——话说道家食养食疗法""含德之厚　比于赤子——话说道家房中养生术""起居有常　生活有度——话说道家起居养生术"等。书末附录了华佗五禽戏图、八段锦、陈希夷二十四气功坐图、《赤凤髓》四十六势。

本书在把握道家养生学体系和基本思想的基础上，揭示了道家养生学的要旨，对道家养生术的主要内容及养生实践过程进行了详细阐述，既有理论性，又有实用性。（张欣）

中国道家养生秘法：
天天10分钟更健康、更性福、更长寿

《中国道家养生秘法：天天10分钟更健康、更性福、更长寿》，[美国]艾力克·斯蒂文·犹蒂那夫著，何中清、何清秀译。北京：新世界出版社，2006年6月第1版，16开，250千字。

艾力克·斯蒂文·犹蒂那夫，美国纽约人，道家功夫修行者。

本书主要分为上篇认识"道家健康术"和下篇"道家健康术"14周修练法两部分。

上篇认识"道家健康术"包括15个小节，其中第一到九小节介绍了道家健康术的基本思想和气、精、神、阴阳等概念，第十到十五小节按照从呼吸法到道家气功，再到回春功、性健康术，最后到内丹功顺序，逐次介绍了各功法的内涵和习练的大致方法，这些介绍使读者对道家健康功法有了基本的认识，为下篇的习练实践打下了良好的思想和理论基础。

下篇"道家健康术"14周修练法首先介绍了练习功法的原则须知，然后分14个星期详细介绍了道家气功、八段锦、自我按摩术、内丹等的练习功法，每周在炼气、炼精、炼神三个方面的功法内容均较上周有所进展，从而使功法习练不断深入，强健身心的养生效果不断增强。

本书对道家养生功法的介绍既有详细的文字内容，又有配图描述，为人们的习练提供了方便。本书将中国道家传统的健身养生功法精华进行提炼，将其浓缩于100天的练习之中，对于盼望健康生活但却由于快节奏生活而难以专门进行养生功法练习的人们，这一做法无疑具有一定的吸引力。（张欣）

道家养生语录

《道家养生语录》，李学智、翟飚译注。重庆：重庆出版社，2008年5月第1版，16开，318千字。

李学智，1973年生。重庆医科大学中医药学院教师，硕士研究生导师。主要著作有《中医养生学》《循证针灸学》《性命箴言录》等。

本书认为道家养生以自然天道为主，强调自我生命活动的切身体验，其最高境界在于"追求道，体悟真"。道家追求生命的超越和精神的安宁，尤其强调精神的超然与人格的独立。因此道家养生思想体系主要有两方面的特征：一是顺应自然，二是清静虚无。著者认为道家养生术特色鲜明而自成体系，其理彻上贯下，上及自然之道，下至人体经脉气穴，其法更是门派众多、形式万千。对于特色鲜明同时又内涵广博的道家养生思想，本书作者将其归纳为七个方面的主题：明道以养生、修心以养生、炼气以养生、导引养生、房室养生、饮食起居养生、内丹修炼——道家养生的最高境界。

本书从《道德经》《道藏》《中藏经》《中华道藏》《藏外道书》等十余部道家经典著作中撷取关于养生的精妙语录2000余条（节），通过注解、译文、养生感悟等内容对引用的原文进行注译和评述，以从七个方面解析道家的养生思想和方法，揭示道家养生之玄机。

本书的道家经典释义和图文解释的内容则使读者对道家文化有了更生动的了解，通过原文、注解、译文、养生感悟的篇章形式对道家养生语录进行现代阐释，在弘扬道家养生文化的同时，也方便读者将其与现代生活相结合，为健康实践提供理论指导。（张欣）

人生与养生：朱鹤亭道家养生十讲

《人生与养生：朱鹤亭道家养生十讲》，朱鹤亭著。厦门：鹭江出版社，2008年6月第1版，16开，110千字，系"山东教育电视台名家论坛"之一种。

朱鹤亭简介详见《朱鹤亭道家自我养生法》提要。

本书对道家养生思想和方法进行了全面的揭示。其内容包括：第一讲健康与养生，第二讲婚姻与养生，第三讲家庭与养生，第四讲堪舆学与养生，第五讲文化艺术与养生，第六讲时令与养生，第七讲育容与养生，第八讲饮食与养生，第九讲人际关系与养生，第十讲现代生活节奏与养生。在第一讲，著者对养生的内涵、原则、内容等进行了解释和阐述，使我们对以道家养生为主要内容的中国传统养生文化有了基本的认识和了解。第二至十讲，著者结合现代生活，从婚姻、家庭、文化艺术、饮食、时令、人际关系、生活节奏等诸多方面阐述了养生的原则和方法，全方位展示了博大精深的道家养生文化。

本书将传统的道家养生与现代生活紧密结合，通过现身说法、举事例等方式，以平实浅显的语言对深奥精妙的道家养生思想进行了深入浅出的阐述。

（张欣）

道家养生大道

《道家养生大道》，张其成著。南宁：广西科学技术出版社，2011年5月第1版，16开，110千字，系"张其成国学养生系列"之一种。

张其成简介详见《张其成全解道德经》提要。

著者认为，道家以老子的柔弱虚静、少私寡欲、见素抱朴等主张为养生之大道。道教则进一步探索出包括服食、辟谷、导引、行气、存思、存神、坐忘、内丹、外丹、房中、吐纳、胎息等在内的一套内外兼修的养生术。本书在内容上包括了道教养生，为广义的道家养生。

本书着重介绍了道家的服食养生与辟谷养生。第一章吃与不吃都是道家的养生智慧；第二章道家养生药的五种吃法；第三章让人长生不老的九种仙药；第四章道家善养颜——纯自然乌发美肌方；第五章一粥一饭间的道膳养生法；第六章辟谷排毒，激发生命潜力。前五章将道家哲学和养生智慧与现实的饮食生活相结合，第六章对道家特有的辟谷养生术进行阐述和揭秘，引导人们从茶酒粥饭中、从辟谷秘术中一窥道家的养生秘诀，指导人们探寻适合自我的养生实践。

在道家看来，天地可以天长地久，人的生命也可以长生久视，有无限的潜能，坚持修炼各种养生术，不但能延长生命的长度，而且能提高生命的质量。本书从人们生存最基本的吃的问题入手，介绍道家养生对食物质量与数量的把握，对春夏秋冬自然规律的遵循，阐述了道家养生所追求的返老还童、长生不老、快乐神仙的三个境界。本书展示的虽然只是道家养生智慧的一角，但却让我们领略了道家养生思想的博大精深。（张欣）

道家内证与生命科学

《道家内证与生命科学》，张剑峰主编。西安：陕西师范大学出版总社有限公司，2012年7月第1版，16开，115千字，系"问道系列丛书"之一种。

张剑峰，青春文学图书和时尚杂志社编辑。2008年开始寻访终南隐士并创办《问道》。2011年"问道系列丛书"出版了《寻访终南隐士》，2012年推出《道家内证与生命科学》《寻方武林》，致力于弘扬中华传统文化。

本书包括多篇相互独立成篇的文稿：《油麻菜终南山寻仙记》《南山亭茶谭》《踵武前贤爝火相传》《道家内证医学漫谈》《道医文化问答》《恬淡虚无真气从之》《道家炼养漫谈》《叶华递荣经世致用》《为传统文化"培土"》《天地有醍醐在其中》，其著者或为道士、或为对道教有深入接触的居士、学者。道家内证文化涉及中医、道家内丹、外丹等领域，是道家文化的重要内容，这些文稿从不同角度对道家隐修内证实践对于养生长寿的重要价值和意义进行了阐述。《油麻菜终南山寻仙记》介绍了于终南山中寻访隐修之士的过程和由此而产生的对于生命的感悟；《南山亭茶谭》由茶艺引申到心性修养；《踵武前贤爝火相传》对包括道家文化在内的传统文化的传承提出见解；《道家内证医学漫谈》和《道医文化问答》结合中医知识对道家内证文化和内证实践进行了阐述；《恬淡虚无真气从之》阐述了心性修养对于养生的价值；《道家炼养漫谈》从经络、气血等方面概论了道家内证炼养的基本知识；《叶华递荣经世致用》从阴阳的角度阐述了道家独特的养生文化；《为传统文化"培土"》对如何通过日常行为方式的培养促进传统文化的回归进行了探讨；《天地有醍醐在其中》从勿为"执着"所羁绊的思想角度，阐述了通过心性修养获得快乐健康人生的主张。

本书以图文并茂的形式对道家内证思想和内证实践进行了描述，揭示了道家内证的本质在于实现健康长寿这一生命科学的理想目标。隐修之士的现身说法有助于我们对道家内证思想和隐修内证实践有更加深入的认识。（张欣）

（二）道家气功学

道家气功真传

《道家气功真传》，陈述堂编著。北京：北京体育学院出版社，1985年2月第1版，32开。

陈述堂，1933年生，山西阳高人。大同铁路医院医师。主要著作有《子午流注说奥》《干支计算一盏诀》《静功养生之道》《无极导引功》等论著和《火候论》《元神论》等论文。

本书作者主要介绍了道家静功功法、道家静功的思想理论及道家静功去病健身法等内容。第一至五章主要介绍了道家对于生命的认识和关于养生学的基本知识。第六章静功知要，主要对道家静功功法所涉真气、经络、脏腑等重要概念进行了阐释，对其运行规律进行了阐述。第七章静功练法，作为《道家气功真传》的核心内容，从练功姿势和入静方法入手，介绍了道家静功炼精化气、采真气归炉、真气道关、炼气化神，最终炼神还虚的步骤和方法。第八章简要介绍了女子静功功法。第九章西岳华山九明指点丹经秘诀，介绍了踵息炼气法、积气开关法、三花聚顶法、四象盘旋法、五气朝元法、筑基炼己法、沐浴抽添法、玄关作用法、神通三昧法等功法。第十至十五章主要阐述了道家静功的思想和理论。第十六章从祛病方法、固精添油法、通八脉法等三个方面介绍了道家静功祛病健身之法。

作者对道家静功功法的介绍以本人自身多年的习炼体悟为基础，对于想要了解该功法的读者具有一定的指导意义。（张欣）

中华道家气功

《中华道家气功》，张有寯、朱鹏飞、李怀严等编著。天津：天津人民出版社，1990年7月第1版，32开，170千字。

张有寯，曾任天津中医学院教授，对中医和道家养生颇有研究。主要著作有《中国养生大全》（上、下卷）、《中国按摩大全》、《家庭医生手册》等。

　　本书共收录了46种功法，这些功法均系道家气功的精华所在，其中"道家气功阶梯"是对道家气功修炼过程和宗旨的简介，指出道家气功的修炼要经过四个阶段：筑基功、凝精练气的人仙阶梯、炼气化神的地仙阶梯、炼神还虚的天仙阶梯。"老子全真气功筑基功"主要是对老子全真气功修炼第一步筑基功的介绍，对该功法的四节即调息、守玄、排浊、散意分别进行了阐述。《中华道家气功》对包括老子全真气功、彭祖长寿术、道家秘传长寿功法、道家龙门派性命双修养生功、龙门派开通奇经八脉法、真气运行法、吕祖修性命法、九转内丹术、三元功、全真功、内丹功、外丹功、女丹功、长寿功、元极功等在内的其他44种功法的修炼过程进行了详细介绍，包括预备功、姿势、四肢和身体的运动、呼吸、意念、时间长短等。

　　本书以介绍道家气功为主旨，其内容既包括道家气功的基本知识，又有详细的修习功法的方法，对于人们认识和了解道家气功以及道家哲学有着重要参考价值，对于修习道家气功以保健延寿具有一定的指导意义。（张欣）

道家传统气功精萃

　　《道家传统气功精萃》，刘静平、芦文绍、金匀编。北京：学苑出版社，1990年10月第1版，32开，170千字。

　　刘静平，道家气功研究专家。曾任《中国气功》杂志社常务副社长、社长、主编等职务。编辑出版了《中国气功》《养生气功》等杂志。

　　本书主要是对道家传统经典养生功法的介绍，内容包括内丹功、功理篇、功法篇、性命双修养生功、外丹功、老子气功、田氏三合功等。

　　"内丹功"部分作为开篇，简要介绍了内丹的起源、功法要义、练法等内容。功理篇从修道层次、经脉穴窍、内丹功何以能却病延年、动与静、气与炁、端正与自然等方面介绍了道家功法的基本知识。功法篇介绍了修习道家功法的过程和基本方法。"性命双修养生功"介绍了作为性命双修三宝的精气神、性命双修功法的特点和功能以及具体的功法修习实践过程。"外丹功"介绍了面东龟息吐纳功等12种外丹功法的详细修习方法。"老子气功"介绍了若干种与日常健康关系比较密切的静功功法和动功功法，并进一步讲述了将这些功法运用于治疗和调理的方法。"田氏三合功"介绍了站桩功、动功、静功、医疗保健功、降压功、呼吸法等功法。

　　由于本书介绍的是道家传统气功功法，而传统功法的学习离不开传统道家经典，为了使深奥的道家经典为今人所理解，本书在对各种气功功法进行阐述和讲解的过程中多用现代白话语言，对所引用的道家经典句段则进行了必要的现代译释。（张欣）

道家气功宝典

　　《道家气功宝典》，俸怀邦、周晓云编著。太原：山西科学教育出版社，1990年12月第1版，32开，170千字。

　　俸怀邦（1948—2004），四川成都人。长期从事中国传统文化研究，精通佛道修持，曾任《中华气功》杂志主笔，中国气功科学研究会培训委员会副主任，《21世纪健康》常务董事兼主编，是国内最早研究特异功能和藏密的学者。主要著作有《生命再造之光》《超功能气功宝典》等。

　　本书的主要内容包括"道家气功揽胜""道——宇宙之究竟""道家气功五大法门""道家明师功法二十精品""治病秘功仙方""延年不老三十七服食妙法""入上乘功夫之路"等七个方面。"道家气功揽胜"概述了道家气功功法的产生、意涵以及冥想的修炼原则。"道——宇宙之究竟"通过阐述《易经》《阴符经》《道德经》与气功的关系，进一步揭示了道家气功的奥秘。"道家气功五大法门"介绍了服食术、导引术等道家气功的基本法门，全面展示了道家气功在饮食调养、双修合作、移精内养等方面的功能和功效，并运用现代科学知识对道家气功的玄妙功能进行了阐释。"道家明师功法二十精品"精选了老子无为功上乘要旨、庄子形神功、陶弘景养性延命功、孙思邈长生功等20种道家真功秘法，详细介绍了每一种功法的方法、诀窍、禁忌、步骤等，以便于练功者学习和修炼。"治病秘功仙方"介绍了治疗腹痛、瘫痪、四时伤寒、头痛、心疼等疾病和明目、美容、健美健身等共57种功法。"延年不老三十七服食妙法"主要阐述了地黄法、黄精法等37种服食功法，并详尽介绍了每一种功法所涉食材的数量、详细做法和步骤、食用方法等。"入上乘功夫之路"介绍了调息、调身、诇心、调神的功法法门，阐释了气功健身祛病的作用原理和练功者习练过程中自我调适的方法。

本书阐述了道家气功的基本修炼法门，揭示和披露了数十种道家秘不外传的练养方法，内容丰富，解析详尽，在促进道家气功秘法古为今用、服务现代社会的同时，也是对其传播、传承的有益探索。（张欣）

道家气功精华

《道家气功精华》，刘正才、张恒席、蒋继然、蒋波编著。上海：上海翻译出版公司，1991年1月第1版，32开，135千字。

刘正才，1938年生，重庆潼南人。主任医师。主要从事中医药膳与道家医学等研究。在国内外30多种报刊上发表学术论文百余篇、科普文章300余篇。主要著作有《内经新识》《养生寿老集》等，多部著作被译为外文出版。

从篇章结构看，本书实际上包括两部分内容，一是对道家气功的概述，二是对道家气功功法的介绍。"道家气功概说"从对道家哲学和道教的简介开始，由道家哲学和道教引申出道家气功的渊源、功法特点、功法效果和目标等内容。道家气功功法的介绍，从伏羲八卦功开始，按照功法所涉仙真的年代先后排序，包括了赤松子吐纳导引术、容成子"胎息"法、老子"赤子"功、张陵"想尔"功、崔希范《入药镜》功诀、张伯端"金液还丹"大道、张三丰"内丹"功法等在内的29种功法，每一种功法在阐述时基本包括了简介、功理、功法等内容。一些功法在解析修习步骤和过程的同时，还指示了行功的恰当时间、要点、注意事项等。有些功法涉及重要的道家古籍，著者于篇末附录"原文选摘"。一些功法是用歌诀的形式表达的，而绝大多数的歌诀中都有术语或晦涩难懂的古词，著者运用现代语言对这些术语和难以理解的词语进行了阐释。

本书根据《周易》《道德经》《道藏》等文献，撷取其中与道家气功有关的精华，对道家气功的功理、功法做了深入浅出的论述，展现了道家气功的玄机奥理。本书按照功法所涉仙真的年代先后排序，一方面有利于对道家功法的源流有所认识，另一方面使功法修习有一个由初级到高级循序渐进不断提高的过程。而书中所描绘的与道家气功有关的传奇故事则增加了可读性。
（张欣）

道家真气功

《道家真气功》，胡玉兰著。北京：人民军医出版社，1992年4月第1版，32开，110千字。

本书的基本内容包括功历、功法、功理、功效、疑问解答、真气功延年操等。"功历"介绍了气功的产生、气功的功德和功旨等内容，强调气功的修炼离不开心性和功德修养，只有兼顾心性和功德修养，才能通过气功修习达到平衡阴阳、健身长寿的目标。"功法"从空、正、静、松、动、停、恒等七个方面介绍了修习气功的要求，并先后介绍了小周天功法和大周天功法的做法及其依据，练功过程中出现的部分感觉及其原因。"功理"阐述了真气功的物质作用、内动作用、对内脏的按摩作用、对机体的综合作用、精神作用、对经络的疏通作用等功能。真气功的功效则从自我保健效果、著者运用真气功为病患治病的效果和病患治疗反馈等内容得以反映。著者还对练功过程中遇到的困惑进行的分类解答。并介绍了延年益寿操，共50节，内容详细，便于读者习练。

本书以著者对道家真气功的认识理解和自身修炼实践为基础，将真气功在治疗疾病和保健方面的作用作为重点，在阐述真气功对于治疗疾病的作用和效果的同时，详细介绍了50种保健功法。（张欣）

道家玄牝气功

《道家玄牝气功》，张章著。北京：人民体育出版社，1993年6月第1版，32开，130千字。

张章，1954年生，北京市人，工程师。自幼学习长拳、通臂拳、太极拳、形意拳等，曾在省级和全国性武术比赛中获优异成绩。主要著作有《道家气功（玄牝）揭秘》《道家玄牝导功养生秘技：指诀术》等。

本书包括四部分内容：龙门溯源与玄牝探微、玄牝功法、外气测病与治疗、玄牝功法答疑。本书所介绍的玄牝气功属道家全真龙门派功法，为龙门派第十三代传人李云龙所创编。"龙门溯源与玄牝探微"对龙门派功法的起源和流派传承进行了梳理，并结合《周易》，阐述了气功修炼与人的生成之理和生命之道的关系，指出玄牝气功修炼中的"玄牝"特指两个穴位，玄即天癸穴，牝即玉环穴。"玄牝功法"介绍了九式筑丹功、六式壮丹功、三节消疾功等主要功法及修炼原则，还介绍了调理功法及布气、采气、排气功法等。"外气测病与治疗"从布气治疗和临床施治两方面阐述了玄牝气功在医治疾病方面所具有的功能。"玄牝功法答疑"解答了修炼过程中可能遇到的困惑与疑问。

　　本书详细介绍了道家玄牝气功功法的招式、要领、动作过程及注意事项，并通过绘图的方式，对这些招式动作加以形象描述，功法修炼答疑则使气功习练的过程更加顺畅。（张欣）

中国道家虚灵功：人体潜能激发

　　《中国道家虚灵功：人体潜能激发》，叶芳扬著。北京：华艺出版社，1998年6月第1版，32开，175千字。

　　叶芳扬，1953年生，江西上饶人。主要著作有《人体信息气功诊治法——浑圆功修炼与诊断》《人体科学奥秘探讨》等。

　　本书包括上篇功理功法篇、中篇气功释疑篇、下篇论文篇。

　　功理功法篇中的《虚灵功修炼要诀：观心得道》《虚灵顿悟：修心养性，调神炼意》《虚灵功与养生之道》《世界上最宝贵的还是您的身体》为作者在各地的演讲稿，关于功理，其主要阐述了气功的学理基础、与气功有关的一些重要概念、气功的特点与习练诀窍、气功的功用等内容，功法方面主要介绍了虚灵功用于施治疾病的六种功法、三种静坐功法、激发人体潜能的功法和睡功功法等，并详细介绍了每一种功法的特点、动作要领、意念导引、临床运用等内容。"气功一分钟医疗保健法"介绍了15种简便易行的保健功法的习练过程及其功能作用。"虚灵功信息磁带诱导词"讲解了站桩功和静坐功的具体习练过程。"气功释疑篇"就与道家虚灵功有关的概念、知识以及习练方法等内容进行了讲解和阐释，为人们的理论认识和功法实践提供了具体而明确的指导。"论文篇"为作者参与撰写的数篇关于虚灵功的论文，其主要阐述了气功习练入门的方法以及气功的物理、生理和化学效应，这些内容有利于进一步拓展人们对于气功的认识和了解。

本书的内容丰富，既在一定程度上满足了人们对养生的需要，也有助于道家虚灵功的弘扬与传承。（张欣）

道家能量养生功

《道家能量养生功》，能子编著。成都：成都时代出版社，2009年10月第1版，24开，120千字。

能子，原名涂方禹，1968年生，安徽安庆人。

本书主要包括三方面内容：能量太极长寿养生修炼、内丹辟谷养生术、道家简易养生太极拳十二式。"能量太极长寿养生修炼"主要介绍了著者所发明的能量太极拳的内涵、特点、能量太极长寿养生功法及其功能。能量太极拳是在继承和吸收中华传统文化中的医、道、武、禅、儒的思想精髓的基础上，结合传统养生学、现代生物力学而发明研创的，它以中华太极和道教修炼为核心。"能量太极长寿养生功八式"详细介绍了能量太极长寿养生功的八种功法招式，并阐述了每一种功法招式的功理口诀、功法口诀、功法动作、动作原理和功效。"内丹辟谷养生术"主要介绍了道家内丹辟谷炼养术的起源、治疗原理及其神奇功效、内丹辟谷养生功法等内容，对道家能量辟谷术与养生的关系进行了探究。"内丹辟谷实例日记"通过香港周玉霞博士10天辟谷实践的全程记录向我们展示了辟谷养生的神秘过程和神奇功效，在读者面前揭开了辟谷养生术的神秘面纱。本书最后一部分以简便易学、易于实践为原则介绍了道家简易养生太极拳十二式。

本书所介绍的能量养生功以道家哲学思想为基础，同时结合了道教内丹修炼术和太极拳的实践内容。（张欣）

道家传统太极108全式

《道家传统太极108全式》，牛西京编著。成都：成都时代出版社，2009年12月第1版，32开，185千字。

牛西京，陕西西安人，祖籍河南。曾拜名师学练少林武术、陈式太极拳、赵堡太极拳等拳法功夫。主要著作有《中国传统太极108式》等。

本书主要内容包括道家传统太极108全式基本功法、道家传统太极108全式拳谱、道家太极养生功法等。"道家传统太极108全式基本功法"对道家传统太极108全式的基本手形、主要手法、基本步型、主要步法、基本腿法等基本功法进行了详细阐述。道家太极拳根据道家思想和阴阳学说编创，其拳法招式柔中有刚而能以柔克刚，阴中有阳而能阴阳相含互转，具有刚柔相济、含而不露的风格和特点。"道家传统太极108全式拳谱"对108全式的每一招式功法都进行了详细阐释，并配以图解进行说明。道家传统太极拳的精髓在于炼精化气、炼气化神、以拳养生，在行拳过程中通过吐纳导引、外气采补、养气、运气，使精、气、神三元充盈，最终达到健身养生的目的。"道家太极养生功法"介绍了养精壮肾功、养气益肺功、养神补脑功等九种太极养生功法的习练方法和步骤。

著者认为，道家传统太极拳据传由张三丰所创，是集道家哲学思想、武术、艺术、气功引导术于一体的拳法。道家太极拳运用流畅连绵、柔和放松的方法帮助习练者舒缓压力，锻炼机体，通过"用意不用力"来激发机体潜能，从而调节和改善人体各部位的生理机能，提高人体免疫力。本书对道家传统太极108全式的基本功法、拳谱、养生功法等进行了详细阐述和图解示范，使之易学易练，满足习练者强身健体和养生延寿的需要。（张欣）

道家太极精简39式拳

《道家太极精简39式拳》，杨东编著。成都：成都时代出版社，2010年2月第1版，32开，110千字。

杨东，陕西咸阳人，武当太极三丰派第十四代传人。获得全国太极拳、太极剑比赛一等奖，咸阳武校拳击总教练，曾任深圳拳击散打协会太极总教练，深圳武当太极学院创始人。

本书包括三个方面的内容：最古老最富传奇色彩的拳术——道家太极拳、道家太极精简39式拳入门功法、道家太极精简39式拳拳谱。"最古老最富传奇色彩的拳术——道家太极拳"对道家太极拳的源起、道家太极拳的特色、道家太极拳的修炼方法、道家太极精简39式拳等内容进行了简要介绍，使我们对道家太极拳这一古老且颇具传奇色彩的拳术有了概括的认识和了解。"道家太极精简39式拳入门功法"对39式拳的基本手形、主要手法、基本步型、主要步法、桩功等入门功法进行了详细解析，并对每一招式都进行了图解说明。道家太极拳精简39式拳相传为张三丰门下弟子在传统108式的基础上精简而成，在保持原拳术的套路顺序和特点的同时，其风貌更加舒展大气、优美流畅，"道家太极精简39式拳拳谱"对这一拳术的每一招式都进行了详细阐释和图解，通过揭示道家太极精简39式拳的精髓和招式要领，帮助修习者快速掌握。

在道家太极传统108式的基础上精简而成的道家太极拳精简39式，在保持原拳术主体功法的基础上，更加便于学习和修炼，不仅适合以强身健体为目标的青年朋友习练，也适合希望祛病健身、养气延年的中老年人习练。

（张欣）

道家无极养生功

《道家无极养生功》，宋大明编著。成都：成都时代出版社，2010年9月第1版，16开，120千字。

宋大明，1966年生，辽宁北镇人。道家武当闾山三丰自然派武术第二十七代传人、中国武术协会会员、深圳武术协会裁判员、辽宁省武术协会武当拳法研究员。

本书内容包括：千年奇葩道家养生法、道家无极养生功秘法、道家养生之老庄哲学等。道家无极养生功作为道家养生诸多功法中之一种，产生于武当闾山三丰自然派，与道家武当养生功一脉相承。"千年奇葩道家养生法"介绍了道家养生学的产生与发展历程，以重人贵生、形神统一、性命双修、逆修返源为核心的养生学基本理论，道家养生功的传承、分类和功能以及道家无极养生功的功法理论和基本原理。"道家无极养生功秘法"对道家无极养生功从第一至五段共19式的具体习练方法和要领进行了详细阐述和解析，其功法招式动静结合、形神兼炼，以抻筋拔骨、呼吸吐纳、拍打按摩、调神养气等为主要内容，最终达到修心养性、固本强身的目的。"道家养生之老庄哲学"

介绍了老子和庄子的养生哲学，对道家养生思想做了进一步的阐释。

本书所介绍的道家无极养生功是集形、神、气为一体的养生功法，强调阴阳结合、动静调顺、内外兼修，通过修心养性、充盈三宝达到强身健体、益寿延年的目的。本书既注重道家养生思想和理论的阐述，又详细解析了道家无极养生功的习练方法及其养生效果，从理论和实践两方面为我们展现了道家养生思想和养生功法的奥秘。（张欣）

道家太极棒尺内功

《道家太极棒尺内功》，王凤鸣编著。北京：人民体育出版社，2011年10月第1版，32开，148千字。2018年12月再版。

王凤鸣，1952年生，北京人。在国内外的武术杂志和体育报刊上发表过几十篇有关气功、太极拳方面的论文，主要著作有《道家太极棒尺气功》《道家气功精华—内丹功—外丹功》《太极推手技击传真》《道家内功"循时修炼法"》等。

本书内容包括：总论、太极棒尺内功理论基础、太极棒尺内功学练方法、太极棒尺内功修炼法、气功知识问答、道家气功功效研究、太极棒尺内功传人介绍等内容。太极棒尺内功除了具有一般气功的共性外，还因练功时依托太极棒或太极尺而具有了鲜明的特色，"总论"对太极棒尺内功的源流、特点以及太极棒和太极尺的规格要求等进行了概述。

"太极棒尺内功理论基础"在对意守的方法和原则、练习太极棒尺内功的呼吸方法、如何调整身体各部位的姿势等内容进行阐述的基础上，还对精气神与丹田、性命双修、入静、先天之气与后天之气、七情六欲、经络、开天目功以及太极棒尺内功的健身功效等进行了阐释和解析，为太极棒尺内功的练习打下理论基础。"太极棒尺内功学练方法"和"太极棒尺内功修炼法"分别从两个层次详细介绍了学练步骤、练功注意事项、炼丹要诀以及采气功、丹田内动功、大小周天功等功法的修炼方法及要领。气功知识问答、道家气功功效研究、太极棒尺内功传人介绍等内容，进一步丰富了关于道家太极棒尺内功的知识，有助于读者对这一秘功的认识和理解。

本书以古代修炼家的宝贵经验和现代修炼家的修炼心得与体会为基础，

以图文并茂的形式分不同层次翔实系统地介绍了道家太极棒尺内功的修炼方法。（张欣）

道家窖藏武功摄生秘笈

《道家窖藏武功摄生秘笈》，姜运和著。北京：人民体育出版社，2013年2月第1版，32开，125千字；2019年4月再版。

姜运和，道号运和，1974年生，吉林安图人，祖籍江苏连云港。武当全真派第二十四代传人。在《武当》《武魂》《少林与太极》《搏击》等刊物发表论文数篇。

本书从大道之源易经摄生、道教内丹术摄生、道家窖藏内丹功夫摄生秘笈三个方面对道家内丹摄生功法进行了揭秘。"大道之源易经摄生"从道教摄生、《易经》及其机理、中医与《易经》、医道同源、《周易参同契》及其逆炼归元等方面概述了道教摄生与易经摄生的思想和主张；"道教内丹术摄生"在简要介绍了道教摄生术的源流发展、原则和内容、道教内丹摄生秘密的基础上，详细阐述了道教内丹摄生功法的炼丹程序、大小周天功法、阴阳双修摄生术以及内丹功法修炼的各种效验。"道家窖藏内丹功夫摄生秘笈"介绍了作者运用"以简驭繁""万法归一"和"天人合一"等修证理念所研创的"运和丹道"。"运和丹道"以科学合理的修炼方法使道教养生秘术与现代生活相结合，满足人们祛病强身的需要，其功法内容主要包括太乙五行七步功、运和丹道太极内丹功、运和丹道仙术坐卧功等，其中太乙五行七步功为"运和丹道"的快速入门功法。

本书突出丹道功法的可实践性，通过对运和丹道的详细阐述，将道家内丹修炼功法呈献给向往中华丹道武学和爱好摄生术的读者。（张欣）

（三）道教养生学

道教与修道秘义指要

《道教与修道秘义指要》，黄公伟著。台北：新文丰出版公司，1982年版，32开。

黄公伟简介详见《道家哲学系统探微》提要。

本书大致分为序文及上、中、下三篇，其中上篇（本源篇）共九章；著者将九章分为四篇。中篇（历史篇）有七章；著者分成三篇。下篇（修道篇）有15章；著者将其分成七篇。

著者自述其成书的动机：1976年秋季，他有机会受邀接任两所大学的专题"道家哲学与道教"的科目主讲；他将要讲授的纲领与内容整理出来，使其各自成系统。著者对道教与道家的概念有一定程度的哲学基础，与一般人对道教的认知是有所不同的。著者是研究哲学出身的，他以一位学"哲学"人的立场来看道教，所以，本书的段落也是以学者的氛围来探讨。他用"本源""历史""修道"等，将本书31章用这三大篇来串联，将本书定名为"道教与修道秘义指要"。以示道教方士、道士、炼士、修士在秘传其秘指、秘诀、秘法、秘方、秘文、秘解等多和藏秘而不轻传于世。

本书总共约近60万字，属于大型书籍，在道教界的出版系列图书中，除了一般的工具书，如《道藏》《道藏辑要》《藏外道书》《中华道藏》及《正统道藏》之外，超过50万字的书大概不多。所以，本书值得好好琢磨一番。（熊品华）

道教与养生

《道教与养生》，陈撄宁著，中国道教协会编。北京：华文出版社，1989年7月第1版，32开，413千字；2000年3月再版，增加后记。

陈撄宁简介详见《〈黄庭经〉讲义》提要。

本书先有前言、陈撄宁自传，后有道家与道教、仙学养生、书信、诗词及讲话四编，其后附编辑者李养正研究员的《论陈撄宁及所倡仙学》一文。

第一编道家与道教，共收录有《前中华全国道教会缘起》《论四库提要不识道家学术之全体》等八篇文章。该编内容较为充分地反映出著者对于道家、道教文化的卓越见地与理论素养，并透露出他对中国道家与道教文化的强大信心。

第二编仙道养生学，共收录有《孙不二女功内丹次第诗注》《灵源大道歌白话注解》《黄庭经讲义》《辩〈楞严经〉十种仙》《最上一乘性命双修二十四首丹诀串述》等24篇文章。其中，《孙不二女功内丹次第诗注》《灵源大道歌白话注解》《黄庭经讲义》三篇文章均为女子内丹修炼法的著作，也可供男子养生修炼参考。其中，前两篇诗歌，著者对每句内容加以疏解；《黄庭经讲义》则分作八章，分别对黄庭、泥丸、魂魄、呼吸、漱津、存神、致虚、断欲等八个内容进行了诠释。这三篇文章对于仙道养生影响极大，特别对于女子修炼理法长期不明了的当时来说，极为珍贵。其余诸篇，都显示出著者的独立仙学、崇尚实践的理论追求。

第三编书信，一共收录了著者与多位友人的书信25通，这些书信大多与仙道养生有关，很多直指仙道关键。

第四编《诗词及讲话》，收录有著者按语的陈颐道《圆峤真逸诗抄》，又录有著者本人的诗九篇。后有《分析道教界今昔不同的情况》等三篇讲话稿。这三篇讲话针对当时的时代背景与环境，提出道教的发展应当寄托在学术，并应当进一步推动道教徒的学习。这些观点在现在仍然有其相应的价值。

本书集中再现了一代著名的道教学者陈撄宁先生的学术主张，在相当一段时间内，是了解著者学术思想的主要途径。（张涛）

中国道教养生长寿术

《中国道教养生长寿术》，李远国编著。成都：四川科学技术出版社，1992年3月第1版，32开，162千字。

李远国简介详见《四川道教史话》提要。

本书共分四章。第一章道与长寿，编著者认为道教养生长寿术本身蕴藏着中华文化的精粹，有着自身系统的生命观、宇宙观、社会观和方法论。

第二章饮食养生术，分别对心脏病、肝脏病、脾脏病、肺脏病、肾脏病等五脏疾病的食疗处方进行了搜集整理，具体地阐述了其中的操作方法。此后，又专列一节介绍益寿食疗法，搜集了如淮药芝麻糊方、莲子锅蒸方、人参汤元方等十种食疗方法，以为增强体质、延缓衰老之用。

第三章气功养生术。著者认为气功练习也如同服药，应该因人而异。第一节炼功要旨与诊法，论述了各类人群应当分别意念守窍的位置，并搜集了检查自己或他人练功状态的望闻问切四诊法。第二节脏腑炼功法，搜集了针对五脏疾病治疗的五种功法。第三节杂病炼功法，搜集了针对瘫痪、虚劳、膨胀等12种疾病的练功治疗方法。这些方法多出于明代《卢丹亭真人玄谈集》，以呼吸、意念配合搬运以治病。第四节长寿通神法，搜集了存想炼神、吐纳行气、内丹、导引、按摩术等55种各类养生的方法。

第四章房中养生术与养生方，第一节介绍了房中养生的原则，主张男女双方通过乐而有节制的性生活，共同达到强身健体、延年益寿的目的。第二节房中养生的方法，介绍了传统"七损八益"的方法，描述了"和志与征验"的具体内容。第三节固精强肾养生方，介绍了专门针对强化肾脏与性功能的养生方法与方药。这些方法包括陈希夷熟睡华山法等十种方法。这些方法主要是通过按摩、运转任督二脉以及进一步指出正确的房中技术，来达到养生延年的效果。方药则包括青娥丸等29个药方。方中大多使用去滞温补之药配以淫羊藿、杜仲、肉苁蓉、鹿茸等补肾强阳之品。这些方剂的使用须咨询专业医师，不可滥行温补。

总而言之，本书探讨了道教长寿养生学的基本原理，从饮食、气功和房中三方面较为广泛地搜集了古代道教典籍、近人著述中的相关方法，呈现出中国道教关于养生长寿的技术的丰富性。（张涛）

道教养生

《道教养生》，谭电波、宁泽璞主编。长沙：岳麓书社，1993年11月第1版，32开，550千字。

谭电波，现就职于湖南省中医药研究院。

宁泽璞，现就职于湖南省中医药研究院。

本书分为三篇，上篇概述了何为道教与道教养生，中篇讲解了各种道教养生方法，下篇介绍了一些道教养生的名家与名著。

上篇分为两章，第一章为道教概说，概述了什么是"道教"和道教的发展梗概。第二章道教养生概说，简要介绍了道教养生的主静说、主动说、外丹术、内丹术、辟谷术、服食术、符箓派和房中术等学说。

中篇为本书的主体，共分为修性养生术、内丹养生术、外丹术评介、服食养生术、服气养生术、辟谷养生术、动功养生术、房中养生术、沐浴养生术、道教巫术养生术十章。每一章的编著方式大体为先概述该章养生术的源流，然后介绍其基本理论与基本功法，最后再对这一养生术进行简要评价。如：第四章服食养生术，叙述了服食养生术的源流和平衡阴阳、谨和五味、顺应时节等服食养生的基本理论，以及食物、药物和复方养生等服食养生术的理论方法，最后对服食养生术进行了评价，充分肯定其中包含的正确理念，认为其中蕴含着极大的发掘价值。第五章服气养生术，先介绍了服气养生术的源流，指出服气术起源于先秦时期，在汉至唐代被丰富与发展，在宋元明清时续流与变化。之后论述了服气养生术"道者，气也"和"食气者神而寿"两种基本理论，接着介绍了三大类服气法，其中诸家服气法举要七种，胎息术选录六种，六字气法辑录六种，最后对服气养生术做了简要评价，认为对服气术原理的研究，有望为生命科学的研究提示新的方向。第六章辟谷养生术，首先论述了辟谷养生术的源流，之后讲了其延年益寿、健脑益智、祛病强身和减肥健美的作用与原理，之后介绍了辟谷的基本方法，其中食气辟谷法12种，服食药饵辟谷法一种。最后对辟谷养生术进行了简要评价，认为辟谷的方法多样，效用显著，确实是值得借鉴的养生要术，但辟谷一定要遵循一定的方法，而非简单的绝食。

下篇为历代道教养生名家与名著介绍，书中按照时间顺序简要介绍了从彭祖、老子，一直到现代的陈撄宁等20多位名家及其著作。

总体上来说，本书较为全面地搜罗了道教文献中的养生著作，揭示出道教养生的方法、特色及其实用价值，对道教养生著作进行了系统的整理研究。

（张涛）

道在养生——道教长寿术

《道在养生——道教长寿术》，郝勤、杨光文著。成都：四川人民出版社，1994年7月第1版，32开，155千字。系"中华道教文化系列"之一种。

　　郝勤，1955年生，山西大同人。现为成都体育学院教授，北京体育大学博士生导师，国家体育总局学术技术带头人，四川省学术技术带头人，四川大学道教与宗教文化研究所客座教授、兼职博士生导师，四川省社会科学院哲学研究所客座研究员。

　　杨光文简介详见《道教宝鉴》提要。

　　本书共分为九章。第一章学就长生居胜境，炼成永寿脱尘埃——道教与长寿，将道教养生的发展史，大致分为东汉到魏晋南北朝时期、隋唐时期、宋元时期和明清时期四个阶段，分别论述了各阶段的道教养生。第二章灵槎果有仙家事，紫箫漫弄长生曲——道教养生观，主要论述道教的重人贵生观、元气观、人天观、修炼观四种养生观。第三章有人识得真汞铅，便是长寿不老仙——道教养生理论，主要论述了道教养生的基础理论。以上三章构成了本书道教养生的理论基础。

　　此后六章，具体介绍了道教六种长寿技术。一为道教导引术，著者概述了道教导引术的发展史，分析了道教导引术的养生之理，认为导引术最显著的特点是结合呼吸运动的肢体运动。此后详述了14种导引方法。二为道教行气术，著者分析了"行气术"的形成时期及认识根据，认为其形成期应是在周秦，尤其是春秋战国时代。此后列举了22种行气术的方法。三为道教存思术，著者认为存思术是以精神或心理为主要修炼对象的技术方法，先秦道家和医家主张清静养神思想为其源头，汉晋道教的多神崇拜和宇宙人天观也对这类修炼方法产生了显著影响。此后列举了17种存思的方法。四为道教服食术，著者指出服食养生，就是以服用天然药物和人工药物的方法来健身延年的方法。包括草木服食和金丹服食。五为道教房中术，著者认为房中术是在继承先秦和秦汉神仙方术及医学成果基础上发展起来的。著者分析了道教房中养生的基本原则，强调房中养生方法旨要在于固精益气、养气补精和还精补脑。六为道教摄养术，著者认为对应四时的养生，应按阴阳五行气运规律，将脏腑机理与四时节气相排列对应，再依法将饮食、吐纳、导引、禁忌、养护、房室要求等加以综合考虑。

　　本书探讨了道教养生的发展历史与理论基础，深入探讨了道教养生的医学基础，对精气神、脏腑、经络气穴、病理死因等作出了深入探讨。在道教养生技术的阐述方面，主要对导引、行气、存思、服食、房中、日常摄养等内容进行了分析与列举。由于著者的理论功底深厚，十分敏锐地把握了每种方法的理论源流与核心旨要，对于道教养生的理论研究与传播，有一定推动作用。（张涛）

道教养生秘法

《道教养生秘法》，刘国梁著。长春：吉林大学出版社，1994年12月第1版，32开，199千字。系"道教通俗丛书"之一种。

刘国梁，1939年生，四川中江人。吉林大学哲学系教授，主要从事中国哲学和宗教学等领域的研究，1993年开始享受国务院政府津贴。

本书分为六个部分。第一部分代代相续的人生追求——长寿，著者围绕"活着是人类的特殊需要""死与活的谜底"和"追求长生不死是人类认识的一次飞跃"这三个层层递进的主题，通过一些民间故事与神话传说，表现人们自古以来对长寿的追求。第二部分道教高人的长生口诀，著者归纳了历史上流传下来的如"实精以生，失精以死""顺生人，逆成仙"等11个道教长生口诀，并对这些口诀进行了言简意赅、通俗易懂的说明。第三部分熟知道教长寿的招法，著者比较翔实地描述了道教养生学说中的长寿法门与相关条件，主要包括：房事是关键、动静相宜、与自然和谐、与人和善、内修和外养、资食与辟谷、道教的美容术、治病中的泛例与对症下药及法术的妙用、针灸按摩、整体治疗的探索等。第四部分我命在我不在天，著者阐述解读"我命由我不由天"的理念，传递了"任性自在"的价值观。第五部分道儒佛养生论的比较，著者对比佛道儒三家养生思想，从"任性自在还是抑情抑性""我命在我还是在天"等五个方面论述道教在养生方面相对于佛儒两家来说更具有顺应自然的优越性。第六部分实用养生法举例，著者通过一些养生实例，证明道教炼养法门行之有效。

本书结构清晰，层层递进，内容涵盖广泛。著者在掌握了较多养生文献和民间养生故事的基础上进行论述，行文引述了道教炼养方面的大量专业知识，融知识性、趣味性和可读性于一体。（陈俊文）

道的养生学——科学的内功

《道的养生学——科学的内功》，［美国］张绪通著，雷家骥译。成都：四川大学出版社，1995年8月第1版，32开，130千字。

　　张绪通，1932年生，美籍华人。哲学、医学、神学、法学博士，长期从事中国道学文化研究。1961年以来，张绪通教授行医、从教于世界各地。

　　本书共分四部分十个章节。第一部分讲述养生原理。首先提纲挈领地将养生原理归于道学之下。其所谓道学分为：道的哲学、养生术、平衡膳食学、药膳学、医疗术、性理学、统御学和成功术。具体针对养生而言，道学中的养生原理可分为精气论、循环论、七腺论和神经论。著者在阐释传统道学养生术的概念时，充分发挥自身的学科优势，将传统养生体系与现代医学有机结合，将传统的"气"定义为人体中的电荷，并在此基础上认为外功会加速人体衰老的过程并耗费更多的精气。著者认为，内功可以产生和利用精气使体内各种神经中枢复苏；可以在不增加心脏负担的情况下促进血液循环；可以增强腺体组织以解毒；可以缓解心理失调。

　　第二部分综合论述养生术。著者以丰富的实际经验，详细介绍了五行论、五兽功、八段锦、黄道十二功、十二段易筋功等共40种内功的原理、方法、作用和注意事项。著者非常熟悉中医、西医与道家养生理论，在论述中常常互为引申，功力非凡。

　　第三部分阐述高层次的生活问题。著者在道学体系上论证和分析了高于身体锻炼的内功意守和吐纳方法。意守主要指的是意守经络，其作用在于探查体内虚弱之源，亦是一种自我治疗体系，著者将其分为记忆经络、感觉精气通道和感觉精气流动三个步骤，具体的冥想方法有意守北极星、光的冥想和凝神。吐纳术中主要介绍和分析了两种反鹤翔功、骨的吐纳、呼吸的加强与放松，以及净化脑部的吐纳术。

　　第四部分针对具体问题开出对治的内功处方，如治疗周期性偏头痛、高血压、痔疮等病症的自然康复过程，这是著者行医多年来的实践经验。

　　本书为内功普及指导书，通过对人的生命维持所需的两要素——营养和运动的分析及阐释，表达道的养生术是一套"调神练意、修炼形体"的运动体系，也被称之为"内功"。著者在反思已有的道家养生著作的基础上，深入挖掘养生术的真正含义和作用，即不让人损身折寿，强调人内在的发展和内在力量的灵活性。本书面向现代社会、面向世界，在道家养生功法与原理探索、功法普及等方面，具有较大影响。（张涛）

道韵

《道韵》，赖宗贤统筹，詹石窗主编。台北：中华道统出版社，1997年8月至2003年1月出版，共12辑。前三辑由中华大道文化事业股份有限公司、福建师范大学宗教文化研究所主办。自第四辑起，厦门大学宗教学研究所加入主办。

赖宗贤简介详见《台湾道教源流》提要。

詹石窗简介详见总主编简介。

《道韵》第一、二辑，又称《纯阳丹道研究论文集》。第一辑主题为"钟吕仙脉与丹道养生"，1997年8月出版，天部为"钟吕事迹著述考释"，收郭武《钟离权生平思想及影响浅探》等六篇；地部为"钟吕宗脉丹功养生"，收孔令宏《张伯端对钟吕内丹思想的继承和发展》等六篇。第二辑主题为"钟吕信仰与文学艺术"，1998年2月出版，天部为"钟吕文学影响探魅"，收欧明俊《论吕洞宾的仙化过程及其特征》等八篇；地部为"钟吕信仰文物见闻"，收盖建民《略论民间吕祖信仰形成的医学社会因素》等九篇。

《道韵》第三、四辑，又称《玄武信仰研究论文集》。第三辑主题为"玄武精蕴"，1998年8月出版，天部收王家佑《玄武与武当山之命名》等八篇，地部收林国平《灵签与玄天上帝灵签》等十篇。第四辑主题为"玄武与道教科技文化"，1999年2月出版，天部收杨立志《明帝崇奉真武神祀典考述》等五篇；地部收詹石窗《论玄武信仰与古代科技思想之关系》等五篇；人部收连镇标《郭璞与游仙诗的不解之缘》等三篇。

《道韵》第五、六、七辑，又称《金丹派南宗研究论文集》。第五辑于1999年8月出版，天部收卿希泰《紫阳派的形成及其传系和特点》等七篇；地部收刘仲宇《神霄道士王惟一雷法思想探索》第六篇；人部收陈麟书《道教伦理观的文化历史价值》等五篇。第六辑于2000年2月出版，天部收李刚《张果及其服气论》等六篇；地部收朱越利《金丹派南宗形成考论》等六篇；人部收张思齐《试论紫阳真人词的宗唐因素》等六篇。第七辑于2000年8月出版，天部收张泽洪《论白玉蟾的科仪法术》等七篇；地部收郭树森《全真道传入江西及其蕃衍》等五篇；人部收李远国《九十年代的道家、道教研究（一）——以〈道家文化研究〉所刊论文为例》等五篇。

《道韵》第八辑为《方域道迹考原》，2001年2月出版，天部收钟来茵《西王母的神性神职原型及传统的现代化》等四篇；地部收魏德毓《郑思肖及其道教思想》等四篇；人部收高令印《厦门道教与民间信仰述议》等六篇。

《道韵》第九辑为《净明闾山派与养生哲学》，2001年8月出版，天部收李远国《论净明道法的沿革与特征》等六篇；地部收叶明生《道教闾山派之研究（一）——闾山派的源流与形成》等五篇；人部收杨世华、潘一德《茅山道教上清派及早期养生法（上）》等五篇。

《道韵》第十、十一、十二辑又称《三玄与丹道养生》。第十辑于2002年2月出版，天部收胡孚琛《二十一世纪的新道学文化战略——中国道家文化与道教丹法的综合创新》等四篇；地部收詹石窗《长生之道的符号隐喻——丹道养生的易学理趣稽考》等八篇；人部收白奚《生命智慧与生活艺术——〈老子〉七章新解》等七篇。第十一辑于2002年8月出版，天部收张广保《全真道性命双修的内丹道》等五篇；地部收张钦《二十一世纪道教养生学展望》等五篇；人部收郑志明《从〈太上洞玄步虚章〉谈步虚词的神人交感》等六篇。第十二辑于2003年2月出版，天部收戈国龙《从一般方术到内丹的演变》等五篇；地部收陈霞《道教"雌柔"原则与生态女权思想——一种独特的社会养生理念》等五篇；人部收盖建民《道教"以德养生"思想及其现代意义》等六篇。

《道韵》的十二辑专书、近200篇论文，涵括钟吕、玄武、南宗、地域道教、净明道、三玄等六大主题，著者或在中国大陆、中国台湾、欧美、日本的大学及研究机构任职，或为当时的青年道教研究者，或为道教各宗派的教职人员，其论述进路亦呈现多元面貌，对于21世纪初的道教学术研究而言，具有极高的价值，亦有其历史定位存在，实应予肯定。（李建德）

中华道家修炼学

《中华道家修炼学》，田诚阳著。北京：宗教文化出版社，1999年7月第1版，2册，32开，599千字。

田诚阳（1965—2016），道号清阳子，山东单县人。为道教全真龙门派传人。1999年赴西班牙讲学传道，并于2001年5月联合西班牙弟子创立道教协会。

同年12月在巴塞罗那举行道教丛林清静宫落成典礼，这是有史以来由中国道士在欧洲创建的第一所道观，2016年，田诚阳道长羽化。主要著作有《道家养生秘库（仙学解秘）》《仙学详述》《修道入门》等。

本书试图将中华道家修炼总结成为一门有系统的完整学科，并将有关中华道家修炼学之一切学理学法全部公之于众。全书共分修炼概述、修炼学理、修炼术语、三元法要、修炼百问、修炼秘本、修炼真言等12个部分。

关于中华道家修炼学概述，本书首先简述了中华道家修炼学的名称、定义与内涵，之后列举了17种道家早期修炼方术，阐述了中华道家修炼学的五个阶次。关于中华道家修炼学学理，本书明确了修炼学起源于道家，点明了中华道家修炼学的十大宗旨。关于中华道家修炼筑基法要，本书主要论述了筑基过程中所使用的静功修性法、吐纳炼炁法和辅助筑基法。关于中华道家三元修炼法要，本书主要论述了内丹修炼法要和地元神丹法要。关于中华女丹修炼学法要部分，本书列出了34个女丹修炼的学术语，并给出了女丹活子时、女丹诀总录、女功修炼、坤元经诀和女功简便法五种女丹修炼的经诀。关于中华道家修炼学一百问，本书简述了一百种修炼基础问题，方便人们快速了解道教修炼。关于中华道家修炼功法集萃，本书收录了五种养生功法、五种参考功法以及六种疗疾功法。关于中华修炼丹道方药，本书收录了五种丹道服食方、七种道家辟谷方、四种延年益寿方、五种助道丹药、15种疗疾丹药和五种其他丹道方药。关于中华道家修炼学经典导读，分为两部分。第一部分为中华道家修炼学主要经典注解，书中选取了《轩辕黄帝阴符经》等六部经典进行了注解。第二部分中华名真高道修炼著述精华，书中将《周易参同契》《黄庭经》以及吕洞宾、陈抟等高道的主要修炼著述摘录于文中。关于中华道家修炼学写本三种，著者对陈撄宁先生的《学仙必成》进行了释读，对《丘祖秘传大丹直指》抄本进行了校注，并将修炼当中所见内景悉数公布于众。关于中华道家修炼学真言，摘录了众多道书中包含有阐扬道德、劝世为善、修养身心、无私奉献、陶冶情操内涵的句子，以及著者自己修道笔记中记录的各种体验。

本书讲述道家修炼学的理论体系、发展史要、修炼术语、筑基功法、三元丹法、男女丹诀、养生精要、道家方药、经典导读、秘本丹经、修炼百问、道经真言、悟道证言、实修境界、个人参悟等内容，论述相对全面，其特色为阐述和总结了许多自己的修真经验和体会。（张涛）

道教炼养心理学引论

《道教炼养心理学引论》，张钦著。成都：巴蜀书社，1999年9月第1版，32开，140千字。

张钦，1966年生，四川成都人。毕业于四川大学宗教学研究所并获哲学博士学位。现为四川大学道教与宗教文化研究所教授、博士研究生导师。

本书从心理学角度重新审视道教的炼养理论与实践。首先就道的感知、情欲、识神元神这三个层面做出分析，然后对守一、存思、服气、胎息、房中、内丹术等道教炼养技术进行了心理角度的诠释。

著者指出，道家基于生命修养的目标，确立了收视反听的原则，并且积极进行内在觉知的实践。在道家炼养体系中，感知世界有其物质基础。五官、五脏、五方、五气，这些概念共同组合了五行生克系统，构成了炼养思想的基础。从情欲论的角度，道家认为，人的情欲有其生理基础，与脏腑相对应，共同属于五行生克系统。在这个系统中，性情的调整可以从脏腑调整入手。从意识的角度分析，心灵及其功能可以划分为元神、识神，炼心的不同构成要件。从修炼的操作来看，炼养过程即是遣识神而返元神，进而通过神形并炼之道，完成内在生命的自我超越。

著者认为，守一是集中心念的炼养术，能使心趋于凝聚，将散乱的思绪化解或排遣。存思，是汉末到唐代道教重要炼养方法之一，有存思身中景物、存思身外景物、存思内外景象法三种。服气之道，有服内气与服外气两种，不论何种，都建立在对"气"的认知基础上，与道生万物论有一致性。胎息，于隋唐时已经发展到很精细的地步，后来被内丹吸取，胎息成为养育元神的基础功法之一。由于胎息会使人进入极度宁静的身心状态，对于身体健康与激发心理潜能有巨大价值。房中术，产生于先秦。道教房中技艺的操作在道教的方技世界中还在于要实现房中补益——还精补脑。道教房中对于性心理的训练与调控有着宝贵的借鉴意义，但又有严重轻视女性倾向，应该辩正地予以分析。内丹术是宋代以来最主要的道教炼养术，绵延至今，将内丹学及其他炼养技术纳入心理学研究中，对其做出心理学的新诠释，将是发展的新方向。

本书涉及了千年以来道教的主要炼养技术，内容恢宏庞大，其分析视角融会了现代心理学与传统炼养学。著者经过一系列分析之后进行总结，以为道教炼养与心理建设之间存在着直接的联系：道教炼养中的心理控制、炼养和开发的一整套的自觉过程，有益于现代人类心理素质的进一步提升。这一结论彰显了道教炼养的实质，揭示了新时代中道教炼养所具有的价值。（张涛）

中国道教养生秘诀

《中国道教养生秘诀》，马道宗编著。北京：宗教文化出版社，2002年1月第1版，32开，250千字。

本书设有导引行气、守静、存思、内视、胎息、内丹、遗精与走丹、睡功、养生疗病术、日常起居养生法十章。

关于导引行气，主要介绍赤松子导引法、宁先生导引养生法、彭祖导引法、王子乔导引法、二十四气导引法、华佗五禽戏、女子五禽戏、八卦行功法、京黑行气法、八段锦导引法等16种导引行气的方法。关于守静，主要介绍司马承祯《坐忘论》与陈撄宁《静功疗法》《静功总说》等。关于存思，主要介绍存思玄白之道法、卧法存思、守一法等方法。关于内视，主要介绍《老君存思图》《道枢》《太上老君内观经》《灵宝毕法》等书讲述的"内观第九"等方法。关于胎息，主要介绍袁天罡胎息诀、何仙姑胎息诀、张果老胎息诀、鬼谷子胎息诀、黄帝胎息诀、陈希夷胎息诀等十余种。关于内丹术，主要以《周易参同契》《悟真篇》《慧命经》等丹经为依据，从内丹修炼原理、方法、境界、术语四个方面进行阐述。又以《道源精微歌》《合宗明道集》《女金丹法要》《内外功图说集要》《乐育堂语录》等十余种书籍为基础诠释了女子丹法。关于睡功修炼，采录了海印子的相关文章，以及吕洞宾《大觉歌》、陈抟《励睡歌》《蛰龙法》、华山十二睡功总诀、陈希夷左右睡功等古籍原文。关于养生疗病术，主要介绍元鉴导引法、去风偏枯法、止呕吐法、去宿食不消法、真武金钩功、千金闸功、三五归一功、金刚杵功、修治城廓功、小炼形功、治疗痰症功等共计42种功法，针对不同种类的疾病。关于日常起居养生法，主要介绍饮食宜忌、西山真人卫生歌、饮食杂忌、饮食箴言、老人之饮食、食后将息法、吃素可养身养心、食粥养人等等。在睡眠方面，著者指出了鸡鸣而起、睡觉良方、入睡妙法、睡姿、一觉闲眠百病消等。另外又有遣兴以养生、行止坐卧宜忌等。

本书按照养生方法的不同种类，分别收集了传统道教文献中的方法与理论。在讲述过程中，著者间有评论，对于初步涉猎道教养生的爱好者，有着拓宽眼界的作用；但有些表述不够准确，例如将《金丹四百字》中大药产生的景象当作内丹炼成，把《慧命经》中一阳来复之景象当作"结丹"景象是有待商榷的。（张涛）

道教科技与文化养生

《道教科技与文化养生》，詹石窗著。北京：科学出版社，2004年3月第1版，32开，276千字，系"中国科技思想研究文库"之一种。

詹石窗简介详见总主编简介。

本书先有总序与出版说明。正文分为绪论与上、下二编，正文之后为参考文献与后记。绪论主要探讨道教文化与科技的关系，著者对道教的文化性以及道教文化的多重特质进行考察，继而对"道教科技"与"文化养生"术语进行论证。最后，著者考察了道教科技与文化养生的关系。

正文上编为"道教科技与伦理养生"，共十章。前两章考论"道教科技哲学"概念，认为道教理论体系主线道体论、道化论、修道论同科技哲学中的信息论、系统论、控制论具有相同之处。指出所谓"道教科技哲学"就是道门中人在进行具备某种科学意义的方术技艺实际活动与理论建构中所表现的哲学思想认识。上编后八章则是从道教术数、神仙信仰、丹道修炼、伦理修行等方面，通过文献的历史考察与思想分析，深化"道教科技哲学"命题的具体内涵并深入解读其与伦理养生的具体关系。

正文下编为"道教修炼与符号养生"，共十章。下编侧重从符号学的角度解读道教养生科技。著者从"符号养生"的定义开始，探究道教养生科技与符号之间的关系，指出：由于道教从传统经学以及其他文化门类中采撷而来的卦象、意象已经被赋予养生的代码意义，从而生发出新的养生功能，这种文化类型即可称作"符号养生"，道教符号乃以生命意识为基本精神，延年益寿、长生不老是这一精神的核心。继而，著者以"符号养生"为切入点，从稽考道教长生观念的符号隐喻渊源开始，进而从道教修炼方术与丹道经典中探讨符号养生的经典依据和内涵。

本书在形式上采取各章专题探讨的体例，各个专题保持相对独立性。其章节先后顺序首先根据类型来编排，同一类型者则依照历史先后排序。基于追溯历史脉络和内容相对完整性的需要，专题与专题之间也存在一定的交叉。在内容上，本书将中国道教文化、古代科技以及传统养生术结合起来考察，中心概念是文化养生。本书的研究工作，有助于对道教科技文化价值的评估，适于科技史工作者、哲学工作者、宗教工作者及相关专业的大学师生阅读。（胡瀚霆）

道教养生秘籍

《道教养生秘籍》，卓远主编，范晓清、于俊燕、闫硕编著，北京：中国环境科学出版社、学苑音像出版社，2006年6月第1版，16开，系"健康家庭生活百科丛书"之一种。

卓远，主编《带你远离富贵病》《佛教养生秘籍》等书。

本书共分13章。第一章什么是道教养生，主要阐述道教养生指导思想与内容，介绍内丹术、情志调摄、药物服食、饮食、房中、日常保健等方法。同时，也涉及喜、怒、恐、悲、思五种情志状态的控制问题。第二章养生论与长寿之道，介绍嵇康与其所著的《养生论》，对原文进行分段、提要与现代文的释义。第三章炼神是养生的根本，提出"神"是人体的主宰，炼形的最终目的是为了炼神，因此养生的根本在于炼神。在炼神方法上介绍了守一与坐忘两种方法，对司马承祯《坐忘论》原文进行释义。第四章道教养生的最高境界，从性命双修、内丹三要入手，选择伍守阳《天仙正理直论》中的部分章节进行注解。第五章道教心理养生有哪些内容，以道教心理养生为切入点，选录刘一明《神室八法》的部分内容进行了诠释。第六章道教动功——导引术，说明肢体与呼吸相配合的基本原理，介绍五禽戏、陈希夷导引法——二十四节气导引法等导引方法。第七章吐纳养生的积极意义，介绍服气与胎息两类方法的具体技术与原则。第八章秘而不传的房中养生术，阐述纵欲有损健康的道理，概要说明道教房中术的节欲观、房室养生的七损八益、房室养生的禁忌内容等。第九章道教的女子养生术，介绍刘名瑞《道源精微歌》《性命真铨》、银道源《合宗明道集》、黄裳《乐育堂语录》、傅金铨《女金丹法要》等有关女子修炼的内容。第十章道教四季养生的内容，概述春夏养阳、秋冬养阴的基本原则，从四季与五脏对应关系、心理调节、饮食调养等方面具体阐述四季养生需要注意的要点。第十一章道教饮食养生法，介绍以素食为主的道教饮食养生主张与方法，强调饮食有节、注重卫生。第十二章道教睡眠养生法，强调睡眠在养生中居于重要地位，阐述四季睡眠宜注意的事项，对睡眠方位、睡眠姿势等方面作出具体说明。第十三章道教治病小功法，选录葛洪治病十三法、巢元方《诸病源候论》中部分治病方，主要针对四肢不便、身体沉重、风邪诸症、杂病诸症等。

本书对道教养生的主要方面进行较为全面的概括，在不同领域选择了较有代表性的著作进行诠释，展现了道教在养生领域的具体观点与方法，对于普及道教养生知识有一定贡献。（张涛）

道教养生

《道教养生》，张雪松编著。北京：北京图书馆出版社，2006年12月第1版，16开，200千字。

张雪松，1980年生，北京人，笔名"雨山"。现任中国人民大学哲学院副教授，教育部人文社会科学重点研究基地佛教与宗教学理论研究所研究人员。

本书共分九章，从道家思想到养生的主要法门，再到名人养生事迹都有较为全面的收录。第一章道教养生概论，对道教养生修炼方法、药养和食养理念做出概括性描述，强调道家"内丹"炼养在道教养生思想中的地位。第二章道教调摄呼吸的气功养生法，主要收录大小周天、意气功、内养气功、道家静坐十二心法等十余种道家气息呼吸法门。第三章道教强身健体的动功养生法，从强身健体的角度出发，收录了华佗五禽戏、八段锦法、太极行功法等主要十种动功养生法门。第四章道教舒经活络的按摩养生术，收录了18种道家舒经活络的按摩养生术。第五章道教益寿延年的内丹养生法，从内丹的三要素和修炼步骤入手，介绍了三丰派的筑基方法、道家南宗的内丹修炼法和女子内丹修炼养生法，并附录了女子丹法三十六问、金液还丹要诀和内丹药物精气神。第六章道教秘而不宣的方药养生术，收录了彭祖丸、熟地黄丸、紫霞丹、彭真人还寿丹等12种养生丹方和药方。第七章道教均衡营养的饮食养生法，收录古代道教关于"生冷勿食，粗硬勿食""肉必新鲜""五味不可过偏"等人们日常饮食生活注意事项格言等。第八章道教天人合一的四季养生法，阐述不同季节需要遵循的养生法则和规律。第九章道教名人养生之道，列举黄帝、彭祖、老子等道家史上较为典型的养生长寿名人，阐述了他们各自的养生思想和方式，对道家养生的各种流派和代表人物做了一个大致的总结。

本书以史料为基础，比较系统地归纳整理了道教养生流派，对各个流派的具体法门进行较为完整的收录和介绍。集各种养生方法于一书，使读者能更为便捷地对道教养生有一个较为直观的了解；但由于涉及内容较广，本书不能对每一个道教养生法门一一进行深入而全面的解读。总的来说，本书作为道教养生入门书，能为道教养生兴趣者带来一些便利。（陈俊文）

道教养生学

《道教养生学》，杨玉辉著。北京：宗教文化出版社，2006年12月第1版，32开，360千字。

杨玉辉简介详见《道教人学研究》提要。

本书于绪论之后分上、下两篇，共13章。绪论阐述养生、道教养生学的概念，道教与养生之间的关系，道教养生学的历史发展、体系结构、自身特点与现代价值。上篇为总论，共有六章。第一章人体的本质结构，著者从两个角度分析人体的本质结构，认为人体是由形气神或性与命两个系统组成的统一体。第二章人体的脏腑，著者阐述脏腑概念，具体说明脏腑理论的核心部分——五脏功能系统。第三章人体的经络，著者探讨经络的概念，阐述十二正经、奇经八脉、中黄之脉与丹田。第四章人体的健康、疾病、衰老、死亡，著者站在动态变化角度，重新审视人体结构状态的变化，从养生视角探讨人体的健康、疾病、衰老、死亡的基本认识和基本表现。第五章养生的基本原理，著者指出形气神当并养，性命当双修；从人体结构理论看，应当调理脏腑、疏通经络；从道教哲学看，应当虚静无为；从后天返回先天，应当和顺自然。第六章养生的基本方法，著者从历史角度审视道教养生基本方法的形成与发展，介绍服食、行气、守一等养生基本方术，总结道教养生方法的特点，指出其具体运用。

本书下篇为各论，对道教养生的主要方法分别论述。其中第七章探讨服食基本概念与原则，对《千金要方》《四气摄生图》《真诰》中的服食方进行整理分析。第八章论述调神在人体养生中的首要地位与基本作用，从道教哲学的高度提出调神的基本原则。第九章介绍吐纳法、行服元气法与胎息法。第十章探讨了导引的内涵、主要类型、原则和特点，介绍五禽戏、八段锦等导引术。第十一章探讨四时调摄、起居调摄、睡眠调摄以及饮食调摄。第十二章介绍房中术的历史发展，阐述房中术对于养生的重大意义。第十三章从内丹概念及其修炼原理、特点、作用入手，较为明晰地剖析了内丹术。

本书注意概念梳理，概念间逻辑关系的梳理与架构，各种观念的原则、表现形式等问题，论述清晰，表述明确，具有一定的理论价值与实践意义。（张涛）

养性延命：道教养生观与人类健康

《养性延命：道教养生观与人类健康》，李似珍著。上海：上海辞书出版社，2006年12月第1版，32开，166千字，系"上海城隍庙·现代视野中的道教丛书"之一种。

李似珍简介详见《化书》提要。

本书旨在考察道教养生的各种技术与观念。全书共分八章。第一章永恒的主题与超前的探索，阐述神仙信仰的实质，认为道教崇拜神仙，追求长生，发展出"我命在我不由天"的生命观，进行了一系列实践活动，发展出各种养生技术。这些养生技术对现代生活有积极的意义。第二章服食与炼丹，介绍草木药物的服食、辟谷不食、服食金石药物、药膳食疗等技术知识，对这些技术的现代应用价值作出了一定评述。第三章"上药精气神，成全道方亲"，介绍内丹术的药物"精气神"以及典型的炼丹程序、多样化的内丹修炼技术，对内丹术开发潜能的功效、时间节律进行梳理。第四章动功辅佐，形神相济，考察导引术的流变，首先讲述道教导引术的理论基础，介绍典型的道教导引术、动功与动静观念，以及五官按摩睡功等。第五章德生双修，精神呵护，考察修炼思路，指出道教养生从来是身心并重。在心神修炼方面，道教齐生死，忘物我，淡泊名利，积德行善，具有相对的超然性，从而一直保持一种精神愉悦、乐观处世的健康心态。第六章咒斋移情，调适情绪，从心理层面展开，指出持诵经文、符咒、斋法对于心理调适的积极作用。第七章调摄起居，劳逸适度，提出日常起居调摄的基本原则在于不伤、自慎，介绍了日常起居的道法规定，四季调摄的理念与二十四节气坐功、性保健发展源流，基本原则。第八章天人共存，生态养人，研究道教的环境保护意识，从道法自然的原则入手，阐扬了道教齐同万物、敬重生命的基本观点。

　　本书以现代社会和科学视野，对道教养生观念与技术进行新的阐释，如从气功角度审视内丹术，从移情心理学角度考察符咒斋法，从环境保护角度看待洞天福地说等等，故而能够形成一些独到的认识。（张涛）

道教心理健康指要

　　《道教心理健康指要》，曹剑波著。北京：宗教文化出版社，2007年1月第1版，32开，152千字。

　　曹剑波，1970年生，湖南益阳人。厦门大学哲学博士、复旦大学博士后。现任厦门大学哲学系主任、教授、博士生导师。主要学术著作（含合著）有：《女性主义哲学》《坐虎针龙——济世救人的药王孙思邈》《灵感与科学创新》等。

　　本书着力于道教心理健康问题之论述，全书包括前言与正文四章。前言探讨心理健康的概念、标准、重要性，指出心理健康既是健康的重要组成部分，也是长生久视的法宝，是幸福美满的源泉。道教心理健康理论是养生长寿的经验总结。第一章道教心理养生的理论前提，以唐代王冰注解、宋代林亿补注的《重广补注黄帝内经素问》与唐代杨上善撰注、清代萧延平校正的《黄帝内经太素》为典据，发掘蕴含其中的心理健康思想。著者认为，健康、乐观的心态，是长寿的基本保证。该章附有简易心理状况测量表，便于读者自行检测，其后列举了一些疏导情绪的办法，供读者参考。第二章道教心理保健的基本原则，以汉代河上公章句《纂图互注老子道德经》为主要文献，把道教心理健康理论的精髓归纳为：利而不害，为而不争；少私寡欲，知足知止；知雄守雌，以柔胜刚；清静无为，顺其自然。著者认为，灵活应用以上基本原则，加强心理历练，可以实现心理和谐、悦纳自我。第三章道教纾忧解愁的具体方法，著者认为西方心理咨询是20世纪40年代末才兴起的心理疗法，然而，在我国古代的道教典籍、医家经典以及大量的小说传记、成语寓言、幽默笑话、诗词歌赋中，早就记载了大量的心理疗法。著者结合了医案与故事，对道教的主要心理疗法进行介绍。第四章道教参透生死的豁达态度，以晋代郭象、唐代成玄英疏的《南华真经注疏》为研究对象，着重研究其中的生死智慧，探讨道教的死亡哲学，深入发掘了其中的"生死一体""生死气化""生死俱善""生死通达"等思想，对气聚气散、生死一体、安时处顺、哀乐不入、无需悦生、不必恶死、保身全生、享尽天年等内容进行深入解读与诠释。著者认为，这些思想可以使人们超越生死，从而获得生命之达观。

本书各章节穿插不少名人趣事、成语寓言、小说传说、歌词诗赋、幽默笑话、医案典故、心理测试、统计数据等，其可读性较强，值得借鉴。（张涛）

道教与中国养生智慧

《道教与中国养生智慧》，詹石窗主撰。北京：东方出版社，2007年12月第1版，16开，513千字。系"国学新知文库"之一种。

詹石窗简介详见总主编简介。

本书共分四编，分别论述道教养生智慧的思想渊源、传承与发展、实践体现与理论沉淀。第一编道教养生智慧的思想渊源，分五章。本编主要从历史源流的角度追溯了上古神话、先秦至汉代的各家养生智慧。著者视角独特，搜罗广博，分析了先秦道家方面、先秦儒家、先秦至汉代医家、秦汉黄老学派的养生智慧，明确了道教养生智慧的思想渊源。

第二编道教养生智慧的传承与发展，分五章。本编考察了道教养生智慧的形成，剖析了道教养生智慧形成的必然性及其理论倾向、特征。其次，从派别组织角度分析道教养生智慧的发展。通过梳理分析，凸显出丹鼎派与符箓派各自的养生主张与特点。再次，著者分别从道教神仙体系、道教经书解说角度分析道教的养生底蕴与智慧。本编最后，著者注意道教与儒家、佛教的互动关系，专列一章来讨论道教与儒佛养生智慧的互动。

第三编道教养生智慧的实践体现，分五章。本编从道教养生智慧的具体实践的角度进行论述，分析了道教气法、导引、静功、房中、服食、内丹、符咒、雷法等八种技术。著者认为，这些方法大多对人的生理、意识和精神有一定的自我修复、调节、开放作用，对健康祛病有积极作用。其中部分方法对现代人类健康有巨大的价值，是中华养生文化的瑰宝。

第四编道教养生的理论积淀，分五章。本编从天文历法、自然环境、自然哲学、生命意识、社会认知等方面进一步发掘道教养生智慧的深层理论内涵。在余论中，著者围绕"文化技术语境中的道教养生哲学"这个专题，概要论述道教养生哲学构建的路向。

本书附录为"从文学作品看道教养生智慧"，分别论述散文、仙传、小说、诗词、戏曲等文学形式中的道教养生智慧所表现的形象、境界、艺术空间。

本书首次提出了"养生智慧"概念，分析了"养生智慧"与"养生文化"的联系与区别，从宏观与微观相结合的多重维度系统考察了道教与中国养生智慧的相互关系，披露了道教中许多罕为人知的养生奥秘，开辟了中国养生文化研究的新视野，是学界对道教养生理论探索的重要著作之一。（张涛）

静心之教与养生之道

《静心之教与养生之道》，李似珍著。台北：东大图书股份有限公司，2008年5月第1版，32开。

李似珍简介详见《化书》提要。

著者有感于现代社会西化所产生的身心弊端，以道教养生观作为解决问题的切入点，拈出"静心"为其中坚，依序阐述道教养生各种方法及其现代意义。本书共分十章，首章论述静心的修炼目标为超越生命局限的"自然长生之道"，其现代意义在于珍惜生命，追求生存品质。第二章由道教的生命观、天道观以及人体观作为静心的炼养思想理论，而以众术合修为其实行方法，由此而分论众术于以下各章。第三章提出守静的最高境界在空寂忘我，俗念尽除。第四章则阐明精气神合一的内丹术为静心之教的真正核心。接着，第五章由道法自然的思想，以及流水不腐的运动观来论述导引术，并以五禽戏、八段锦的操作为说明之例。第六章专论太极拳法及其分派的发展与流传，认为太极拳法符合现代人的养生需求，其柔弱胜刚强的养生哲学所得到的"不损"效果，更较现代竞技体育为优。第七章列杂修功法为动功的辅佐，包括五官杂修及睡功等，属动功。另外，第八章特讲德性修养，认为积德行善可使精神愉悦，而淡泊名利、参透生死则能使人从焦患痛苦中解脱，达到防病治病的目的。第九章从现代心理学的移情角度阐释斋醮符咒与祝由治病的功效。第十章论述服食炼丹，认为这是属于静心之教的支脉，在药食同源的原则下，对辟谷与服食大丹有所议论。最后则于结语中简略陈述了房中术的养生方。

本书特色有三：首先是基于对道家养生的观察与了解，提出"静心"为其核心思想，静心既是炼养的形上神思，然为达到"身清神静，与道同身"的目标，亦有各种动、静功法的操作；二是为求现代人的理解，在叙述之间加入现代学理的解说，如言现代医学认为胎息是减缓人体的新陈代谢，类似动物的冬眠，祝由咒斋之法乃由斋咒的暗示而得到移情的心理作用，属于安慰疗法等；三是强调道家养生的优点之外，也经常比较其与儒佛养生的优劣，如比较静心修养之功，认为儒家强调在社会中自我实现的生命价值，佛教偏重精神生命的心理自足，而道教则是注重生命的永恒，以及生命过程中的悦乐，因此道教的养生观念被认为更具哲理及高雅脱俗的情趣。

唯道经中凡记炼养之法，大多内丹与食药并重，如言辟谷，必先炼气而后自然辟谷，二者相辅；食金丹者亦必与炼炁同行，因此书中将服食炼丹独立阐述，而视为静心之教的支脉，实有待斟酌。（陈昭吟）

灵性的奥秘：修道的基本理论与方法

《灵性的奥秘：修道的基本理论与方法》，戈国龙著。北京：中央编译出版社，2011年6月第1版，16开，155千字，系"观复斋系列丛书"之一种。

戈国龙，道号云山风，1971年生，江西临川人。中国社会科学院世界宗教研究所研究员、研究生院宗教学系教授、道家与道教文化研究中心主任，兼任丹道与养生文化研究会副会长等职务。主要著作有《道教内丹学探微》《道教内丹学溯源》《存在与逍遥》《丹道十讲》等。

本书由著者四场讲座录音资料整理而成，一共八讲。在开场白中，著者提出该讲座要"超越宗教"，目的是为了从现代立场来整理、诠释道教与佛教的核心原理。

第一讲终极的奥秘，著者指出探索终极奥秘有两种途径，一是知识论途径，另一是存在性体验途径。修道过程始于道的知识，终于道的体验。著者阐述了《化书》中"精、气、神、虚"的道化模型。第二讲朝着人的可能性的成长与进化，著者认为，人应当承认自身现状的不圆满，主动追求"真我"，成为"觉悟了的人"，使觉知的意识成为觉醒的意识。第三讲人为什么受苦，著者借助心理学的意识说，结合佛教理论，指出人的痛苦源于内心的执着与自我中心。第四讲迈向解脱的道路，解释了佛教修证从"信、愿、行"到"见、修、证"，介绍了静心类别的多种划分。第五讲活出真我的风采，著者首先提出"我是谁"的问题，在追索答案过程中，著者阐述了自我、真我与无我的内涵与关系，给出了活出真我的几种方法。第六讲成为身心的主人，著者阐释人体"精、气、神、虚"的结构，指出心灵对人体的巨大作用，认为只有觉悟真性，净化业相，消除业障，才能够真正成为身心的主人，实现人的主动进化。第七讲没有终点的旅程，著者指出修道就是为了享受自己当下的时刻，毫不执着。当执着的自我融化之后，"我"进入空性，则没有结束，也没有终点，只有觉悟而已。第八讲生活是最终的道场，著者认为，当真正觉悟时就会发现，我们应当把修道贯穿到日常生活的所有觉解。著者给出了日常生活中的修炼窍门，介绍了行立坐卧的要点，即会归静心法、随缘静心法等。

本书汇通佛教、道教的修道原理，从现代心理学角度解释修道理念，颇多新意。著者认为，道与缘起性空有一致性，在修道中应当追求觉悟真性，静心修道方法多属佛教方法，讲座中时时透露出禅宗气息，观点既符合传统佛教、道教理论，又切合现代精神。（张涛）

道教养生文化的生命伦理学审视

《道教养生文化的生命伦理学审视》，赖平著。湘潭：湘潭大学出版社，2011年9月第1版，32开，189千字。

赖平，长期从事中国传统伦理思想及其现代化研究。

本书共五章。第一章对道教做了简要介绍，其内容包括：道教与道家的区别联系、道教的创立与发展过程、道教的教理教义以及何为道教养生文化。第二章阐述道教生命观的含义、特点以及意义，指出道教生命观看重的不仅是人的生命，还包括动植物的生命以及天地的生命。著者认为，道教生命观具有生德并重、神仙逍遥与入世并重、重视生命等多维存在的特点。第三章针对道教养生的"道""理""术"作了详细的理论阐述，著者重点阐述"道"的无限性与生命有限性之对立统一，指出道教养生之"理"即为"尊生贵生""生道合一"思想；这种思想贯穿于导引术、行气术、意念修炼术、内丹术、辟谷术、滋补服食术、房中养生术、起居摄生术以及符咒养生术之中。第四章介绍道教养生文化中生命伦理思想的历史发展及内容意蕴。第五章介绍生命伦理学的发展、主旨及其面临的现代困境，指出道教养生文化的生命伦理学启示。

本书对道教养生文化进行生命伦理学审视，可以得到三方面启示：第一是善待生命，科学养生，即合理饮食、适度休闲以及适量运动；第二是尊重生命，德性生活，即为尊崇真、善、美的伦理思想和回归心理的宁静；第三是升华生命，实现自我超越，即为不断完善自我身心状态，实现知行合一的"实然""应然"之统一。

著者独辟蹊径，将现代生命伦理学与道教养生学进行联通研究，提出从道教生命伦理思想的精华中找出破解现代生命伦理学道德"两难"问题，具有一定的现实指导意义。但书中关于道教养生术的概念阐释存在着某些明显的粗糙疏漏之处，比如谈及存思术之时，认为"存思"便是单纯地"思神"，忽略了存思身外之景、自然之景的含义。（徐敏）

仙道贵生：道教与养生

《仙道贵生：道教与养生》，张钦著。成都：四川人民出版社，2012年9月第1版，32开，150千字，系"中华道文化丛书"之一种。

张钦简介详见《道教炼养心理学引论》提要。

本书共分四章，按照历史篇、理论篇与众术篇三个大部分展开。第一章仙道养生之源，按照时间顺序分别简述了广成子、岐伯、彭祖和老子的养生理论观点。第二章道教心理与灵性炼养论，内容包括收视反听、节情制欲、炼心养神。著者指出，在炼养家们看来，人天生就具有元神，只是识神随后天的生活经历不断膨胀而遮蔽了元神，所以应该遣除识神，恢复人先天的元神。第三章道教养生术概说，分别概述服气养生、胎息养生、守一养生、存思养生、膳食养生、房中养生、内丹养生等道教养生术。关于服气，书中主要介绍了行气法、上清气秘法、服雾方、昙鸾法师服气法和幻真先生服内元气诀法。关于胎息，书中主要介绍了《胎息经》功法、侯真人胎息法、玉云张果老胎息法和宝冠胎息法四种胎息养生的方式。关于守一，本书指出其关键是控制身心，以使安静。书中主要介绍了《太平经圣君秘旨》守一术法程、守一大静之道和存三守一之法。关于存思，本书认为这种功法总括起来有存思身中景物、存思身外景物和内外景象法三种。书中主要介绍《黄庭经》存思身神之术、陶弘景存思玄白之道、司马承祯的存想论和曾慥存想之术。关于饮食，本书指出经过数千年的探索与实践，道学大师们在膳食养生方面提出了三点理论，分别是：食物的五味平衡论、食物的能量平衡论与食物的酸碱平衡论。关于房中养生，本书指出这并非道教所发明，秦汉时期已有不少房中流派和著作传世，道教房中家们认为欲望不可断绝又不可放纵、要待到成年后方可行房事以及行房事有一些忌讳需要遵守，除此之外，他们还十分注重术的应用，术即交接之道。关于内丹养生，本书指出其原则体现在四个方面：一是身心俱炼、性命双修，二是以形炼神，三是循序渐进，四是知所逆反。本书以钟吕丹法为主线，分析了其炼精化气、炼气化神、炼神合道的法程。第四章道教养生经典举要，本书节选《周易参同契》《抱朴子》《养性延命录》《坐忘论》《灵宝毕法》和《悟真篇》的一些内容进行介绍，并有概要介绍，方便读者了解。

　　作为一种入门书籍，本书深入浅出地介绍道教养生理念和具体功法，为现代人运用道教传统养生理法来获得身心灵三个层面的健康与成长提供了帮助。（张涛）

道教符咒法术养生学：
以《道法会元》为核心

　　《道教符咒法术养生学：以〈道法会元〉为核心》，郑志明、简一女著。台北：文津出版社有限公司，2013年12月第1版，32开。

　　郑志明简介详见《神明的由来》（中国篇）提要。

简一女，1957年生。台湾师范大学国文学系毕业；退休之后，再次进修，毕业于厦门大学哲学系宗教学专业，获哲学博士学位。

本书共11章。第一章绪论，旨在说明"道教符咒养生学"对于生命的关怀，并分析前行文献成果，叙述建构此项课题的进路；第二章从巫术到道教符咒法术，对原始道教时期的巫觋、道教各宗派的符咒法术与合会儒、道思想之后的宋元道教符咒法术，进行翔实的说明；第三章《道法会元》的成书考察与法术特色，叙述《道法会元》的成书始末及其重视雷法、内炼的两大主流；第四章道教符咒法术的天人思想，透过本体论说明宇宙、天地与人之间的生成、气化、道化关系；第五章道教符咒法术的道法思想，揭示《道法会元》"道体法用"的根本价值观，将"心"视为寂然不动之本体，并以"雷"作为感而遂通的发用；第六章道教符咒法术的修炼方法，逐次说明生命实践的工夫，与行法过程的为炼、出神、变神等工夫进路；第七章道教符咒法术的操作方法，提出行持雷法的"六府"，并论述行法所搭配的符、咒、罡、诀与法器、斋醮仪式等面向；第八章道教符咒法术的消灾解厄功能，以天人合发的宇宙论为基础，分析道教斋醮仪式在解消天灾、祈禳厄患两方面所运用的符咒、法术；第九章道教符咒法术的治病功能，说明《道法会元》所记载的宗教医疗步骤；第十章道教符咒法术的度亡功能，说明宋元道教宗派"先炼诸己，后可度魂"的涷度观点，并综述忏悔解罪的功德观、水火炼度的方式；第十一章道教法术行持的宗教戒律，说明道教各宗派神职人员的角色、职责、品秩、斋戒方式、度人途径等面向。

综观全书，透过著者对《道法会元》的分析，可以了解宋元两代道教宗派的法术思想与修养工夫、实践方向。因此，就解读《道法会元》及宋元道教思想而言，本书颇具价值。（李建德）

（四）道教气功学

道教气功养生学

《道教气功养生学》，李远国著。成都：四川省社会科学院出版社，1988年6月第1版，32开，403千字。

李远国简介详见《四川道教史话》提要。

本书共分六章。第一章道教气功养生学概述，著者认为"道教气功养生学"作为一个特定概念，是一种独特的气功学说，对我国古代气功理论与方法、中国哲学、医学都产生了深刻影响，其潜能和价值以及对世界做出的贡献不可低估。道教气功养生学的基本理论在于重人贵生的人生哲学、形神统一的生命观念、性命双修的内炼体系、逆修返源的仙道理论。第二章早期史上重要人物及其内炼学说，著者认为，先秦至南北朝时期为道教气功养生学的早期阶段，著者不仅梳理了方仙道与老庄派中的内炼思想，而且也对早期道教的经典文本《想尔注》《太平经》《周易参同契》《抱朴子内篇》《黄庭经》《养性延命录》中的内炼要旨进行系统论述。第三章隋唐五代时期的重要人物及其内炼学说，著者认为，道教气功养生学在这一时期取得了很大成就，表现在人物辈出、内炼理论纯熟和功法更加丰富。道教气功养生学在此阶段有外丹由盛而衰、气功导引盛行、内丹术方兴未艾三个特点。第四章两宋时期内丹派南宗概述，著者梳理了南宗五祖及其流派，重点解读张伯端《悟真篇》、白玉蟾《无极图说》、清修丹法与阴阳双修丹法、陈致虚的金丹学说。第五章金元时期内丹派北宗概述，著者介绍了王重阳及其度化北七真的事迹以及他们各自的修炼历程，指出与南宗丹法相比，北宗丹法的理论特点在于强调先性后命、明心见性以及提倡斩断情欲和僧侣主义，著者还对全真道"全真"二字的由来、含义和修持之道，全真教中的三乘丹法与九转功夫、李道纯的"守中致和"的内炼学说以及王道渊的性命混融学说进行了详细探析。第六章明清时期主要内丹派别的炼养理论，著者指出，明清道教形成了诸多流派，诸如张三丰丹法、陆西星东派丹法、李西月西派丹法等，各有其特点。在内丹功法方面，伍柳派丹法和刘一明著作较受关注。著者还专门探讨了女子内丹派的理论与功法，指出由于两性生理和心理差别，在具体炼养方法和步骤上也应有所区别，由此形成了女子内丹派，著者解释了女丹炼养中的"气穴""赤龙""回光返照"等专业术语，并对女丹著作择要介绍。

本书拓宽了道教研究新领域，对道教气功养生思想的历史发展进行了全面系统的论述，著者在掌握大量文献基础上力求对其进行客观而科学的分析，具有较高学术价值与实践价值。（耿琼珂）

武当气功述真

《武当气功述真》，裴锡荣编著。上海：上海三联书店，1989年2月第1版，32开，140千字。

裴锡荣（1913—1999），祖籍河北沧州。主要著作有：《梅花剑》《八卦掌》《秘宗拳》等20余部。是《中华传统武术大观》丛书主编，《中华武术辞典》的撰稿人之一。

本书共有气功简史、练功须知、功法、气功与疾病防治等四章。著者在前言中明确了武当气功的基本原理、基本步骤与理想追求，指出：武当气功，功起于易，理成于医，练功姿势同人体经络的循行规律结合起来，强调动静结合，动中求静，注意意念；武当派功法的练功步骤是：炼体足精，炼精化气，炼气化神，炼神还虚，天人合一。第一章气功简史，按照时代顺序，对上古时期、夏商周时期、春秋战国时期、秦汉三国时期、两晋南北朝、隋唐五代、宋元时期、明清时期、民国时期、新中国时期的气功发展情况作出概述。第二章练功须知，指明武当气功练习的各项基本要求。首先是动静结合、动中求静，指出武当导引主张"在练动功相当一段时间之后，慢慢地在'由动入静'的规律下，逐渐减少动功，相应加强静功"，慢慢"完全达到'入静'的真正清静境界"。这一观点实由实践而来，极具价值。其次，指出练功面向，要求面南背北，面对绿色植物练功。面对某些特定植物进行呼吸，具有一定医疗作用，应针对不同疾病，面对不同植物练功。第三章功法，介绍了站式静功、坐式静功、卧式静功、动功、辅助功、增气功共六种。这些功法首先要求熟悉经络，明白气机升降出入之理。其中每部功法都注明了功法动作、歌诀与功理，对功法解释清晰到位。第四章气功与疾病防治，介绍气功测病、发功治病法、气功纠偏法、气功点穴施治法、气功按跷法、气功临床治病六条。其中气功按跷法又介绍有气功按法、气功摩法、气功推法等十三法。气功临床治病方面，分别就五官科疾病、生殖系统疾病、内科疾病、疑难杂症中的各类疾病给出了静功、动功、辅助功等各应练习何种功法、次数及功法配合，以治疗该种疾病。

本书附录有《黄庭经》《悟真篇》《人体气穴图》《河车图》《水火既济图》《河图洛书》六篇。该部分内容占整书篇幅的二分之一。其中对《黄庭经》收入了睦麟注释翻译的《黄庭经讲解》，本书见于浙江古籍出版社出版的《中国气功四大经典讲解》一书。《悟真篇》收入原文，偶见注释。（张涛）

道教气功百问

《道教气功百问》，陈兵著。北京：今日中国出版社，1989年9月第1版，32开，148千字，系"宗教文化丛书"之一种。

陈兵，1945年生，甘肃武山人。当代著名佛教学者和道教研究专家。1987年从中国社科院世界宗教所调四川大学宗教学所，现任研究员、博士生导师。主要著作有《佛教禅学与东方文明》《佛教气功百问》《生与死——佛教轮回说》等，参编《中国道教史》《道藏提要》《道教手册》《诸子百家大辞典》等。在《哲学研究》《世界宗教研究》《法音》《内明》等刊物发表论文百余篇。

本书分为十部分，对100个相关问题做了解答。第一部分是道教炼养学源流问题，具体包括道教炼养学的发展概况、流派、方法、分类、相关重要专著；道教炼养术与神仙家、道家、中医、佛教、儒学、民间气功方术、现代气功的关系；以及气功养生与道教信仰的关系。第二部分是道教炼养学基本理论问题，具体包括了道教炼养学的天人合一论，道教之"道"的含义，道教炼养学对气、形神、形气关系的经典论述，道教炼养学对无极、太极说、五行学说、阴阳、八卦、九宫、河图洛书等的应用，并对性命、性命双修、精气神及其关系等做出了阐释。第三部分是道教养生的静功问题，分为炼神、服气、存思、守窍、内丹五个层次。第四部分是道教养生中的动功类问题，包括常用导引法、内家拳与道教关系、"行禅""握固""叩齿""鸣天鼓"及常用按摩法等方面。第五部分是摄养、房中问题，包括道教心理卫生之道、生活起居之要、饮食摄养之要、四季摄生之要、房中养生之要等。第六部分是辟谷、饮食问题，包括辟谷的作用要点、辟谷与服食的药方、辟谷的效果、咽津等。第七部分是气功与医疗问题，包括行气攻病、存思治病、六字气治病、导引治病等。第八部分是炼养与符箓问题，包括符箓道法与气功炼养的关系，手印、咒语，东华派内炼法、神霄派内炼法、清微派内炼法等。第九部分是炼养与神通异能问题，包括道教的神通异能、道教修炼神通异能之法、道教史料中神通异能的记载等。第十部分是炼养与长寿问题，包括人的"天年"，道教炼养延寿的效果等。

本书在内容选择上具有针对性，既能够有效解答普通读者最关心的问题，又能够启发研究者以更加广阔的视角对道教气功进行探索。（张涛）

道教气功源流与奥秘

《道教气功源流与奥秘》，王远明著。成都：四川科学技术出版社，1990年8月第1版，32开，145千字。

本书分上、下两篇，后有附记。上篇第一章与气功发生有关的古老物质观，著者首先回顾最早关于"气"和"五行"的认识，认为气和五行是我国上古时期对宇宙和自然的六种物质的看法。第二章《黄帝内经》与气功的关系，站在《黄帝内经》的角度，梳理人与自然、四时的关系和相应的养生方法，探讨了呼吸与丹田的关系。第三章气功和老子、庄子以及道教的关系，以老子、庄子、魏伯阳、葛洪、孙思邈为基本点，综合考察了气功与道教的关系，以及上述各家的主要观点。最后，著者对放生学、空气疗法以及把握阴阳做出了探索。

下篇第一章气功学与物理学、电工学及电生理学的一些基本关系，著者试图从物理学、电工学、电生理学的角度重新诠释气功。著者认为，气功学的定义与电工学的定义具有一致性，而气功则是人体物质能量的练习，它不自觉地进入了物理学或电工学的范围。第二章从相对论的观点和表面物理学及电化学来看气功，著者从物质的质量与能量关系来看待气功，认为气功师爆发的能量来自意念加速人体电子运动速度；著者还从表面物理学及物质表面质量的角度分析了硬气功表演；从水的抗磁力的角度分析了轻气功行于水面的奥妙等等。认为在衰老与死亡面前，人体的自由电子、磁分子量等会随着人体的衰老而死亡，绝不能够改变自然的死亡规律。

附记"有关炼养气功的若干方法问题、炼功与长寿问题和自我按摩方法介绍"，著者认为气功与养生学、行为学配合才能够使人长寿，笼统地说气功使人长寿并不科学；认为炼气功应该认清目的、分清不同功法的性质与作用，对于已婚、年老的人炼气功应慎重，且更宜追求养生。最后，著者介绍了八段锦、六字道经（即六字诀），以及防病健身的自我按摩方法，以便于养生之用。

本书字数不多，但提出了许多有意义的观点。上篇对道教传统炼养历史的考察中，对各家分析颇为精到，著者作为医家的立场很明确，受孙思邈的观点影响很深。下篇对气功的一些现象做出了物理学、电工学等方面的解读，并试图将气功纳入现代科学的框架中来。著者并未提及量子力学，以及"熵"的理论等，否则会有更多的认识涌现。但著者的这种努力是值得肯定的。在附记中，著者明确主张气功应当配合养生学才能够长寿，已婚人士及老人应当重养生更重于炼养气功等观点尤其具有价值。（张涛）

中国道教气功养生大全

《中国道教气功养生大全》，李远国编著。成都：四川辞书出版社，1991年7月第1版，32开，1700千字。

李远国简介详见《四川道教史话》提要。

本书收录了名词术语类、功法丹法类、仙方歌诀类、人物流派类、著作文献类共五类辞条，共计6600余条。正文根据不同类别，按照笔画顺序排列辞条，便于检索。第一类名词术语类，收录道教气功养生类书籍中出现的各类术语1800余条；第二类功法丹法类，收录了道教流传的各类气功功法、按摩法、导引法、符咒法、内丹丹法等，并在条目中较清晰地做出了具体归纳，此类条目有1800余条。第三类仙方歌诀类，收录了道教气功养生方面的药方、诗歌与口诀，共800余条。第四类人物流派类，收录了自传说中的仙人到历代道教气功养生各个流派的代表人物，共1100余条。第五类著作文献类，收录了与道教气功养生相关的各类著作，如道经、丹经、中医养生著作、道教养生著作等，并在辞条中对该著作或经典进行钩玄提要，此类条目共计近1000条。

本书是中国首部道教气功养生方面专科类的辞典工具书，在该领域具有相当的创造性、先进性。著者十余年翻阅了数千种书籍，在制作了两万张以上的卡片的基础上，编写了本书。著者写作态度较为客观，较好地把握了科学与迷信之间的分寸；在辞条解释方面，既做到了清晰准确，又在必要之处引用原文以便读者参考，具有相当的学术稳定性。在辞条搜集和选择方面，本书做到了在较合理的分类基础上的广泛搜集，在功法及术语收集方面，是当时最为完整的一部集成之一，具有相当的意义。本书在广泛搜集资料的同时，又注意到了辞条与辞条之间的独立性、丰富性，别具匠心。但又由于工程浩大、时间有限，本书还存在着某些粗糙疏漏之处，这作为中国首部道教气功养生领域的辞典来说，是在所难免的。

总体而言，本书搜罗广博，便于查阅，具有开创性的意义。（张涛）

道家气功术

《道家气功术》，［日本］早岛正雄著，廖玉山译。台北：大展出版社有限公司，1993年2月第1版，32开。本书为日文版的中译本，原书为：《道家の気功術——中国五千年の歴史をもつ自力健康法》，东京：日东书院，1992年1月出版，32开。

早岛天来（1910—1999），笔名早岛正雄，日本高知县人。早岛天来为高知城建城始祖大高坂家的嫡系子孙，也是在日本传播合气术和导引术的村上源之后代，后来成为早岛家的养子，继承了养父以"气"的疗法为人治病的精神与志愿，持续救人济世。1960年，早岛天来在镰仓开设松武馆，创立了独具特色的服气导引术，自此展开系列传道的活动。其一生著书80余册，多部著作译为中、韩、英、德等多国语言流传。

本书是早岛天来集结最初于1973年出版的《簡単な導引術による容姿端麗入門》《人間は病気では死なない》《導引術》等书之导引菁华而成，旨在推广导引术以协助社会大众的日常养生。

本书《序章》首先提出道家气功术即是养生长寿术，其特色包含"调息""调气""调心"三要点，及"分散""按压、压迫""按摩""抑制、覆盖""包藏、掬取"等五动作，由此调节下丹田，顺畅体内所滞塞的秽气，温和地治疗疾病和维护健康。主要内容分三大部分，第一部分（前三章）以手绘图文的动作解说，示范使身心、五脏充满气力的简易导引；其次针对常见的慢性病提出治疗的行法；最后则为穴道疗法。第二部分（第四章）罗列求医者自述25篇，以印证气功术对健康的效果，其中穿插著者的指导日志以作为辅助说明。第三部分（第五章）为最具特色的洗心术，洗心术是借老庄思想为骨干所架构而成的气的医学，综合穴道按摩与呼吸过程带动身体的活力，助人身心健康。《终章》首先提出古代气的医学之集大成者为汉末华佗五禽戏，认为相关研究在隋代巢元方《诸病源候论》到达高峰。其次论及日本导引术的传承与流行概况，结论有二：一是以静坐为主的"丹田行"或"调息法"须长时间修炼才具有维护健康与疗病的效果，而自己所行之导引术则由动作起始，可于短时间获得愈疾之效。二是自己所传导引术失传于中国的原因，可能是：1.道家的单传之风；2.单传的继承者于清末动乱中被杀；3.道家文献散佚；4.残存的道家文献不易理解，以致传播困难。

本书以病因为导入，在分析病因后提出相应治疗的导引，依序说明步骤与成效，简明易懂。全书由基本的呼吸、按摩指导，逐步深入到洗心术的心灵疗法，可谓是由命入性之锻炼。书中所披露的导引行法涉及导引术在日本的流传及流派，尤具史料价值。（陈昭吟）

道德经与气功

《道德经与气功》，丁辛百、潘明环编著。合肥：安徽科学技术出版社，1996年3月第1版，32开，280千字。

丁辛百，1918年生，吉林长春人。曾在长春市教育学院讲授古汉语，著有《名家讲解〈韩非子〉》等。

潘明环除本书外还整理了《形神庄气功》一书。

本书站在气功修炼的角度重新注释了《道德经》，其体例为《道德经》81章原文、译文、评析与注解。附录有二：一为《道德经》四本对照，综合了王弼本、河上公章句本、帛书甲本、帛书乙本四种，吸取了当时先进的考古成果；一为"《道德经》句读辨正"一文，文中指出了《道德经》的各个版本在流传过程中出现的抄写错误、随意改动与妄自增加、注文误入正文等问题，著者认为帛书甲、乙本同出于一个抄本，在传抄中具有一定随意性，并对《道德经》第一章做出了自己的句读解释。

本书在《道德经》翻译的过程中，增加了很多自己的认识。如《道德经》第一章"无，名天地之始；有，名万物之母"一句，著者翻译为"无，是宇宙间最精细的物质，它是有形天地生化的源泉；有，是由太极转化为阴阳二气，它是万物化生的本根"。此后的评析，则对翻译做出了进一步的解释与阐述。本书的注释部分极有特色，注释中引述了《管子》《墨子》《庄子》《黄帝内经》《中国气功学》《气功要旨》《智能气功科学基础》以及《老子》的各种注本共一百余种，极为丰富，类似于规模较为庞大的《道德经》集注本；而与一般集注本不同的是，著者在这些注本、典籍中的相关论述考订辨析中，形成了自己的明确意见。

本书在对《道德经》每章的解释与阐述中，站在气功炼养的角度，给出了更加明确的理解，例如著者认为"行不言之教"，是"教功传道的一种方法，通过'心传'，感而遂通，不言自悟"。这种注释风格贯穿了整部《道德经》的注释，但对于《道德经》中明显的政治哲学方面的论述，著者并未勉强地对其进行气功炼养方面的解释，但对于可以做养生阐释的政治哲学方面的论述，著者依旧站在养生立场进行了解释。例如《道德经》第十九章："弃圣绝智，民利百倍；绝仁弃义，民复孝慈；绝巧弃利，盗贼无有。此三者以为文不足，故令有所属：见素抱朴，少私寡欲，绝学无忧。"这一章本是承接上一章，老子给出的挽救当时弊病的政治主张，著者解释为："这里所说的圣、智，是指后天形成的片面知识和见解，仁、义是违背自然本性的假仁假义，巧、利是指私欲。这是三种盗贼，是养生的大敌，必须使之消踪敛迹，才能返朴归真，天人合一，才能心神安泰，无忧无虑。"

本书敏锐地注意到道教气功应追溯到《道德经》，出于这样的立场，著者综罗百余部书籍，对《道德经》每章进行了详尽的梳理、考订与阐释。著者在注释《道德经》的过程中，观点清晰，论证详细，屡有新意。（张涛）

道教与武术

《道教与武术》，郝勤著。台北：文津出版社有限公司，1997年10月第1版，32开。

郝勤简介详见《道在养生——道教长寿术》提要。

在道教的相关研究中，道教与武术的关系是学者少有涉及的领域，著者长期浸淫于道教养生、内丹、气功诸领域，深感拳理与道家哲学相契合，而道藏中却未见有道教拳谱之专著，遂有此书之撰。本书分为六章，第一章道教武术缘起，由道教剑印杀鬼之法术，至太平道的军事武术操练，以及游侠风尚与道士习武，以剑遣怀之意等内容，在理论中建立了道教武术系统的根源。第二章道教武术宗师张三丰，讨论张三丰在武术史上的地位，首先厘清张三丰其人其事之传说，认为张三丰大约活动于明洪武到永乐之间约五六十年左右，其道学思想秉承陈抟先天易学，而以太极学说立论；丹法上承陈抟和陈致虚，主张三教合一，以易立说，炼己修心，性命双修；武术上则成为内家拳及武当拳派的祖师。第三章武当派与其他道派武术，首先考论道教武当派与武术武当派之间在道教教义与拳理拳法方面的内在联系，其次介绍了武当拳械。第四章道教与内家拳，主要列出内家拳的谱系源流，并对其中张松溪、单思南、王征南、黄百家等人物加以考述，并分析其拳理技法之特征。第五章道教哲学与内家三大拳，旨在建立内家拳的形上体系。第六章道教与武术养生·内功·伤科，略分为三部分：首先讨论道教养生观对武术的影响；其次，道教的炼养术促成了武术中内功体系的形成和点穴技法的出现，使中国武术从理论到技术脱离了原始力量的技击层次，跃升到内外合一、天人合一的境界，因此而有别于其他族群的搏击或格斗；最后论及道教医学对于武医的影响。

本书填补了道教文化及武术史方面的空白，更重要的是以道教哲学为基础，为中国的武术传统建立了明确的形上理论系统，在武术史上深具意义。

（陈昭吟）

道教与气功

《道教与气功》，马济人著。台北：文津出版社有限公司，1997年11月第1版，32开。

马济人（1928—1995），浙江慈溪人。曾任上海气功疗养所医师、《中国医学百科全书·气功学》副主编、上海气功研究所研究员。于20世纪60

年代初期师承"中一子"杨践形（1891—1965），透过《周易参同契》学习内丹功法。主要著作有《中国气功学》《实用中医气功学》《气功自疗300问》等书。

本书从传统医学的观点出发，认为中医气功学与道教虽然在范畴与概念上皆不相同，但仍有诸多相通之处，略可从两个方向来看：首先，在修炼上，二者皆有通过自我锻炼而达到延年益寿、长生久视的观念，道经中"我命在我不在天"的说法被中医及气功所接受，故强调以自我疗法来掌握自己的健康与生命。道教中许多自我修炼术，也大量被气功在发展中融合而互相渗透，如诸家气法、存思、守一、导引术等，而有些医家本身即为道教人物，如陶弘景、孙思邈；此外，也有医学著作被编入《道藏》，如《黄帝内经素问》等。其次，在理论上，二者皆以气学及阴阳学说为思想核心，重视精气神的互相转化及心神意念的主导作用，强调阴阳盛衰对人体的影响等。全书分为三大部分：第一章主述修炼的基础观念及功夫，以四小节分别叙述：身形——指修炼时的身体姿势；气息——指呼吸与内气；心神——指意念的掌握与应用；导引——指自我按摩与他人按摩，并结合呼吸吐纳的修炼法等。第二章专述静的修炼法，以存思、静坐、守一之功夫为主，共搜集包括胎息论、六字气诀、服日月光芒法、华山十二睡功图诀、袁黄炼精诀等50种存思气法。第三章专述动的修炼法，以导引法为主，共搜集含导引按摩法、赤松子导引法、宁先生导引养生法等50种导引法。

基于古人用语简括以及修炼功法有时难以用文字描述，因此本书大都在原文的基础上，以著者本身的经验与了解，用现代可以理解的医药知识及语言，深入浅出地说明了导引与内气的运行，并附古人插图187幅，使读者能从中琢磨体会，为本书最大的特色。其次，书中所收入的各种修炼法以道家为最大宗，多出自《道藏》或《道藏》以外道书等，或辑自医家如《诸病源候论》《医方集解》《寿世青编》等，或养生家之《赤凤髓》《遵生八笺》《祈嗣真诠》等典籍所记载的修炼功法，其中亦含有释家之《天竺养生法》《婆罗门导引法》，搜罗范围十分宽广，特别是在导引部分所载录的明清养生书，其撰辑者多为文士，而内容却出自道家，因此更可清楚地看到道家修炼术在民间流传所形成的养生文化情形。（陈昭吟）

武当三丰太极拳

《武当三丰太极拳》，刘嗣传著。北京：人民体育出版社，2001年5月第1版，32开，250千字。

刘嗣传，1964年生，道号刘清复，自号留阳道人，湖北天门人。自幼学习武当武术，1998年获"武当杯"武术大赛优秀奖，第二届武当拳法研究会功理功法研讨会上获"武当武术功臣"荣誉。主要著作有《道教文化的阐释——刘嗣传道教文集》等。

本书分正文五章与附录九篇。

第一章太极拳与道教概论，该章分析了"太极"一词与太极拳以及太极拳与太极图的关系，探讨了老庄对于太极拳的影响，并揭示了科仪与太极拳的一致性。认为内丹功夫与太极功夫成正比，并进一步从理论渊源趋同、操作要求相近等角度论证内丹与太极相通。

第二章武当三丰太极拳综述，该章首先阐述了武当三丰太极拳的源流，从文献考订、田野调查等角度，肯定了张三丰创拳说。其次，对武当三丰太极拳的特色进行讲解，认为三丰太极整个修炼与内丹同道进程也基本一致。并从重内不重外的神意训练、符合太极规律的操练运动两方面进一步进行了说明。著者还揭示了武当三丰太极拳行架守穴位的要点。最后，作者对该拳法的架式、功夫、劲力等进行了介绍。

第三章武当三丰太极拳详解，该章就行功配套功法、基本功锻炼功法、形体要求、拳谱名称及动作分解说明、太极拳推手说明及图解等五个方面进行了详细解读。在行功配套功法方面，有早、中、晚太极行功法，其方法涵盖按摩、六字诀、吐纳、导引以及道教咒语等内容；又有走功、卧功等。基本功锻炼功法包括了桩功、站桩功、桩步功、活步桩等。形体要求动作要领与其他太极拳有相同之处，而拳谱动作分解则充分显示出武当三丰太极拳与其他太极拳的差异。挂手要领与其他流派太极拳推手基本一致。

第四章武当三丰太极拳精进内功功法汇萃，包括了打坐浅训、打坐歌、道要秘诀歌、大道歌等文献16种。这些文献主要指向道教内丹修炼，与前文主张太极与内丹同功一致。这些文献主要来源于张三丰的著作及其他古人著作。

第五章武当三丰太极拳经典拳论，选有张三丰太极拳论、张三丰拳经及行功心解、武当三丰太极拳体用全诀、各家太极拳经典拳论拳诀选录等篇，是相关的文献搜集，并无更多注释解读。

本书最后附录有"武当三丰太极拳功理功法文选"共九篇，这些文章对该拳种的功理功法从不同侧面，有较为深刻的论述。

本书较为充分地介绍了流传于武当的三丰太极拳，并始终抓住太极拳与内丹术统一的思想，阐述了武当三丰太极拳的拳理与练法；在行功配套功法等各部功法中，又涵盖了传统道教养生的各种功法作为内练基础，颇具特色。

（张涛）

道门秘传武当张祖太极拳

《道门秘传武当张祖太极拳》，杨春编著，张兴洲传授。北京：人民体育出版社，2008年3月第1版，32开，145千字。

杨春，自幼随父习武，跟随范瑞图、裴锡荣、高永春、王效荣诸师演习；考入上海体育学院之后，复得王培琨、邱丕相、刘同伟、朱多娟教授指导。武当太极拳则获该派第十三代传人张兴洲传授，其源流久远。

本书是得师传而后编订的。共分七章，对武当张祖太极拳做出了介绍。附录有《明史·张三丰传》《三丰本传》《宁波志·张松溪传》等三篇。第一章太极拳概述，论述太极拳溯源，认为太极拳可以祖述老子，经许宣平、陈抟传承，至张三丰方创立。著者还区分了太极拳谱在传承中的字误与方言，认为八种劲法中的"肘"，应当为中州方言"搊"。第二章太极拳综述，概说武当张祖太极拳的传承谱系，探讨太极图与阴阳五行、八卦、武当张祖太极拳、内家拳的关系，认为太极拳、八卦掌、形意拳三家相合才成一完整的太极。第三章太极拳秘谱《太极拳道论》，介绍张三丰真人的生平，收录有《太极道论》《中定为太极拳入道之基》《十象功解论》《太极修道养生论解》《太极桩论解》《太极全身各部位要解》《太极修炼三说论》共七篇文章。第四章武当张祖太极拳功法功理，说明张祖太极拳特点，指出该拳种要求练到"精神意力气、筋骨皮毛肌"十项，共分作四部练法，在张祖太极拳行功盘架的理法方面，本章介绍了该拳种对头部、上肢、躯干、下肢、全身整体的要求，以及太极行功的要求等。第五章武当张祖太极拳动作名称及动作图解，展示张祖太极拳的架势，指出武当张祖太极拳共有72势，其动作古朴大方，与流行的陈杨吴武诸氏太极拳有所不同。第六章张三丰真人太极拳经诀，收录有《太极拳论》《学太极拳须敛神聚气论》《十三势行功心解》《太极拳歌》《太极拳行功歌》等经论五篇。第七章张三丰真人太极内功经诀，收录有《打坐法》《积气开关说》《内功火候说》《张三丰论重阳养生观》《水石闲谈》等文章。其中《张三丰论重阳养生观》为内丹修持诸书口诀的摘录，并非张三丰所作。这些文章多从内丹立论，为太极内功通往内丹搭起了桥梁。

本书较为详细地介绍了武当张祖太极拳的源流、理法，提供了武当张祖太极拳的秘传理论。其中内外三行十象"精神意力气、筋骨皮毛肌"具有高度的概括性，由此衍生的练法使该拳种独立于其他太极拳流派之外。（张涛）

武当道教养生长寿功

《武当道教养生长寿功》，游玄德、苗福盛著。北京：人民体育出版社，2010年9月第1版，32开，100千字。

游玄德，字彦学，道号玉京子，1962年生，河北晋州人。武当玄武派内家拳宗第十四代掌门人、武圣宫方丈。

苗福盛，1960年生。毕业于沈阳体育学院。本书出版时，著者为辽宁师范大学体育学院教授、硕士生导师，兼任大连市武术协会副主席。曾在1981—1984年连续获得全国武术锦标赛冠军。

本书共分六章，介绍了养生气功的源流、定义、理论基础，此后则详细介绍了练习养生气功的原则、要领、方法，及道家养生长寿功两套。

第一章养生气功概述，著者首先回顾养生气功的起源、发展简史；对养生气功做出定义与分类，认为养生气功是一种炼气功夫、自我锻炼方法。第二章养生气功健身的基础理论，介绍中医的阴阳五行学说、脏腑学说、经络学说、精气神学说。著者提出，精气神的相互关系，可用"积神生气，积气生精，炼精化气，炼气化神"概括，颇有见地。第三章中医的养生学研究，探讨中医学的衰老理论、衰老过程以及延缓衰老的路径。著者归纳了衰老的主要原因：阴阳失调学说、脏腑虚衰说、精气神亏耗学说；针对这些问题，中医学形成了延缓衰老的基本原则：协调阴阳、保精护肾、补益脾胃、顾护精气神三宝。第四章练功的基本原则和要领，认为练习养生气功，须遵循持之以恒、意气相依、形松意紧、顺其自然、循序渐进等基本原则；须掌握松紧自然、动静相兼、上虚下实等基本要领。第五章炼养生气功的方法，提出养生气功基本特点：经络、穴位、气血说是气功的思想基础，功法繁多，体现天人一体观，受儒、释、道、医家影响，具有预防和治疗的统一性，对身心具有双向调节作用和改善作用等。著者指出，炼功最重要的是炼心，而炼心重在修德，须做到大公无私、谦虚谨慎、精勤勿懈。第六章与第七章，为"道家养生长寿功"的实修功法，包括金龙摇首、神通六脉、太极云手、挥舞彩虹、星移斗转、吐纳肺腑、周天运化、旋丹理肾、马步纳气、摇山晃海等十个动作，还有回春功、摇身披挂、狮子滚球、龟缩功、龙游功、蟾游功等六式，皆传自武当，具有旋转伸缩脊椎、增益内气、调理脏腑的功能。

　　本书在铺垫理论基础上，介绍了行之有效的养生功法，深入浅出，适合广大养生爱好者阅览和修习。（张涛）

武当道教养生导引术

　　《武当道教养生导引术》，游玄德、袁天沛、秦彦博、游小龙著。北京：人民体育出版社，2010年12月第1版，32开，80千字。

　　游玄德简介详见《武当道教养生长寿功》提要。

　　引言介绍道家养生导引术的源流，认为彭祖、庄子、孙思邈等养生家都推崇导引术，指出导引术是呼吸运动、肢体运动、经络调整和意念活动的结合，有疏导气血、疏通经络和预防疾病的效果。要学习导引术，就必须明了经络学说，著者引证现代科学的许多证据，以表明经络的客观存在。当然，要掌握导引术，还必须掌握健康的"六养"法门，即养身、养心、养食、养智、养神、养气。养身之要，不仅在于经常锻炼，而且必须保持正常生活状态，尤其是要有正常的睡眠；养心之要，在于能够放心、清心、开心；养食之要，在于顺应四季，主张"食慢咽，动为纲，素为常，酒少量，莫愁肠"；养智之要，在于精神通达；养神之要，在于七情舒展适度；养气之要，在于正气不虚。

正文部分介绍武当道家养生导引术十三式：一、预备式，二、抱圆导引，三、展翅通颈，四、抻筋拔背，五、神猴出洞，六、敲上阴阳，七、梳理三焦，八、敲下阴阳，九、坎离互动，十、气补乾坤，十一、元气入海，十二、踮足抖翅，十三、筑基固丹。著者对每个动作讲解细腻，从口诀到具体操作要点，包括动作、意念、呼吸等都一一说明。其中，对于经络、穴位、中医脏腑理论尤其看重，介绍特别翔实。这套导引术，内含存想之法与吐纳之法，融合贯气法、导气法、抻筋拔骨、仿生运动、经络拍打、自我按摩、提肾等功法为一体。动作之中，细微之处颇多。著者指出，行气通达经络，正靠这些细节支撑。

附录部分，收集《张三丰祖师道要秘诀歌》《武当功夫秘传——积气开关说》。书后有《道学寄语》，畅谈著者的弘道期盼。本书语言流畅，深入浅出，适合广大养生爱好者阅览。（张涛）

八部金刚功

《八部金刚功》，米晶子著。深圳：深圳报业集团出版社，2013年11月第1版，16开，53千字。

米晶子，本名张至顺（1912—2015），河南沈丘人。1929年出家于陕西华州半截山碧云庵，随师父刘明苍道长修行。1955年出山参访，任陕西八仙宫知客；20世纪60—70年代，入陕西终南山清修十载；1980年，任陕西省周至县楼观台监院；1987年，修建宝鸡烽火台万圣宫；1990年，任湖南慈利县道教协会会长；1998年，再入终南山清修；2008—2012年，在陕西终南山八卦顶及海南省玉蟾宫等处清修。曾任海南省道教协会名誉会长、西安万寿八仙宫名誉方丈、海南省玉蟾宫住持，是中国当代道教著名人物之一。

张至顺道长17岁于华山退师刘明苍，机缘巧合，获传八步金刚法门，80余年习练不辍，获益殊深，至百岁有余，张至顺依然体格硬朗，耳聪目明。作为我国道教祛病强身的优秀功法，"八步金刚功"本是历代单传口授，无文字留下，知者甚少。张至顺道长本着"济世度人"的宗旨，遵循祖师"代代传，不能断"之遗训，结合自己80多年修炼心得，整理成《八部金刚功》，公之于世。

　　八部金刚功与八段锦有颇多类似之处。八部金刚功功法排列顺序如下：双手插顶利三焦、手足前后固肾腰、调理脾肤需单举、左肝右肺如射雕、回头望足去心疾、五劳七伤向后瞧、凤凰展翅周身力、两足顿顿饮嗜消；对比八段锦功法排列如下：两手托天理三焦、左右开弓如射雕、调理脾胃臂单举、五劳七伤向后瞧、摇头摆尾去心火、两手攀足固肾腰、攒拳怒目增气力、背后七颠百病消。考其名称与操作方法，大体类同。但是，其顺序仍有差异。八部金刚功从三焦扬起，炼肾脏以固先天之本，炼脾胃以强后天之用，次调肝肺，疏通心脏，协和全身。整套功法重在心肾相交，此所谓水火既济也。

　　从功法操作角度看，金刚功比八段锦更为细腻和讲究。如第一式在上升时默念"生"字以助气来，至百会穴上方默念"长"声以助气盛，猛力插向天空后默念"化"字以助气转，双手降下默念"收"字以助气归，四个步骤造就"生长化收"，如同春夏秋冬四季周转。每式到位后都稍停顿片刻，动静有常，张弛合序。金刚功与长寿功并称金刚长寿功，均为张至顺传出，他主张晨练金刚功，夜练长寿功。本书仅介绍了"八部金刚功"，未及长寿功。

　　"八部金刚功"符合"天人合一"的自然规律与"阴阳五行"理论。通过八套动作，运用刚性内劲来疏通全身经脉，使身躯、骨骼、关节之气畅通无阻，又可调整脊椎骨的变形或错位，使其神经系统恢复正常，协调五脏六腑运作，排除体内各种病气，达到阴阳平衡、祛病健身、延年益寿的目的。（张涛）

（五）道教外丹学

中国炼丹术与丹药

《中国炼丹术与丹药》，张觉人著。成都：四川人民出版社，1981年6月第1版，32开，99千字。另有成都：四川科学技术出版社，1996年10月版。北京：学苑出版社，2009年1月版。

张觉人（1890—1981），字梦禅，自号觉因老人，四川广安人。得受道医秘书《青囊秘录》及道医要药“玄门四大丹”。1949年以来，先后在成都联合制药厂、成都市卫生局、成都市中医医院和成都中医学校工作。主要著作有《外科十三方考》《救痨手册》等。

本书包含著者70年临床经验和研究心得，是探讨中医外科用药，尤其是探讨“丹道医家”用药的一部不可多得的著作。著者认为，中医丹药是从中国古代炼丹术递嬗下来的一门独特科学。中国炼丹术的发明，较世界任何国家为早，在春秋战国时就出现了不少从事这类工作的方士。后来，经过了秦朝和两汉方士的不断努力，炼丹术遂日益发展，并广泛传播，但那时的炼丹目的，是建筑在“点石成金”和“长生不死”两个方面的，是为个人谋利益的行为。在一定条件下，坏的东西可以引出好的结果。历代方士虽然未达到他们的炼金、成仙理想，却为现代化学打下了初步基础，并给后世医药家提供了丹药的炼制法则，同时还发明了火药、指南针、镀金术、陶瓷、颜料等社会需要物品。这些发现、发明都是炼丹家对人类的宝贵贡献，我们应加以继承、整理、提升。医用丹药在中医外科领域中占有极重要的一环。

著者长期从事医药学研究，并爱好炼制丹药，也爱使用丹药，烧丹炼汞的时间颇不为短。著者将70年的临床经验和研究心得总结出来，整理成本书。本书分上、下两篇。上篇总论，专谈丹药的发生、发展，属参考部分。下篇各论，收集丹药中最有效、最适用的秘、验丹药方剂约30条，或传自丹道医家，或来自文献记载，或为著者自创，均系经临床实践证实确有疗效者。（阳志辉）

道教丹药异名索引

《道教丹药异名索引》（*Chinese Alchemical Terms: Guide Book to the Dao Zang Pseud-onyms*），黄兆汉编。台北：台湾学生书局，1989年10月第1版。2006年5月再版，16开。

黄兆汉简介详见《香港与澳门之道教》提要。

本书为《道藏》丹药专题的资料索引工具书，其编辑始于1981年4月香港大学中文系何丙郁教授的提议，著者独立完成于1989年2月，并于同年10月出版。封面书名由饶宗颐教授题签，并有时任法国国立高等研究院的施舟人教授撰写序文，以及著者自序等。索引表之前列有《编例》《该书收录〈道藏〉著作及其编号一览表》《丹药学名、英文名所根据之辞典及其简称一览表》；索引表之后亦附有《笔画索引》及《英文简介》，以利中文或英文的读者使用符合自己习惯的检阅方式，方便于检索翻阅。

本书编撰确立了如下规则：第一，所录丹药名、异名乃根据《正统道藏》有关丹药异名较重要之19种编著，如下：《图经集注衍义本草》《图经衍义本草》《太清石壁记》《黄帝九鼎神丹经诀》《张真人金石灵砂论》《魏伯阳七返丹砂诀》《石药尔雅》《纯阳吕真人药石制》《参同契五相类秘要》《阴真君金石五相类》《龙虎还丹诀》《通幽诀》《丹方鉴源》《大还丹照鉴》《太清玉碑子》《九转流珠神仙九丹经》《周易参同契注》《云笈七签》《抱朴子内篇》。第二，排列方法以丹药名之汉语拼音字母次序为准。第三，正文按"丹药名""异名""出处"顺序排列。第四，学名根据1977年江苏新医学院编之《中药大辞典》，而英文名乃根据Bernard E. Read于20世纪二三十年代编之八种中国药物资料辞典。第五，"异名"一栏原则上只列出该丹药之异名（一个或以上）。然若有冠上"见"字者，则可据此追查该丹药之其他异名或相关资料。第六，"出处"一栏指出丹药名及其异名之出处，前面所列编号乃采取翁独健编《道藏子目引得》（《哈佛燕京学社引得》第25种，1935）之经书编号。第七，附《丹药名笔画索引》乃以丹药第一字笔画数为序（笔画数计算以20世纪30年代舒新城等编之《辞海》为准）。（陈昭吟）

道教与中国炼丹术

《道教与中国炼丹术》，孟乃昌著。北京：北京燕山出版社，1993年6月第1版，32开，170千字。

孟乃昌简介详见《〈周易参同契〉考辩》提要。

本书在简述中国炼丹史基础上，评介《道藏》和《道藏》外丹术重要著述，阐述中国炼丹术的理论体系，并以现代模拟实验为依据，分析和证明主要化学成就12大项，指出中国道教对人类文化所做出的重要贡献。

本书第一章中国炼丹史轮廓，指出在世界养生文化中，中国炼丹术发端最早，源远流长。它以贵生思想为指导，发展为两个分支。一为呼吸、吐纳、导引、周天运转等心理生理型炼丹术；一为金石药物烧炼金丹、黄白的实验型炼丹术。前者又称道家养生功、内丹术或气功术（气功也是一种借用名词），后者又称外丹。两者使用同一理论、概念、名词、术语，但意义迥别。外丹术是化学的先驱或前身，中国炼丹术西传印度、阿拉伯、拜占庭、再转欧洲，文艺复兴时期以后，在那里演变成为化学科学；内丹术作为养生功法，流传至今，为摄生疗病提供有效措施，中国炼丹术对于中国文化乃至世界文化做出了卓越贡献。第二章《道藏》，简要论述了《道藏》缘起与内容，说明炼丹术原著在《道藏》中的地位。第三章《道藏》外丹术的重要原著，重点介绍《道藏》中29种外丹书、《道藏》外的外丹丛书一种，凡30种。第四章中国炼丹家的理论观点，包括宇宙生成论和时空观、化学观。中国炼丹家的化学观，即对物质化学性质及其间化学反应的概括看法，是中国炼丹术理论的核心和精华部分。第五章中国炼丹术主要成就综述，介绍了12项通过模拟实验，证实炼丹术成果。在《〈周易参同契〉考辩》中，本书作者考证《周易参同契》著者、成书过程、内外丹结合的层次等，几乎推翻了以往成说。本书还介绍了《周易参同契》中的化学知识、实验和理论，勾画了中国炼丹术的发展历程以及内外丹之间的联系。（阳志框）

道教与炼丹

《道教与炼丹》，马济人著。台北：文津出版社，1997年11月第1版。

马济人简介详见《道教与气功》提要。

本书分为前言及正文四章等五部分。著者在前言中指出，《史记·秦始皇本纪》认为秦始皇时期已存在炼丹术的萌芽，但正式形成的炼丹文献，则需至《史记·封禅书》记载的汉武帝时期，中国第一部炼金术的专书，即是淮南王刘安所编的《鸿宝枕中书》。其后，炼金术与炼丹术分立，故《抱朴子》将之分为《黄白》与《金丹》二篇。至于从炼金术分离出来的炼丹术，具备总结性质的著作，则是《周易参同契》。到了唐代，烧炼各种金石草木的外丹术发展到极致，但同时也走向失败，转而以内丹术取代。著者也坦述，内丹与内炼的概念不同，在修炼术语方面多袭用自外丹，但所指涉的内容并不相同。

第一章道教炼丹史，著者首先征引古代文献，说明先秦时期内炼工夫、"不死之药"到外丹的形成过程；再叙述历代服食外丹而暴死的文献，说明从外丹到内丹的转折；进而稽考从隋唐到五代的内丹术发展，并说明宋代以来张伯端至白玉蟾一系的南传内丹道，以及王重阳及其弟子的北传内丹道之发展，最后介绍张三丰、陆西星、伍守阳、柳华阳、刘一明、闵一得、李西月等人，论述明、清内丹术发展成熟时期的概况。

第二章内丹修炼的基础理论，说明鼎、炉、丹田、玄牝、谷神、药物等内丹修炼常用词汇之意义。第三章内丹修炼功法概述，介绍"炼精化气小周天""炼气化神大周天""炼神还虚"的步骤，以及对筑基、三关、姿势、九还七返、还丹、女丹、走火入魔等内丹修炼的常见问题加以说明。第四章外丹术选介，透过张觉人《中国炼丹术与丹药》摘述外丹烧炼的重要术语，如立坛、安炉、置鼎、升华、泥法、取汞等，并胪列古代文献中记载的黄帝九鼎丹方、九光丹、伏火硫黄丹、灵飞散、赤雪流朱丹、太阳流珠丹、九转灵砂等外丹制作方法。

总的来说，著者撰写本书，对于中国内、外丹的发展历史以及修炼内丹的步骤，叙述颇为详尽，可供一般社会大众及学界有志于认识内、外丹者阅读。但不宜独自依凭本书而修炼，仍应通过师法授受而行之，较为妥切。又，著者引用《佛祖统纪》及《张三丰全集》而叙述陈希夷之师承、后学，较有商榷处。盖《佛祖统纪》常有夸大不实处（如言智凯与关公事），而《张三丰全集》则为明显晚出且多属扶乩降真之作，如此引用，则容或有失真之虞。（李建德）

中国外丹黄白法考

　　《中国外丹黄白法考》，陈国符著。上海：上海古籍出版社，1997年12月第1版，32开，305千字，系"中国传统文化研究丛书"之一种。

　　陈国符简介详见《道藏源流考》提要。

　　著者以考据方法来解读"道藏"。著者对"道藏"与道教全方位的深入研究，始自西南联大任教之余，他利用自己广博的知识和文史理工兼通的特长，用现代化学知识考释古老的炼丹术语词。1979年9月著者应邀参加了在瑞士苏黎世举行的世界第三次道教国际学术会议，以《道教与中国自然科学之相互关系》为总题目，发表四篇论文，并且宣读了四篇论文的英文提要，在会议上引起了很大震动。1983年，这四篇论文以《道藏源流续考》为题，由台湾明文书局出版。在此基础上，著者又对这四篇论文进行多次修改和补充，并撰写了《词意考释例》《黄白术经诀研究法》《词意待考篇》等，1997年以《中国外丹黄白法考》之名出版。本书"以清初以来的考证大师为典范，刻苦钻研，开创了自己的研究方法"，在考明词义方面，"综合中有分析，分析中有综合，先用以考明六七个词义，然后逐步深入，浸浸然稍成规模"。全书共考明道教炼丹术语、词义319项，对其化学反应过程进行了比较详细而客观的描写。作为第一部专门研究道经语词的专著，本书受到了中外学界很高的评价。著者的这些工作一分艰苦细致，无论对一般道教研究还是对炼丹术研究来说，都是富有建设性的基础工作。（阳志辉）

道教与炼丹术论

　　《道教与炼丹术论》，金正耀著。北京：宗教文化出版社，2001年2月第1版，32开，205千字。

金正耀简介详见《道教与科学》提要。

本书由相关的12篇论文组成，前两篇主要考证和论述了道教的起源、东汉道教的特征，接着分析东汉道教救世学说和医学的关系，魏晋时期服食的风气，考证了散药化学成分及对人体的作用。

道家道教主张内外双修。内修，就是呼吸、吐纳、导引等气功类修炼方法；外修，主要服用丹药。前者又称为内炼术、内丹术；后者又称为外丹术。外丹是指用炉鼎烧炼丹砂等矿石药物而成、能使人服之"长生不老"的丹药。外丹术包括金丹术、黄白术，"金丹"泛指"服食成仙"的"长生药"，即神仙术士们人工炼制的还丹、仙丹、灵丹之类，制取这些丹药的方技称之为"金丹术"。炼丹术是古代炼制丹药的一种技术，是近代化学的先驱。

本书最有价值的是《外丹黄白术》和《道教外丹中的几种矿物金属》两篇。著者利用专业所长，比较详细地介绍了道教黄白术的渊源、历史、理论和流派，运用现代化学知识详细分析了黄白术的元素构成和反应原理。道教外丹黄白术的一个主要理论基础是万物自然嬗变与相互转化论，旨在强调一个"化"字，外丹黄白术的"变化"之术，涉及物质组成、种类、物质之间相互反应与转化内容。著者认为炼丹的核心理论和实践都是围绕着丹砂、铅、银、金这几种主要物质以及它们的转化而展开的。

本书的最后一篇回顾和总结了20世纪中外学者对中国道教外丹术的研究，指出道教炼丹术典籍整理和校勘、外丹术科学内涵、炼丹术起源、古代冶金化学及医学等，这些内容还有很大的学术空间，期待相关学者进行更为深入的研究。（阳志辉）

唐代服食养生研究

《唐代服食养生研究》，廖芮茵著。台北：台湾学生书局，2004年5月第1版。另有台北：台湾东华书局，2003年初版，作者署名廖美云。

廖芮茵，原名廖美云，1963年生，台湾台中人。现任台中科技大学应用中文系教授。研究领域以中国古典文学、唐代社会与文学为主。主要著作有《元白新乐府研究》《唐伎研究》等，并有《六朝练形养生观与服食植矿物药饵研究》等20多篇论文发表。

从关切唐人的文学与社会出发，本书以唐代"服食养生"概念为切入点，所论述的主体与范畴，为唐人基于养生成仙目的所食用的自然界生成之动、植、矿物，或饵服经由人工冶炼的丹药。全书分为六章：第一章绪论，主述唐以前服食思想的传嬗，分析唐前仙药的种类与特色，以及服食长生的理论根据。第二章透过文献的条理以探究其背景因素。第三章根据帝王、达官显吏、文士、道士佛徒四种不同的人物，分别从服食方的来源、服食目的与方式等角度探赜时人对服食养生的共同狂热；其次解说道士佛徒服食的特殊宗教术仪，并分析比较二者异同，更进一步地论述佛密在长生服食方术上，乃明显取法、抄袭道教之情形。第四章专述唐代外丹黄白术，首先解析炼丹理论、用药特色、丹炉建置、炼丹的技术方法等；其次叙述派别主张、争议与交融；再次分别由历史与科学的观点，检讨外丹黄白的得失。第五章阐论唐人服食养生的贡献与影响，首先肯定唐人在医药、化学上的贡献，其次在文学上的神仙系列作品上，展现了新奇的创意，其艺术感染力不止超越六朝，由求仙不得而在文学中所作反语的补偿心理，亦得解读唐代由外丹转向内养的关键。第六章结论，为全书之回顾与心得。

本书从唐代的政治、经济、社会、宗教、医药、文化与心理因素等各种不同方向来探讨唐代服食养生的发展与内容，其所涉及之层面不可谓不广，本书除了将唐人的服食养生圈出定义、范畴，并整理出理论系统之外，值得一提的特色尚有：一、以博观公平的立场阐论唐人饵丹养生却招致戕害性命的不智之外，也能肯定外丹黄白术对于医疗制药的直接贡献，并认为由外丹转向内养的勃兴，是唐人服食求仙不期而得的养生成效；二、对于服食养生的探讨能触及宗教与凡俗两个不同的价值层面，特别是肯定了唐人服食访道的生活经验与神人仙境的幻想对于文学艺术的充实，并反过来就现代医疗而言，此一文学涤荡心灵的方式也是服食养生的一环，可谓独到。（陈昭吟）

道藏炼丹要辑研究（南北朝卷）

《道藏炼丹要辑研究（南北朝卷）》，容志毅著。济南：齐鲁书社，2006年12月第1版，32开，310千字。

容志毅，1957年生，广西容县人。获山东大学中国古代史专业博士学位。

主要研究方向为中国道教文化史。曾任职于广西社会科学院哲学所（1986—2002）和山东大学宗教、科学与社会问题研究所（2005—2006），现为广西民族大学教授。主要著作有《中国炼丹术考略》等书及论文多篇。

本书共有五章。第一章从死亡恐惧与理性崛起、道士伏火炼丹和《参同契》与道教丹学体系三个方面对道教炼丹渊源脉络进行爬梳整理，并对道教炼丹理论体系进行归纳说明。第二章和第三章分别从北魏皇帝与道教炼丹和梁武帝求丹药与道教炼丹两个方面对道教炼丹与政治互动进行分析说明。第四章与第五章着重讨论《华阳陶隐居内传》与《真诰》，对该文献中的化学成就进行发掘、检索和阐释，借此探讨南北朝时期道教炼丹化学成就。另有附录五篇，分别是：《太上八景四蕊紫浆五珠绛生神丹方》外丹黄白法考——兼论晋中叶已有火药配方之雏形，张真人《金石灵砂论》与炼丹术，中国始炼硫化汞时间疏证数条，从《三十六水法》看道教水法炼丹的实质和道教炼丹常用矿物药中、英文名称，化学式及常用异名、隐名。本书搜罗广博、细节清晰，既对南北朝时期的道教炼丹发展有整体探讨，又对道教炼丹具体文献展开解析。

本书是著者《道藏炼丹要辑研究》的阶段性成果。著者深感道教炼丹术研究的深度和分量都未达到令人满意，认为还须数代人持续努力，才可望对其中的大量传统文化成分、较完整的道教理论体系和原始化学及医药成就有一个比较完整的了解。本书参考了200余种中外文献，论述南北朝时期道教炼丹发展历程，以具体的炼丹文献为依据，探讨道教炼丹术与古代化学的关系，所涉及的研究手段和相关知识甚广，包括史学、化学、植物学、医学等诸多相关学科。本书附有引用原文，以便读者参考，具有一定的学术性。但因工程大且时间有限，《道藏炼丹要辑研究（南北朝卷）》仍存在某些不足之处。著者的研究手段偏重道教学与史学，但在化学、医学等学科方面则显不足，尤其是讨论道教与古代化学关系问题时，往往只是点到为止、意犹未尽，留下些许遗憾。（孙禄）

道教饮食养生指要

《道教饮食养生指要》，黄永锋著。北京：宗教文化出版社，2007年9月第1版，32开，170千字，系"道教文化丛书"之一种。

黄永锋简介详见《道教在当代中国的阐扬》提要。

本书是对道教饮食思想研究和阐述之专著。共分六章，从饮食均衡、饮食有节、饮食制宜、饮食禁忌、饮食保健、饮食疗养等方面解析道门饮食养生思想主旨。第一章饮食均衡，从荤素搭配、谨和五味两方面，探讨道教关于饮食均衡思想及其科学依据。第二章饮食有节，介绍道教守时适量的饮食观和阐析道教辟谷经验。第三章饮食制宜，从因时制宜、因人制宜、因地制宜三个角度阐释道教讲究"宜变化"时空理念。第四章饮食禁忌，讨论道教食物禁忌、搭配禁忌。第五章饮食保健，从食前养护、进食保养、食后健身三个角度阐析道教饮食保健思想。第六章饮食疗养，阐析道教饮食疗养的思想和方法。本书另有附录三篇，分别是"道教饮食保健箴言辑录""道教饮食修行故事汇编""道教饮食养生诗词选读"。著者从道教经典中辑录出大量的道教饮食文献，有助于读者进一步了解道教养生的来龙去脉。

本书是一部比较系统讨论道教饮食养生思想的专著。著者认为，道教服食与道教饮食既有联系又有区别。本书是与《道教服食技术研究》互相补益的专著，拓展了道教以"食"为技术方法养生的内涵与范畴。尽管本书还存在一些不足之处，如饮食疗养部分对其疗效推断，参考的为道教文献及诗文记载，缺少医案支持，结论难免有些不准确；但瑕不掩瑜，本书搜罗广博，阐析明晰，具有较高学术价值与应用意义。（孙禄）

道教服食技术研究

《道教服食技术研究》，黄永锋著。北京：东方出版社，2008年4月第1版，16开，278千字，系"国学新知文库"之一种。

黄永锋简介详见《道教在当代中国的阐扬》提要。

本书凡四章。第一章道教服食技术本体论，探究道教服食技术的中心概念，探讨道教服食技术的本质、要素和结构。第二章道教服食技术规程，从道教服药技术规程、道教服气技术规程、道教辟谷技术规程、道教饮食技术规程、道教服符技术规程五个方面，分析道教服食技术规程。第三章道教服食技术的理性评价，考察道教服食技术的养生功能、社会影响、伦理价值。第四章道教服食技术发展的动力机制，从道教服食技术发展的内部作用力和外部作用力两个角度，阐述技术目的与技术功效的矛盾运动、技术继承与技术创新的相互促动，社会需求变迁的作用、科技整体进步等内外因素，剖析道教服食技术发展。

本书在考察众多道经基础上，将服食外延定位于饮食、服药、服气、辟谷、服符五种，在技术哲学视野中观照道教服食文化。著者在详备收集前人研究成果基础上，对道教服食养生现象进行历史考察。在研究方法上，学理剖析与应用探求互补，并且注重现代审视，使道教服食技术研究展示了重要的实践意义。著者运用技术哲学的理论和方法探讨道教服食技术，注重比较研究；在研究视角上，微观观照与宏观把握相统一，力图细致入微，又不失重心；在研究态度上，人文情怀与科学精神并举，行文注重沟通人文与科学，在探讨规程特点和实际作用的过程方面，既注意其养生功效，也注意其存在的负面效应，具有辩证思维。本书出版后影响较大，不仅受到相关研究者的重视，也颇受道教养生爱好者的喜爱。（孙禄）

丹药本草

《丹药本草》，张觉人编订。北京：学苑出版社，2009年5月第1版，32开，205千字。2015年5月再版。

张觉人简介详见《中国炼丹术与丹药》提要。

本书收录了元素类药物、氧化物类药物、硫化物类药物、氯化类药物、硫酸盐类药物、碳酸盐类药物、硅酸盐类药物、非金属类药物和其他化合物类药物等9类本草药物。正文依不同类别，分门别类排序。第一类元素类药物收录丹药本草7种；第二类氧化物类药物收录丹药本草11种；第三类硫化物类药物收录丹药本草7种；第四类氯化类药物收录丹药本草6种；第五类硫酸盐类药物收录丹药本草8种；第六类碳酸盐类药物收录丹药本草10种；第七类硅酸盐类药物收录丹药本草7种；第八类非金属类药物收录丹药本草1种；第九类其他化合物类药物收录丹药本草5种。共计收录炼丹之本草药物62种，对收录的每种药物都列出别名、来源、性味、功能、主治等，并记录其方剂，且有该药物涉及文献的钩玄提要。

编订者以丹医济世，活人无数。在经历十数年拜师学艺、搜求诸方之后，潜心著述，终成此著作。编订者在对具体药物诠释中，既讲明一般治病功能，又对涉及的有关典籍进行解读与分析。编订者应用丰富的临床实践经验，使得整体解释具有实证性、严谨性与准确性。在药物选择方面，主要收罗与炼丹术有密切关系的无机药物，而与炼丹术没有关联或者关联不明显的药物则不予收入。本书也存在某些错误疏漏之处；但其注重结合现代化学、医学理论实践开展研究，则有时代意义。（孙禄）

（六）道教内丹学

道海玄微

《道海玄微》，萧天石著。台北：自由出版社，1974年4月第1版，32开。其后在1981年、1992年、2002年、2008年等，多次再版。另有北京：华夏出版社，2007年4月第1版，32开，凡五卷。

萧天石简介详见《道德经圣解》提要。

本书凡六卷，附图67幅：卷一圣功神化道大乘集，首揭静学与内圣心法，以道家功夫之修证过来人评周濂溪之《太极图说》。《道家人生修养之最高境界》论及道家上乘养生旨要在于"与道合真"而到达"天人合一"的境界。《千圣不传之长生睡功诀法》为世人罕知者，可与卷五之《陈希夷新传及其道法》综合观之。卷二先天道无极门长生丹法，披露先天道无极门派之长生炼丹法。本卷所列《九三神诀法》《先天道窍谈》《先天道玄旨》《道家三玄显密论》等篇皆可见独门之传，独得之秘，其源有自。卷三道家养生药言辑要，共21节，所辑涵盖三教养生静心，去烦除欲之法。后有《中老年人养生要诀》《健康长寿与长生不老的基本问题》讲词二篇及相关附录。卷四儒家圣脉及其内圣修养心法，对儒家道统圣脉之一贯心传与孔门圣功神化修养心法，有简要的系统叙述。认为圣人之学在于心性上行为上的躬行履践，须臾不离，圣功神化功夫全在涵养与锻炼。卷五道海外集，一名《遁叟文存》，所录多见道之文，除《老子新传》等道家人物传记外，其中《陈希夷新传》所录之《睡丹诀》乃得自四川岷山派罗门所传先天道睡功，为陈希夷法脉真传。文中所附希夷先生手书真迹，尤为稀世墨宝。卷六敦煌秘籍道书真迹特辑录敦煌道书二帙，编号为伯希和P.2213及P.2396，所附《十戒经》及《十四持身之品》为伯希和P.2347，除提供修道者持戒与持身之参用外，亦有保存文献之功。

本书直溯羲黄老庄，融合三家，对道教丹法做了详细的概述和说明。（陈昭吟）

内丹养生功法指要

　　《内丹养生功法指要》，王沐著。北京：东方出版社，1990年5月第1版，32开，244千字。2008年3月第2版，16开。2011年1月第3版，16开。另有北京：中华书局，2008年1月第1版，16开。

　　王沐简介详见《悟真篇浅解（外三种）》提要。

　　本书收录了著者有关内丹学和道家研究的15篇论文。书前有任继愈所作序以及著者的前言。正文分为上、中、下三编。上编内容包括：道教与道家的关系及其区别、道教丹功宗派漫谈、李道纯之道统及其他、《悟真篇》丹法源流、《悟真篇》丹法要旨。中编内容包括：内丹功法的缘起和发展、道教丹功四秘窍的体和用、内丹功法纲要、女丹概论。下编内容包括：析王船山《楚辞通释·远游》、明陆西星《封神演义》的宗教思想试析、《帛书老子校注析》序、道教养生法与《老子》的关系、《大成捷要》丹功讲解。末有附录：道派与人物，最后是编后记。

　　本书作为著者50余年的研究心得和炼功体会结晶，对内丹学研究者和丹道爱好者可谓不无裨益。（邱沛轩）

道家气功南宗丹诀释义

　　《道家气功南宗丹诀释义》，浙江省气功科学研究会文献委员会编。杭州：浙江科学技术出版社，1991年1月第1版，32开，501千字。

　　本书由浙江省气功科学研究会文献委员会集体编写，始于1989年3月，成于1990年3月，历时两年完成。

　　本书前有编写说明，末有跋。正文共七部分，分别选取并注解了南宗祖师张伯端的《悟真篇》《金丹四百字》《玉清金笥青华秘文金宝内炼丹诀》，二祖石泰的《还源篇》，三祖薛道光的《复命篇》，四祖陈泥丸的《翠虚篇》，五祖白玉蟾的《紫清指玄集》。本书所集道家南宗丹诀，均为该派祖师衣钵薪传之作。

在编写说明部分，编者简单论述了"道家气功"对中华民族气功以及养生学的重要贡献，描述其历史传承体系，呈现其最高境界。

正文部分，著者对所选七部经书分别进行诠释。在每一部经书开篇都有简介。首先介绍该丹经著者生平事迹、主要作品，其次论述该丹经的产生、主要内容以及后世注解的重心，最后简述该丹经对内丹学做出的贡献。为了方便阅读，编纂者将每部经书原文分为大致相等的若干部分，每一部分的原文下都有详细的字句解释和大意概括来点明该段主旨。

正文第一部分为《悟真篇》释义，分为上、中、下三卷，前后有原著者自序、后序，附有《读〈周易参同契〉》《赠白龙洞刘道人歌》和《石桥歌》。注释则清修、阴阳双修二说并存。第二部分为《金丹四百字》释义，前有原著者序。第三部分为《玉清金笥青华秘文金宝内炼丹诀》释义，亦分为上、中、下三卷，正文部分多以图配文。第四部分为《还源篇》释义，全篇以九九之数、81章五言绝句，逐一论述炼丹的具体步骤和大意。除81章五言绝句外，前后分别有《还源篇序》和《还源篇后序》。第五部分为《复命篇》释义，共分为五言律诗16首、七言绝句30首、西江月9首，另有丹髓歌34首，前有著者自序。第六部分《翠虚篇》释义，前后均无序。第七部分《紫清指玄集》释义，该篇为白玉蟾弟子彭耜所收编的白氏遗著之一，其中包含白玉蟾生前有关的内丹修持的论文，还有游览各地道观等有感而发的许多散文，以及与同道友人相赠的诗词歌赋等。

本书通过作品诠释，力图使读者能够对道教南宗五祖内丹思想有一个清晰认识。编者对丹经中不少令人费解的隐词术语的解释能够解决读者的疑难，有利于内丹知识普及，满足南宗丹道研究者的需要。（丁酩著）

龙虎丹道——道教内丹术

《龙虎丹道——道教内丹术》，郝勤著。成都：四川人民出版社，1994年7月第1版，32开，190千字，系"中华道学文化系列"之一种。另有台北：大展出版社，2004年版，25开。

郝勤简介详见《道在养生——道教长寿术》提要。

本书是一本介绍道教内丹术历史流变、思想基础、具体功法的著作。全书除引言、附图、后记外，共分六章。第一章内丹概说，梳理历史上关于"丹是什么"的诸种说法，概述内丹术特征，用宗教学理论分析内丹术对道教发展的重大影响。第二章内丹源流，依照形成期、鼎盛期、成熟期三大阶段，论述内丹术的发展演进。著者认为：上古时期巫术思维中的移精变气、先秦时期的导引行气与房中术是内丹源头，东汉魏伯阳的《周易参同契》有机整合了大易、黄老和炉火，奠定了"古代炼丹学的理论基础和基本术语符号体系"；其后道教经典《太平经》《老子想尔注》《黄庭经》等与医家经典《内经》《难经》等对内丹理论形成诸多影响；隋唐至宋元，内丹术进入鼎盛发展时期，苏元朗、张果、司马承祯、钟离权、吕洞宾、陈抟、张伯端、王重阳是该时期内丹术发展的主要代表人物；其后南北宗合并、中派、龙门派、伍柳派、武当派、东派、西派、先天派等派别和重要内丹家的理论创新，彰显明清时期至民初内丹术的新气象。第三章内丹理论，通过阴阳五行、天干地支、太极八卦、河图洛书的介绍，彰显丹道宇宙观；从生理学和中医学相结合角度，解释精炁神、脏腑气穴、经络学说，架构丹道生命观；从"我命由我不由天"、"性命双修"、坚定的神仙信仰、坚强的意志，阐述丹道实践观。著者认为，内丹"返本还源"或说"颠倒""逆反"思想是对"顺应自然，清静无为"的突破。第四章男丹丹法，分别论述钟吕丹法、南宗清修丹法、北宗王重阳丹法和龙门派丹法、伍柳派丹法的功理、功法及成果。第五章双修丹法，从早期房中术与内丹的关系、早期道教房中修炼术与内丹的关系、南宗内丹双修派源流三方面梳理双修丹法的历史脉络，指出内丹双修理论包括：彼我同类之说、双修炉鼎之说、双修药物之说。第六章女丹论要，论述女丹炼养理论，包括女丹的修炼目标、女性的生理特点、女丹炉鼎、斩赤龙、太阴炼形、年龄对女性修炼的影响、女丹修炼法，等等。

　　本书架构清晰，论述翔实，配图丰富，是一本了解道教内丹理论与实践的重要参考书。（安虹宇）

内丹探秘

　　《内丹探秘》，杜献琛编著。北京：中医古籍出版社，1994年8月第1版，32开，120千字。

　　杜献琛，1943年生，湖北黄陂人。湖北中医学院毕业，副主任中医师。

2002年被评为武汉市知名中医、湖北中医学院兼职副教授。主要论著除了本书外，尚有《人体排出物异常症诊断治疗学》等。

本书以《周易参同契》为主要研究对象展开讨论。为了揭示内丹要义，著者注意援引其他经典来阐述内丹各个阶段的功理、功法、成果。全书除前言外，共分为上、中、下三编。

前言部分，著者界定什么是为丹，说明修习内丹的功用，重点介绍魏伯阳及其著作《周易参同契》，指出写作此书的目的——"意在阐明《参同契》内丹之理性，介绍功法，破其隐秘。并且集前贤研究内丹理论之心得和行功经验，以帮助气功爱好者学习、研究之用"。

上编内丹探秘，分为三章。第一章绪论，以介绍内丹学重要人物开篇，梳理了魏伯阳《周易参同契》思想渊源，魏伯阳之后内丹学主要人物的代表性著作及思想。第二章探讨内丹功理，阐述内丹学以合天时、尊重人体真气运转规律、返本还源为思想基础，指出运用月节律和日节律练功的合理性以及种种神奇功效。第三章从炉鼎、筑基、药物、火候、结丹、温养、炼己七方面论述内丹功法。主要阐明：内丹炉鼎的理论基础和炉鼎所在的具体部位、筑基时间与要点；药物为何的诸种说法、药物的作用、采药之法和得药感受；火候与天时的关系；结丹的条件、丹成的感受与种种功效、结丹失败的原因；温养的功法与效果；炼己的目的和时间选择等。著者于部分章节还附有相关文献资料，进行补充说明。

中编《周易参同契》浅解，选取《周易参同契》上、中、下篇及五相类篇和鼎器歌，对原文进行分节解释。于每节浅解，总括本节论述主题，浅释原文大意。

下编内丹名著选录并浅解，选取吕洞宾的《敲爻歌》、崔嘉彦的《入药镜》、张伯端的《金丹四百字》、孙汝忠的《金丹五百字》、张三丰的《无根树》《五篇灵文》进行释义。于每篇开始，都写有小序，对所选经典的著者予以简介，总括经典主要内容，进行简要评价，帮助读者初步了解所选取经典之大意。此编释义方式同中编，亦是分节释义，总括每节主题，浅释每节内容。

著者注意提炼内丹功理和功法要点，有助于读者了解内丹学与内丹术概况。（安虹宇）

龙虎集

　　《龙虎集》，钟来茵著。台北：中华大道文化事业公司，2000年版，2册，32开。

　　钟来茵即钟来因，简介详见《长生不死的探求——道经〈真诰〉之谜》提要。

　　本书共分上、下两编。上编为人文篇——人类永恒的追求，汇集15篇文论而成，分别为：《高唐神女》《论〈诗经〉中礼教盛行前后的爱情诗》《一百零四岁的张苍》《被霍去病拒绝的女神神君》《汉武帝》《张衡同声歌简论》《王羲之父子为何嗜竹如命》《八十六岁被逼饿死的伟人——梁武帝》《一百三十一岁的孙思邈》《唐明皇与杨贵妃》《三论白居易与道教》《韩愈的生命意识》《李商隐情诗中常见的性之隐比象征符号》《唐人炼丹一瞥》《论红丸案》。上篇行文似散文论述，内容涉及与道教养生、炼丹等相关的文人、历史或文学故事。

　　下编为《道藏》性文化研究，以23篇文章合为一册，讨论中国的性文化的起源及发展，当中与《道藏》相关者如：《老子想尔注"想尔"考论》《〈参同契·鼎器歌〉与道教女性崇拜》《六朝上清派经典——〈真诰〉关键词考》《〈真诰〉中一首意像优美的房中诗》《道藏阴阳交感符号论》等。此编透过古代传说与经典传注及炼丹术中的各种象征符号来论述《道藏》中所潜藏的中国性文化。其他虽与《道藏》无关，但仍与性文化相关，例如《中国古籍中所见爱滋病疹状考论》《唐明皇的壮阳药方——守仙五子丸》《论孙思邈千金方中的王相日》等。

　　著者认为传说中的黄帝是华夏性文化的奠基者，黄帝是一位集合型文明的创造者，所以与黄帝相关的传说人物，如容成及素女等皆与性文化、性医学相关，所以将黄帝看作华夏性文化的奠基者。而《老子》一书中处处隐含着与性相关的譬喻，张道陵的天师道中，直接以性行为来注解《老子》，即《老子想尔注》一书，所以在古书中，其实不乏直接描述性文化者。延及六朝的道教活动及炼丹过程，更多的是性文化的直接实践以及付之于炼内丹的隐喻中。例如天师道末流之集体性行为之纵欲，上清派改良为双修，炼丹过程中的内丹中，充满了隐喻的符号，这都是华夏性文化的呈现。其他散见于传说、药方、皇历中的禁忌等处处都有性文化的隐喻或遐思等，这告诉大家，其实中国并不排斥

性文化等活动，并非封闭固锁拘忌于性活动或性的描述等。（蓝日昌）

道教内丹学探微

《道教内丹学探微》，戈国龙著。成都：巴蜀书社，2001年8月第1版，32开，200千字，系"儒道释博士论文丛书"之一种。另有北京：中央编译出版社，2012年版，16开，系"观复斋系列丛书"之一种。

戈国龙简介详见《灵性的奥秘：修道的基本理论与方法》提要。

本书是一本以现象学和诠释学方法研究内丹学根本原理和哲学思想的著作。全书以序论开篇。概述研究对象，对内丹学下定义，分析内丹学层级，追述内丹学历史源流，简述内丹学宗派与典籍，说明"修道现象学"的研究方法，叙说修道现象学研究的四大层面，进而对宗教学诸种研究方法进行梳理和反思。正文部分分为四章，研究顺逆、性命、阴阳、有无四个内丹学的核心问题。"顺逆"章，首先澄清顺逆的概念，认为确定了参考系才不会产生理解的混乱；继而论述顺与逆两种方向演化在本体论上的可能性，以及从工夫论层面上实现"返本还源"的现实机制；最后站在现代立场对内丹学中的"顺逆"问题及其意义进行思考，指出道法自然和逆反成仙并不矛盾，反而有着内在的统一，"返本还源"是高级的天人合一和治愈虚无主义的一剂良药，内丹修炼是对人潜能的开发，用物理学的熵增理论来解释内丹学。"性命"章，首先以性命诸说、性命辩证、性命双修三小节对内丹学中的性命问题加以阐发，整理出"内丹学范畴体系表"，辨析性命与神气、顺逆、阴阳之间的关系以及性命的体用关系；说明修性与修命的先后次序；从工夫和境界层面诠释性命双修问题。之后，比较内丹学和禅学的异同，对丹家论禅、禅家论丹的诸说进行辨析，从佛教密宗入手研究丹禅会通的可能性。"阴阳"章，分三小节展开讨论。首先梳理不同层次的阴阳概念，继而研究内丹清修系统的阴阳交媾理论基础和工夫意义，探讨男女双修理论的可能性，区别了男女双修和房中术，以陈健民《佛教禅定》中的密宗无上瑜伽双修原理对照阴阳双修，对阴阳双修的现代意义加以讨论。"有无"章，从三方面论述内丹学中的"有无"问题，站在现代立场对"有无"问题进行新的思考。结语部分，讨论现时代宗教精神的应然状态，对道教的自身特色和存在问题做出分析，指出其发展方向。

汤一介先生在书序中说："一部作品除了具有较高的学术价值外，如果还能给人心灵带来某种启示，那就更有意义了。"本书即是如此。（安虹宇）

匿名的拼接
——内丹观念下道教长生技术的开展

《匿名的拼接——内丹观念下道教长生技术的开展》，杨立华著。北京：北京大学出版社，2002年4月第1版，32开，237千字。

杨立华简介详见《王弼〈庄子注〉研究》提要。

本书共七章，大致以时代先后及内丹发展进程安排章节内容。第一章分析"纬书"文本形态背后的精神实质，认为"纬"与"经"类似，都是某种观念断片的缝合与拼接。著者以此为切入点，展开内丹学体系的拼接思想研究。第二章对丹道与"解胞散结""合气""守一""服五牙"等众术之间的"拼接关系"进行分析，着重探讨了《参同契》将大易、黄老、丹道三者拼接的"纬书"精神，并对内丹概念的出现时间做出推断。第三章探讨历史上各种"长生观念"的变迁与发展，重新考察内外丹法相继而起的原因。第四章以钟吕一系丹法为主，探讨内丹功法的一些过渡类型，着重分析钟吕丹法的技术内涵，认为钟吕丹法系当时的集大成者。第五章分析宋代的禁欲取向，指出这是"新道教"自身内在特点使然，认为在儒、佛外在影响下，新道教开始对技术性长生术加以否定，逐渐从技术型实践向生活样态转变。第六章专注于两宋之间金丹派南宗思想研究，分析金丹派南宗丹法中的一些观念背景与内核，兼及金丹派南宗与禅宗、钟吕丹派、全真道之关系。第七章分析新道教伦理精神实质，探讨技术性道教传统中的个体修行实践与救赎性道教传统中对轨仪的强调如何被统一为一个整体。书末附有四篇考论之文：《〈黄庭内景经〉重考》《论早期〈上清经〉的"出世"及其与〈太平经〉的关系》《关于金丹南宗的史迹考证》《两宋丹道流派考述》，有助于道教内丹学来龙去脉之了解。

本书从纬书对各种思想的拼接现象入手，转而考察道教丹法中的这种"纬书精神"。著者敏锐地观察到：道教既分判了不同的长生术，又对其进行一定形式的拼接整合。在拼接整合过程中，伴随着对"技术型因素"的逐渐排斥与舍弃。通过这种取舍与拼接，道教内丹体系完成了从技术实践到生活实践的转变，最终形成了新道教——全真道。本书的论述出现了许多生僻概念，一般读者不易理解，但若能抓住"纬书"的精神传递脉络，问题即可迎刃而解。（张红志）

道教内丹修炼

《道教内丹修炼》，张兴发著。北京：宗教文化出版社，2003年10月第1版，32开，360千字，系"中国道教丹道修炼系列丛书"之一种。

张兴发简介详见《话说道家养生术》提要。

本书共分九篇。第一篇以"道源"为题，简述道教起源，侧重介绍道祖老子；之后列出14章，分别讨论"文始派""少阳派"等14个派系的大致情况。第二篇到第七篇依次第论述道教内丹之修炼。其中第二篇为"斋心"，以心性修炼的介绍为主，也兼及一些命功修炼、形神相依、法箓梯航的内容。第三篇为"筑基"，介绍钟吕派、南派、北派、东派、西派、中派、三丰派、伍柳派、千峰派九派的筑基方法，并于九派后单列女丹派一章，以区别男女丹之不同。著者将筑基阶段称为"道术"，而将"炼精化气""炼炁化神""炼神还虚""炼虚合道"四个阶段称为"仙术"。从第四篇至第七篇，著者以与第二篇相同的章数介绍为丹修炼的四大阶段。该篇之末，附有"内丹进程表"，便于具体修炼的程序掌握。第八篇"内丹方术"，介绍内丹修炼中的一些具体法门技术。第九篇"内丹术语"，解释丹道典籍中一些主要术语，解释其内涵。

本书与"中国道教丹道修炼系列丛书"的其他多数部分不同的是：其他部分多为《三丰全集》《乐育堂语录》之类侧重某一具体派系的丹经或者某位高道的著作，而本书则具有通论特点。其用语比较通俗，有助于初学者了解道教内丹修炼的大旨、发展历史以及操作程序。但篇幅所限，且所介绍派系过多，故难以详尽。（张红志）

道教内丹学溯源——修道·方术·炼丹·佛学

《道教内丹学溯源——修道·方术·炼丹·佛学》，戈国龙著。北京：宗教文化出版社，2004年6月第1版，32开，173千字。另有北京：中央编译出版社，2012年版，16开，201千字，系"观复斋丛书"之一种。

戈国龙简介详见《灵性的奥秘：修道的基本理论与方法》提要。

本书于导言之后，分为四章。第一章内丹与修道，首先解释修道概念与基本范畴，稽考老庄修道思想中的"本体""工夫""境界"意涵，进而梳理内丹学对老庄修道思想的继承与发展，将内丹学与修道理论做了对比研究。第二章内丹与方术，从先秦文献入手，进而考察汉魏两晋的道教经典，诸如《太平经》《老子想尔注》《黄庭经》等均在涉猎范围，探讨方术与内丹的关系，论述方术向内丹学的升华。第三章内丹与外丹，略析外丹思想之后，便将《周易参同契》作为沟通内外丹的枢纽加以分析，探讨内外丹共同的理论模型，解读基本术语，分析内外丹的相互交融。第四章内丹与佛学，在对佛道关系略加叙述之后，着重讨论佛道教一些相通问题及其对内丹学的影响。

本书以专题方式对内丹学进行历史考证、理论诠释。每个主题针对特定问题展开，形成著者的独立见解；但限于篇幅，在一些方面难免存在不够深入的遗憾。（张红志）

女神·女丹·女道

《女神·女丹·女道》，李素平著。北京：宗教文化出版社，2004年7月第1版，16开，470千字。

李素平，原名赛丽曼·李素萍。现为北京印刷学院副教授，主要研究领域是中国哲学与中国文化。

本书共五章，第一章从思想层面入手，综合论述道家道教中既阴阳并重，又崇阴贵柔的特点，讨论道教男女平等、重视女性的态度与观点。第二章虽名为女神，但又细分为五小节，围绕着女神这一主题，分别从"原始母系社会的女神崇拜""女神崇拜的文化价值""女巫""女仙"四个层面分别论述。第三章女丹，首先概述了道教得道成仙之哲学理论，进而分析修仙具体途径，阐述女丹的具体修行方法与修行次第。第四章主要研究几位著名的女性执政者与女性道教宗师，进而讨论女性信奉道教的主要方式与持戒问题。第五章为一些著名女道士的作品研究。根据时代不同，本章又分为上部之"唐代女冠的才情风韵"与下部之"宋金元明时期女冠诗词"，以各时期的著名女冠为中心展开研究。

本书以女性与道教关系为主线，从老子对女性生命智慧的赞美入手，追溯上古女神神话，梳理女神、女巫、女仙之间的思想文化承续关系，阐述女丹功法的起源、修行法门、戒律规矩、功德辅行，讨论中世纪中国妇女凋形立志、苦修苦练内丹之艰深历程和其精神的可贵可敬，介绍和分析中国历史上有所作为的女主崇道和道教门派创宗开山的女宗师之不凡业绩，彰显女冠诗词画作在中国文学艺术上的奇妙瑰丽及其价值。由于涉及内容广泛，本书难以在各个方面深入考察和分析，但作为普及读物，可以为一般读者了解道家道教知识提供有益帮助。（张红志）

元代参同学——以俞琰、陈致虚为例

《元代参同学——以俞琰、陈致虚为例》，曾传辉著。北京：宗教文化出版社，2004年9月第1版，32开，230千字，系"世界宗教研究所文库"之一种。

曾传辉简介详见《冲虚至德真经注译》提要。

本书分上下两篇。上篇参同学概述，包括"绪论"与"参同学历史发展简述"两章。主要介绍参同学的概念、历史和研究现状，并对元代参同学代表人物俞琰、陈致虚的生平及著述加以重点说明。下篇元代参同学，凡六章。第三章仙性论，论述仙性论定义、历史简况和俞琰、陈致虚二人的主要观点；该章第一节还专门介绍了与本书有关的"仙学"概念。第四章先天一炁论，讨论内丹参同学关于金丹本质的界定。著者指出，俞琰、陈致虚均认为金丹（内丹）就是先天一炁，因此该章主要探究先天一炁的内涵、获取方法和判断标准。第五章顺逆论，讨论内丹学"顺则生人，逆则成仙"问题，其实质是成就内丹与仙体。该章指出俞琰、陈致虚通过五行学说的改造，既阐述了参同学顺逆论，又发展了五行学说。第六章药物火候论，阐述炼丹的原料（即药物）和技术（即火候）。著者指出，《周易参同契》以汉易表述火候，该章也主要从俞琰、陈致虚对汉易学说的阐述对比中揭示火候论的丰富多样与派别特征。第七章化生论，讲述仙学归宿，指出内丹理论以无形的神炁凝结体来理解得道成仙之仙体。该章阐述了俞琰、陈致虚对修成仙体之位业的理解，并揭示了二人对天人合一、生死、有无等问题的哲学思考。第八章结语，综述元代参同学的基本特点以及俞琰、陈致虚观点之异同，对全书观点进行总结和概括。

著者用理性精神和当代哲学话语对参同学的内丹思想做了明白、平实的解析；特别是以其长年的积累和心得，试图破译诸多内丹学秘诀，既有重要学术价值，也可供实修参证。诚然本书对参同学史的论述较为简略，在对元代参同学的论述中重南方而略北方，正如宋儒朱熹所言，《周易参同契》"词韵皆古，奥雅难通"，因此"参同学"面对的是一门高难度的学问，在面对此项艰巨研究任务时未能"一网打尽"而尚有待补足之处，也是可以理解的。（郑长青）

钟吕内丹道德观研究

《钟吕内丹道德观研究》，袁康就著。北京：宗教文化出版社，2005年5月第1版，32开，260千字，系"蓬瀛仙馆道教文化丛书"之一种。

袁康就，1957年生，中国香港人。曾任国际道联会副秘书长、道教文化资料库委员、袁康就太极内丹学会总教练、香港亚太传统医药交流协会会长。主要著作有《老子思想及其对钟吕内丹学影响之初探》《老子的养生思想》等。

本书分六章。第一章前言，简述钟吕内丹之内涵及重要意义，介绍研究钟吕思想的直接相关文献。第二章钟吕丹道的形成——神仙架构中道德观念的演变，分析远自上古巫祝文化，下及先秦、稷下、两汉、魏晋及隋唐历代道家道教神仙学说的演变，借以指出外丹的失败、元气论的发展、形神观念的演变及大小乘佛教思想对内丹文化的影响。第三章钟吕丹道的旨要，讨论老子思想尤其是老子的道德观念与辩证思维对钟吕丹道的影响；分析钟吕丹道对形躯所具有的意义，以及性命关系在入世修行上所包含的道德意味等问题。第四章钟吕丹道的意义——道德观的突破，探讨"道教式道德观的特点"和"钟吕丹道的道与德"两个论题，前者意在说明老子以自然言道的方式为道教所继承；后者则分析钟吕丹道如何以"元气论"结合老子的"宇宙论"和"本体论"而形成丹道思想中的道德观，并建构"性命双修"之修炼蓝本的过程。第五章钟吕丹道的影响，探析钟吕丹道对宋元内丹南北二宗、内丹中派、东、西派的影响，指出钟吕丹道倡导的

"性命双修"实际上是修行上的一种道德实践和根源性的终极追求。第六章总结，对全书观点做一概述，提出钟吕丹道的"性命双修"为老子道德观念的延伸，而钟吕所追求的神仙境界实际上是凭借炼气功夫所达到的一种道德圆善的终极境界。

本书特色有两个方面：一是将钟吕内丹学置于神仙之学整体发展的宏观历史传承中加以考察，二是以"性命双修"为研究视角，考察了钟吕丹道的旨要以及对后世丹道的影响，实现了对钟吕内丹学的微观观照。本书还对钟吕丹道主要文献《灵宝毕法》《钟吕传道集》《破迷正道歌》加以点校并附录于书后，便于读者查阅。综而论之，本书不失为一部有益于读者了解钟吕丹道乃至内丹学的作品。（郑长青）

傅金铨内丹思想研究

《傅金铨内丹思想研究》，谢正强著。成都：巴蜀书社，2005年12月第1版，32开，200千字，系"儒道释博士论文丛书"之一种。

谢正强，1975年生，宗教学博士。主要从事道教与传统医药文化方面的研究。

本书共六章。第一章傅金铨生平和著作，根据《道书十七种》与相关地方志资料，考察傅金铨生平、师承授受、著作情况。第二章傅金铨内丹理论的思想背景，对道教内丹双修派的产生与发展，以及元明以来陈致虚、陆西星为代表的双修丹家基本理论进行简要探讨，梳理了解读傅金铨阴阳双修内丹理论的思想背景。第三章傅金铨的双修内丹思想，分别从性命与阴阳、下手功夫、丹法内容、心性论等多个方面对傅金铨的阴阳双修丹法进行系统剖析。第四章傅金铨双修内丹"东派"说考辨，通过历史、文献梳理和丹法比较，对学术界盛行已久的傅金铨属于"东派丹法"的观点进行辨析，提出傅金铨丹法应属于孙教鸾、陶素耜一派的主张。第五章傅金铨双修内丹与房中术，讨论两者之间的关系，指出两者之间界限的模糊性。第六章从傅金铨看内丹清修、双修之同异——以"玄关"为中心，对傅金铨代表的内丹双修派与同一时代的刘一明、闵一得代表的内丹清修派做比较，指出两派虽对"玄关"认识有所不同，但是都以返本还原为目标，为道教生命哲学之体现。最后，在本书"结语"中，著者借用荣格分析心理学相关理论，指出道教内丹术本质上是一种心理—生理调节机制，而道教内丹中清修与双修两派之差别，正表明了二者在对待"性"这一心理机制在方法上的分野。

本书是一部对道教内丹家个案作微观剖析的作品，其在前人基础上所作的更加深入、全面的研究，对于研究清代道教史和内丹理论，特别是阴阳双修派的内丹理论而言，具有重要意义。本书不乏创新之处，在内容上，本书通过对傅金铨的个案研究，系统阐述了傅金铨的生平、师承、著作以及丹法理论，并通过考辨明确了傅金铨丹法的派别归属问题；在方法上，著者重视文献的系统研读与比较，通过与明清双修内丹家陆西星、仇兆鳌、陶素耜思想的参照、对比，实现了对傅金铨内丹思想较为深入、全面的把握。诚然，本书尚未涉及傅金铨对女丹思想的论述，在解读傅金铨内丹思想时未能与明清外丹作联系比较，但内丹典籍素来隐晦难读，著者能够从研究者的学术视角对傅金铨的内丹思想做系统梳理已属不易。总体而言，本书实现了傅金铨这一个案的系统全面研究，不乏创新之处。（郑长青）

内丹生命哲学研究

《内丹生命哲学研究》，沈文华著。北京：东方出版社，2006年12月第1版，16开，338千字。

沈文华，浙江杭州人。现为南京大学哲学系副教授。主要研究方向为道家道教、佛教哲学和生命哲学。

本书共六章，各章皆分三节展开。第一章穷理，第一节概括内丹学发展的内在理路；第二节介绍西方生命哲学思潮中的代表人物对生命性质和意义的思辨，以及现代科学在生物学、心理学意义上关于生命的研究成果；第三节阐述内丹学援易入丹道，解析《周易参同契》对鼎器、药物、火候的阐述并披露"中黄直透"之法。第二章尽性，第一节介绍西方理性主义和人本主义思潮对人的意识与自我的探索，以及弗洛伊德精神分析学、荣格分析心理学、方迪微精神分析学对意识、自我、无意识及其本源的研究；第二节理清内丹心性论的来源和依据，解读内丹学的生命主体、修道主体；第三节运用西方哲学、心理学中意识和无意识的概念，探讨内丹修炼"炼己"中的修心、修性部分。第三章至命，第一节探究内丹修炼的生理依据；第二节介绍内丹修炼中筑基功夫与炼精化气的过程、操作程序；第三节论说内丹修炼"炼气化神"中性命相合的内景、过程、法则和境界。第四章悟真，第一节论述现代西方哲学对存在问题的探讨，为说明内丹学的生命存在和超越论创设诠释语境；第二节运用现代科学、西方哲学的时间、能量等概念，诠释内丹学视域中的生命本质；第三节基于内丹学将生命能量视为生命的本质的观点，阐释内丹修炼的理想境界。第五章参同，第一节揭示内丹学与佛教修行之异同，特别指出内丹学与密宗的契合之处；第二节在略析科学与宗教互动的基础上，指出内丹学对道的终极追求与现代科学相契合的可能性；第三节从生命的完整性和超越这一指向出发，阐述西方的科学与理性同东方的精神与灵性互通的可能路径。第六章合道，第一节解读神话与历史中蕴含的人类内在精神，并提出透过知识与文明去寻找生命之本、宇宙之源的超越之路；第二节解析微精神分析学与道家道教对虚空的理解，阐释内丹学以返还虚空的方式实现生命的升华并在还虚之中体证自由与美；第三节比照西方哲学释义学有限和开放的理解，指出内丹生命哲学是在精神性的体验中反向寻求与道的融合。

本书揭示了内丹学的本体论、方法论和认识论的完整理论体系。本书的精湛之处在于娴熟地运用现代哲学和科学对内丹生命哲学进行解读，力图实现内丹学现代形式的转换，体现了著者的深厚学养。同时，本书以西方哲学、心理学、物理学等作为诠释语境，揭示内丹学生命哲学的深刻之处与独特价值，但在部分小节之间其行文联系有些许疏离感。总体而论，本书不失为一本适合丹道爱好者和探索者阅读的好书。（郑长青）

丹道修炼与养生学——武当丹道延寿图说

《丹道修炼与养生学——武当丹道延寿图说》，陈禾塬著。北京：社会科学文献出版社，2007年1月第1版，32开，499千字，系"东方古代哲学系列丛书"之一种。

陈禾塬，名永强，禾塬系其字号。湖北省十堰市武当养生研究会会长、武当武术协会副主席兼秘书长、作家协会会员。主要著作有《鄂西北胜境志》《郧阳武术史记》等专著。

本书主体分为上、中、下三篇，共九章。开篇序一、序二后，上篇跨越时空的永恒追求，由第一章现代人对长寿的追求、第二章长寿的历史溯源、第三章什么是丹道修炼三部分组成；中篇破译丹道修炼图，由第四章《心性图》——身国同构、第五章《修真图》——以人为本、第六章《内景图》——人体卷扬机三部分构成；下篇武当丹道修炼秘法，由第七章武当养生功法、第八章新编太乙五行桩、第九章武当名家论丹道三部分构成。书后附图、后记、参考文献。

著者从学术视角，运用现代医学知识和传统养生方法，在对《心性图》《修真图》《内景图》三幅武当山版本的丹道修炼挂图进行分析研究、挖掘整理的基础上，揭示了历代武当道家丹道修炼的内核。其最终目的是试图为现代人的强身健体、延年益寿提供一定的指导。书中难能可贵的是为读者提供了具体的修炼方法，这对于之前都是秘传的丹道修炼之传统，无疑是一种突破。著者对"武当丹道延寿图"的收集和破译，基于对古代丹家所传各类修持图示的深入研究，是对内丹学的一大贡献。当然，作为一部学术著作，本书中揭示的理论观点也是一个需要不断完善的过程。

总之，本书揭示了武当丹道修炼的隐秘技术和核心内容，为大众提供了一种健身养生、延年益寿的独特方法。填补了我国专业人员从科学技术角度研究道家丹道修持图的空白，为古老而神秘的丹道修炼技术步入科学殿堂和大众生活搭起了一座桥梁，同时丰富和提升了武当山旅游的文化内涵和品位。
（宋野草）

道家内丹修炼秘笈

《道家内丹修炼秘笈》，玉昆子编著。北京：华夏出版社，2007年5月第1版，16开，230千字。

玉昆子，俗名韩超，1968年生，河北深县（今深州市）人。全真道龙门派道士。北京市武术协会梅花桩拳研究会副会长、北京市道教协会常务理事、梅花桩拳派第十八代掌门人。

本书分上、下两篇。上篇收有《论武道》《云盘老祖传授练功歌诀》36则、《梅花桩》167式功法、《梅花桩五势与养生》，下篇则收录《内经图》《修真图》

《论修丹之要》《论人体结丹与脏腑气化的关联》《经穴与时间的关系》《内丹心法》《静养妙机》《修养余言》《十三太保功》《药性诀》《全真秘要》（钟吕传道集）。

本书为玉昆子编著的古传内丹资料与自著文章之合集，主要论说内丹修炼的文、武两道之要旨，而对武道的论说尤为详备。本书之特色，约略言之，有两个方面。一是在内容上将内丹中文、武两道相结合，其中上篇主论武道，下篇主述文道，进而揭示丹道修炼以文练为主、武练为辅，以达内外兼顾、性命双修之旨。二是在论说上将图片与文字相结合，如著者对《梅花桩》《十三太保功》之阐释，在详细的动作要领解说之外还附以功法示范图片，图文兼备，理法清晰，以便于读者参照学习。值得注意的是，著者还运用中医养生理论的藏象学说、气血三宝说、经络学说、病因征候论等来阐释内丹修炼，揭示修丹之要与修丹之法；著者又基于自身的体验，指出梅花桩五势动静结合之练习有助于调节五脏经脉气血，使五脏调和、阴阳平衡而气旺、精盛、神足，揭示了梅花桩五势的养生机理。这些做法反映了著者力图以医学语言和现代话语阐述丹道养生理论的积极努力。

本书由玉昆子个人修行心得与搜集传统丹道资料编著而成，虽非理论长篇，但也自成一家之言，有一定的文献资料价值与实修参证价值，可供丹道爱好者尤其是梅花桩拳研习者阅读。（郑长青）

伍守阳内丹思想研究

《伍守阳内丹思想研究》，丁常春著。成都：巴蜀书社，2007年11月第1版，32开，220千字，系"儒道释博士论文丛书"之一种。

丁常春，1971年生，安徽肥西人，哲学博士。曾任四川省社会科学院哲学所副研究员，现任安徽大学哲学系教授，主要研究方向为道教。

本书共七章，在序一、序二、引论后，第一章伍守阳的生平和著作，第二章伍守阳内丹理论形成的思想渊源，第三章伍守阳内丹学之基本理论，第四章伍守阳的丹法，第五章伍守阳的三教合一思想，第六章伍守阳与伍柳派，第七章伍守阳内丹思想的特点及其影响。书后附录《慧命经》之修真八图及主要参考文献、后记。

本书在吸收前人研究成果的基础上，对伍守阳的生平、著述进行了较为全面的考证，厘清了以往研究的模糊之处。继而分析、论述了伍守阳内丹思想渊源、基本理论和丹法，特别是对伍守阳丹法自炼已筑基等具体修炼环节均有详细论述，提出伍守阳内丹思想既是内丹学惯性发展的产物，又是时代的产物之观点。本书比较了伍守阳与柳华阳丹道之异同，有助于读者了解伍柳派丹道之全貌。此外，本书兼论了伍守阳内丹思想在内丹学史上的地位，分析了伍守阳如何集明末之前道教内丹思想之大成，解释了其丹道思想对于后世的深远影响力。书中还考察伍守阳三教思想的内容，揭示其三教合一思想的特质和意义，为当今养生提供了多样的方法，对于世人身心健康，尤其在预防心理、生理疾病方面有裨益之价值。（宋野草）

道教与丹道

《道教与丹道》，胡孚琛著。北京：中央编译出版社，2008年3月第1版，16开，280千字。"神州文化图典集成"之一。

胡孚琛简介详见《魏晋神仙道教——抱朴子内篇研究》提要。

本书共十章，包括引言、第一章何谓道教、第二章道教的发展、第三章道教的现状、第四章修道求仙、第五章内丹学的源流、第六章各派丹法要诀、第七章内丹基本理论揭秘、第八章丹道修持入门、第九章丹道修炼的基本步骤、第十章女金丹述要，书后有附录：《陈朴先生九转金丹秘诀》及后记。

本书对道教和丹道的起源和发展及其特征进行了详尽的阐述，揭开了道家和丹道的神秘面纱。作为一本通俗读物，本书语句简明，用语通俗易懂。书稿中并没有像学术专著一样引用大量考据资料，而是通过加入许多插图的方式，全面、系统地向读者介绍了何为道教、道教的历史与现状、内丹学的流派、基本理论和修炼法门。详细地解释了道教的神灵信仰与诸仙真体系，并从内丹、外丹、身心健康方面诠释道教修炼之路。不得不说，在一定程度上为道教正名，打破一部分读者对于道教的误解。书中最后梳理了女金丹的发展脉络，使得内丹学的描述更加完整。著者在书中强调的一个核心观点是，内丹学具有心理学、心身医学的功能，能帮助人们达到认识心灵的终极目标。内丹学的研究是打开人体生命科学的钥匙。著者指出：内丹学不单是"心的哲学"，而且是"心的科学"。

总之，本书向广大读者展示了包括道家、道教、丹道在内的道学，揭开了笼罩在内丹学上的宗教神秘面纱，用现代科学和哲学进行内丹学研究。在一定程度上促进了道教文化的全面推广，使国人能够真正理解中华民族的传统文化。（宋野草）

内丹解码——李西月西派内丹学研究

《内丹解码——李西月西派内丹学研究》，霍克功著。北京：人民出版社，2008年3月第1版，32开，410千字。

霍克功，1960年生，河北邯郸人。哲学博士。国家宗教事务局宗教文化出版社、中国宗教杂志社编审。

本书主体由12章构成。开篇序一、序二、序三后，接第一章导论，第二章背景论：西派祖师李西月生平及其思想背景，第三章原理论：内丹修炼的理论根据，第四章性命论：内丹修炼的施为对象，第五章阴阳论：内丹修炼的根本，第六章药物论：内丹修炼的原料，第七章炉鼎论：内丹修炼的场所，第八章火候论：内丹修炼的控制，第九章功夫论：内丹修炼的程序和方法，第十章比较论：西派与东派丹法之比较，第十一章贡献论：李西月西派内丹学对内丹双修理论的贡献，第十二章发展论：西派内丹学的传承与发展。附录西派内丹学研究综述、参考文献及后记。

本书是对李西月西派内丹学的系统研究。在全面梳理内丹学基本理论的前提下，对西派内丹双修理论进行了比较全面的剖析。从哲学、神学、中医学、心理学诸方面，阐释西派内丹学产生的根据。著者认为，道的信仰、神仙信仰分别是内丹学的义理基础；感知论、情欲论、驱识唤元神论是内丹学的心理学基础，而性命论、阴阳论、药物论、炉鼎论、火候论、功夫论，则是该派内丹学的基本构成。由此申发开来，结合清修、双修的发展历程，考察西派内丹学的内涵和外延，比较西派与东派丹法的异同，阐述李西月内丹双修理论体系。其中包括内丹次第创新：炼功五关论，先天、后天与结丹、还丹对应理论，还有两种用鼎方法、凝神于虚空的独特下手功夫、钻杳冥或称开关展窍、两孔穴法、玄关一窍有死有活论、九层炼心贯穿于内丹修炼始终、三件河车功法等，丰富了内丹双修理论。

本书是国内外第一本以李西月西派内丹学为研究对象的专著。对内丹学基本理论做了扼要梳理，揭示了李西月内丹双修理论的丰富内涵和思想特点，提出了许多难能可贵的创新性见解，有较高的学术价值。给丹道文化研究以新的信息和新的启示。当然，本书尚有一些不足之处，如引文不够精练，行文不够简明扼要。（宋野草）

神药之殇：道教丹术转型的文化阐释

《神药之殇：道教丹术转型的文化阐释》，蔡林波著。成都：巴蜀书社，2008年11月第1版，32开，260千字。

蔡林波简介详见《助天生物——道教生态观与现代文明》提要。

本书主体由六章构成。开篇有序一、序二、前言、导论，后有第一章早期道教炼丹术的形成及其文化精神，第二章中古道教丹术转型的历史进程，第三章中古道教"丹术转型"的文化成因（上），第四章道教"丹术转型"的文化成因（中），第五章道教"丹术转型"的文化成因（下），第六章"内丹外法"：内丹道之文化攉能方式的建构主体部分。后附结语、参考文献、后记。

本书主要研究了"中古道教丹术转型"的历史内涵与发生时期之界定、炼丹术的文化生成逻辑及其精神本质、炼丹术之汇融于早期道教及其实践理性品格塑造、中古道教"丹术转型"的文化成因等内容。著者试图运用多学科交叉方法提炼出一个理论解释模型，解读道教外丹向内丹转化的原因、过程以及文化性质。力求为中国文化和历史变迁的问题提供道教视角的观察与分析方法。关于唐宋以来中国文化的转型问题，著者认为应从道教这一内在精神变迁的角度来加以分析，发掘其内在的"文化攉能性"。著者试图寻找到一种适用于中国宗教的观察和分析方法来研究道教，形成自己的研究方法和理论范式，这是本书的一大创新视角。

总之，本书把道教丹术作为一种特定的文化载体，考察其文化本质。著者用"文化攉能性"及相关理论为本书提供了一个基本的理论框架，认为道教丹术的转型是道教整体上的重大精神变局，这种变局伴随并影响着当时的中国文化的整体演变过程。（宋野草）

丹道法诀十二讲

《丹道法诀十二讲》，胡孚琛著。北京：社会科学文献出版社，2009年9月第1版，全3卷，16开，788千字。社会科学文献出版社于2009年12月出16开精装版，于2018年6月出16开修订版，于2018年1月出函盒全彩印刷珍藏修订版（全8卷）。

胡孚琛简介详见《魏晋神仙道教——抱朴子内篇研究》提要。

本书先录有多位著名学者为本书所作题词及著者与钱学森院士、杨石先教授的往来书信。其后有著者参加学术研讨会、寻友访道的照片。书中篇章分为序、正文与跋。正文分为上、中、下三卷。三卷正文可分为两个部分，前一部分为上、中二卷。上卷是丹道法诀十二讲之第一至十讲，分别从内丹修炼的派系分类介绍、补亏辟谷等功法概说、开悟禅定等境界讨论等十个方面对内丹修炼进行探讨。中卷是丹道法诀十二讲之第十一与十二讲，是对丹道修真的辩难和答疑以及对人之生死的哲学讨论。该部分内容中，著者以现代科学和中西哲学、精神分析学、中西医学的视角破译内丹学和禅宗、密宗修炼的奥秘，并对有关人体的理论及其社会人生问题做了深入剖析。后一部分则是本书的下卷，共有12个附录，附录一至十是阐述各派丹道具体修持法诀以及千金难求的丹道秘本。每个附录之前后著者都有按语，或是强调修持法诀之重要，或是讲述丹道秘本的来历等，足见著者用心良苦。附录十一是著者对先师的三篇纪念文章，附录十二则是题为《道学文化的新科学观》的论文一篇，提出道学文化心、物、能一元论的新科学观，并对什么是道、道学的宇宙演化图式作了逐层剖析。

本书是著者耗费26年时间调查研究丹道和密宗，用8年时间写成，凝聚了著者学术生涯中大半辈子心血与智慧。著者在《跋》中指出："摆在读者面前的这本书，是对道教内丹学和藏传佛教密宗修持法诀的揭秘和破译，是继陈撄宁先生之后将内丹学从江湖文化推向学术殿堂的一部力作，是一份保存中华道学文明精华的非物质文化遗产。"（胡瀚霆）

丹道仙术入门

《丹道仙术入门》，胡孚琛著。北京：社会科学文献出版社，2009年11月第1版，16开，282千字。

胡孚琛简介详见《魏晋神仙道教——抱朴子内篇研究》提要。

本书共12章。第一章概论道教的修道成仙信仰，包括道教诸神、成仙境界与道路等；第二章介绍道教常见的养生术，包括存思、导引、气法、健身术；第三章介绍医药、服食和养生；第四章介绍房中养生文化的发展情况及基本内容；第五章介绍外丹黄白术的发展概况、金丹炼制的21个步骤以及存在的各种化学反应；第六章介绍中国术数学的发展及流传情况，指出中国术数学本是《周易》象数学发展起来的分支，后来发展成人生预测学，主要原理在于将整个宇宙看为一个阴阳互补的模型，确信天、地、人相互感应；第七章介绍内丹学的形成、发展、成熟；第八章介绍各派丹法要领及特点；第九至十二章介绍内丹基本理论及修持过程，包括女丹修持等。

著者认为，自然科学和社会科学的各门学问在其最上层是相通的，人们只要在一门学问上努力做到最上层，便可触动到人类智慧的枢纽，从而一窍通，百窍通。著者在介绍道学文化时，注意结合现代化学、心理学等多种学科知识，进行综合解释，使得传统道学的介绍更加现代化。此外，著者力图揭开以往丹道著作的隐秘，揭示道书文字面上未明说的修炼过程及步骤，结合自身实践心得，将三家四派的丹法尽行揭出，语言文字浅显通俗。著者还针对女性生理特征，讲述如何修持女丹。在附录中，著者披露了丹家千金难求的师传秘本，有助于人们进一步探索。

本书涵盖了道家哲学、道教史、术数学、内丹学、养生学、医学、道教文献学等整个道学文化的学术领域。书中的养生之道以及祈福劝善、消灾积德等对人的品性有积极向上的引导作用。（徐敏）

李道纯中和思想及其丹道阐真

《李道纯中和思想及其丹道阐真》，岑孝清著。北京：宗教文化出版社，
2010年3月第1版，32开，250千字。

岑孝清，1973年生，贵州晴隆人。本书出版时，著者任浙江师范大学讲师。

本书系著者博士论文加工而成。主要内容共分为五章。第一章多元通和
复合型民族宗教文化进程中的李道纯，介绍李道纯所处多元宗教的民族文化背
景，指出儒释道三教合一成为当时的思想文化潮流，列举了这一时期的一些较
为重要的文化人物，对生活在这一时期的李道纯的生平和主要活动区域进行了
考证。第二章虚静通和的宇宙论，首先指出真常之道对丹道理论发展的必要性，
进而阐述虚静是对大道主体的把握，然后分别考察真常之道中的太极图和中和
图、"通"与"和"的辩证统一关系、虚静通和阐真的思想内涵，体现李道纯
"天人交通"的宇宙观。第三章神通致和的心易论，阐释李道纯以"易"入道的
心易学说。从三易学说引入心易问题，分析心无造化理论，阐述心易与中和之
间的关系，考察动静无端与神易无方的心易法则、阴阳无始发生作用的绝对性
和必然性、和谐有序状态的通气致和之道。第四章守中致和的丹道论，总结丹
道理法，包括丹道五要素与丹道三理法；重点介绍《周易参同契》、陈抟《无
极图》等内丹文献；考察李道纯的"守中致和"丹道理法论，指出李道纯重点
强调身心意，继承发展了传统五要素，圆融了三理法，他以"归根复命""性
命双修""守中致和"为主要内容，区别于其他丹道，具有"与道玄同"的境
界。第五章通变致和的三教论，以儒佛道三教思想关系的论析为基础，阐述李
道纯对三教同源一理的认同以及通变致和、圆融三教的主张，比较全面地展示
了李道纯的"阴阳中和之道""六中中和之道"与"因缘中和之道"。（陈俊文）

长生久视——中国传统内丹学的现代转化

《长生久视——中国传统内丹学的现代转化》，于德润著。北京：光明日
报出版社，2010年6月第1版，16开，150千字。

于德润，1954年生，黑龙江哈尔滨人。多年来潜心研究中华传统文化的生命智慧，结合企业管理、城市战略等实践问题，进行交叉性探索。主要著作有《大道真言：黄老内丹学修研笔记》等。

本书分为三个部分、九个章节。第一部分共有四章，主要阐述中国传统内丹学的渊源、传承演化、养生理念与方法以及传统内丹养生思想在现代认知价值体系中所占位置。著者认为，中华传统文化始终是以养生思想为骨架。相比而言，道家对养生最为擅长，而内丹养生即为道家养生的"至简大道"。在"道法自然""炼养阴阳"思想指导下，更有渐法、顿法的养生修炼方式。"合天道、应天时、法自然"为现代人提供了很好的养生思维方式和具体的操作法度。第二部分包括两章，厘清养生领域的一些问题。著者从现代人的养生误区入手，指出现代人在炼丹养生方面的种种难处。故而，提醒现代人应该清净养心、化情化性。针对现实问题，著者阐述自己对于内丹养生学向现代转化的基本思路：应该从修炼宗旨、养生修持观、修炼方法以及主要修炼术语这四个方面来进行转化，以达到内丹养生思想能被现代社会所接纳和采用的目的。第三部分共有三章，提供现代内丹修炼的参考意见。著者介绍了内丹学向现代转化后的修炼方法，也就是"顿法渐修"。基于这种思路，著者提倡内丹修炼的生活化与日常化。为达此目的，著者以《周易参同契》等丹经为文本进行新的诠释，以明早晚修持进退之根据。

本书是在著者本人实修和传承的基础上结合中华传统内丹学说和各个丹经理念所完成的著作。本书以黄老思想为本源，针对实践问题，力图解决内丹修炼与现实需求的矛盾，拓宽了现代内丹研究的领域。其行文深入浅出，具有可读性。（陈俊文）

丹道十讲

《丹道十讲》，戈国龙著。北京：中央编译出版社，2010年7月第1版，16开，235千字。

戈国龙简介详见《灵性的奥秘：修道的基本理论与方法》提要。

本书系著者为香港道教学院授课讲稿整理而成。著者从《正统道藏》中的《乐育堂语录》中选了十章，每一章作为一个单位进行讲解，故有十讲。

这十讲分别是：无上因缘、明心见性、玄关一窍、进火采药、虚无之气、性命双修、元精元神、两重天地、返本还源、天人相通。第一讲强调修道人的价值观转换，明确红尘如梦，立志修道；第二讲呼吁修道人首先要扫除杂念，还原自身的先天本性；第三讲指出修炼需以"炼心为本"，找到先天后天分界的关窍；第四讲指出内丹修炼进火采药过程是从性功到命功、用先天来化后天的过程；第五讲讲述如何进入一个真正宁静状态，回归到生命本源；第六讲阐述内丹修炼过程应当是从"以性立命"到"以命了性"，最后达成"性命合一"；第七讲详细解读内丹的修炼三宝"精""气""神"；第八讲主要阐述何为"先天"、何为"后天"；最后两讲，讲述如何回归生命本源。文末提到了观想时间、空间以及观想"道"的静心入道之法。

本书虽然以《乐育堂语录》作为文本讲解对象，但其所涉及内容并不局限于此，而是在通观内丹学整体思想体系基础上进行深入浅出的介绍。除了对每一章内容进行讲解以外，著者也联系内丹学的其他文献进行系统的主题展示，把自己的一些研究心得融入其中。读者通过若干章节的现代阐释，可以对整个道教内丹学修炼理论与实践方法有一个大纲式的了解。（徐敏）

武当丹道修炼

《武当丹道修炼》，陈禾塬、陈凌著。北京：社会科学文献出版社，2011年7月第1版，全2册，16开，576千字。

陈禾塬简介详见《丹道修炼与养生学——武当丹道延寿图说》提要。

本书共上、下两册，上、中、下三篇。上篇为破译丹道修炼图，试图运用现代医学、心理学、生物学、物理学、信息学等学科知识，结合具体修炼的真实体悟，对武当山道门为世代秘传的、最具代表性的"修真三图"即《心性图》《修真图》《为经（景）图》的图示、注文、批文进行译注和技术性破解。中篇为跨越时空的永恒追求，包括现代人对长寿的追求、长寿的历史溯源、丹道修炼与养生长寿三章内容。下篇为武当丹道修炼秘法，介绍了武当养生功法、太乙五行桩、武当太乙静功等修炼方法。

著者经过20年的自我修炼和10余年的潜心研究以及5年的写作历程，在2003年9月完成了本书初稿。2004年9月第二稿完成，中国社会科学院博士生导师胡孚琛教授审完本书后，要求进一步修改、充实。2005年10月第三稿完成，并在《武当》杂志连续发表完整的破译文章。2006年2月胡孚琛教授作序，2006年9月中医世家、国家武术九段、武汉体育学院原武术系主任江百龙教授作序，出版发行。

本书揭去了附于丹道修炼之上的神秘面纱，审慎地阐释了道家内丹学说。（邱沛轩）

丹道实修真传：三家四派丹法解读

《丹道实修真传：三家四派丹法解读》，胡孚琛编著。北京：社会科学文献出版社，2012年2月第1版，16开，222千字。

胡孚琛简介详见《魏晋神仙道教——抱朴子内篇研究》提要。

本书共分15章：自身阴阳清净丹法程序、金火丹诀、知几子《悟真篇》提要、添油接命金丹大道、虚空阴阳之虚无丹法程序、女子丹法传真、黄元吉丹诀、王重阳诗词秘传丹诀集要、李涵虚真人西派丹法搜奇、《青华秘文》丹诀钩玄、崂山道教金山派丹法存抄、精校魏伯阳《周易参同契》、陈朴先生九转金丹秘诀、三丰真人天元丹法秘传、王重阳《五篇灵文注》导读。

本书为胡孚琛著三卷本《丹道诀法十二讲》下册抽出的部分内容汇编而成。著者在书中将三家四派丹法的实修程序逐一描述，又特别撰有《女子丹法传真》一文。本书对于丹道爱好者或者注重养生的人群，抑或是学术研究者，皆有一定的价值。（邱沛轩）

丹道薪传

《丹道薪传》，张义尚编著。北京：社会科学文献出版社，2012年2月第1版，16开，459千字。2016年修订版，32开，425千字。

张义尚（1910—2000），别名虚一，号悟通居士，莹阳子；晚年号惜阴居士、知非子。重庆忠县人。曾任忠县政协委员、县中医院中医师。多才多艺，于丹道、武功、中医、佛密四门绝学皆有过人之处。主要著作有《武功薪传》

《中医薪传》和《禅密薪传》。

本书由张义尚先生亲传弟子以及中国社会科学院胡孚琛研究员等多人整理而成。其中收录了张义尚先生丹道方面的著作，包括《养生蠡测篇》《气功保健的研究和实践》《气功溯源篇》《仙道漫谈》《心气秘旨诀中诀》《养生极则》《顶批〈金丹真传〉》《师资回忆录》八篇。

本书是中华道学研究以及丹道实践研究领域一部别具一格的著作。（邱沛轩）

武当丹道精要

《武当丹道精要》，孔德著。北京：中央编译出版社，2013年3月第1版，16开，400千字。

孔德即谭大江。简介详见《武当山千古之谜》提要。

本书分为上、下两部。上部收录武当道家养生联对174幅，著者认为，这些楹联凝聚了历代武当养生家们的实践经验和理论观念，希望通过这些楹联，汇集武当历代门派之功法精要，揭示武当内丹养生的思想内涵和技术特质。著者按功理、功法顺序，将其分为16个篇目。包括大道篇、普度篇、门派篇、诚灵篇、悟性篇、坚志篇、双修篇、外修篇、调心篇、虚静篇、火候篇、关窍篇、气象篇、内景篇、异能篇和大益篇。下部为七讲武当玄机心法图解，包括"玄机心法图"三百字文、"玄机心法图"十四画字、"玄机心法图"十四字对联、"玄机心法图"、"寿"字图、"玄机心法图"产生年代、"玄机心法图"设谜之原因和"玄机心法图"述评。

相比于下部的心法图解，本书的上半部分更具普适性。"大道篇"收录15联，以较广泛的内容展示了武当内丹养生的道学论点，表现了武当道家"天人合一"的巨系统养生观念；"普度篇"共收录7联，主要是以武当道家的巨系统养生哲学和方法去感召人们走向养生之路；"门派篇"共收录6联，体现了武当道家所持的博采众长的豁达门派观；"诚灵篇"共收录5联，阐述人的内心保持诚灵有助于保持身体健康的观点；"悟性篇"共收录14联，是著者对悟性论的精彩论述。"坚志篇"共收录14联，以深刻的道理和各种生动的例子，热忱地鼓励人们对立内丹修炼的坚定意志；"双修篇"收录10联，论述内外双修的重要性；"外修篇"收录8联，着重阐述修性的重要性；"调心篇"收录14联，对调心调意具有全面而细致的论述；"虚静篇"收录16联，阐发虚静与内丹修炼、调心调意的关系；"火候篇"收录21联，着重论述著者对"火候"的理解和运用；"关窍篇"收录3联，论述著者对玄关窍的独特见解；"气象篇"收录4联，讨论"气"与"炁"的划分；"内景篇"收录21联，剖析"内景"及其出现后所应采取的态度和方法；"异能篇"收录7联，简单介绍一些特异功能现象；"大益篇"收录9联，阐述修炼武当内丹所带来的益处。

　　本书是著者经过多方积累、考证，并结合自身多年的内丹养生理论研究及实践经验而编成的一部道家内丹养生著作。著者力求语言文字浅显通俗，引文注解不违背原意，同时结合现代科学作适当阐发。但由于楹联本身含义隐晦，具有相当的专业性和内部传承隐秘性，著者对这些楹联的理解还存在着某些不准确之处，作为今人，对于道教内部传承下来的一些功法经典，理解起来觉得晦涩难懂，或者存在偏差，是在所难免的。（徐敏）

（七）道家与道教医学

道教与中国医药学

《道教与中国医药学》，孟乃昌著。北京：北京燕山出版社，1993年5月第1版，32开，130千字，系"道教文化丛书"之一种。

孟乃昌简介详见《〈周易参同契〉考辩》提要。

本书先有丛书序、序言与自序，其次为正文与后记。正文分八章。本书认为道教与中国医药学是同源异流的关系，内、外丹术是道教与中国医药学之间的联系枢纽或中介：道教内炼学说在某种程度上修改了中医核心理论模式；外丹术则给予《神农本草经》以来的历代本草以浓重的丹道色彩。本书以逻辑与历史一致的原则，分章论证上述内容。

第一章道家思想与《黄帝内经》，指出《黄帝内经》奠定了中医学的理论基础，它受到先秦诸子百家的哲学思想的启迪，其中以道家思想最为突出。第二章中国炼丹术与中国医学思想的关系，从阴阳学说与同类学说、君臣佐使和藏象学说以及中成药命名的角度切入分析，指出并强调道家思想在中医学历史中占有独特地位。第三章道家演化逻辑与中医学类比逻辑体系，讨论道家演化逻辑对于祖国医学体系理论建构的意义和作用。认为医学理论体系的建立，其形式上是阴阳五行体系，但它的构建过程却是道教"一生二、生三、生万物"的逻辑所指引。第四章道家内丹理论影响下命门学说的建立（上）、第五章道家内丹理论影响下命门学说的建立（下），讨论在道家内丹术影响下命门学说的萌芽、发展、定型和向中医学中的移植。认为道家对命门学说贡献独多。第六章道家内丹理论影响下的气机升降出入和药性升降浮沉学说，指出丹经《周易参同契》关于上下、升降、出入、舒卷、浮沉的概念和理论，经历代注家诠释和深化，为医药学所吸取。此外，著者还对张元素与李杲吸收内丹理论发展本草药性理论的工作与贡献作了分析。第七章中国炼丹术与本草学的关系，指出本草学与炼丹术力图保持一定距离，又不断吸取炼丹术成果，葛洪、陶弘景、孙思邈等在草本学与炼丹术上都有卓越的贡献。第八章中国炼丹术与中医外科学的关系，指出方剂学把君臣佐使理论传递给了炼丹术，同时也吸收了炼丹术阴阳、龙虎的斗争平衡理论。中国炼丹术虽然没有演变成近代化学，但它在中医外科学中继续应用着。

本书从三个方面讨论了道家、道教与中医学的相互关系，一是医学奠基理论中的道家学说因素，二是道家内功功理丰富和修改了中医理论的核心部分，三是中国炼丹术影响了历代本草著述和中国炼丹术之外科学归宿。这三方面都提出了以前研究者未涉及的问题或有不同的看法，均有据而出，非空发议论。（胡瀚霆）

道医窥秘——道教医学康复术

《道医窥秘——道教医学康复术》，王庆余、旷文楠著。成都：四川人民出版社，1994年7月第1版，32开，150千字，系"中华道学文化系列"之一种。

王庆余，本姓邓，1937年生，四川剑阁人，祖籍山西忻县。出身于武林世家，自幼修习家传道家筋经内丹功，少年时代从道教名家青城山欢喜道人李杰大师（字太清，道号永宏）学武、练功、习医，得道家医疗真传，故本书亦为其点滴经验之总结。著者曾任四川省文史研究馆馆员、成都市道教协会常务理事、道教养生研究所所长等职，主要著作有《秘传道家筋经内丹功》传世。

本书共分引言、上下二编和后记。上编包括：一、医以道行　道以显医——道医源流与特色，二、究天人之际　穷性命之理——道医生命观、生理观发微，三、循经探穴　济世活人——道医对导引按摩及穴法的应用，四、道者气也　通灵去病——气功在道医中的运用，五、移精变气　祝由符水——道医文化中最神秘的一页；下编包括：六、道医七诊，七、道医与运气医学，八、道医点穴与按摩，九、道医气功诊疗，十、道医方剂举要。

本书引言及上编为成都体育学院体育史研究所旷文楠教授撰稿，下编为四川省文史研究馆馆员王庆余撰稿。本书上编侧重道医历史及基本理论的介绍和阐述，分章叙述道医源流、特色，道医生命观、健康观等基础理论，道医气功保健治疗原理，道医生理学说与按摩、针灸、导引、点穴等治疗原理，以及道医中独特的符箓、禁咒疗法等；下编则侧重道医诊疗技术及秘传方剂的探讨和介绍，在系统总结道医治疗实践的基础上，分章介绍几种主要的道医治疗技术，内容包括道医七诊，道医与运气学说，道医点穴、按摩术，道

医气功诊疗和道医方药举要等。（雷宝）

道教与中医

《道教与中医》，胡卫国、宋天彬著。台北：文津出版社有限公司，1997年8月初版，32开。

胡卫国，1965年生，上海人。湖南中医药大学博士。曾组织并参与"中国科技部攀登计划"经络研究项目，从事过《耳穴名称与部位》《经穴名称与部位》国家标准和国际标准的编写和审定工作，以及有关针灸系列标准的法文版（人民卫生出版社出版）翻译工作。

宋天彬，1937年生，辽宁人。自幼重视气功养生，主张防重于治，最早提出"致中和"的防治养生观，以"三调"规范气功养生学。至今发表著作20余部。

本书为二人合著，胡卫国执笔第一、二、五章，宋天彬执笔第三、四章。第一章同源异流，为全书绪论，首先说明巫医同源及道教发展；其次指出道教与中医在形成与发展过程中，同受道、气、阴阳、五行、天人合一等传统哲学及科学的影响，道教在形成过程中纳入了古代养生学中的导引、吐纳、辟谷、服饵、胎息、房中等方法，而道士在长期修炼与医学实践中累积经验，在客观上也发展了中医外科学，二者相辅相成，足以济世救人。第二章医道渗透，借由与道教、中医相关的典籍论述来呈现二者的互渗，分为四部分：首先讨论与道教相关的医药家及其专著；其次为道经中的医药养生学内容，并列出《道藏》中有关医药养生专著；再次则由《黄帝内经》《神农本草经》《诸病源候论》等中医典籍，论述中医学中的道教因素；最后论及道教炼丹术对医药的影响。分别从外丹术对化学制药技术的启发、丹药在临床医疗上的应用、外丹的危害与内丹兴起、内丹术与精气神学说的发展等四个面向，探讨医道的关系。第三章道教内丹术与医学气功，以内丹术为主题，从科学面向分析内丹术的原理，认为内丹术之所以有返老还童之效，或与激发和调整神经体液调节系统功能有关。此外也介绍了简易的内丹修炼法及周天功，并及女丹。第四章道教修炼与养生，以气功养生学为主，归纳了几种养生法：导引法、吐纳法、存想法、绝谷食气法、服饵法、房中术及其他。第五章当代道教与医学养生，介绍了当前道教医药养生概况及相关学者，包括马一浮、陈撄宁、杨践行、张觉人、潘雨廷、王沐等人；其次介绍著名道医，包括蒋宗瀚、唐崇亮、李永德、谢宗信、匡常修、范高德等人。最后则检讨了当代道教医药养生术的传播与发展前景，并整理出现代出版的相关图书24种90册等。（陈昭吟）

道家药膳

《道家药膳》，姚呈虹、刘正才主编。上海：上海科学技术文献出版社，2000年4月第1版，32开，122千字，系"中国道家医学丛书"之一种。

姚呈虹，1943年生，山西原平人。主要从事中医药膳、中医食疗、道家哲学对中医的影响等研究与科普推广。主要著作有《中国食疗养生》《道家医方》等，在《自我保健》《家庭医生报》等期刊发表文章多篇。

刘正才简介详见《道家气功精华》提要。

本书共分为8章，前有绪论、后有两个附录和后记。绪论首先简要区分了道家药膳和儒家药膳、佛教药膳的区别，接着介绍了道家药膳的源流、特点、分类，并展望分析道家药膳的未来发展意义。正文八章按照八卦分类从大量道家道教古籍和相关医典中筛选辑录了"韩道士良附姜米饮""太清飞仙食方""神仙茯苓膏"等300多个道家（道教）药膳，其中长寿类药膳方65个、性功能类药膳方30个、美容美颜类药膳方38个、防治临床各科疑难病药膳方200余个。附录收录《历代容量比较表》《历代重量比较表》，以便查阅和换算。后记是编著者交代出版道家医学丛书的背景和鸣谢。

本书最大的亮点有三：一是按照八卦匹配五脏六腑对药方进行分类，别具一格。二是所有药方均加按语标注出处，便于查阅核对，同时编著者还概要介绍其功效和原理。三是在绪论部分对道家药膳的特点概括比较全面准确。著者将道家药膳的特点概括为六大特点——长寿药膳多、疗疾药膳少，素食药膳多、肉食药膳少，单味药膳多，使用配料少，取自然味多、烹时调料少，茶类药酒多、药膳饮料少，野菜药膳多、家蔬药膳少。不过需要指出的是，本书虽然以《道家药膳》作为书名，但书中收录的很多药方无法直接与世俗传统中医药方进行区别。如收录自《太平圣惠方》的"甘草豆方"——"甘草一两、乌豆三合、生姜半两（切），上以水二升，煎取一升，去渣，冷服"，该方无论是药方组成还是煎煮过程均无法体现出道家道教药方的特色，即无法区分与世俗传统中医药方的区别所在。之所以收录，乃是因为《太平圣惠方》是由曾身为道士的北宋医家王怀隐所著。本书这样的方子较多，这应该是本书比较明显的不足之处。不过这样收录也有其合理之处。因为古代"十道九医"的道家道教传统使得医、道不分，难以严格区别。整体来看，本书为我们查阅相关药膳方剂和养生食疗参考提供了很大的方便和研读的便利。

（颜文强）

道家医方

《道家医方》，刘正才、姚呈虹主编。上海：上海科学技术文献出版社，2000年4月第1版，32开，151千字，系"中国道家医学丛书"之一种。

刘正才简介详见《道家气功精华》提要。

姚呈虹简介详见《道家药膳》提要。

本书与《道家药膳》互为姊妹篇。全书也是分为八章，前有序言，后有附录、后记。由中国科学院院士、中国中西医结合学会会长陈可冀教授作序推荐。正文从《葛仙翁肘后备急方》《寿世保元》《鲁府禁方》《道藏精华》《太玄宝典》《玉房秘诀》《三品颐神保命神丹方》《张三丰全集》等典籍中筛选出了葛仙翁治卒心痛方、扁鹊救治卒死（当为"猝死"）方、老君神明散等具有道家道教性质的医药方剂240多首，与《道教药膳》分类一样也是按照八卦匹配五脏六腑进行分类。绪论部分对道家医方的命名、分类、特点进行介绍。第一章巽卦类道家医方，分别收录了救治卒心痛方、救治猝死方、救治卒中方、治疫疠等类方。第二章震卦类道家医方，分别收录了春防治肝病方、治肝郁不疏方、治肝不主筋方、治肝窍目病方等类方。第三章乾卦类道家医方，收录了治肺虚方、治病邪犯肺方、治肺不合皮毛方等类方。第四章坤卦类道家医方，分别收录了治气血之源匮乏方、治脾失健运方、治脾窍口病方等类方。第五章艮卦类道家医方，分别收录了益胃诸方、治胃痛方、治胃失和降方等类方。第六章坎卦类道家医方，分别收录了强肾医方、益寿医方、治耳齿病方等类方。第七章离卦类道家医方，分别收录了养心补脑方、强性延命方、既济卦方等类方。第八章兑卦类道家医方，分别收录了美容医方、美发齿医方、美身材方等类方。每个药方基本上都加上按语介绍其主治功效和原理。附录同样收录《历代容量比较表》《历代重量比较表》，便于查阅和换算。

与《道家药膳》一样，本书也体现了三大亮点：一是按照八卦匹配五脏六腑对药方进行分类。二是基本上所有药方均加了按语，分析药方的主治功效和原理，为读者提供参考。三是将道家医方的特点概括为"多为师传口授的秘方""疗效神奇""单散多、制作精"三大特点，比较准确。整体来看，本书为我们查阅道家道教医药方剂和临床治疗参考提供了较大的便利。（颜文强）

道教医学

《道教医学》，盖建民著。北京：宗教文化出版社，2001年4月第1版，32开，328千字，系"宗教学博士文库"之一种。另有：台北：中华道流出版社，1999年2月第1版，25开，系"中华道流丛书"之一种。

盖建民简介详见《道教金丹派南宗考论——道派、历史、文献与思想综合研究》提要。

本书是我国学术界第一部系统研究道教医学的专著。全书共五章，前有引言，后有余论。正文前由国际道教学泰斗、四川大学资深教授卿希泰先生和著名道教养生学者李养正先生作序。引言中著者对道教医学概念的内涵进行了分析和定义，并探讨了道教医学研究的旨趣。第一章以医传道——道教医学流派的肇始和初步形成，从道教医学的源流，道教医学"以医传教""借医弘道"的创教模式，魏晋南北朝时期葛洪、鲍姑、陶弘景、刘涓子等高道对传统医学的融摄与创获等方面进行探讨。第二章道医辈出——道教医学流派的发展与兴盛，从道教成仙模式的转换及其对道教与医学关系发展的影响、隋唐道教医学之勃兴、宋元道教医学之发展等方面进行论述。第三章汇入大海——明清道教医学流派的新走向，探讨了明清时期道教与医学关系发展的特点以及《修龄要指》《赤凤髓》《遵生八笺》等明清时期道教医学代表著作的主要内容。第四章方术与科学——道教医学体系及其特点，分三节对道教医学的宗教神学特征、道教符咒治病术的医学底蕴和道教医学的模式进行阐释。第五章双向互动——道教与传统医学的内在关系机制，分析了道教与传统医学发生关联的内在逻辑与双向互动机制。余论：道教医学流派的社会影响及其在中国传统医学文化史上的地位，对历代道医数量进行统计，同时分析了"杏林春暖""悬壶济世""霸井甜香"等中医典故中蕴含的道教内涵和民间"医神""药神"崇拜中所体现的道教医学的社会影响等内容。

本书有三大亮点：一是不仅从时间视角全面梳理了汉末至明清道教医学的渊源、形成与发展情况，而且从医道同源、医道相通、援医入道、援仙入医等角度阐释了道教与传统中医药学的互动关系，纵向与横向全面分析，集深度与广度于一体。二是对道教医学的宗教神学特征和医学模式特征做了深入分析。三是以定量法统计了汉末至明末历代道医人数，并绘制出历代道医占同时代医家的比例图，以翔实的数据有力地证明了"十医一道"的道教医学流派的客观存在。由此可见本书的学术价值之高。（颜文强）

新道家与治疗学——老子的智慧

《新道家与治疗学——老子的智慧》，林安梧著。台北：台北商务印书馆股份有限公司，2006年8月第1版，40开。系"中国人的生活智慧丛书"之一种。

林安梧，1957年生，台湾台中人。曾任教多所大学、南华大学哲学研究所创所所长、《思与言》主编、《鹅湖》学社社长兼主编等。主要著作有《儒学革命论：后新儒家哲学的问题向度》《中国宗教与意义治疗》《王船山人性史哲学之研究》等十余部专书。

著者为牟宗三弟子，是新儒家代表人物之一，然师徒二人学思性格迥异。牟宗三判教与圆教性格强烈，以儒学价值观为主流导向，而道家、佛家辅之，重视本质论与修养论。著者则以道学（即气学）为主，认为儒、道同源而互补，重视社会历史传统之发展脉络。提倡"后新儒学"之批判精神，思考儒学如何适应现代之问题。长期关注儒释道三教间的继承与对话，倡言"存有三态论"，强调"气"概念的核心性，主张一"道论"的传统。从而提出阳明学、《金刚经》《道德经》思想之意义治疗学，主张以经典之思想，对人心达到涵养、解惑、复归生命定向之功能。

道家的重点不在一主体如何体证而已，重要的是总体的根源、根源的总体之道，如何能在天地场域中起着调节与生发的作用。正因为这根源的总体、总体的根源之道所起的生发与调节的作用，因而有着"道疗"，或说是"存有的治疗"的功能。有着这存有治疗的功能，道家之于万物才能说是"归根复命"，才能说是"道法自然"。这"自然"不会是洪荒般的自然，也不是自然世界的自然，而是"天、地、人、我、万物通而为一，如其总体的根源、根源的总体"所生发调节义下的自然，或可说是"自然的和谐秩序"下的自然。本书即是在如此的视域下所展开的。

"新道家"强调的是总体的根源的"道"如何落实于人间世的居宅，让那被扭曲异化变形的"物"，能经由"治疗"的过程，而"归根复命"，让天地如其为天地，让万物如其为万物。在"场域处所"里，由"话语介入"，人的贪求、欲望、权力、利害伴随而生，遂致异化。因而必须经由"存有之道的回归"，让"存有之道的光亮"照拂疗愈。就这样"无名以就实""尊道而贵德"，才能"知常曰明"，体会常道，当下明白。有别于"工具理性"的高张，如此的"生命理性"正显豁了"道家型的女性主义"思维。尤其新道家"自然无为"有助于"公民社会"的建构，特别是在"后现代"，重视的是"文明的对话"。新道家对于"心灵意识"与"存在情境"更能收到批判与治疗的效果。著者比喻儒家是饭，佛家是药，道家则是空气、阳光、水。新道家在存有三态论的建构下，强调存有之道的回归与照亮，因而强调存有的治疗学，由此而导生社会的批判与文化的治疗。（林翠凤）

武当道教医药

《武当道教医药》，尚儒彪编著。北京：中国地图出版社，2006年11月第1版，16开，421千字。系"武当文化丛书精选"之一种。

尚儒彪，1948年生，湖北襄阳人。武当道教俗家弟子，道号信德，字武当药翁，武当龙门派道教医药第二十五代传人。曾任湖北省丹江口市第一医院主任医师。主要从事道教医药研究与临床，主要著作有《伤科方术秘笈》《古传回春延命术》《中国武当医药秘方》等。

本书分为概述和四大部分。概述部分介绍了武当道教医药的特点，分析了武当道教医药与中华传统医学的关系。主体部分共分为四大部分四编。第一编一根针疗法，分别对子午流注针法、灵龟八法针法、飞腾八法针法以及过梁针法、木针疗法、八卦平衡针疗法以及灸法、拔罐疗法、握药疗法等以穴位治疗为主导的疗法的功效、适应症和操作方法、注意事项等进行介绍，并配有大量图示。第二编一双手疗法，介绍了按法、摩法、推法、拿法、磙法、掐法、拨法、揉法等手法的主治和操作要点。第三编一炉丹疗法，首先介绍了炉丹疗法的原理和床上八段导引功、仙鹤内养功、太上玉轴六字气诀等导引吐纳功法的操作要点，并配以图示；进而收录了武当道教医药健身药酒方、药膳方、茶酒方、美容方以及武当道教古人服药健身秘方、药浴方的配伍组成。第四编一把草疗法，收录介绍了现代传染病与寄生虫病、呼吸系统疾病、消化系统疾病、循环系统疾病、泌尿生殖系统疾病、内分泌与血液系统疾病、神经与精神系统疾病、中毒和误吞异物医治以及外科、骨伤科、妇产科、儿科、皮肤科、眼科、耳鼻咽喉病、口腔科、肿瘤科等常用方的组成与用法。本书最后是《武当山地区中草药资源初步调查》，对武当山常用的中草药的名称与主治进行调查与汇总，便于查阅。

本书最大的亮点是对武当道教医药进行了较为全面系统的挖掘、整理，并概括为"四个一"疗法（"一根针、一双手、一炉丹、一把草"疗法），为世人了解与研究武当山道教医药提供了较大的便利和临床医疗、养生实践的参考，特别是书中将道教特有的导引功概括为"炉丹疗法"，较为准确和形象。当然，本书由于偏于介绍性质，研究与探讨的成分不多；但整体而言，本书为学术界进一步研究武当山道教医药提供了较多的信息与线索，也为医药界开发与应用武当道教医药提供了较多素材。（颜文强）

道家伤科

《道家伤科》，李同生著。北京：人民卫生出版社，2008年8月第1版，16开，285千字，系"现代骨伤流派名家丛书"之一种。

李同生，1929年生，山东曲阜人。曾任同济医科大学中西医结合研究所所长，湖北省中医药研究院院长等职。为李氏正骨第四代传人，从医执教60余年。主要著作有《实用骨伤科学》《中西医结合治疗骨与关节损伤》《骨伤科手法学》等。

本书是主供骨伤科医生的参考书，全书共六章。第一章李同生学术思想及继承人，主要介绍李同生骨伤科学术特点，分析道家哲理对中医骨伤科的影响。第二章李氏骨伤科正骨方法总则，为李氏骨伤科手法的总纲，分为七个小节对李氏骨伤科正骨手法的概念、应用和功效、设备条件和术前注意事项、时间和顺序、适应慎用和禁忌证、辩证和辨病施用、基本功锻炼等做详细总结和介绍。第三章李氏骨伤科正骨手法细则，介绍李氏骨伤科正骨手法，包括正骨复位手法、正骨推拿手法、正骨点穴手法。第四章骨折与关节脱位的辩证及固定法，从临床实践角度对骨折与关节脱位的辩证和固定方法进行分析与总结。第五章典型病例，阐述李氏骨伤治疗的19个典型医案。第六章李氏骨伤科药物治疗，分"骨折与关节脱位的药物治疗、内伤证概述与药物治疗、李氏骨伤科常用方剂"三个层面，对骨伤施药思想和方法做详细介绍。

　　本书是介绍和总结李氏骨伤科学术思想和临床方法的专著。李氏骨伤科创始于清代道光年间，经作者数十年的临床探索与不断创新，形成了独特的理论和临床诊疗体系。本书将道家思想及养生功法中的积极合理部分引入骨伤科，融合在临床诊疗中。例如，"小夹板治疗骨折"之法，取葛洪《肘后卒救方》；再如关于预防骨伤，则强调道家导引术对于健骨的功能作用。

　　本书采用临床医学教材的体例编写，涉及的基础理论既有中医学也有现代医学，图文并茂地介绍了李氏骨伤的思想体系和正骨手法，并辅以专业的医案记录，临床指导性颇高。（孙禄）

天台山道家功夫正骨真传

　　《天台山道家功夫正骨真传》，应有荣主编。北京：人民卫生出版社，2008年9月第1版，16开，349千字。

　　应有荣，浙江台州人，台州恩泽医院中医骨伤科主任。自述1974年有幸拜天台山桐柏宫谢崇根道长为师，学习道家南宗密法"道功密拳"等内丹筑基武火练功功法，并承蒙大师传授《天台山道家功夫接骨心法·口诀》与《跌损妙方·救伤秘旨》二书合刻（清代咸丰刻本）。又跟随长兄应有胜拜浙东武林名宿正骨大师王星亮系统地学习了中医基础理论及正骨临床经验，兼学少林、太极、形意等传统武术。

　　本书分为绪论、正文三篇和附篇。绪论部分概述道家功夫的形成与发展；

第一篇正骨功法基础道家密拳，详细论述易筋经天台山道家功法和器械练功法，强调"入门引路需口授，功夫无息法自修"，以图文形式讲解演示各种手法的训练中预备势、训练方法、训练时间和要求，在器械练功法中详列练功器械、练功方法和目的作用；第二篇练功与正骨理筋手法，主要讲解正骨常用的摸、拔、旋、提、摇、挤等不同手法的适用范围和临床经验，及与该手法相应的练功方法等；第三篇天台山道家功夫正骨，该篇根据骨病的部位分为上肢部分和下肢部分两大部分为容，每一节针对不同部位详细阐释"临床表现""诊断要点""治疗方法"'练功方法""按语"等治疗要点和经验总结，并以图文形式配以实际诊疗"医案"；附篇包括《悟真篇》及《金丹四百字》。

沪上名中医施杞先生于序言中说："该书从天台山道家医学源流，学术内涵，功夫练手，手法应用，疗效认定，临证经验，教训评析等诸方面，结合临床实际，参照现代影像学诊断，旁征博引，钩玄探微，实是传薪之录，医之宝鉴，读者开卷有益，闭卷遐思万千。"天台山桐柏宫张高澄道长评价道家内功所训练的正骨之术，是一种手触心合的自然疗法，许多疑难骨科重症，经其手法施治，做到了无血、无创、无后遗症的三无正骨，且花费低廉，快速愈合；认为该正骨手法训练教材"式法完备，心得翔实，和盘端出南宗道医心传，教授正骨秘传妙法"。（雷宝）

道医讲义

《道医讲义》，祝守明著。北京：中医古籍出版社，2009年4月第1版，16开，420千字，系"高等医药院校道医学首批试用教材"之一种。

祝守明，法名祝真柏、祝罗明，号紫云道人。1992年入道，为玄门金山派玄裔第二十代传人。2002年入龙虎山正一派，为罗字辈第三十代弟子。主要从事道教医学的研究与实践，主要著作有《道医概说》《道医史话》等。著有《阴符经注译讲解》《道教信士百问》《玉皇经丹功阐译》等。

本书分为五大部分28章。正文前有著者的前言。第一部分道医概论，共五章，分别从道医的定义以及道医学的基本特色、基本原理、历史地位与未来发展、道医学研究的学术原则与方法进行阐述。第二部分道医的神学思想与神治体系，分为六章，分别从先民的神学思想、老子《道德经》的神学思想、《黄帝内经》的《道德经》思想、神治体系的基本内容、发展和在当代的价值等方面进行剖析。第三部分道医产生的历史条件，分为五章，首先从动物本能时代到伏羲黄帝时代进行追溯，然后到方士医学，再到《道德经》对道医的形成与发展的指导作用等方面分析了道医产生的历史背景和条件。第四部分道医代表人物，分为六章，分别介绍了扁鹊、华佗、董奉、葛洪、陶弘景、孙思邈六位历史上著名道医的生平、医学思想、成就与贡献。第五部分道医基本流派，分为六章，将道医分为黄老学派、庄子学派、符箓方术派、服食派、房中派、丹鼎派六大流派，对各自的流派特点和代表人物进行论述和介绍。

　　本书最大的特点是比较全面系统地阐述了道医学体系、搭建了道医学的基本构架。也正因为如此，书中某些方面的论述尚不够深入，不过这也是本书属于讲义性质所决定的。而其中著者将"道医"的外延界定为"由教内宫观大德道士、教外的道家学者组成的特殊道医流派"，突破了常规仅局限于教内道教医家的不足，是符合实际的。整体上看，本书为了解与研究道家道教医学、世俗传统中医药学提供了较好的参考。（颜文强）

道医学

　　《道医学》，熊春锦著。北京：团结出版社，2009年5月第1版，16开，320千字。

　　熊春锦简介详见《老子人法地思想揭秘》提要。

　　本书分为四篇共15章。第一篇道医学绪论，分为四章。第一章道医学引言，介绍了道医学的历史渊源，提出了"理炁科学""理形科学"概念，分析了庶人、贤人、圣人、至人、真人的区别。第二章道医学入门，介绍道医与世医的异同。第三章一元四素全息论，论述了象、数、理、炁对认识世界万物的全息作用。第四章三元（源）论的概念，阐释了物元——物源、质元——质源、体元——体源的内涵。第二篇道医生理学，也分四章。第一章道医生理学概论，总论道医生理学的基本内容，接着第二至四章分别从质元生理学、物元生理学、体元生理学详细阐述了道医生理学的内容，揭示了炁、脉道、丹窍、灵光等较多道医学独特的内容。第三篇道医病因机理探讨，分为三章。第一章道医病因总论。第二章疾病的内因机理，分别从玄源治病内因、质元（源）致病内因、物元（源）性致病内因等全面分析了人体生病的因素。第三章常见疾病的外因，也从物源性、质源性、玄源性三方面分析了致病外因。第四篇道医诊断学，分为四章。第一章道医诊断学概论，论述了道医诊断技术的层次分类和基本要求。第二章望诊诊断，分别从气色的分类鉴别、面部气色望诊、眼部望诊等方面论述了道医望诊诊断的技术要点和相关细节。第三章指剑掌眼诊断，阐述了指剑掌眼诊断的基本要求、应用范围和具体操作要点等内容。第四章体元丢失诊断，介绍了体元丢失诊断的概念和具体操作过程等。

整体上看，本书给人最大的感觉是信息量颇大，而且很多观点都是传统中医药学所没有的，令人耳目一新。本书有五大亮点：一是著者以"一元四素方法论"为指导思想，建构起了三元生理学与三源病理学，二者构成了道医学的核心体系。二是著者对"四线三窍"组成的丹窍系统的深入阐释别开生面。三是著者在体元生理学的介绍中，将生命体元分为人体基础体元系统、人体培生类体元、灵光内蕴的性体三大部分，并进行深入细致分析。四是著者将道医诊断技术分为用意诊断法、用气诊断法、用光诊断法、用神诊断法四大层次，并详细论述了望诊诊断、指剑掌眼诊断的操作要点，强调内修实证对诊断的重要性。五是著者在扉页部分收录了《修真三元共显图》《内外丹脉线图》《水火既济图》等25张肉眼无法直接见到的彩图，十分有助于对文字内容的理解。要言之，本书对道家道教医学的研究和修炼实践起到了较大的指导和促进作用。（颜文强）

天台山道家功夫整脊图解

《天台山道家功夫整脊图解》，应有荣、应方光洁主编。北京：人民卫生出版社，2009年12月第1版，16开，470千字。

应有荣简介详见《天台山道家功夫正骨真传》提要。

本书是一本以图解形式介绍整脊手法治疗脊柱疾病的专著。共四章，第一章道家功夫整脊。天台山道家功夫整脊是以点穴通经、内功整脊为特色，结合对应道家练功康复的一种治疗脊柱疾病的方法，内功整脊在实施过程中要贯彻立架势、定架势和发架势三大要领。本章为全书重点，详述15种脊源性疾病的整脊手法、操作规范、目的作用、动作要领、相对应的功法练习及典型案例。每种疾病均分为临床表现、诊断要点和操作手法三大部分予以阐述，在操作手法中又分为基本手法、手法图解、X 线片、手法要领和道功练法、目的作用六个部分的具体内容。第二章道家功法治未病，针对21种不良作息姿势，论述道家功法对脊源性疾病的防治原理及道功正脊方法，选择与脊柱疾病部位相应的道家训练功法，图文并茂，包括功法图解和动作要领两个部分的文字解说。本章为全书的特色内容，常见的颈、腰椎间盘突出症，腰椎滑脱症等不用开刀，采用整脊技术也能治愈，对于过敏性、病毒性、衰老性、失调性疾病等，道家功夫治未病也有一整套的治疗方法。第三章天台山道家南宗功法（武火·动功），本章详细介绍天台山道家南宗功法（武火）中五种内劲训练方法。正骨整脊手法在整脊三大疗法（手法、针灸、药物）中占主导地位，而功法又是手法的基础，如果没有一套好的练功方法来提高术者自身的内劲，手法就成了无水之源而难以见效。因此功法训练对提高正骨整脊手法质量是至关重要的，应引起正骨整脊同道们的重视。第四章天台山道家南宗功法（文火·静功），包括道家南宗的筑基方法、道家南宗炼精化炁之方法、道家南宗炼炁化神之方法、道家南宗炼神还虚之方法和道家南宗炼虚合道之方法。书末附有《玉清金笥青华秘文金宝内炼丹诀》。本书附有400余幅照片，适于骨伤科、整脊科、推拿科医生参阅，也可供武术爱好者学习参考。

　　本书在纵论道家学说的同时，又详论其功夫练习之要义及临床诊病疗伤之秘诀。上海中医药大学脊柱病研究所施杞教授在本书序言中高度评价著者"擅长将道家功法与中医骨伤科整脊手法融汇一体，自成一家"。（雷宝）

第六辑

道家与道教的特别专题研究（文艺审美）

（一）道家道教与美学

道家思想与中国古代文学理论

《道家思想与中国古代文学理论》，漆绪邦著。北京：北京师范学院出版社，1988年11月第1版，32开，160千字。

漆绪邦（1938—2008），重庆江津人。1957年考入北京师范学院中文系，1961年毕业后留校任教。主要从事中国古代文学、中国文学批评史教学研究工作，著有《盛唐边塞诗评》等书，与王凯符先生合编《桐城派文选》，主编《中国散文通史》。另有《皎然生平及交游考》等论文若干篇。

本书从中国古代文学作品入手，结合历朝文论，分五个部分来阐述道家思想对中国古代文学理论的影响，一是"自然之道"与"以自然之道为美"；二是"玄览""游心"与"神思"；三是"神全形忘"与"得其精神而略其形似"；四是"大象无形""言不尽意"与"境生象外"；五是"大巧若拙""雕琢复朴"与"天工自然"。全书最后附录了两篇简论，第一篇为《以道为体，以儒为用》，论述我国古代文学思想的基本线索，第二篇为《"人"和"人学"解放的新潮》，主要阐述明代文学的新思潮。

第一部分，著者指出在道家自然之道影响下形成的中国古代重自然的文学传统，及其对于文学创作、文艺理论的积极、消极影响。

第二部分，著者总结了老庄体道的认识过程及特点，并以魏晋、唐、宋、明清各时代的文学家及其文学作品为考察对象，探讨其中所蕴含的道家思想。尤其关注陆机、刘勰的艺术思维论和道家思想的关系。

第三部分，著者提出道家"神全形忘"的思想极大地影响了中国传统艺术审美对精神性的重视，并总结出"得其精神而略其形似"是自汉魏以来我国文学艺术创作的基本原则。

第四部分，著者讨论道家"言不尽意"思想影响下文学作品的艺术美问题，指出最深层的、也是最为精微的，莫过于境界美。

第五部分，主要论述艺术技巧问题。认为先秦道家思想家关于"大巧若拙""雕琢复朴"的观念，为艺术上的天工自然的观念提供了哲学根据。

附录的两篇简论中，第一篇通过《文心雕龙·原道》来看刘勰的基本文学观，并由此伸展开来，论述我国古代文学思想的基本线索，即以道为体，以儒为用，也就是道家重艺术的观念与儒家重功利的观念的结合。第二篇简单论述了明代文学新思潮，也就是对正统的、专制主义的、禁欲主义的思想的反叛，要求"人"的解放和"人学"的文学解放，强调人性的自由。（牛二团）

庄子与中国美学

《庄子与中国美学》，刘绍瑾著。广州：广东高等教育出版社，1989年4月第1版，32开，279千字，系"传统文学与当代意识丛书"之一种。长沙：岳麓书社，2007年2月修订再版，32开，280千字。

刘绍瑾，1962年生，湖北监利人。暨南大学文学院教授，博士生导师。主要研究方向为中国古代文论、文艺美学，旁及比较诗学、当下审美文化等。合著有《中国山水诗史》《中国山水文化》等。

本书两版均为八章。

第一章介绍了庄子的生平、个性，以及其艺术人生的特殊意义，论述其与老子的区别，明确了庄子的独特性，并讨论《庄子》的著作权归属问题。

第二章考察庄子哲学的美学色彩。以"累"与"德"为起点，梳理出庄子从"忘"到"游"的人生—艺术哲学，称其为直觉主义的纯艺术精神，分别与克罗齐、叔本华的直觉主义做对比，并指出王国维对庄子思想的继承关系。

第三章论述庄子的"自然全美"思想对后世"以物观物"的审美感应方式的影响，并将庄子"以物观物"的自然美学与西方现象学美学做了汇通梳理，对庄子的复元古思想做了重新解读，认为其具有深刻的美学启迪。

第四章论述庄子的"言意论"及其美学意义，其对中国绘画的重大影响等，同时，比较了诗、画两种艺术形式的异同，梳理了魏晋"言、意之辨"对庄子言意论的继承。

第五章论述庄子的"虚静"观在后世艺术创作中的意义。

第六章论述庄子的"真美"思想，追述后世"缘情"理论的源头。

第七章讨论了《庄子》中"无情"与"至情"的矛盾，其对于时间、死亡、自由的认识，以及愤世—悲世—虚无的情感体验等，并将庄子与儒家、屈原的哀怨之情作了分析比较。

第八章批判了其时一些流行观念，对中国艺术中的古典主义和浪漫主义审美特征进行了总结，并将庄子的浪漫主义与屈原进行比较。（王丹、申喜萍）

道教与美学

《道教与美学》，高楠著。沈阳：辽宁人民出版社，1989年9月第1版，32开，330千字。

高楠，原名高凯征，1949年生，黑龙江哈尔滨人。系国务院突出贡献专家特殊津贴获得者、鲁迅文学奖获得者、全国模范教师、沈阳市第二届优秀专家，沈阳市第十五届人大代表。其主要研究方向为文学理论与文学批评，著有《艺术心理学》《蒋孔阳美学思想研究》《中国古代艺术的文化学阐释》等学术专著多部，在《文学评论》《文艺研究》《文艺理论研究》等刊物上发表论文近百篇。

全书分为四章。第一章由宗教的一般特征来考察道教的特殊性。著者指出，正是道教的特殊性构成了道教与我国美学精神的特殊联系。著者首先确立了道教的文化性质，即道教根植于中国文化，发展于中国文化，并以其果实充实着中国文化，是真正中国性的宗教。在此基础上来讨论道教的此岸性、道教的思维特点、道教的审美性以及道教对我国美学精神的影响等问题。著者认为，道教所建构的宗教世界是熔铸着彼岸理想的此岸世界。自由追求的现实化、此岸化，使道教获得了艺术的性质、审美的性质。

第二章重点讨论美的问题。从生命、生殖和"同构"三个方面论证了在美的起源和美的本质中，除了社会实践的历史积淀这一面之外，还有生命活跃和生命繁衍这一面。最终著者对美做出了规定，即美是社会人和自然人的自由实现。同时，将道教与其他宗教进行对比，得出道教不同于其他宗教的特殊性，即道教是审美型的宗教。

第三章主要论述道教思维与中国古代美学范畴的关系。著者指出中国传统的思维方式是经验思维。道教思维的特征则是基于经验的物我相融，以经验为中介的并接互应，收发于极则的双向互逆推演，守中致和的流转变化。这四个思维特征在我国古代美学范畴的形成、发展与完善的思维过程中被体现出来。

　　第四章论述中国古代文化结构与道教审美型。讨论了中国古代文化结构的立体网络、密闭性及其对于人性自由的否定。著者提出中国古代文化的"阴影结构"问题，指出道教之根就扎在"阴影结构"之中。认为我国古代文化结构必然产生审美型的宗教——道教。

　　本书是我国最早研究道教与美学的专著之一。在中国本土宗教与中国古典美学研究领域，开展了奠基工作。（贺云、申喜萍）

道家文化及其艺术精神

　　《道家文化及其艺术精神》，赵明、薛敏珠编著。长春：吉林文史出版社，1991年9月第1版，32开，251千字。

　　本书共分六章。第一章从中国文化源头探起，指出中华历史发展的特点是"早熟与维新"。"中国理性的觉醒"在封建社会转型期的春秋战国时代出现，道家文化是在华夏文化多元融合的基础上孕育形成。第二至四章分别介绍老子、庄子及道家文化的演变轨迹。第五至六章则聚焦道家艺术的精神及其在文学艺术，尤其是诗、画中的体现。

　　本书在中国文化大背景下审视儒道两家的作用，分析道家何以能够与儒家同领风骚的原因，提出道家并不是作为儒家对立面而存在的。在中国文化的形上形下、社会人生等各个方面，道家都与儒家并存互补，特别是在思辨哲学、艺术精神领域，道家思想更胜一筹。

　　特别本书第三、四章，从老庄之"道"的区别入手，指出道家哲学发展存在两条主要线路：一条是从老子到汉初黄老神仙思想，再到道教；另一条是从庄子到魏晋玄学，最后通向禅宗。著者提出：作为一种"自然"本体论，老子的大道学说是一种"冷"哲学，而庄子的人本学说则是"热哲学"，这种"热哲学"内含着生命涌动，表达了诗意人生。在分析庄子"道论"特点时，著者着重阐发庄子的悲剧意识以及在此基础上形成的"至乐"精神、"反衍"思维方式以及"道枢"的把握法度等，认为这是庄学对中国思想文化的特殊贡献。同时，著者指出道家哲学就是一种艺术哲学，它内化为中国古代文人的艺术精神。道家逍遥、超脱、自由的浪漫精神、化万物为一的整体思维方式，对中国艺术创造和欣赏都产生了深刻影响。道家精神是中国文艺审美趣味的来源。

本书从宏观历史发展角度来论述道家文化的演变路程，分析道家的艺术精神，尤其是提出"冷哲学""热哲学"这两个概念，有助于读者放开眼界，把握道家文化发展脉络的缘由及特点，认识儒道两家的地位和作用。（范砚秋）

庄子美学

《庄子美学》，张利群著。南宁：广西师范大学出版社，1992年8月第1版，32开，153千字。

张利群，1952年生，湖北罗田人。广西师范大学文学院教授、博士生导师，全国马列文论学会理事，中国古代文艺理论学会理事。主要著作有《词学渊粹——况周颐〈蕙风词话〉研究》《中国诗性文论与批评》等。

本书除绪论、结语，共分十章。绪论部分，著者指出了庄子美学的研究方法。结合《庄子》的特点，按照系统论的原理，提出"蹈乎大方""以鸟养养鸟"以及"得意忘言"三种研究方法，主张从大处着眼，不拘小节，不局限于文字表面，联系庄子的思想整体获得其精神实质。

第一章庄子美学的审美关系分析。主张"万物与我为一"的"物化"说，从"物化"的表现形态、审美特征、审美作用、成因和条件这几个方面，系统阐释审美主体和审美客体的交融浑化的关系。

第二章庄子美学的审美本质分析。从特征、实质、本原、内容四方面对作为审美本体的"道"进行了深层挖掘，揭示了"大美""至美""全美"的庄子之"道"。

第三章庄子美学的审美特征分析。阐释庄子的"自然"审美观，揭示"自然"说的特点、内涵、审美意味，也概括庄子的主体思想，分别论述了庄子的自然人生观、自然宇宙观、自然无为政治观、自然伦理观以及自然人性观。

第四章庄子美学的审美真实论。主张"贵真"说，从"真"的内涵实质、表现形态、表达方式、审美意蕴几方面论述庄子的"贵真"，指出庄子强调真美统一的艺术观对后世文论家具有重要影响。

第五章庄子美学的审美境界分析。从实质、多重性等几方面，分析庄子美学特征以及"游"的审美境界。

第六章庄子美学的审美心态分析。探讨"心斋"的审美心理特征、"心斋"所表现的审美心理活动过程以及"心斋"的动力："自然之气"。

第七章庄子美学的审美形象论。诠释"物物"说，论述"物物"说的根据、结果、意义，就人与物的关系、"物物"与"物化"加以分析。

第八章庄子美学的审美方式分析。从"物化"式的审美思维方式和"寓言"式的审美语言表达方式展开论述。

第九章庄子美学的审美艺术分析。从绘画和音乐这两种艺术类别切入，对"解衣般礴"的绘画美学思想和"无怠之声"的音乐美学思想进行较为系统的论述。

第十章庄子美学的审美创造论。挖掘《庄子》一书中关于"技"的实质内涵，剖析高超技艺中所体现的审美创造精神和艺术创造精神，以及超功利的审美观，赞赏"道进乎技"的"神遇"说。

结语部分，提出了审美架构论，对庄子的整体美学思想体系进行梳理。总结庄子美学思想体系建设的基础、前提以及庄子美学理论对中国古代美学的影响，分析其特点和不足。（王丹、申喜萍）

庄子创作论

《庄子创作论》，阮忠著。武汉：中国地质大学出版社，1993年10月第1版，32开，200千字。武汉：湖北人民出版社2013年10月再版，290千字。再版时，著者将2000年发表在《华中师范大学学报》的文章《战国文化的多元与散文风格的初建》略做修改作为"引言"部分。正文部分仍为五章，但内容上有所充实。"结语"部分用初版引言。并附录《论闻一多的庄子诠释》一文。

阮忠，湖北黄陂人。文学硕士，教授、博士生导师、享受国务院特殊津贴专家、海南省有突出贡献专家、海南省高校教学名师。曾任华中师范大学文学院中文系主任、海南师范大学文学院院长。主要论著有：《散文概说》《道家智谋》《韩非子的人生哲学》等，发表论文百余篇。

本书于引言后分五章。第一章庄子篇。从《史记·老子韩非列传》引入对庄子身世、所处时代、师承与著述、风格的讨论，形成立体的庄子形象。进而依照历史进程，从战国到晚清时期庄子所受到的礼遇与冷落进行综合概述。

第二章格调篇。对庄子创作的社会与文化背景，其别具一格的创作方法、创作风格、审美情趣等进行细致分析，呈现庄子文学不同凡俗的面貌。

第三章章法篇。从庄子著作的全篇章法、寓言章法、造句章法以及遣词用字章法四个方面指出庄子散文"看似胡说乱语"，其实尽有分数，自有其一贯的风格与章法。

第四章人物篇。指出庄子散文中的人物形象在其哲学观念的表述上是不可缺少的重要部分，以此探究庄子寓于文学语言中的哲学理念与创作思想根源。

第五章言意篇。指出"言"与"意"在庄子哲学中所占据的重要地位以及对后世产生的深远影响，也对庄子散文中的言与意如何构成艺术境界做了细致、缜密的考察。

著者以庄子的创作为着眼点，从文学角度来解析庄子思想。本书出版后，在学术界引起较大关注。袁行霈先生主编《中国文学史》对本书有所征引；熊铁基先生所著《中国庄学史》、常森的《二十世纪先秦散文研究反思》、刘洪生《20世纪庄学研究史稿》均是及此书。（钟明俐、申喜萍）

庄子思想之美学意义

《庄子思想之美学意义》，董小蕙著。台北：台湾学生书局，1993年10月初版，32开。

董小蕙，1962年生。本书专注于庄子思想与美学艺术关系的探讨。10年后作者又结合个人的艺术创作经验写成另一本相关著作：《庄子虚静观照精神下之写生意义》。

本书尝试对"庄子思想与艺术精神间的融通意义"进行探讨，就文章结构，分成五章24节来论述，除第一章绪论与第五章结论外，主论部分各章之后皆有小结，以归纳该章讨论之结果。第二至三章是对庄子思想的把握和整理，著者归结庄子思想之最后理想在"天人合一"，而合一的方式在于人为的实践，其思想的美感特质纯属境界之美，是在生命精神之主体中呈现的美感，其价值同时在主体内完成，并非以耳目官能等做主观片面取舍的外在感官美。第四至五章则主要针对艺术而发论，特别是现代艺术观中所隐含的争议与疑虑，透过庄子思想的反省，逐渐找到支持和汇通。

　　长久以来，知识界与艺术界由于相互认知的混淆与隔阂，无法做客观相应的沟通与对话，这是本书期待化解厘清的重要课题；而艺术创作观念突显出当代人类心灵的内容与方向，时代心灵好像大海中的行船，随着大环境复杂的气流而浮沉起落，今日现代艺术创作观在人类文明整体发展的航线上究竟走向何方，这是本书所关注的另一个重要课题。

　　本书贡献在于让知识界和艺术界发生较为深度的对话沟通，著者在绘画创作实践中，也注意到知识界与艺术界有"隔"的现象，这两者都是哲学与美学相关的重要课题。本书自成体系，将哲学与美学上相隔的课题，做了相当的整理与厘清。（熊品华）

从超迈到随俗：庄子与中国美学

　　《从超迈到随俗：庄子与中国美学》，陶东风著。北京：首都师范大学出版社，1995年10月第1版，32开，176千字。

　　陶东风，1959年生，浙江温岭人。现为首都师范大学中文系教授、博士生导师，首都师范大学中国诗歌中心兼职研究员，北京师范大学文艺学研究中心专职研究员、兼职博士生导师，中南大学文学院特聘教授。主要论著有《中国古代心理美学六论》《文学史哲学》等10余部，主编《文学理论基本问题》《知识分子与社会转型》，翻译《文化研究导论》等，发表学术论文百余篇。

　　本书系著者的博士论文，分为两大部分：上编第一至四章，各章阐述庄子人生哲学的超越性结构；下编第五至八章，具体分析庄子哲学（美学）对中国古典美学和艺术理论的内在影响。第一章论述庄子人生哲学超越历程的起点："此在论"及其内在矛盾。第二章论述庄子人生哲学超越历程的终点：庄子理想的三种生存状态。第三章论述庄子人生哲学超越历程的途径："齐物"论和"虚静（心斋）"论。第四章论述庄子人生哲学的内在矛盾及其向美学的会通。第五章论述庄子天人关系、心物关系如何规范了中国艺术对自然的态度。第六章论述庄子言意论如何影响了中国美学的语言观。第七章论述庄子平淡空灵的人生观念对中国美学风格的影响。第八章论述庄子的神秘主义美学。著者指出：庄子言论中的艺术和美学，都源于其人生哲学，它们或积极或消极地影响了中国古代文人的心态、人格和艺术风格的形成。

本书从庄子哲学的超越性结构出发，仔细全面地审视了庄子哲学的复杂性和矛盾性，分析了庄子哲学与美学之间既独立又相互联系的关系，探讨了它对中国美学与艺术精神的多重影响。本书在对庄子思想的深入分析中，发现了庄子人生观的矛盾性，提出并充分论证了不同于前人的论点。阐明了庄子美学思想不但影响了古代中国的审美和艺术，还对当今社会具有重要的现实意义。（彭博）

大美不言——道教美学思想范畴论

《大美不言——道教美学思想范畴论》，潘显一著。成都：四川人民出版社，1997年5月第1版，32开，210千字。

潘显一，1951年生，四川自贡人。哲学博士。四川省第二批学术带头人、教育部宗教学学科跨世纪人才、四川大学"985工程"宗教与社会研究创新基地学术带头人。曾任四川大学道教与宗教文化研究所教授、博士生导师，中国宗教学会理事，四川省美学学会会长。出版专著14种。

本书将道教美学思想归纳为四大范畴。第一，本质论范畴，以"道—美"为中心。著者认为，"道"是道教美学的核心范畴，大道无形而不可见，但美可见。追求"至美"即追求"至道"，反之亦然。"至道""至美"与"生"息息相关，因为"大德曰生"，从追求生命的现实美出发，进而发展为追求仁慈、博爱的伦理标准，内化为宗教审美观点，最终达到"仙"的理想。求美就是求善，在追求"至道"的过程中，能够与"道"合一，就是"至善—至美"的境界，以成仙真。成仙意味着，人可以通过修炼，达到至善至美境界，从人性美升华为神性美。这样，道教对于"仁慈""博爱"的追求，与"世俗"社会对于忠、孝、仁、慈、爱的追求联系在一起。

第二，辩证论范畴，以"善""恶"为核心。著者认为，道教朴素辩证思想是对道家思想的宗教化。以此为基础，著者对"大"的阳刚之美、"水"的阴柔之美、物化之美、至乐无乐进行辨析，指出在对立和统一中发现辩证关系，从而体会得道之乐。

第三，趣味论范畴，以"道法自然"为核心。著者认为，神仙品格的高尚，影响着修道者的行为。要做到'自然"，就要摒弃功利，无欲、无为、忘我，追求恬淡、清净。道教的自然美眼光是"原天地之美"，情趣是"爱山乐水"。在许多与道教相关的艺术作品中，都体现了这个原则。山林、天地等都成为道教表达"自然"性的重要符号。著者进一步讨论了"虚静"与"逍遥"的美学心态论，从逍遥中取得玄德的风度美，浑沌、氤氲的朦胧美，若知若不知的模糊美。

第四，文艺美范畴，以"出真文""除邪文"为核心。著者认为，道教文艺美学思想的总纲是出"真文"，除"邪文""巧伪"，形成了道教去伪存真的创作观；道教教育观是"文非余事"，"不得无文"；道教文学发展观是"今必胜古"；文艺的价值是"益世"与"炼性"；文艺的形态多样，"众色乖而皆丽"；文艺的创作技巧应是"大巧若拙"，"忘手笔而知书"。

道教美学是一个交叉学科。本书在对大量史料研究整理中，梳理出道教美学基本范畴。著者通过对比，论证道教在发展中对其他各家美学思想的兼收并蓄，形成一种包容、开放的美学思想体系。（杨辰鸿、申喜萍）

道家美学与西方文化

《道家美学与西方文化》，叶维廉著。北京：北京大学出版社，2002年8月第1版，32开，123千字，系"北大学术讲演丛书"之一种。

叶维廉（WaiLim Yip），1937年生，广东中山人。曾在台湾大学、台湾师范大学就读。1963年赴美，先后在美国爱荷华大学和普林斯顿大学获得硕士、博士学位。之后，一直在加州大学任教，直至退休。是当代活跃在中美两国的双语诗人、比较文学学者和诗学理论家，同时也是道家美学思想的践行者；著有《比较诗学》《历史、传释与美学》《与当代艺术家的对话——中国画的生成》等作品。

1998年，著者担任北京大学比较文学讲座主讲人，《道家美学与西方文化》一书便是此次演讲的学术结晶。著者曾经在20世纪70年代以"纯粹经验"概括老庄思想影响下中国诗歌的美感视域。本书正是以这种视角来看待中美诗歌及其"现代性"问题。

本书分为三章。第一章道家美学、中国诗与美国现代诗，引出西方现代诗某些"反文化"现象，通过中国诗与西方现代诗语言文法的对比，显示道家文化"物自性"与"自然无为"对人们精神生活的积极意义。

第二章道家精神、禅宗与美国前卫艺术，列举美国当代前卫艺术观，如契奇的"以异击常和无碍世界"、卡普罗的"发生（艺术）与破解发生（艺术）"，指出这些艺术观与中国道家、禅宗所秉持的理念的相互契合，这就是：去语障，解心因，破除语言霸权，让自我从宰制的位置推出，让自然回复其"本样的心观"，唤起物我之间的互参互补。

第三章全球化：自然生态与文化生态的思索，21世纪高度发达的网络资讯技术助推经济、文化、政治等领域的全球化现象吞噬了多元文化，自然与文化生态被日益破坏，工业文明伪装了均质性和重复性。著者提出能否以道家精神反思被西方语言框限的全球文化、树立人法自然的觉醒意识。

本书运用独特诗性视角，大图开启道家美学与西方文化沟通话语的渠道，回应"现代性"所带来的文化弊端。全书深入讨论西方思维的困境，拓展了道家美学研究方向，试图超越西方理性主义的藩篱，达到"以物观物"的空明境地和审美心胸，肯定了道家美学思想对当今文化焦灼期下人类文明的深度价值，提出了一条全新的"人法自然"的复归之路。（刘兴健）

逍遥游——庄子美学的现代阐释

《逍遥游——庄子美学的现代阐释》，王凯著。武汉：武汉大学出版社，2003年12月第1版，32开，211千字。

王凯简介详见《老子〈道德经〉释解》提要。

本书系著者在博士论文基础上修改扩充而成。全书围绕"逍遥游"这一概念，构建六章。

第一章逍遥游的基本阐析，考证"逍遥游"的语义内涵，分析"逍遥游"得以产生的社会文化根源，探讨"逍遥游"的思想特征，对比分析庄子的"游"和西方游戏说的相同之处，指出"逍遥游"是自由的精神漫游，在此过程中呈现出某种游戏活动状态。

第二章逍遥游的心灵维度，着重论析"游"的逻辑起点和内在动力、"游"的程度以及为达到"无待"之游所需要的心灵净化过程。

第三章逍遥游的自然维度，侧重考察"逍遥游"第一个逻辑出口——自然存在，论析天地、人与自然的关系以及天人合一的深层意蕴，进而对这一境界中的"自然""物化""物"概念和"逍遥游"审美感应方式进行阐释和论证。

第四章逍遥游的语言维度，对"逍遥游"的第二个逻辑出口即"游"的语言维度进行详细探析，特别注意体道、闻道，无法回避可说与不可说的问题和言说方式。

第五章逍遥游的人生维度，对"逍遥游"的第三个逻辑出口即现实人间世，即"逍遥游"终点以及庄子的自然的、审美的人生观进行考察，将庄子的现世生活态度分为三个方面："安之若命""安时处顺"和"虚己游世"，进而对庄子生命哲学的养生论、生死态度予以阐述。

第六章逍遥游的生态维度，从庄子关于人与环境关系的主张入手，对庄子自然观及其审美意义予以阐发，进而扩展到西方现代生态哲学与庄子思想的比较。

在把握"逍遥游"基本内涵基础上，著者从总体上追寻庄子的基本思路，从心灵、语言、自然、人生、生态的不同维度上，揭示"逍遥游"的内在线索及其结构，并把庄子的一些重要思想与西方某些学者的思想进行比较，自觉运用当代美学成果，在现代维度上对庄子美学做出新的阐释。（李科、申喜萍）

庄子生存论美学研究

《庄子生存论美学研究》，包兆会著。南京：南京大学出版社，2004年4月第1版，32开，265千字，系"南京大学博士文丛"之一种。

包兆会，1972年生，浙江临海人。南京大学文学博士。本书出版时，著者为南京大学中文系文艺学专业方向硕士研究生导师、副教授。主要从事先秦两汉美学与文论，庄学、神学美学与诗学研究。曾任《中国美学》主编，现为《文学与图像》执行副主编。

本书主体部分共分上、下两篇共七章，外加导论、结语以及附录四篇。

导论部分，先说明论题的可行性，继而探讨庄子美学的几个问题，指出《庄子》生存论美学所具有的研究价值，最后交代全书的篇章结构。

上篇四章，第一章首先讨论庄子生存论美学的成因，第二、三章讨论庄子生存论美学的内涵。第四章讨论庄子生存论美学的问题与困境。

下篇三章，集中在对庄子生存论美学言说的研究之上。对庄子诗化的表达方式、庄子言说、庄子道说进行了考察分析。（韩兵、申喜萍）

生命与自由
——论庄子思想对文人画理论的影响

《生命与自由——论庄子思想对文人画理论的影响》，刘亚璋著。天津：天津人民美术出版社，2005年1月第1版，32开。

刘亚璋，1973年生，云南昆明人。本书出版时，任扬州大学艺术学院美术学专业系主任、副教授。

本书系著者的博士论文，出版时略有增删。全书于导论后分三章。

导论从庄子与早期道家思想的关系及庄子思想的新发展两方面对庄子思想进行厘定，指出注重生命与自由是庄子哲学的独特之处。庄子思想有助于把握和理清文人画发展的思维机制，也有助于了解和分析其特殊行为方式的形成及其原因。

第一章生命的价值——庄子思想对文人画功能论的影响。认为庄子的人格观念消解了绘画中的儒家教化功能、庄子思想中"媚道""畅神"精神则影响了绘画中文人主体意识的崛起，文人画的功能则表达为庄子思想中愉悦性情的特点。

第二章自由的召唤——庄子思想对文人画创作论的影响。以庄子的"得鱼忘筌"与"解衣般礴"对比分析文人画创作过程中的超越心态与主题状态。

第三章以道观器——庄子思想对文人画品评论的影响。指出庄子重神轻形的思想成为绘画乃至于整个社会的审美价值取向，"气韵"作为对象精神气质的准确传达，成为品评的第一原则，并以此为核心建立了完整的批评体系。随着"气韵"这一核心审美原则的转化与发展，不可避免地带来了旧有价值判断体系的更新。这一过程最为典型地反映在以"神、妙、能、逸"为基本标准的绘画品评序列的重构。

本书附录部分，由五篇研究文章构成。分别是对米芾、钱选与倪瓒、徐渭与陈洪绶、龚贤、扬州八怪的介绍与研究。不同于正文部分属于纯理论探讨，这五篇文章乃是以具体画家为研究对象，故而更显细致而富有感性。

本书致力于在历史发展过程中梳理庄子思想与文人画之间的内在逻辑关

系，始终坚持从社会实践理性的立场出发，做出某种"非美学"形态的美学考察，力求避免现代西方话语方式在解读民族传统艺术时产生的种种误区。作者强调文化人格的重要性，注意梳理绘画与社会历史的关系，力求在历史场景中展现文人画背后的人格景观。（胡瀚霆）

道家文化与太极诗学：
《老子》《庄子》艺术精神

《道家文化与太极诗学：〈老子〉〈庄子〉艺术精神》，刘介民著。广州：广东人民出版社，2005年8月第1版，16开，294千字。系著者在《太极诗学》基础上经过教学实践后加以更新完成的一部力作。

刘介民，1945年生，辽宁沈阳人。曾任辽宁省社会科学院文学研究所副主任、副研究员，广州大学中文系教授、比较文化研究所副所长、研究员。1999年加入中国作家协会。2010年11月被澳门大学聘为客座教授。国际比较文学学会会员，中国比较文学学会理事。多年来从事比较文学理论、比较诗学、古代文论、文学批评的研究。主要著作有《比较文学方法论》《中国比较诗学》《太极诗学》等。

本书主要探讨老庄太极诗学的基本特征，并对其思想影响进行梳理。本书于导论之后构建八章，每一章由三或四节构成。

导论阐述道家文化博大精深，不仅在中国文化史上具有极其重要的影响，而且在中国诗学史上具有特殊地位。

第一章首先解释"太极""诗学"含义，说明本书撰写的初衷和探讨问题的思路。著者指出，"太极诗学"主要是论述老庄的文艺思想，希望能将其构成一个概念系统，以此说明历代诗学的肇始渊源。

第二章分别探究老子、庄子的生平情况及其各自的文化传承，剖析老庄诗学的精髓所在。

第三章认为中国诗学史的起点应该从老子开始，而不是孔子。然后分别从老庄诗学的发生论、诗体论、创作论三个方面阐明太极诗学的肇始；从意境说、神韵说、美感说三个层次概论老庄诗学的范畴；从辨证论、女性论、宇宙论三个维度透析老庄诗学的话语资源。

第四章指出老庄诗学的核心特质在于自然性、形象性、抒情性和含蓄性，这也是我国最根本的艺术精神。

第五章指出老庄诗学思维的一个重要特点是不注重纯理性、纯逻辑的推论，却总是在理性思考、逻辑推论中融入对自然、社会、人生内在精神的感受和领悟。

第六章从"道"所表现的美，探讨老庄追求的审美原则，而后阐发古人论诗的精髓着重天人关系、天人之美，认为老庄关于"天人合一"的观点比儒家更明确，并且有着独特的诗学语言。

第七章概括老庄诗学的妙趣。指出这种"妙趣"就在于具有幽冥玄境、顺乎自然和山水刚柔的特点。

最后一章论述老庄诗学与人生精神的紧密关系。指出老子"道法自然"的思想是支配宇宙的最高准则，也是表现人生的至上精神。对老庄人生精神的把握，有助于完整地、辩证地、诗意地了解太极诗学的产生和发展。此八章层层深入，相互关联，共同建构起著者心中的道家文化与太极诗学大厦。

本书中英文文献引证翔实，论说严谨，是一部具有较高质量的学术著作。

（贺燚）

隋唐五代道教美学思想研究

《隋唐五代道教美学思想研究》，李裴著。成都：巴蜀书社，2005年12月第1版，32开，190千字，系"儒道释博士论丛"之一种。

李裴，1975年生，重庆人。四川大学"985工程"第二期学术骨干、美国亚利桑那州立大学访问学者，现为四川大学道教与宗教文化研究所研究员、博士生导师，四川省学术和技术带头人后备人选，兼任四川省美学学会副秘书长、四川省中国哲学史研究会常务理事等。主要研究领域为道教美学、艺术等。代表著作有《道教美学思想史研究》《隋唐五代道教审美文化研究》等。

本书是著者在博士论文基础上修改而成，全书除"导言"和"结语"外，共分三章17节。

第一章论述隋及初唐道教美学概况。指出这一时期道教美学思想产生的时代背景，梳理了成玄英、李荣、孙思邈、魏徵、孙思邈等具有美学智慧的道教学者的思想。

第二章论述盛唐的道教美学思想。首先阐述盛唐道教美学思想产生的背景及概况，其次分论司马承祯、张万福、吴筠、唐玄宗、李白、李筌、张志和的美学思想。

第三章论述唐末五代的道教美学思想。著者首先考察唐末五代道教美学思想产生的背景，继而分别论述谭峭、杜光庭等道教学者的审美趋向。

概而言之，本书以隋及初唐、盛唐、唐末五代为分期，对道教美学思想在不同阶段的发展状况、基本内容和特色进行比较系统的整理概括；又从美学理论角度，对美的本质、审美理想、审美标准、审美趣味、审美心态、审美体验、辩证美恶观、人格美学、生态美学、美育等诸多方面进行分析论证。著者从这一时代的著名人物及经典作品中提炼出与道教相关的美学内容，总结了隋、唐、五代时期道教美学思想的特点，揭示其对当时社会审美文化思潮所产生的影响及价值。（汪玉兰、申喜萍）

自然的神韵——道家精神与山水田园诗

《自然的神韵——道家精神与山水田园诗》，王凯著。北京：人民出版社，2006年9月第1版，2007年12月第2次印刷，32开，435千字。

王凯简介详见《老子〈道德经〉释解》提要。

本书以横纵两条线索贯穿始终，线索清晰，逻辑严密。横向以各个时期山水田园诗的发展状况和山水田园诗形成后历代名家山水田园诗之艺术风格与美学特征为线索展开详细论述。纵向以道家思想为线索，从哲学、美学、文学、艺术四个维度入手，分别分析了先秦至晚唐中国山水田园诗的发展历程，清晰而详尽地勾勒出中国古代山水田园诗从孕育、萌芽到发展和形成的演变图景，并着重论述了山水田园诗在唐代的发展盛况。

全书除导论外，共分13章，内容可分为两大部分。

第一部分，著者通过论述老子的自然之道和庄子的自然美学思想，阐述了老庄二人美学思想对中国山水田园诗的影响。

第二部分，著者从诗歌作品的具体考察入手，详细分析山水田园诗从先秦至晚唐的发展演变历程和在唐代的发展盛况。山水田园诗经历了从《诗经》

《楚辞》中的萌芽，汉赋中的铺垫，魏晋玄学对自然美的发现，到谢灵运时山水诗的形成和陶渊明时田园诗的形成的漫长过程。山水田园诗在唐代达到发展的顶峰时期，著者主要分析了孟浩然、王维、李白、杜甫、韦应物、柳宗元等人的山水田园诗以及司空图对山水田园诗发展概况的总结。本书收录了从先秦至唐末大量的山水田园诗，并对每一首诗歌的艺术特征和美学思想进行剖析。文笔清晰，分析较为透切。

本书视野宽泛，涉及美学、文学、哲学与艺术等多个领域，具有较高学术价值，也具有可读性和欣赏性。（汪丽娟）

澹然无极

《澹然无极》，王建疆著。北京：人民出版社，2006年10月第1版，32开，300千字。

王建疆，1959年生，黑龙江密山人。曾任西北师范大学文学院教授、博士生导师，兼文学院副院长、文艺美学研究所所长，中华美学学会理事，中国文艺理论学会理事，甘肃省美学研究会会长，中国人民大学报刊复印资料《文艺理论》学术委员。现任上海师范大学人文与传播学院教授。著有《修养·境界·审美——儒道释修养美学解读》《自然的空灵》《反弹琵琶——全球化背景下的敦煌文化艺术研究》《自调节审美学》《审美学教程》等著作。

本书由上、中、下三篇缀成。上篇境界与审美，著者先对"境界"的产生和演变以及"人生境界"的一般含义展开论述。其次，对著者在另一部著作中提出的"内审美"概念进行再阐释。在人生境界和"内审美"相结合基础上，对"境界型审美""形神之辩""宗教审美""高峰体验""人的本质力量对象化"和"感官型审美异化"进行讨论，并将康德的"崇高"和老庄的"壮美"做了对比。

中篇老子人生境界的审美生成，以"道德境界"为基础展开讨论，分别论述了其结构特征和审美人格形成的关联。在对"道的境界"和"道德境界"的讨论中得出结论：老子的人生境界是一种"道德境界"，是一种在体道和得道的审美过程中生成的，而非现成的审美境界。

下篇庄子人生境界的审美生成，著者比较了老庄思想的异同，重点指出庄子对老子美学思想的继承和超越。

本书从探索老庄人生境界的审美生成入手，详细论述了人生境界和审美境界两种境界相互转换的原因、机制和过程，揭示出二者的内在联系，构建起了一种新的人生境界美学理论，为人生境界的理论探索，尤其是为人生境界的审美生成研究提供了一种新的思维路径。（汪丽娟）

庄子审美生存思想研究

《庄子审美生存思想研究》，时晓丽著。北京：商务印书馆，2006年12月第1版，32开，系"西北大学语言文学丛刊"之一种。

时晓丽（1963—2013），西北大学中国思想文化研究所史学博士。先后任西北大学副教授、教授、博士生导师。主要学术著作尚有《中西悲剧理论比较》等。

本书是著者在博士论文基础上修改而成。全书主要围绕"审美生存"这个核心展开。著者提出，生存方式大致可以分为三种：功利生存、道德生存和审美生存。道家的庄子偏重审美，庄子生存思想的实质是对世界和人生的诗意把握，作为一种现实活动，它关注人的本质、人与世界的审美关系，庄子思想的核心是审美生存。

本书于引言之后分为四章。第一章庄子审美生存思想探源，指出庄子的审美生存思想是对"礼崩乐坏"反思的产物以及对上古思想文化传统的接受与改造。

第二章庄子审美化的世界观，从知识与美、道德与美、艺术与美三个角度，探讨了庄子的世界观。著者指出：庄子以"无用之用"反对世人的"有用之用"，以审美人性之大用反对以实用为大用的知识观、道德观和艺术观，以"体道"的方式认识世界，以符合天道的人性作为认识世界的出发点和归宿点，极具时代的前瞻性。

第三章庄子审美化的人生观，探讨了人的本质、审美生存思想的实现等问题。著者认为，庄子以前所未有的高度来定义"人"，其对自由的追求，对人生的审美体验，有助于把人生境界和审美高度统一起来。

第四章庄子审美生存思想评价，对庄子审美生存思想的局限性及价值、

意义进行了分析、研究，指出庄子审美生存思想对现实生存具有批判意义、提升意义、发展意义。（韩兵、申喜萍）

道教修炼与古代文艺创作思想论

《道教修炼与古代文艺创作思想论》，蒋艳萍著。长沙：岳麓书社，2006年11月第1版，32开，220千字。

蒋艳萍，1976年生，湖南沅阳人。本书出版时，任广州大学人文学院中文系副教授。主要从事文艺理论、文学与文化、宗教与文学等方面的研究。

本书共分为四章，集中探讨了道教思想对中国文艺创作论的启示与影响。

第一章对道家与道教进行辨析。

第二章论述道教清修与文艺创作心态的关系。著者探讨了道教清修与文艺创作二者之间的相似相通之处，进而从"道人之论文艺创作"，"文人以仙道喻诗之论"两个方面具体探讨了道教修炼对古代文艺创作理论的影响，并从实践技术的角度论述了道教的具体修炼方法对培养艺术创作心态的启发意义。

第三章论述道教存思对古代文艺创作想象之间的关系。著者首先对存思术、主要的存思方法及其用途、存思的心理学意义进行了简单介绍。然后论述了道教存思与文学想象的相通之处。最后，重点论述道教存思对中国古代文学的具体创作实践，尤其是游仙类文学作品的影响和促进。

第四章论述了"形神俱妙"与古代文艺创作理想的关系。著者分析了道教形神观的基本主张、理论依据，认为道教形神并重的思想对中国文论产生了一定的影响，如形神俱妙论、"养气"说等，同时，对中国文人理想人格的养成也产生了重要影响。

本书选取道教修炼与古代文艺创作思想论这一独特视角进行研究，从修炼心态与创作心态、宗教想象与文学想象、宗教理想与文学创作理想等方面着眼，探讨道教修炼与中国文艺创作思想的关系，较有新意。（贺云、申喜萍）

南宋金元时期的道教文艺美学思想

《南宋金元时期的道教文艺美学思想》，申喜萍著。北京：中华书局，2007年9月第1版，16开，200千字，系"中华文史新刊"之一种。

申喜萍，1972年生，河南郑州人。四川师范大学文学院教授，四川大学"985工程宗教与社会研究创新基地"青年学术骨干。主要研究方向为道教文艺美学思想、三教合一等。历年来在《世界宗教研究》《宗教学研究》《美术研究》等核心刊物上发表论文30余篇。

本书共有五编13章，主要从诗歌、散文、戏剧、小说、绘画、雕塑等方面对南宋金元时期的道教文学和道教艺术的美学思想进行分析研究。著者采用整体把握与个案分析相结合的方法，把作品和创作者放到整个中国文化中进行探源性考察，比较全面地展现了南宋金元时期道教美学思想的风貌。

第一编南宋金元时期道教诗歌的文艺美学思想，以自然山水诗、社会言志诗、教化育人诗、内丹隐喻诗、元曲为中心，讨论了道教诗歌美学思想。

第二编南宋金元时期道教散文的文艺美学思想，以叙事性散文、议论性散文为分类，讨论了这一时期著名高道的文艺美学思想。

第三编南宋金元时期道教戏剧的文艺美学思想，讨论了道教与神仙道化剧的关系，以及神仙道化剧的美学特征。

第四编南宋金元时期道教小说的文艺美学思想，讨论了宋元话本小说以及道教徒创作小说的艺术特征。

第五编南宋金元时期道教绘画、雕塑的文艺美学思想，讨论了道教绘画、雕塑的风格及美学特征等问题。

本书传达了道教文艺的独特审美内涵，展现了该时代道教人文历史景观。以较有代表性的高道及其作品为例证，勾勒了南宋金元时期道教典型人物的基本轮廓，展露了蕴含于作品中的审美情趣，尤其对道教绘画和道教雕塑进行美学解读，为人们进一步了解和研究佛、道文化艺术提供了有益帮助。（汪玉兰）

老子美学思想的当代意义

《老子美学思想的当代意义》，李天道著。北京：中国社会科学出版社，2008年3月第1版，32开，324千字。

李天道，1951年生。四川师范大学教授、博士生导师。系四川省有突出贡献专家、四川省作家协会会员、四川省美学学会秘书长、中华美学学会理事、中国古代文学理论学会会员、高校美育学会常务理事、中华美学学会美育研究会理事。主编有《高校美育概论》等近10部著作或教材。

本书分为12章。主要探讨《老子》的现代方法论意义、老子的"道"论与审美境界构筑论、老子的"人"论与审美境界生成论、老子的"妙"论与审美境界营构论、老子的"气"（道）论与审美主体建构论、老子的"味元味"与审美范畴论、"味无味"与审美体验论、老子的"无味"说与审美张力论、老子的"婴儿"心境与审美心态论、老子的"自然无为"与"目击道存"的审美体验方式、"清静"说及其审美构成态势与文化根源、老子"道"论与审美意境论，以此展示中国美学重直觉、重体验、重感悟的特征。

本书对于中国美学的传统走向及其对后来美学的影响进行了一个概要性梳理。在研究方法上，本书有三点值得注意：一是把老子思想放在大的文化哲学背景上进行跨文化比较研究；二是借鉴和参考现代美学理论对老子美学思想进行多维度解释；三是从民族心态学角度深入考察，探讨其背后的根源。著者认为，老子美学思想深深扎根于中国传统文化哲学土壤中，老子美学思想形成的特色离不开中国古代文化哲学的影响，必须从民族文化哲学背景中进行深挖。

本书较系统地探讨《老子》美学思想的生成范畴，包括如道论、人论、妙论、气论、自然无为论等等，这不仅具有美学思想史的学术价值，而且对现代社会人们如何处理自我与他人的关系、人与自然的关系，都有一定的启迪意义。（郝春雨）

道家美学与魏晋文化

《道家美学与魏晋文化》，李春青著。北京：中国电影出版社，2008年6月第1版，32开，300千字。

李春青，1955年生，北京人。北京师范大学文学院教授、博士生导师，北京师范大学文艺学研究中心主任、专职研究员，兼任中外文学理论学会理事、全国马克思主义文学理论研究会理事。主要研究方向是中国古代文论和文学基本理论。主要著述有：《艺术直觉研究》《艺术情感论》《美学与人学——马克思对德国古典美学的继承与超越》《魏晋清玄》等。

本书分上、下两篇，共15章。上篇分四章，阐述中西方美学的基本特征，比较老庄与佛禅及西方思想的差异。

第一章为绪论，分别讨论了西方美学基本构成及其特征、中国古代美学思想的基本特征、中西差异之原因。

第二章论析老子的美学思想，此章以老子及其思想和老子美学关键词为主要阐述内容，通过若干重要范畴来彰显老子对中国古代审美意识和美学精神形成演变所存在的贡献。

第三章论析庄子的美学思想，展现出庄子的美学思想特征和老庄道家的审美意趣。

第四章论析老庄与西方思想及佛禅之间的异同关系。

下篇从第五章到第十五章，该部分内容主要阐述魏晋南北朝的文化精神。

第五章论析魏晋南北朝时期美学思想产生的文化背景，从文化历史语境考察入手，对此时清议、清谈之风以及产生的原因、人物事例进行分析和阐述。

第六章论析清谈中的审美趣味，侧重从清谈的世风、清谈的方式、清谈的话题、谈家风致、清谈中的审美体验和清谈的标准六个方面进行考察。

第七章论析"清""玄"概念中的美学蕴含，着眼于"清"和"玄"的概念解读，发掘其所产生的社会心理及其体现的审美精神。

第八章论析阮籍和嵇康的玄学与美学思想。

第九章论析魏晋六朝的清玄世风与诗，彰显出魏晋六朝的时代精神。

第十章论析魏晋六朝的清玄世风与书艺书论，对魏晋六朝书体的发展和书家辈出的情形作了概述，总结出六朝书法重表现、重风格的审美精神。

第十一章论析魏晋六朝的清玄世风与画艺、画论，通过分析在清玄世风刺激下所产生的绘画勃兴现象，归纳出魏晋文人画与时代审美精神直接相对应的特点。

第十二章论析南北朝审美精神的异同，侧重考察北朝政治文化上的特殊性，透析这一时期的南北审美差异及其整个审美精神的时代特征。

第十三章论析魏晋六朝的帝王与时代的审美精神，分析这一时期帝王对名士清流的重视和宽容现象，说明清谈世风与帝王们名士风度的相互影响。

第十四章论析作为美学精神之反面的魏晋南北朝的弊风弊俗，客观地说明在积极的精神产品涌现的同时也存在着消极的精神现象。

第十五章论析魏晋审美精神对后世的影响，通过对魏晋审美精神在整个中国古代精神文化中的地位的肯定，阐述其对后世文学艺术本体论、价值论和风格论三个方面的影响。

《论中国主流意识的历史演变》作为全书的附录，对传统的审美、大众审美文化批评，以及人文知识分子的立场问题进行讨论，提出积极的建议与展望。

本书上、下两篇的内容各有侧重，将西方美学与中国古代美学尤其是老庄美学思想加以对比，凸显出老庄美学精神之独特性，分析出在此美学思想影响下的魏晋清玄之风等时代审美精神以及对后世之影响，并较为客观和深入地评估了魏晋六朝清谈世风之下所呈现的积极精神和弊风弊俗。本书每一章节之后都附有"进一步阅读"的书目和"文学举隅"的历史资料，让读者能更加清晰地了解到文章观点的出处来源，有利于在此观点基础上进一步探索。（张毓婷）

禅宗与全真道美学思想比较研究

《禅宗与全真道美学思想比较研究》，余虹著。北京：中华书局，2008年8月第1版，16开，200千字，系"中华文史新刊"之一种。

余虹，1968年生，重庆涪陵人。四川师范大学文学院教授、硕士生导师，四川美学学会常务理事，中华美学学会、中国文艺理论学会会员。在《哲学研究》《云南社会科学》《四川大学学报》等核心期刊发表学术论文30余篇。

本书按照审美人生的生成过程，将全书分为五章13节。

第一章审美本体论，主要论述了作为禅宗与全真道的宗教本体，同时也是其审美本体之"禅"与"道"。梳理了"禅"与"道"相互交融的历史，揭示禅宗之"禅"与全真之"道"的共同本质——心性，指出"心性之美"之所在。

第二章审美修养论，此章重在揭示禅宗与全真"内以炼心"修为思想的审美内蕴。以"悟"与"修"为突破点，在禅宗"顿悟成佛"与全真"性命双修"的比较中，分析了二者在宗教修养方面的异同，指出二者宗教修为的过程即是对生命的体验与超越过程，是审美人生的生成过程。

第三章审美境界论，阐述了"禅悟境界"与"仙道境界"各自的审美特质以及二者的相通相异之处，揭示出禅道境界皆为一种"与道合一"的本真生命境界，也是一种永恒的人生超越境界，一种理想的审美人生境界。

第四章审美表现论，主要阐述禅宗与全真"外以化人"的言说方式的审美特质，尤其是作为其主要言说方式的诗歌的审美特征，揭示出二者在言说方式上皆具有"不言之美"的审美特征，通过禅道诗歌多方面的比较，揭示禅诗与道诗独特的审美特质与共同的审美特征。

第五章审美人格论，著者对禅宗之"觉悟人格"与全真之"仙真人格"进行比较，重点抓住二者人格中的共同特征："狂"与"隐"。以此为突破点，对禅宗与全真的审美人格进行较为深入的探讨，揭示同中之异。

本书进行宗教与美学的跨学科研究，其研究对象是作为中国宗教有代表性的流派——禅宗与全真的美学思想。其目的在于，通过禅宗与全真道的比较，揭示中国宗教人生审美化的特点，并以此展现宗教与审美之内在关系。

（李科、申喜萍）

隋唐五代道教诗歌的审美管窥

《隋唐五代道教诗歌的审美管窥》，田晓膺著。成都：巴蜀书社，2008年12月第1版，32开，200千字，系"儒道释博士论文丛书"之一种。

田晓膺，1978年生，四川成都人。现任成都信息工程研究所所长。本书出版时著者已在CSSCI及中文核心期刊上发表学术论文十余篇。

本书按照诗歌主题内容及其审美倾向进行分类，共分为五章。

第一章论述隋唐五代道教审美文化勃兴的背景，著者首先对隋唐五代的道教流派进行梳理，并论析了这一时期十分盛行的斋醮活动，总结了其在社会各个层面的影响以及对这个时代的审美观念、审美趣味和审美风尚的影响。

第二章论述了游仙体道诗，对游仙体道诗的道教思想进行探源，认为对永恒生命的向往是此类道教诗歌最为突出的主题。著者选取了代表性的道士游仙诗来发掘隋唐五代时期的道教美学思想和道教审美文化。

第三章论述了山水悟道诗，著者首先对山水悟道诗的根源进行探讨，进而阐述"生即美"之道教美学的生命意识，"气韵清虚"之道教美学的审美心境，"逍遥之乐"之道教美学的审美趣味等。

第四章论述了丹术证道诗，著者对丹术证道诗的宗教思想，丹术证道诗体现的丹术修炼中的宗教情感体验以及丹术证道诗的神秘美、意象美等审美特征进行了深入的论析。

第五章论述了女性向道诗，著者从世俗层面、宗教层面和审美层面分别论析了隋唐五代时期女性向道诗中的道教情怀，从宗教的层面揭示了道教对女性的包容，从审美的角度揭示了道教影响下的女性审美心理和审美旨趣。

通过全面梳理，一方面展现了隋唐五代时期道教和诗歌的繁荣，另一方面也展现了这一时期文艺和审美文化思潮发展的面貌，对隋唐五代道教诗歌的审美内涵和意义进行了深入的剖析和阐释，拓展了道教美学、道教艺术等研究领域。（汪玉兰、申喜萍）

道家与文艺审美思想生成研究

《道家与文艺审美思想生成研究》，易小斌著。长沙：岳麓书社，2009年3月第1版，32开，200千字，系"青年学术文库"之一种。

易小斌，1971年生，湖南攸县人。文学博士。现为湖南工业大学文学与新闻学院副教授，湖南省古代文学学会理事、湖南省写作学会会员、株洲历史文化研究会副秘书长。已出版学术专著1部，主编、参编教材3部，在国家核心刊物及其他省级以上刊物发表论文30余篇。

本书是著者在其博士论文基础上修改而成。湖南师范大学文学院教授李正龙先生为其作序。除绪论之言共分六章。

　　绪论阐释道家文艺审美思想生成研究的可能性、方法论、价值和意义。

　　第一章论述早期文艺审美思想的发生背景，著者从图腾、上古神话、汉字符号、绘画、音乐、建筑等方面阐明道家思想渊源，继而分析它们与早期审美意识之间的关联。

　　第二章介绍先秦道家主要代表老子、庄子以及稷下黄老学派，对老庄的生平、故里、思想等都进行比较详细的辨析，对黄老学渊源以及流派、代表思想也做了稽考。

　　第三章论析早期文艺审美本体的创生，以"道"论为切入点，分析"道"与审美本体的关系，得出中国早期文艺审美的核心就是"道"的结论，并对老子、庄子、黄老学派的文艺审美一一做了阐释。

　　第四章把早期文艺审美主体的观照归结为"心斋虚静"。著者认为老庄的"虚静"思想体现在魏晋文艺层面，反映了哲学领域的"虚静"说与文艺审美境界的贯通，而这种贯通又表现为直觉体悟的思维方式。

　　第五章介绍早期文艺审美范畴：大、妙、和。著者对这三个范畴进行了深入的剖析，首先从文字的源起与演进说起，进而论及其内涵与特征，最后在此基础之上阐发文艺审美之生成。

　　第六章从三个方面论述了早期文艺审美方法的突现，著者把它归结为"不落言筌"。从道家哲学层面切入，重点分析了自然、有无、言意关系。

　　本书展示了道家从哲学层面到文艺审美层面的发展思路。著者指出：道家思想最初并不是因文艺审美而为。但是，道家对"道"的描述却显示出诗性智慧，富有深刻的文艺审美意味。道的境界，实际就是最高的艺术审美境界。著者对早期文艺审美思想生成，既做纵向论述，也做横向考察，使得人们可以更为深入地了解中国早期文艺审美与道家的逻辑关系，拓展了中国古典美学的研究领域。（徐荟）

道家诗学

　　《道家诗学》，郑振伟著。南京：江苏人民出版社，2009年6月第1版，32开，180千字。

　　郑振伟，1963年生，广东普宁人。2001年应聘澳门大学教育学院，现职副教授兼副院长。除文学研究外，著者近年亦涉猎澳门教育史研究。曾任《现代中文文学评论》《现代中文文学学报》《岭南学报》等学报执行编辑，编有《当代作家专论》《女性与文学》《墉秉仁与澳门教育》，另有多种合编的专论。个人论著有《中文文学拾论》《郑振铎前期文学思想》《意识·神话·诗学——文本批评的寻索》。

本书先有黎活仁所作的序，许祖良《读〈道家诗学〉感言》，Richard John Lynn（林里彰）Preface以及导论，而后是正文，文后有余论、附录、参考书目与著者的跋。正文包括道家的本体论、道家与原始思维、道家与美学、道家与女性、道家的空间意识，共五章。

在导论中，著者概要陈述五章的基本内容，提出本书所要探究的主要问题——道家思想如何深植于文艺理论的领域。

第一章道家本体论。首先回顾西方本体论源流，继而阐述《老子》以"道"为核心的本体论，分析二者的异同。

第二章道家与原始思维。认为道家思想保留原始思维方式，故而应该从原始思维角度理解道家"长生久视"理想与实现方式。

第三章道家与美学。主要讨论某些溯源于道家的美学观，考察《老子》的美论、审美方式、道家自然观对后世山水作品的影响，彰显道家美学思想。

第四章道家与女性。指出《老子》中的许多观念都有阴性特质，例如生育、处柔、处卑、不争等等。

第五章道家的意识空间。分述人和空间的关系、宇宙的生成、道家的宇宙、神话意识空间以及炼金术和文学等。

本书将西方哲学相关理论与道家思想互为映照，并大量引用西方人类学、心理学的理论成果来佐证自己的观点，使道家文艺思想的审视不再囿于中国古代文论的批评体系中。（邬晓雅）

中国古代文论范畴发生史
——《老子》卷：道法自然

《中国古代文论范畴发生史——〈老子〉卷：道法自然》，高文强著。武汉：武汉大学出版社，2009年12月第1版，16开，202千字，系"中国古代文论范畴发生史"之一种。

高文强，1969年生，湖北孝感人。文学博士、宗教学博士后。武汉大学文学院教授、博士生导师、文艺学教研室主任，兼任湖北省文艺学学会秘书长，中国古代文学理论学会常务理事。主要从事中国文学批评史、佛教文化等方向研究。

本书分为卷首语、总序、目录、导言、正文、参考文献和后记。主体部分由五章构成，分别选取《老子》中的"道""自然""反""味""妙"五个元生关键词作为每章之名，进行溯源寻根和固本举要式探究。每章严格按照"哲学义发生""文论义生成"和"文论史影响"三个小节架构全篇，点面结合地论说与《老子》一书相关的中国古代文论基本范畴发生发展的客观规律、基本内涵及其历史影响。每一节细分为二到四个不等的小问题具体加以论述。

第一章由"道"开始，探析其哲学义生成、文论义生成和文论史影响。从文学批评发展史的角度整理归纳出"道"之文论内涵。

第二章论述"自然"哲学义的发生、文论义的生成以及文论史的影响。对"自然"一词进行细致的词源考察，论证"自然"对古代文论的影响。

第三、四、五章对"反""味""妙"这三个范畴进行论述，其逻辑思路和论述方式大抵同于第二章，都是先考察词源、哲学内涵、接受流变，再归纳其文论内涵，举例探析该范畴对其他文论范畴和文论史的内在影响。

本书在融通古代汉语史、古代史、文学史、批评史、美学史、文化史等学科相关知识的基础上，重新建构了中国文论范畴研究的"发生史"范式，打破中国文论范畴研究20世纪以来"以西释中"的研究模式，使人们进一步认识到《老子》作为中国古代文论元典之一的重要地位。（贺燚）

中国古代文论范畴发生史
——《庄子》卷：得意忘言

《中国古代文论范畴发生史——〈庄子〉卷：得意忘言》，王杰泓著。武汉：武汉大学出版社，2009年12月第1版，16开，236千字，系"中国古代文论范畴发生史"之一种。

王杰泓，曾用笔名楚泓、湛秋等，1976年生，湖北武汉人。南开大学博士，武汉大学文学院出站博士后。武汉大学艺术学系副教授、硕士生导师。主要从事艺术美学、电影理论与批评以及中国当代文艺思潮的教学和研究工作。著有《中国当代观念艺术研究》，主编《艺术概论》，参编《20世纪欧美发达国家文化》《文论专题》等。

本书先有总序、前言，后分五章，末为参考书目。

第一章"美"与"大"——"天地有大美而不言"。著者由"美"作为探究庄子文艺思想的切入点，梳理"美"的范畴性意义，探讨《庄子》"大美"观念对后世文艺思想和后人对美的本质和审美理想认识产生的直接影响。

第二章"心斋"与"坐忘"——"无视无听，抱神以静"。著者首先对"心斋"与"坐忘"两组概念及其内涵进行阐释，继而对应西方美学范畴中的"直观"与"迷狂"进行比较研究，指出《庄子》的"心斋""无待"等范畴奠定了后世文艺创作主体的审美态度。

第三章"游心"与"物化"——"独与天地精神往来，而不傲视倪于万物"。著者先对"游心""物化"进行释义，继而与西方美学思想中的"游戏"说与"移情"说展开比较，逐步揭示"游心""物化"的内涵，最后选取中国代表性文论，具体阐释"游心""物化"的重要影响，指出"游心""物化"思想奠定了中国古典美学神思论（神与物游、思与境偕）的哲学基础。

第四章"道"与'技"——"道也，进乎技矣"。著者从"道"背后的观念入手展开论说，讨论"道"与"技"之间的关系架构，并与海德格尔的"真理"概念进行比较，省思《庄子》"道""技"观对文艺思想的影响与意义。

第五章"言"与"意"——"言者所以在意，得意而忘言"。阐述"言"和"意"的基本含义，继而整体观照先秦的"言意之辩"，论析《庄子》诗学语言观发生的哲学背景；接着围绕"言不尽意"命题，探析《庄子》诗学语言观的基本内涵；最后以后世代表性文论为径，谈论《庄子》"言不尽意"对中国古典美学、艺术与批评史、文论史的重要影响。

本书通过中西比较，对传统文论所表征的价值体系及其精神取向进行再建构，在一定程度上揭示了中国古人的审美思维方式与艺术心理结构。在彰显中国古代文论范畴独特性的同时，也有利于读者深入理解庄子思想的内涵。

（钟明俐、申喜萍）

道教美学思想史研究

《道教美学思想史研究》，潘显一、李裴、申喜萍等著。北京：商务印书馆，2010年5月第1版，16开，700千字。

潘显一简介详见《大美不言——道教美学思想范畴论》提要。

李裴简介详见《隋唐五代道教美学思想研究》提要。

申喜萍简介详见《南宋金元时期的道教文艺美学思想》提要。

本书在前言、绪论之后构建11章，74节。

第一章道教美学思想的历史文化渊源，对道教美学的核心范畴及前道教时期的美学思想进行了梳理。

第二章道教美学思想的形成，以《太平经》、葛洪、陶弘景为代表，对魏晋时期的道教美学思想进行了梳理。

第三、四、五章，以"道教美学思想的兴盛"为题，将隋及初唐、盛唐、唐末五代的道教美学思想进行了研究和总结，如成玄英、魏征、孙思邈、司马承祯、张万福、吴筠、唐玄宗、李白、杜光庭等，上至帝王将相，下至普通崇道文人和高道大德，均进入了本书的研究视野。

第六章"三教融合"的趋势，对北宋时期的道教美学思想进行了梳理，考察对象主要有陈抟、陈景元、蹇昌辰、苏轼、宋徽宗等。

第七、八、九、十章，围绕"道教美学思想的深入及分化"这一主题，将南宋、金元时期的各道派美学思想进行了较完整的概括和探讨，尤以道教绘画艺术在这一时期的突出成就而对其美学思想进行了提炼、总结。

第十一章道教美学思想的世俗化及提升，以张宇初、陆西星、王常月等为代表，探讨、总结了明清时期的道教美学思想。

本书围绕"至道—至美"这一核心范畴，按照时间线索，从汉末到明清，第一次完整地勾勒出中国道教美学思想的发展脉络，重新定位道教美学思想在中国古典美学、中国传统文化中的地位，并给道教思想文化中这个最特别、最能代表中国文化特色的思想板块以恰当的评价，填补了道教史和中国古典美学史研究的空白。（杨辰鸿、申喜萍）

庄子审美体验思想阐释

《庄子审美体验思想阐释》，杨鹏飞著。沈阳：辽宁大学出版社，2010年7月第1版，32开，210千字。

杨鹏飞，1975年生，辽宁鞍山人。经济学学士、文学博士。本书出版时，任沈阳化工大学讲师。主要研究方向为文艺理论和文化研究，在国家级核心期刊、省级学术刊物发表多篇论文，与人合作编写《大学语文》教材一部。

本书主体共五章。第一章从审美体验的主体方面阐释了"至人""神人""圣人"的形象内涵和美学外延，揭示这些人物形象在文本当中的重要意义。

第二章探讨审美体验的对象——"齐物"，从"以天为量"——"齐物"的理论前提和"以物为量"——"齐物"的审美内涵两方面，探究"道""人""物"三者间的关系，以及"天地大美'"法天贵真""美丑互化"的审美底蕴。

第三章考察"心斋"——审美体验的方法。主要从"虚""静""明"三个角度切入，揭示"心斋"在悟道时起到的重要作用。

第四章解析审美体验过程中的"坐忘"，认为"坐忘"是与"心斋"同等重要的体道活动。著者从内涵和过程两大维度梳理整个"坐忘"的心理动态运动过程，主要探讨"守""外""朝彻""见独""撄宁"几个美学范畴。

第五章阐释庄子审美体验的最高境界——"物化"。著者指出，"物化"是最深刻的审美体验方式，它标志着审美体验主体已经完全步入审美体验对象的精神世界，由此达到了审美体验的高峰状态。

本书从"审美体验"的维度阐释了审美体验的本质、主体、对象、方法、过程和最高境界，揭示了庄子审美体验的美学内涵。（陈辞、申喜萍）

《庄子》"三言"研究

《〈庄子〉"三言"研究》，张洪兴著。北京：学苑出版社，2011年10月第1版，32开，250千字，系"诸子研究丛书"之一种。

张洪兴，1959年生，山东沂源人。文学博士、博士后。本书出版时任东北师范大学文学院副教授。主要从事先秦哲学、文学研究。先后发表《庄子"三言"研究综述》《论〈庄子〉"三言"直觉思维特征》等系列论文；主持、参与多项庄学课题研究。

本书前有总序、《学〈庄子〉杂记》（代序），后分九章，再有三个附录：《历代学者关于〈庄子〉"三言"论点辑要》《〈庄子〉"三言"研究综述》《启功先生去世五周年祭》，末为著者后记。《庄子》"三言"即寓言、重言、卮言。庄子在《寓言》篇说："寓言十九，重言十七，卮言日出，和以天倪。"此"三言"既是《庄子》文章最基本的表现形态，也是其最基本的艺术表现手法。

第一章绪论。遵循知人论世传统，通过历史学者笔下的庄子来了解庄子其人，进而了解其书文，以文献研究方式考究《庄子》著作的真伪，追溯其流传。

第二章先秦言意观念与庄子言道观。著者对先秦言意观念（主要以孔子、墨子与庄子言意观念展开讲述）与庄子言道观分别进行阐释。

第三章《庄子》寓言和重言。著者首先考察先秦时期的比喻和征引情况，而后厘清寓言与重言概念，分析庄子表现方式的独特性。

第四章《庄子》卮言。从卮言与酒的关系角度切入，指出卮言即如酒之言，继而对卮言理论及其表现形式进行论析。

第五章《庄子》"三言"的思维方式。指出庄子以形象思维、直觉思维、理性思维、否定思维方式来构筑"三言"，以"三言"经营其文章，以独特的思维方式书写自己对道的体悟，形成其特有的文风。

第六章《庄子》"三言"的心灵境界。指出庄子的道是对自我心灵的一种自我体悟与自我超越，是对心灵自由境界的一种探讨。

第七章《庄子》"三言"的形象体系。著者将《庄子》中的形象分为道家人物形象体系、儒家人物形象体系、百工技人形象体系、君臣形象体系、动物植物等五大体系，认为其对中国美学的发展影响深远，庄子以自然为美、以虚静为美、以大为美、以丑为美、以奇为美的审美原则也极大地影响了中国人的审美情怀。

第八章《庄子》"三言"的语言艺术。著者从《庄子》的篇章语境、辩对技巧、叙说特征等几个方面对《庄子》"三言"的语言艺术进行辨析。

第九章《庄子》"三言"的其他艺术特征。著者先对《庄子》"三言"的艺术风格、手法等方面进行论述，再以历代学者关于《庄子》"三言"的论点辑要作为对书文不足之处的补充。

值得注意的是，此前学者们对《庄子》"三言"的研究大多集中在"三言"概念及其比例、"三言"之间的关系、"三言"的文体功用及其在庄子哲学体系中的作用方面，少有对"三言"的系统、深入研究，本书是《庄子》"三言"研究方面的一种突破。著者不仅对《庄子》的文学性和庄子哲学思想体系的内在精神有着比较深刻的认识，也对作为载道之言的寓言、弘道之言的重言、合道之言的卮言，进行系统考察，为《庄子》研究打开了新视角。（钟明俐、申喜萍）

庄子"技进于道"美学意义之探究

《庄子"技进于道"美学意义之探究》，林翠云著。台北：花木兰出版社，2011年版，系"古典文学研究辑刊"之一种。

林翠云，文藻外语学院应用华语系专任讲师，代表作有《华语e起来》等。

第一章庄子美学相关艺术诸论题之厘清，阐述"技进于道"美学论题的提出及意义，探讨庄子美学中是否具有"艺术哲学"之含义以及庄子美学的特质对于"艺术本质"的决定作用。

第二章本文研究的思维方法、论述程序及资料处理。

第三章"道""艺"的关系，讨论"道""艺"如何关涉之问题。

第四章艺术创作过程与修道历程之关涉，探讨艺术创作前主体的精神存养、创作时主体的审美心理状态以及作品的完成及审美经验的发生。

第五章诠释原则与体道原理的关系，讨论文本意义的获取、文本意义获取的开放性以及文本意义的默会致知。

第六章庄子艺术哲学在艺术创作中可能的体现，探讨"远"与"空白"的艺术现象、对无限的呈示以及庄子相关"远"与"空白"的艺术原理。

第七章结论。

本书采取"由艺而道"的研究进路，从艺术活动的各个脉络中，包括艺术创作、作品形成、读者诠释、作品完成时，来具体地探究庄子思想中技艺与道之间的关系，从而了解庄子对于艺术的特殊理解。

学术本是一个语言运动的交织过程。身为当代学者，在面对《庄子》这一古典文本时，观看和理解视域实无法完全跳脱古今、东西的格义创造情境。面对这一更复杂也更丰富的差异语境，著者的立场一向是：与其幻想可以拨开语言迷雾，找寻中心不变的那个贫弱且赤裸的本质原貌，不如破除这种幻想而适度接受语言延异过程所带来的意义丰年祭。例如关于《庄子》的自然观，历来有诸多贤者加以阐释与发挥，古人有之，今人亦然，若将这些诠释的多元发展脉络吸纳进来，那么《庄子》自然观的丰沛语境和当代潜能，就比单纯从《庄子》文本抽绎几个封闭性的概念来还原自然观的单一原旨，要艰难驳杂得多，也丰富有趣得多。（熊品华）

汉魏六朝道家美学思想研究

《汉魏六朝道家美学思想研究》，万志全著。北京：中国社会科学出版社，2012年5月第1版，32开，226千字。

万志全，1970年生，江西东乡人。文学博士。赣南师范学院文学与新闻传播学院教授，研究方向为文艺美学。撰有《扬雄美学思想研究》等专著，已发表《扬雄美学思想的发展历程》《扬雄抒情赋的美学特色》《梅娘水族小说的审美意蕴》等系列论文。

全书于绪论后分五章和简短结论。

绪论阐述国内外道家美学研究现状及本书主要研究内容，说明汉魏六朝道家美学思想在整个道家美学发展史中的地位。

第一章论析汉魏六朝道家美学的本源，即老庄美学。著者分别对老子和庄子的美学思想体系做了细致分析。

第二章论析汉魏六朝道家美学思想的总貌。指出汉代道家审美思潮主流是"世界本真之美"，这主要体现在道的神奇之美、无欲之美、长寿之美和成仙之美。

第三章论析《淮南子》的美学思想。侧重考察《淮南子》的六大美学旨趣。肯定了《淮南子》作为黄老道家美学代表作的重要性，认为它不仅代表了汉魏六朝黄老道家美学的最高水平，也为后世美学所推崇和借鉴。

第四章论析汉魏六朝的老庄美学思想。著者着眼于这一时期老庄学主要著作美学思想内涵的解读，指出这些作品的美学内涵侧重点不在于政治美学和玄思美学，而是强调以个体生命和艺术感受为主的生存艺术美学。

第五章论析汉魏六朝的玄学美学思想。展现玄学家在消极战乱社会中依旧追求自由狂放的美学理想，表现了庄子能言善辩风格在汉魏六朝的传承与发展。著者也肯定汉魏六朝时期玄学美学思想对整个道家美学在本体论和生存论方面的有益探索和贡献。

通过以上各章的举证，著者归纳出汉魏六朝道家美学思想的基本内涵、主要特征及其地位、影响与不足，凸显出汉魏六朝道家美学思想在整个中国古典美学史上的重要地位，同时也对其现实意义与价值做了新的评估。汉魏六朝美学思想的研究不仅对于还原道家美学全貌具有重要意义，而且对儒家美学、禅宗美学思想的研究也有一定借鉴价值。（张毓婷）

审美与时间：先秦道家典籍研究

《审美与时间：先秦道家典籍研究》，谢金良著。上海：复旦大学出版社，2012年8月第1版，32开，166千字。

谢金良，1971年生，福建安溪人。现为复旦大学中文系文艺理论教研室教授、硕士生导师，中国学研究中心副主任，主要研究易学与儒佛道文化、中国古典美学等。

本书分为上、下两编。上编是《老子》研究，共有三章。下编为《庄子》研究，亦分三章。

上编：第一章从《易经》阴阳爻谈儒、道美学，阐述与《易经》思想相关的几个问题，考察阴阳爻与阴阳思想的产生，论析儒、道美学对阴阳思想的发扬。

第二章也谈老子其人其书，围绕《老子》文本及其相关问题展开分析，并以《庄子》《史记》中的老子为线索，对其人史料进行稽考。

第三章《老子》的时间观及其审美观，著者认为《老子》以时间的尺度来衡量人生的价值取向，体现了"道乃久"的朴素时间观，并对《老子》的审美特质作了归纳，提出了时间与审美的统一。

下编：第一章也谈庄子其人其书，从庄子籍贯、生卒年代和与《庄子》思想相关的问题两个方面进行分析。

　　第二章《庄子》的时间观："道无终始"，分别阐述《庄子·内篇》《庄子·外篇》和《庄子·杂篇》的时间观。

　　第三章《庄子》审美观的主要特质，以《庄子·内篇》《庄子·外篇》和《庄子·杂篇》为考察对象，彰显其审美观，认为庄子的时间观和审美观也达到了统一。

　　本书以哲学上的时间问题为视角，以先秦道家典籍《老子》和《庄子》文本为对象，以审美与时间关系为中心，通过宏观哲学美学问题与微观典籍文本解读有机结合的方法，比较全面地理解了先秦时期以道家为代表的时间观和审美观，深入挖掘了先秦道家审美观念的深刻内涵，提出了"道即时间"的基本观点，并证明道家的时间观与审美观是统一的，拓展了学术研究的视野。（牛二团）

庄子美学与中国古代画论

　　《庄子美学与中国古代画论》，郑笠著。北京：商务印书馆，2012年10月第1版，16开，300千字。

　　郑笠，1971年生。苏州大学文艺学专业博士，闽江学院中文系副教授。先后发表《清代至民国闽词集编年》《天人分野中庄子"自然"与"自由"逻辑的多重悖论》等系列论文。

　　本书原为著者2009年攻读苏州大学文艺学博士的学位论文。著者在原文基础上进行结构调整和行文修改，最终完成出版。按照寓史于论、以论为纲的构架方式，建构6章25节。

　　第一章道的审美生成与古代绘画境界论。指出庄子的审美境界是一个从"意""象"到"象外"的内部生成过程，而中国古代绘画境界论与庄子的"意""象"和"象外"等诸多范畴的紧密联系，造就了古代绘画尚意观念。

　　第二章道的形上存在与古代绘画神韵论。从庄子"道"是形、气、神三位一体的状态入手，对形神观进行哲学阐释，认为其形神观包括三个层次："形全精复""不形而神"和"与神为一"。

　　第三章观道的自由视角与古代绘画透视论。将庄子的审美观照态度分为"自我观之"及"以道观之"。著者分析了"自我观之"的视域分限和"以道观之"的超越突破，探讨庄子"以物观物"的态度对中国绘画由观念至形态的辐射。

第四章论析庄子"游心于淡"的心境对中国古代绘画平淡自然风格的影响。通过古代画论崇"淡"代表人物的分析，展现庄子淡然超越的精神气脉。

第五章论析庄子坦荡胸怀与中国古代绘画自然性情的关系。从庄子无理而妙的逻辑悖论入手，继而分析其性情之真的艺术人格。对古代画论具有"逸"的精神的艺术人格特征进行阐释。

第六章庄子游戏精神与古代绘画墨戏论。诠释庄子游戏精神内涵，论述古代画论"自娱"说和"墨戏"说与庄子自适心态、游戏精神的共通之处。最后，著者对中国古代绘画论，尤其是文人画论领域进行系统总结，以呈现庄子的艺术精神。

本书展示了庄子美学与古代画论发展的基本线索。围绕《庄子》的文本进行原典研读，将《庄子》置入历史文化背景，与其他有代表性的文化源头联系比较，著者既看到庄子美学及其哲学的范畴，也注意到中国古代画论在不同时代、不同地域从源到流的文献，力图使研究视野完整全面，将中国古代的美学思想由绘画落到实处。（李科、申喜萍）

宋代道教审美文化研究
——两宋道教文学与艺术

《宋代道教审美文化研究——两宋道教文学与艺术》，查庆、雷晓鹏著。成都：四川大学出版社，2012年12月第1版，16开，231千字，系"四川大学哲学社会科学学术著作出版基金丛书"之一种。

查庆，1972年生，四川成都人。哲学博士。本书出版时，任四川大学道教与宗教文化研究所讲师、四川大学养生文化研究中心副主任。主要研究方向为中国哲学、宗教学、行政管理学。

雷晓鹏，1977年生，四川南充人。哲学博士。主要研究方向为道教与美学。

本书于绪论之后分为十章。绪论部分，考察宋代道教审美文化发展的背景，论述宋代文化的地位和特征、宋代崇道的社会氛围和道教审美实践活动等。

第一章两宋道教美学思想主潮，以两宋著名道士王玄览、白玉蟾及主要道派净明道为主线展开讨论。

第二章道教诗词。将种类分为道士诗词与文人诗词。道人诗词又按题材内容分为内丹诗词、游仙诗词、宫观和题赠诗词、咒语诗、颂德祝寿诗词、道情诗词。对其美学意蕴进行了发掘与诠释，并专门讨论了文人道诗和道人道诗在审美风格和美学特点方面的异同。

第三章两宋道赋。其类型分为：赋陈道教玄理、赋叙道教宫观景致或人物。本章通过具体作品，对该时期道赋的主题内容、艺术特点和审美趣味进行比较细致的分析。

第四章两宋道教青词。阐述斋醮盛行与青词创作的时代背景，从青词涉及的道教法事内容、青词的宗教美学规范和科仪规范两个方面进行论析。

第五章两宋道教小说。以收入《道藏》的两篇宋代道教小说《江淮异人录》《梅仙观记》为例展开讨论，分析其艺术特点、美学风格和道教审美倾向。

第六章两宋道教书画。介绍两宋道教书画概况，从道人画、道境画、方术示意画三方面分析两宋道教绘画及其审美思想，同时从道教符箓、道教经典等方面分析两宋道教书法及其审美思想。

第七章两宋道教建筑。追寻道教建筑的有关记载，介绍两宋道教建筑概况、特点和美学思想。

第八章两宋道教造像。概说两宋道教造像及其特点，解读两宋道教造像的美学思想，列举重庆大足石刻造像、山西太原晋祠造像、山西晋城二仙庙造像等多地道教造像，对其审美特色进行分析，揭示其独特审美风格。

第九章两宋道教音乐。介绍两宋道教音乐发展概况，梳理两宋道教音乐成就，反映道教音乐在这一时代的发展盛况，论述两宋道教音乐在审美风格、审美趣味等方面的特点。

第十章两宋道教舞蹈。介绍两宋道教舞蹈在宫廷和民间的发展概况以及各种道教舞蹈形式、特点，分析两宋道教舞蹈的美学思想，论述道教舞蹈在反映社会生活侧面时所体现出的艺术特征和情感内涵。

本书涉及内容颇为广泛，包含诗词、道赋、青词以及建筑、造像、音乐、书画、舞蹈等道教艺术，多角度展示了宋代道教审美文化面貌。（汪玉兰、申喜萍）

以道相通的美学——
早期天师道美学思想与审美活动研究

《以道相通的美学——早期天师道美学思想与审美活动研究》，苏宁著。北京：光明日报出版社，2014年3月第1版，16开，240千字，系"光明学术文库"之一种。

苏宁，1955年生，北京人。曾任四川省社会科学院文学所所长、研究员。主要研究方向为道教美学；主要研究领域为四川美学资源、文学艺术遗产、三星堆与巴蜀艺术。已出版《黑格尔：纯粹人格》《启蒙人格——培根》《三星堆的审美阐释》等著作五部，发表《早期天师道斋法的美学研究》等学术论文70余篇。

本书考察的重点是《道藏》中所收唐前天师道文献。通过对《老子想尔注》等道书的爬梳，研究早期道教形成、发展、演变中的宗教审美精神，尝试以美学方法和维度诠释道经，从中提取道教美学范畴。著者认为，早期道教不论在创教过程还是在神仙谱系、宗教仪式中都不乏宗教语汇与审美表征的交织互融。

本书从宗教超越与审美体验贯通的立场，对早期天师道的青词、法箓、祭酒等文化形态进行美学阐述。著者指出，道教神系本身是信仰与艺术化的集体创构。在早期天师道经籍中，从神仙相貌、神仙形态、仙衣法服到仙境的描绘，都是艺术化的，这种艺术化承袭了中国传统文化中"诗乐舞"合一的属性，在看似感性象形中传达超感性的形上体悟，是审美想象创造出来的意义世界。这一点从世界宗教史、美学史的角度看具有独特贡献，而这个贡献尚未得到足够的重视。

《早期天师道法箓与奉道持戒的美学思想》一章，分析了法箓符图的审美形式；《〈三天内解经〉的生态美》一章，分析了道教自然审美思维模式；《〈玄都律文〉戒律论的美善相乐思想》，分析道教运用戒律体现道、美、善的均衡与和谐；《〈赤松子章历〉消灾度厄的生命美》一章，提炼出"辅国救民的学说"和"解救己身的思想"；《道官祭酒制考》一章，分析如何注重从秩序中体现美。这些论述富有原创性。

作为中国道教的一个主要教派，早期天师道留下了宝贵的文化财富。就主观而论，早期天师道的目的当然不是创立什么美学学科，但为了阐教，其领袖人物注意运用传统的艺文表达方式，这种艺文表达方式在客观上却蕴含着美学观念、审美情趣。从过往情况来看，学界在这方面还没有系统的论著，本书正是这一领域的拓荒之作。（邢飞）

庄子怀疑论美学

《庄子怀疑论美学》，颜翔林著。北京：人民出版社，2015年8月第1版，16开，360千字。

颜翔林，1960年生，江苏淮安人。现为湖州师范学院文学院院长、特聘教授、文艺学省级重点建设学科带头人，中国文艺理论学会副秘书长。主要论著有《怀疑论美学》《死亡美学》等八部，在《文学评论》《文艺研究》等重要学术期刊上发表论文110余篇。

本书分为12章。第一章回顾庄子的历史文化语境。第二至三章阐明庄子怀疑论美学的方法论、本体论和生存论。第四章论述庄子怀疑论美学的思想姿态。第五至六章分析庄子对知识、认识、真理、历史和技术的批判。第七章解释庄子的审美观、审美标准和审美境界。第八章论述庄子的想象论和智慧论。第九章分析庄子的生命美学和人生境界。第十章解析庄子的艺术创造和审美精神。第十一章比较庄子和孔子的美学思想。第十二章重构庄子怀疑论美学的当下性意义与价值。著者指出：庄子美学的思想价值主要在于以生命智慧论和诗性主体论融入本体论、认识论、方法论的思维形态，以诗意存在论统摄价值论、艺术论、审美论的精神特质。

本书提出并深度阐释了"庄子怀疑论美学"这一命题。将哲学思辨和美学的感性学研究交叉渗透，界定了庄子怀疑论美学的主要理论特征，对庄子的核心美学概念进行了新的阐释，全面深入地勾勒出庄子怀疑论美学的思想体系。此著在当下文化语境中，厘清了庄子思想的后现代性价值，揭示了对于诗性主体的构建意义，为民族精神的重构和民族美学的创造提供了重要思想资源。（彭博）

（二）道家道教与文学

庄子及其文学

《庄子及其文学》，黄锦鋐著。台北：东大图书公司，1977年7月初版，系"沧海丛刊"之一种。

黄锦鋐（1922—2012），原名天成，字锦鋐，后以字为名，改字天成，福建莆田人。历任淡江英语专科学校讲师、淡江文理学院教授兼中文系主任、台湾师范大学国文学系教授，亦先后在政治大学、东吴大学、逢甲大学等校兼任。论著包括《新译庄子读本》《晚学斋诗文论集》《秦汉思想研究》等书，另有论文百余篇。

本书共收《关于庄子及〈庄子〉书》《庄子之文学》《从感情、理智、科学的角度看庄子的文学》《关于〈庄子〉向秀〈注〉与郭象〈注〉》《庄子笔下的孔子》《释〈庄子〉中的"不"与"弗"》《魏晋之〈庄〉学》《老庄的思想》《六十年来的〈庄子〉学》9篇论文，系著者于1958—1959年在淡江学院、师范大学讲授庄子课程时先后所撰。《关于庄子及〈庄子〉书》注重于《庄子》各篇的意旨与诸家考证；《庄子之文学》说明庄子的文学技巧与其对汉代以降名家作品的影响；《从感情、理智、科学的角度看庄子的文学》由科学之"真"、理智之"善"、情感之"美"三面向对《庄子》进行探讨；《关于〈庄子〉向秀〈注〉与郭象〈注〉》胪列向、郭二《注》本及古今中外各家考证之言，认为郭象援向秀〈注〉为己见之说，殆无疑义；《庄子笔下的孔子》认为庄子以"重言"传统，将"心斋""才全德不形""死生如一"等重要思想观点，寄托于孔子身上加以表达，提出老庄对于儒家是一种"反面推崇"的殊途同归；《释〈庄子〉中的"不"与"弗"》对于《庄子》书中否定词"不""弗"就文法结构进行讨论；《魏晋之〈庄〉学》先言汉代老庄并举，再对魏晋《庄》学发展析为先驱（王弼、何晏）、开创（阮籍、嵇康）、注述（向秀、郭象）、实践（陶潜）四阶段；《老庄的思想》比较老、庄思想在道论、政治观、知识论、伦理观等面向之异同；《六十年来的〈庄子〉学》将1912—1971年期间的《庄子》专书、期刊等研究成果，析为总论（传记、著者考订、概说）、校诂（校勘、解诂、札记、篇什校释）、义理（全书诂诠、笺注）、哲学（思想、道论）、新解（语体、今注、精华、广解）五范畴，并详加介绍这些研究成果、胪列著述篇章出处。

透过上述资料，吾人当可得知本书在文学赏析、义理辨证、小学比勘、学术史流变等方面，皆花费极大工夫进行论述，在当代《庄子》学研究而言，具有重要地位，而《六十年来的〈庄子〉学》更可作为后起学人按图索骥之梯航，实大有功于学界。（李建德）

六朝隋唐仙道类小说研究

《六朝隋唐仙道类小说研究》，李丰楙著。台北：台湾学生书局，1986年4月初版，25开，系"道教研究丛书"之一种。

李丰楙简介详见《仙境与游历：神仙世界的想象》提要。

全书分七章。

第一章绪论。先论主题"仙道小说"的特性与范围，可分成两类，一类如《汉武内传》属于纪录有关仙真的笔记小说，另一类为到唐代才集大成的孙广啸旨与创业小说等。次论研究仙道小说要考量的诸多问题，如宗教动机、文学地位与价值等。

第二章《汉武内传》研究。从《汉武内传》与道经的关系、在六朝隋唐文学中的衍变、以及在唐与其后道经里的衍变三方面，来讨论《汉武内传》一书。

第三章《十洲记》研究。此章先论述十洲三岛为道教仙境的代表外，也为六朝后逐渐形成的洞天福地名山岳渎的仙境之基，以此再讨论王灵期灵活运用当时真形图的存思与冥想的修行方式，导入《十洲记》，创造出上清经系的新仙境说，影响五代杜光庭《洞天福地岳渎名山记》，是以《十洲记》为基础，加入名山岳渎撰著而成。

第四章《洞仙传》研究——《洞仙传》的著成及其思想。著者认为现存《洞仙传》为断简残篇，故本章先从历代著录版本作考证，得《云笈七签》所保存的版本为要。再借由《云笈》本，推论原《洞仙传》的编次状况。三因《洞仙传》以《真诰》为蓝本，探讨《洞仙传》与《真诰》里神仙等级、甄命授、稽神枢的洞天概念。最末则对《洞仙传》仙道思想的洞府仙真、法术与歌诀作讨论。

第五章道教啸传说及对文学的影响——以孙广"啸旨"为中心的综合考察。讨论了四个重要问题：道教未形成前的"啸"及发展、六朝文士以"啸"养生练气之风、研究"啸"之最珍贵文献"啸旨"以及啸法在唐的衰微。

第六章唐人创业小说与道教图谶传说——以神告录，虬髯客传为中心的考察。此章著者分成起因、产生、传说三个部分分别讨论创业小说之起因、产生与传说。

第七章结论，强调仙道小说具有宗教与文学的双重特质，在大时代环境背景下，各自创造出自己时代风格的作品，对于唐以后的宗教信仰与文学发展，有启后的重要地位。

本书虽讨论五本（类）仙道小说，实则每一章都能独立自成一格，但章与章间却又有时空的关联性。著者将信仰、思想、文学等融会贯通，更注重仙道小说与文献资料的考证，解决了许多道教史、文学史上的重要问题。（萧百芳）

道家与道家文学

《道家与道家文学》，李炳海著。长春：东北师范大学出版社，1992年5月第1版，32开，400千字。

李炳海，1946年生，吉林龙井人。文学博士。曾任中国人民大学文学院教授、中国古代文学专业学术委员，兼任复旦大学中国古代文学研究中心、首都师范大学诗歌研究中心学术委员、曲阜师范大学孔子研究院特聘教授。主要研究方向为先秦两汉文学。主要著作有《周代文艺思想概观》《部族文化与先秦文学》《民族融合与中国古代文学》等。

本书除引言、后记外，共分十个部分，包括思想裂变的产儿、幽妙的玄感、泛神论的体系、崇尚自然的理想、空灵的境界、严峻的风格、齐物的观照方式、复杂的人生意识、超然的处世哲学、逆反的机制。

著者从起源上探析道家思想，认为道家思想和儒家思想具有同根异枝的特点，并从宇宙观、世界观以及人生观角度探析道家文学的表达形式、特征及其深远影响，将道家文学在内容和形式上的特征概括为"泛神论"和"崇尚自然"。通过不同视角的剖析，展现了道家文学的思想和基本特质。

本书对道家思想和道家文学的生成依据以及发展演变过程做了比较详细的阐释，将道家和道家文学的关系放在宏大的历史文化语境之中进行考虑，为人们理解两者之间的复杂关系提供了较好的视角。（吴道帅）

道教文学史

《道教文学史》，詹石窗著。上海：上海文艺出版社，1992年5月第1版，32开，460千字。

詹石窗简介详见总主编简介。

本书共二编13章。

第一编论析汉魏两晋南北朝的道教文学。

第一章汉代道教文学的雏形。考察道教早期典籍之缘起，从语言、文体、手法等多方面论述早期道教经典的文学价值。

第二章魏晋道教炼丹诗。阐述从文体杂糅的表述方式如何发展演变到炼丹诗的文学现象，考证魏晋炼丹诗的年代、思想内容及艺术特色。

第三章魏晋南北朝咒语诗。追溯祝告之辞到咒语的衍变过程，论述魏晋南北朝咒语诗的思想内容和艺术特色。

第四章魏晋南北朝游仙诗与步虚词。考察游仙诗的缘起，讨论魏晋道士与文人的游仙作品及其思想内容和艺术特色；分析步虚词的艺术特点和思想基础；考察南北朝道教玄歌和变文的发展以及文学特色。

第五章魏晋南北朝的神仙传记与志怪小说。以魏晋时期《神仙传》《汉武帝内传》为案例，对作品进行详细介绍，对其中人物、内容、主题宗旨、艺术手法、艺术特色进行深入考察；分析含有道教色彩的魏晋南北朝志怪小说，按地理博物、杂史杂传、记梦叙幻等题材类别对作品的由来、发展等历史线索进行稽考。

第二编论析隋唐五代北宋的道教文学。

第一章隋至盛唐的道人诗。以炼丹诗、醉吟洗心诗、遗世诗、题壁诗、仙家咏为个案，对作品题材、内容、思想和艺术特色等进行分析。

第二章隋至盛唐文人诗之道蕴。透析东皋大隐与初唐四杰文学作品对道教的不同态度和不同反映；考察盛唐诗人与道士的多方面交往，如互赠诗书、登门拜访、磋商道法、临别饯行、哭丧送终等多种形式，分析作品中的道士形象、道教思想内容，对盛唐主要诗派反映道教活动的作品进行比较研究。

第三章中晚唐的道人诗。论述内含离尘别世之情的中唐道姑诗；解读吕洞宾诗作的"剑道风格"；考察施肩吾以月、夜为特色的诗作，揭示其崇道的内心世界。

第四章中晚唐文人诗与道教。以白居易、李贺、李商隐等中晚唐著名诗人及其作品为个案，论述这一时期文人诗与道教不可分割的关系。

第五章中晚唐五代的传奇小说与道教神仙传记。考察从志怪到传奇的嬗变过程；论述传奇小说的道味、玄蕴，分析晚唐五代神仙传记对传奇小说的借鉴。

第六章北宋的道人诗词仙歌道曲。论述北宋道人陈抟、张伯端、张继先的诗作，考察北宋仙歌道曲的渊源内容、仙歌道曲的特点。

第七章北宋文人诗词与道教。论述西昆派对道教活动题材的处理方式及因此而产生的影响、诗文革新派对道教的态度及其因此而产生的创作情状、苏氏二杰与江西诗派诗歌创作中所含玄蕴；考察北宋文人词与道教的关系。

第八章北宋道教碑志与传奇。以《龙瑞观禹穴阳明洞天图经》《南岳总胜集》为对象，从文学功能层面分析北宋道教宫观碑志的思想内容、艺术特点和写作手法。

本书是我国第一部关于道教文学研究的通史性专著，具有学术奠基的地位，为后来该领域研究提供了一分有益的借鉴和启示。（汪玉兰、申喜萍）

道教文学三十谈

《道教文学三十谈》，伍伟民、蒋见元著。上海：上海社会科学院出版社，1993年5月第1版，32开，175千字。

伍伟民，曾任华东师范大学古籍研究所助理研究员，从事道教文学研究，发表学术专论十余篇。

蒋见元，1950年生，浙江杭州人。曾为华东师范大学古籍研究所文学古籍研究室主任，副研究员，著有《诗经注析》《诗经选译》等，是涉足道教文学较早的学者。

本书分为上、下两编。

上编谈"藏内文学"，凡15章。

第一至三章论述道教诗歌、道教散文及道教传记等文学体式，概要介绍道教与诗歌、散文、传记之间的密切关系。

第四至十五章从具体的道教作家、作品入手，阐释文学作品中所蕴含的道教思想以及道教价值观对古代文人的影响。

下编谈"藏外文学"，共15章。

第一至二章论述秦汉文学中的道教内容，考察屈原《楚辞》中的神仙世界，追溯道教文学渊源。

第三至四章探讨魏晋南北朝时期的道教文学作品，比如当时志人、志怪小说中的道教思想，以及游仙诗中的奇异瑰丽神仙世界。

第五至十二章考察唐宋时期的道教文学，发掘道士诗人李白、施肩吾等作品中的道教成分，探究神仙鬼怪题材的传承与变化；解析苏轼文学创作中的道教因素。

第十三至十五章将研究视点转入元代的"神仙道化剧"以及明代的道教小说，对小说中的道士形象有较为深入的诠释。

本书注重文史资料的搜集、整理与使用。除了大量征引"藏内"文献之外，本书也广泛涉猎道书之外的古代文学作品，从多侧面展示了道教文学的丰富内容与独特思想蕴含。（陈辞、申喜萍）

道教与文学

《道教与文学》，黄兆汉著。台北：台湾学生书局，1994年2月第1版，32开。

黄兆汉简介详见《香港与澳门之道教》提要。

本书是著者有关道教与文学研究的八篇论文集。

著者在《李贺诗歌中的反神仙思想》一文中指出：李贺反对一切求仙的事。他反对服药求仙，如《苦昼短》《拂舞歌辞》等是讽刺当朝喜好服药求仙的宪宗皇帝；他抨击方士道士不遗余力，如《马诗》中数首；《昌谷诗》《兰香神女庙》反映当时百姓崇拜神仙的共同好尚。李贺对神仙是随俗的尊敬欣赏，绝非求仙长生者。

《全真七子词述评》统计现存全真七子的词作为：马钰881首、谭处端156首、王处一95首、刘处玄65首、丘处机152首、郝大通两首、孙不二两首，共计1353首。内容多数在说教谈道，宣扬全真教义，艺术性较低。马钰词作质朴浅白，多劝人修道弃俗，以专道工具视之有价值。谭处端文字雅洁爽快，以飘逸空灵为特色，显出云水情怀。王处一词皆劝道之作。刘处玄以超逸洒脱的胸襟为特出，流露出厌恶俗世与对仙境的向往。丘处机词虽较典雅，仍多做道家语，纯为抒情，文学趣味淡薄。郝大通与孙不二词作少，可略窥其襟怀。

《从任风子杂剧看元杂剧与道教的关系》。元杂剧中神仙道化剧为数不少，其取材是道教多于佛教，与元代宗教自由、道教尤其全真教盛行、社会纷乱矛盾有关。名家马致远深受道教思想影响，其《任风子》是道教剧代表作，剧中演出马丹阳度脱屠户任风子的故事，表现出的道教精神有二：一为度脱众生，二为隐逸思想。剧中安排道家人物，运用道家语言，是以道教立场创作的杂剧。

《粤剧戏神华光考》。华光故事可追溯到元代，最早见于《三教源流搜神大全·马灵官元帅》。相关最重要的材料，是明代隆庆年间（1567—1572）余象斗所撰《南游记》，是全长五万多字的章回小说，全书讲述华光故事。华光是火神，清初以后被粤剧奉为主神，金银首饰业与武术业也将其奉为行业神。

《香港八和会馆戏神谭公考》。谭公信仰仅限于香港、澳门一带，庙宇各只一间而已。经考察，谭公原名谭公道，是源于惠州、在九龙山修道之人，附身于一名小孩。八和弟子之所以奉祀，相信是和谭公有撒豆成雨、平静风浪、灭火消灾的神力有关。

《中国古代的猿猴崇拜》。中国猿猴崇拜可推至先秦，除图腾崇拜外，原因还有二：一是猿猴能变化为人，二是猿猴有人性的一面。

《元代之武当道士张守清》。使全真教在武当山大盛的关键人物是张守清，他参入了清维法，宛如全新的支派。

《大江派考》。李西月一派为西派，火西月一派为大江派。（林翠凤）

青词碧箫——道教文学艺术

《青词碧箫——道教文学艺术》，杨光文、甘绍成著。成都：四川人民出版社，1994年7月第1版，32开，130千字，系"中华道学文化系列"之一种。

杨光文简介详见《道教宝鉴》提要。

甘绍成，1957年生，四川崇州人。曾任四川音乐学院音乐学系教授、博士生导师、四川音乐学院音乐研究所民族音乐研究室主任、音乐学系主任、音乐治疗研究中心主任等职。主要论著有《青城山道教音乐研究》等，合著有《中国道教音乐史略》《中国道教音乐》等。

本书先有总序一篇，正文在引言之后分九章，书末附后记。

第一章道教文学史略。将道教文学史分为四个阶段：汉魏两晋南北朝——道教文学的形成时期；隋唐五代至北宋——道教文学的丰富时期；南宋金元——道教文学的完善时期；明清之际——道教文学的流变时期。

第二章道教游仙诗。指出游仙诗的来源及特点，并选取道门中人以及历代文人所创作的部分游仙诗进行解读。

第三章道教步虚词。介绍"步虚词"的内容与形式，指出"步虚词"是道教文学独有的诗体，系为"神道设教"服务的祭祀颂神歌词的演变和发展，其与音乐结合得十分密切。

第四章道教青词。指出青词的神秘色彩、形式特点等。

第五章道教音乐。考察道教音乐的历史、用途及其与科仪的关系，指出道教音乐与斋醮科仪密不可分，在使用中完全服从于斋醮科仪的需要。

第六章道教舞蹈。概述道教舞蹈的历史来源、类型、队形与舞谱。

第七章道教绘画。简述道教绘画的历史、形式与题材，列举陶弘景等道士画家，进行分析。

第八章道教雕塑。简述道教雕塑的历史、分类、技法与神像制作。

第九章道教建筑。简述道教建筑历史，根据前人研究成果，对道教建筑布局发展的三个阶段进行分述，论述道教建筑的文化内涵。

本书由杨光文撰写前四章，甘绍成撰写后五章。其写作风格有所不同，前后两部分的行文与章法结构形成一定差别，但就总体而论，基本把握住道

教文学艺术的面貌。（胡瀚霆）

道家道教古文论谈片

《道家道教古文论谈片》，罗宗强著。台北：文津出版社，1994年8月第1版，32开。系"文史哲大系79"之一种。

罗宗强，1932年生，广东揭阳人。担任江西赣南师范学院、南开大学、新加坡国立大学中文系等多所大学教授，中国文学批评史专业博士研究生导师。致力于研究中国文学批评史和中国古代士人心态史。著有《隋唐五代文学思想史》《玄学与魏晋士人心态》《李杜论略》等多部专著。

本书是著者多年来部分论文的结集，包括三大主题：其一，关于庄子，共两篇；其二，关于李白，共两篇；其三，关于中国古代文学理论，共九篇。即分别为书名所言之道家、道教、古文三大类。

《从庄子的"坐忘"到唐人的炼神服气》一文认为，"坐忘"与"心斋"即是物我两忘，与道合一，是庄子追求的一种人生境界，贯穿于其全部的思想之中。南朝到唐代，人们已经逐渐将庄子原在反对人为、主张自然的"坐忘""心斋"，变化为道教养生的人为炼气方法了。而唐人重炼神服气，司马承祯是其中的突出者，他提出坐忘之法七条：信敬、断缘、收心、简事、真观、泰定、得道。将"坐忘"作为重意念的气功来解释了。他对庄子"坐忘"的改造，思想渊源自陶弘景《养生延命录》，下传李含光、胡紫阳，影响至李白。与司马承祯同时的白履忠注《黄庭内景玉经》，则完全以《庄子》附会内视服气的修炼方法。

《读〈庄〉疑思录——有关庄子文艺思想问题的片断思考》一文归纳出：就文艺观自身的影响而言，实质影响后代文艺思想的应是老子，并非庄子。但又何以事实上魏晋以后庄子思想对文艺家们的影响那么大呢？著者分析出三大原因，一是庄子整个思想的影响，而非其文艺观；二是后人将《庄子》外、杂篇的文艺观当作庄子的文艺观来看待；三是魏晋以后老庄玄学化了。

《李白的神仙道教信仰》研究指出，李白是正式入道的，早自少年时期以来即举行过多次入道仪式，也相信符箓，但他只接受经文，并未接受道教戒律。他受过炼外丹的秘诀，一生却始终未曾炼成金丹，但极可能服食了丹砂。

也曾炼过内丹，似是属于茅山上清派。李白热衷求道，但同时功名心极强烈。同时代的许多诗人亦然，唐代具有事功与修道一体的理论共识，是与唐代道教人间化的风气有关。

《也谈李白与〈长短经〉》一文谓，李白青少年时期受到的主要影响来自道教与赵蕤。赵蕤著《长短经》，从经文中可了解赵蕤对李白的影响更多的是在对待人生的基本态度上，如：逢时势变、贵士知遇等。然而李白的任侠精神则另有渊源，并非受赵蕤影响。（林翠凤）

庄子与中国文学

《庄子与中国文学》，宋效永著。南京：江苏教育出版社，1995年6月第1版，32开，330千字。

宋效永，1950年生。曾为安徽黄山书社副编审。主要著作有《庄子与中国文化》《中国文学的艺术本质论》《两汉文论译注》等。

本书分为六章：庄子的思想核心及其与文学的关系、庄子与汉代文学、庄子与魏晋南北朝文学（上）、庄子与魏晋南北朝文学（下）、庄子与隋唐及其后的文学、"逍遥精神"的衰退与"适性逍遥"的延续。末有余论《"五四"以来新文学对庄子的体认》和著者后记。

第一章著者提出庄子思想的核心是"逍遥游"，以《庄子》内篇、外篇和杂篇中30余处"逍遥""游"以及庄子对"逍遥游"的描述来说明问题。

第二至五章，以中国古典文学的发展脉络为线索，展示《庄子》思想的影响。

第二章论述《吕氏春秋》《淮南子》对庄子思想的承递与发展、西汉文人骚客对《庄子》的批判或肯定、东汉庄老思想的蔓延以及对《庄子》骷髅意象的研究。

第三章论述魏晋南北朝初期学术思想自由风气的树立、魏晋士人实践庄子成瘾成风，以及竹林七贤的"精神逍遥"。

第四章论述东晋陶渊明被动接受庄子思想、以谢灵运为代表的南朝士人对自然山水田园审美的延续与发展，以及其时儒、释、道兼有并存的逍遥模式。

第五章提取唐代李白、白居易与宋代苏轼、明代袁宏道、清代龚自珍等典型人物、典型案例，分析庄子之于唐以后历代文人、思想家的深远影响。

本书以时间为主线，以古代文人的文化生活为依据，佐证《庄子》的"精神逍遥"和"适性逍遥"，得出中国古典浪漫主义源头出自《庄子》等结论，在发掘"逍遥游"精神意义的基础上，诠释了"道""自然""适性"等概念，连接了《养生主》《齐物论》《人间世》《大宗师》等篇章的思想脉络，使得本书内容更加充实饱满，结构更加立体。（张素、申喜萍）

汉魏六朝道教与文学

《汉魏六朝道教与文学》，张松辉著。长沙：湖南师范大学出版社，1996年1月第1版，32开，211千字。

张松辉简介详见《老子译注与解析》提要。

本书在探析汉魏六朝道教对当时社会政治、思想之影响基础上，引出道教与文学的关系问题，全书凡六章。

第一章关于道教与文学的几个问题，从"道教与文学的契合点""道教影响文学的几个特点""道教对文学产生影响的意义"三方面，提纲挈领地说明文学之于道教或道教之于文学的重要意义和价值。

第二章道教与文人，就汉魏六朝时代的文学家与道教的交往情况展开讨论，揭示其作品表达的道教思想。

第三章道教与诗歌，就诗歌这一文学形式，选取其中比较重要的问题予以考察，包括"道教与文人五、七言诗体的发展""道教与玄言诗""道教与山水诗的兴起""道教与游仙诗"。

第四章道教与散文、志怪小说，说明道教对散韵结合的写作格式、散文辩论技巧、山水散文之兴起的影响，阐述道教在志怪小说领域、文学想象力、文学素材方面所起到的作用。

第五章道教与文论，就道教文学观的整体情况、道教"星气说"与文学创作的"文气说"之间的关系、道教与尚简文风、尚自然文风的关系、道教养生思想对文论的影响等方面进行专题论析，发掘蕴含其中的深厚思想底蕴。

本书从魏晋南北朝繁多典籍中，选取重要内容，厘清发展线索，深入到道教和文学思想的很多方面。在前人研究极少情况下，绘制魏晋六朝道教与文学之相互关系脉络的"地图"，对道教文学作为一个学术领域的建设具有促进作用，对往后的研究工作有重要参考价值。

由于这一课题在当时刚刚起步，本书的工作也有不完备的地方，比如对于道教对当时社会的影响，就只选取了政治、思想两个代表性问题。关于道教对民歌、辞赋的影响方面谈得较少，但作为一部在道教文艺美学领域具有一定开拓意义的作品，本书将那个时代的道教思想与文学的关系重新进行梳理，深入探究道教对文学所起的作用，加深了人们对于汉魏六朝道教和文学思想的了解，有利于道教文化传播，也有益于文学思想源泉的进一步探索。（包力维）

唐诗与道教

《唐诗与道教》，黄世中著。桂林：漓江出版社，1996年5月第1版，32开，137千字。

黄世中，1940年生，福建泉州人，研究员。现任温州师范学院学术委员会委员、谢灵运研究中心主任，兼任中国李商隐研究会副会长、中国山水文学研究会常务副秘书长、香港国际教育交流中心研究员。学术专著有《李商隐无题诗校注笺评》《古代诗人情感心态研究》《李商隐诗选注集评》《唐诗与道教》《与石居论集》《钗头凤与沈园本事考略》六种；另有文学传记《李商隐传》（与吴晶合著）一部，以及《文言语法》《散文写作技巧》《起名艺术》等多部。

本书讲述唐诗与道教思想内涵之间的联系，探讨道士、女冠及崇道诗人的诗心、诗意、诗境；揭示山水诗、恋情诗和醉酒诗中的道意、道韵、道味。

本书共九章，分别是"从'终南捷径'说到外道内儒""营营驰逐后对长生不死的追求""歌吟醉酒、佯狂玩世和独醒心态""爱的困扰与女冠的变态恋情""唐代诗人的崇道迷狂""唐人山水的道意""唐人恋情诗的道韵""唐人醉酒诗的道味""道教与唐诗的审美"。前四章以道士和女冠诗人为主，第五至八章则以世俗中的崇道诗人为主。最后一章总括道教对唐诗的影响，阐述唐人道蕴诗的审美情趣。

本书的写作，注重从唐道士、女冠、崇道诗人的微妙情感着手，进而析出其中的更深价值取向，提升到道意、道韵、道味的解读，展示出唐诗与道教内在精神之通融。在写作上，本书引据充分，掌握了大量的人物材料、诗文材料，并加以提炼，融汇著者对道教思想的理解，从唐道士、女冠、崇道、崇道诗人等角度阐明了道意对唐诗的影响，探索了诗心、诗意、诗境中所蕴藏的道韵，研讨了山水、恋情、酒意等诗中所交融的道意与审美情感，笔触细腻，引人入胜。著者对道教人物的刻画客观生动，对唐人诗歌的价值提炼也比较准确。若言本书的遗憾之处，也正在于浮世绘般地描画出的"众生相"，可能还未能深入到唐诗与道教关系的实质探索。（包力维）

误入与谪降：六朝隋唐道教文学论集

《误入与谪降：六朝隋唐道教文学论集》，李丰楙著。台北：台湾学生书局，1996 年 5 月第 1 版。

李丰楙简介详见《仙境与游万：神仙世界的想象》提要。

本书由导论、后记与六篇正文、两篇附录组成。正文包括：《神仙三品说的原始及其演变——以六朝道教为中心的考察》《六朝道教洞天说与游历仙境小说》《魏晋神女传说与道教神女降真传说》《孟郊〈列仙文〉与道教降真诗——兼论任半塘的"戏文"说》《西王母五女传说的形成及其演变》《道教谪仙传说与唐人小说》；附录一《六朝仙境传说与道教之关系》、附录二《慧皎〈高僧传〉及其神异性格》。

著者在导论中，阐述"误入"与"谪降"的主题，并将之作为本书一系列研究的内在联系基础。《神仙三品说的原始及其演变——以六朝道教为中心的考察》《六朝道教洞天说与游历仙境小说》与《道教谪仙传说与唐人小说》等三篇，在本书中，属于对较具道教基本理念的文本进行解读之篇章，这三篇文章分别反映出道教如何在六朝时期持续传播，六朝道教对原始道教时期即已逐步建构的仙界结构之容受、道教内部及民间社会对于"游历洞天"主题的相互关系，以及"谪谴"观念的出现与演变过程。《西王母五女传说的形成及其演变》《魏晋神女传说与道教神女降真传说》与《孟郊〈列仙文〉与道教降真诗——兼论任半塘的"戏文"说》三篇，则有关于六朝道教宗派的"神女"与"降真"事迹，在这三篇文章中，著者由道典、仙传与六朝上清派文献入手，并将道典中记载的神女与民间传说进行比较研究，再由孟郊四首《列仙文》所歌咏的方诸青童君、清虚真人王褒、西王母、太极真人安度明等六朝上清派重要仙真，导入《真诰》所收杨羲、二许的大量降真诗，以道教学的立场，就严可均《全上古三代秦汉三国六朝文》逯钦立《先秦汉魏晋南北朝诗》所辑文献加以增补。至于《六朝仙境传说与道教之关系》《慧皎〈高僧传〉及其神异性格》两篇附录，则是著者就读博士班期间在学术会议及刊物上所发表的论述。

总的来说，著者以其中国古典文学批评的扎实学养展开立论，兼以道教局内人的视角，遂能以不同切入点而对六朝至隋唐时期的道教文学作品，展开另一层面的诠解。（李建德）

许逊与萨守坚：邓志谟道教小说研究

《许逊与萨守坚：邓志谟道教小说研究》，李丰楙著。台北：台湾学生书局，1997年版，25开，系"道教研究丛书"之一种。

李丰楙简介详见《仙境与游历：神仙世界的想象》提要。

本书为著者继《六朝隋唐仙道类小说研究》后，另一本研究道教文学之书。时间跨度从六朝到明清。前者选取数种仙道小说作讨论，本书则以仙道人物为主体作讨论。

本书以邓志谟所撰著的三本道教小说中的《新锲晋代许旌杨得道擒蛟铁树记》与《锲五代萨真人得道咒枣记》为出发点，书分上、中、下三篇，共八个讨论主题。

上篇专论《新锲晋代许旌杨得道擒蛟铁树记》的许逊。共三个讨论主题。以许逊为论述主轴，并带出邓志谟小说的讨论。

一、许逊传的形成与衍变六朝至唐为主的考察。

二、宋代水神许逊传说之研究。

三、邓志谟《铁树记》研究——兼论冯梦龙《旌阳宫铁树镇妖》的改作问题。

中篇专论《锲五代萨真人得道咒枣记》中的萨志坚。先讨论许逊与萨志坚传说的诸面向，再融入《铁树记》与《咒枣记》来讨论小说的演变与积累，也带出许逊与萨志坚仙真与道派不同时期的演变，下分三个讨论主题：

一、宋元道教神霄派的形成与发展。

二、邓志谟《萨真人咒枣记》研究——南宋到明末的萨、王传说之考察。

三、萨守坚、王灵官的雷法与济幽——从宋朝到明的考察。

下篇综论邓志谟所撰著的三本道教小说中的结构。分两个主题讨论：

一、邓志谟道教小说的谪仙结构——兼论中国传统小说的神话结构。

二、出身与修行，邓志谟道教小说的叙事结构与主题。

本书剖析了许逊与萨志坚传说的文学层面的演变，同时也能借由论述许逊与萨志坚，了解净明道、神霄派与西河派的演变过程。（萧百芳）

唐宋道家道教与文学

《唐宋道家道教与文学》，张松辉著。长沙：湖南师范大学出版社，1998年4月第1版，32开，214千字。

张松辉简介详见《老子译注与解析》提要。

本书共分六章，接续《汉魏六朝道教与文学》。一方面从历史线索上顺势而下，另一方面则在写作思路上绵延而成。

第一章道风劲吹的唐宋社会，著者开宗明义地提出，应把道家道教视为一体，对它们应做综合研究。按照这一思想，著者阐述了道家与政治，道家道教与文化思想，道家道教对文学影响的概况，指出唐宋社会的道教传播背景，梳理了道家道教与唐宋社会的深刻关系。

第二章唐宋文人访仙求道考述，对文人与道家道教交往原因、唐宋主要代表文人与道家道教之联系进行详细介绍，展示了唐代道家道教在文学领域、在文人阶层中的传播情况。

第三章唐宋诗词中的道骨仙风，从女诗人看道教对唐诗的贡献、道家道教对佛教诗人的影响、道教诗歌的概述、道家道教与词，展示道家道教对文学的影响，从这四个方面颇具创见地阐发道家、道教思想与文学的交汇。

第四章小说创作与道人神仙，修正了以往关于虚构小说问题的定位，认为唐宋小说大致是源于汉魏志怪小说而又有所发展，是一种量的变化，而非质的飞跃。在此基础上，进一步阐述唐传奇、道教传记和小说，与道家道教的具体关系。

第五章道家道教对赋作的影响，从《中国历代文学作品选》看道教对赋的影响，进而说明道家道教影响赋作的大致情况。

第六章道心与文心，分别从"重玄思想与超然文风""大自然与文学创作""'忘我'与文学艺术创作""从'言不尽意'到求'言外之意'""重神轻刑"等多方面展开论述，比较全面地展示了道家道教思想在文论上的表现，将道家道教与文学的关联上升到精神实质层面予以认识。

本书虽然是延续了《汉魏六朝道教与文学》的写作思路，但也提出了一些新见解。比如把道家道教视为一体，有利于思想发展的整体把握；又比如虚构小说定位问题，著者不认为南北朝与唐宋的文人创造小说有着截然不同的态度。这些论述令人耳目一新。（包力维）

道家及其对文学的影响

《道家及其对文学的影响》，李生龙著。长沙：岳麓书社，1998年5月第1版。2005年1月修订再版，32开，282千字。

李生龙，湖南祁东人。湖南师范大学文学院教授、博士生导师。湖南省古代文学学会副会长，湖南省屈原学会副会长，湖南省孔子学会副会长，湖南省炎黄学会副会长，湖南省道家道教研究中心学术委员，湖南省道教协会永远顾问等。主要从事中国古代文学与文化的教学研究。著有《无为论》《隐士与中国古代文学》《儒家文化与中国古代文学》《墨子译注》《传习录译注》《占星术》《道家演义》《精选今译〈史记〉》等。

本书在前言后共分五编。

第一编道家总论。著者以道家思想的九个基本特点及主要典籍为据，阐述了道家与道教思想上的区别与联系，并从哲学、政治、道德、人生、文学艺术和宗教等六个角度分析道家在思想文化史上的地位。

第二编老子。著者由老子这一道家学派创始人入手，考证老子其人、其作品、所处时代、思想渊源及特点，重点解读老子的"圣人观"和社会文化批判与理想。

第三编庄子学派。著者同样从其人、作品及时代政治背景等方面勾勒出庄子轮廓，将老庄二人结合起来分析，论述了老庄与周、楚文化及中原古文化的渊源联系，并比较了老庄在"道"上的异同。从庄子对人生矛盾的揭示论述了其思想中的悲剧意识，并介绍了庄子化解人生悲剧的两种主要方式："顺命"和"悟道"。最后从正反两面阐释了庄子对社会文化的批判与理想。

第四编黄老学派。该编从黄老学派形成的时间地域、《黄老帛书》成书年代入手，考辨黄帝、老子之关系，论述黄老学派在战国中后期的发展，进而对汉初黄老理论进行总结。其中穿插介绍了稷下黄老学派、申不害、韩非、《文子》、《吕氏春秋》、司马谈、刘安等的黄老思想。

第五编道家对文学的影响。著者从"道"的审美意蕴、美的相对性与艺术创造原则角度，介绍道家思想中的美学部分，而后以历史朝代为序，逐一论析了道家思想对老庄文学、屈原与楚辞、汉代文学、魏晋南北朝文学、唐代文学、宋代文学和元明清文学的影响。（郑启林）

道教与神魔小说

《道教与神魔小说》，苟波著。成都：巴蜀书社，1999年9月第1版，32开，210千字，系"儒道释博士论文丛书"之一种。

苟波，1965年生，四川内江人。四川大学道教与宗教文化研究所教授，宗教学、美学专业博士生导师。主要研究方向为道教文学，并致力于道教研究领域的中英文互译工作。主要论著有《仙境仙人仙梦——中国古代小说中的道教理想主义》《道教与明清文学》等，参与写作双语本《道教与中国传统文化》，负责香港"道教文化资料库"的中英文资料翻译。

"神魔小说"之名来自鲁迅先生。随着这一名称被学界认同，研究评论"神魔小说"的批评性文章开始出现。对这一领域，近几十年来有较多研究，但是从道教角度研究"神魔小说"的作品却不多，这部论著是不可多得的成果。

本书于导言后分为四章，系统考察、梳理道教与"神魔小说"关系。

第一章道教与"神魔小说"的"济世"主题。

第二章道教与"神魔小说"的"修道"主题。

第三章道教与"神魔小说"的结构。

第四章道教与"神魔小说"的人物形象。

翔实地讨论了道教与"神魔小说"的主题、结构、人物形象的关联，从道教的社会影响出发，联系当时的社会思想文化背景来研究文学，总结这类文学的规律，寻找道教影响的痕迹，结合道教发展史来研究和考察"神魔小说"的特征及社会地位。

本书从"神魔小说"文学形式研究入手，借用原型批评等现代研究方法，从主题、结构、文学形象等方面进行系统考察。总体上使用"引申法"，即从文学到道教，进行具体章节的分析；也采用"追溯法"，即从道教理论和道教文学中寻找"神魔小说"的原型。基于这样的研究方法，本书说清楚了道教与"神魔小说"的关系，即道教如何影响"神魔小说"，如何与"神魔小说"之特征关联，以及道教的发展形态又是如何与"神魔小说"的形成纠缠到一起的。

著者注意到宋元明清时期，伦理道德在道教修仙中的重大调整，并将他的发现结合于"神魔小说"作品分析中，展示出道教作为传统社会"精神支柱"的重要价值，对于道教的当代意义很有启发。（包力维）

道家思想与汉魏文学

《道家思想与汉魏文学》，尚学锋著。北京：北京师范大学出版社，2000年9月第1版，32开，206千字。

尚学锋，1953年生，北京人。北京师范大学文学院教授，博士生导师。研究专长是先秦两汉魏晋南北朝文学和中国散文史、中国古典文学接受史、研究史。主要著作有：《中国古典文学研究史》《中国散文》《中国历史与文化》等。

本书共分四章。

第一章道家思想与汉魏文人群体，阐述道家思想对汉魏文人的影响，以哲学思潮与文学发展的关系为线索，来观察一个时代文学发展的特点，认为文人群体有什么样的哲学思想，就会形成与之相对应的价值观、思维方式、人生态度以及审美趣向，进而形成具有时代特征的艺术精神。

第二章道家思想与汉魏赋作，论述汉赋、魏赋中的道家文化内涵、道家人文精神，及赋风与庄玄的关系。

第三章道家思想与汉魏诗歌，以汉魏时期的文人五言诗、建安诗、阮籍诗为代表，分析其中道家思想的深刻影响。

第四章道家思想与汉魏散文，以《淮南子》的时代特征、两汉文风演变中的道家之音、道家思想与汉晋之际的文风为中心，对道家思想与汉魏时期散文的关系做了较为深入的研究。

本书从历史发展角度，论述道家思想与文艺思潮变化的关系，指出两汉到魏是文学自觉的极为重要的发展阶段，虽然中国文学的发展始终受到儒道思想影响，但是在汉末到魏晋之际的文学转变过程中，道家思想起到了至关重要的作用。著者把庄子思想的流行提前到了西汉前期黄老之学盛行之时，认为老庄思想的盛行当上溯于两汉之际，在东汉中叶形成强大势头，最终导致了汉末的率情任性、不拘礼法的社会风尚。（范砚秋）

南宋金元道教文学研究

《南宋金元道教文学研究》，詹石窗著。上海：上海文化出版社，2001年1月第1版，32开，247千字，系"道家文化研究丛书"之一种。

詹石窗简介详见总主编简介。

著者对南宋金元时期的道教文学进行了专门探索，形成上下两篇相对完整的结构。上篇侧重从道教组织派别方面进行考察，下篇主要讨论具有一定崇道倾向或谙熟道教事务的著名文人反映道教活动的作品。

上篇：第一章金元全真道之诗词，解析王重阳、北七真及其后学之诗词及其艺术法门；

第二章南宋元代金丹派南宗之诗词，主要讨论白玉蟾诗词的主要类型和内容、思想旨趣及艺术构架，继而对白玉蟾之后金丹派南宗主要传人诗词进行考析；

第三章南宋金元的道教散文，具体考察了以议论、记叙、通达描写抒情为主的道教散文。

下篇：第四章南宋初中叶文人诗词之仙道内涵，以文人寄情玄境、理学家性命之学与仙迹歌为基本对象，探索这一时期文人诗词的仙道内涵；

第五章南宋遗民与金元著名文人的玄门情结，考察南宋烈士、遗民的失国之痛与慕仙情怀，论述金元间著名文人诗词对道教的不同反映，揭示道教仙学对南宋遗民与金元著名文人的精神慰济；

第六章元代神仙道化剧及其艺术特征，就题材内容与艺术审美两个维度诠释该时期具有代表性的道教戏剧作品。

通过对南宋金元道教文学的多著者、多派别、多体裁、多角度的研究，我们不仅可对这一时期的道教文学有了一个比较全面、系统的了解，而且对中国道教后期各派思想也能有更为深入的认识。

本书既是特定时期道教文学的专题研究，也是道教文学史整体发展脉络的一种拓展，将中国的道教文学理论研究水平推上了一个新的高度，为后来者的进一步研究奠定了深厚基础。如果说本书还有一些未尽之处，那便是著者有关诗词介绍的部分还没有完全展开，读来虽是酣畅淋漓，却有些意犹未尽之感。（包力维）

道教与唐代文学

《道教与唐代文学》，孙昌武著。北京：人民文学出版社，2001年3月第1版。32开，450千字，系"中国古典文学研究丛书"之一种。

孙昌武，1937年生，辽宁营口人。曾任南开大学教授，兼任日本神户大学、韩国岭南大学客座教授、日本京都大学人文科学研究所研究员。主攻隋唐五代文学、佛教文学。著有《唐代文学与佛教》《佛教与中国文学》《诗与禅》《中国文学中的维摩与观音》《禅思与诗情》《文坛佛影》《游学集录：孙昌武自选集》《汉译佛典翻译文学选》《祖堂集》《中国佛教文化史》等20余部著作，发表论文数百篇。

本书除总论、后记外，共四个部分，分别是"炼丹术与唐代文学""神仙术与唐代文学""唐代长安道观及其社会文化活动""'三教调和'思潮与唐代文学"，比较全面地展示唐代文学与道教的思想关联、道教对唐代文学的影响。

唐代是道教发展的全盛时期。著者指出，道教在唐代得到朝廷的特别崇重，道教自身也高度发展。金丹道盛兴，外丹术向内丹术转变，道观林立，符箓制度和斋醮科仪更加系统和完善。这时道教更加政治化，甚至是"御用化""学理化"，道教活动的"世俗化"倾向大为发展，道教被当作艺术表现和艺术欣赏对象的成分增加。凡此种种，使道教对唐代文人及其创作产生巨大影响，文人群体更为倾心于道教。于是道教所阐释的人生态度、生活方式、思维形态、表达方式等更深入地表现在文学创作中。在文学作品中，最引人注目、在艺术上最富创造性的内容往往与神仙和神仙幻想相关。

本书从"炼丹术""神仙术""长安道观及其社会文化活动""'三教调和'思潮"这几个议题，分析唐代道教影响文学的大致情况，在理论上涉及宗教心理学、宗教社会学、文化人类学等众多学科。由于常年积累，著者对道教文学问题有自己的独特视野与认知，收集的材料丰富，学术探讨也较为深入。特别是关于"'三教调和'思潮与唐代文学"的专题论述，显示出著者对唐代文学研究的扎实基础。（包力维）

道教文学史论稿

《道教文学史论稿》，杨建波著。武汉：武汉出版社，2001年10月第1版，32开，420千字。

杨建波，时任湖北大学文学院教授、湖北省大学语文研究会会长等职。编纂的论著、教材有《大学语文》《大学语文教学论》《大学语文研究："首届全国大学语文论坛（武汉）"论文集》等。

书前有周积明先生写的序言，介绍20世纪90年代初期以来道教文学研究的现状梗概，阐明了本书写作背景以及学术界在该领域的成果积累。

本书按照时代先后顺序，疏理道教文学由汉朝至明朝的发展历程。全书由导论和五章构成，书末有三个附录。《导论》首先论述道教思想渊源，继而说明道教与文学的密切关系以及本书的研究内容。著者指出：道教文学就是以道教信仰、道教教理、道教人物、道教仙境、道事活动为表现题材的文学。本书研究的内容除了正面宣传道教主题的作品外，还包括那些虽不以神仙道教为主题，但却反映了某些道教思想、道教情感、带有一定道教色彩的作品。对道教文学史的研究既包括道人的作品，也包括文人的作品；既应涉及《正统道藏》《万历续道藏》等道教典籍里的作品，也应涉及道教典籍外道人和文人文集里的作品以及《全唐诗》、《全宋词》、元杂剧等中的有关作品。根据这样的范围限定与思路，著者以历史脉络为纽带，将其所选择的研究对象划入相应的时代框架之内予以考察分析，形成了前后相续的模块：汉魏晋南北朝道教文学、隋唐五代的道教文学、两宋道教文学、金元代道教文学、明代道教文学；其中论及的主要品类有游仙诗、步虚词、神仙传记、宫观名山志书、志怪小说、元明杂剧、章回体小说、游记等，著者注重发掘众多体裁作品蕴含的道教思想内容。

著者在前人著述基础上进一步收集史料、拓展研究领域，以简明扼要的方式阐发道教与文学之间的密切联系，使得这个交叉学科引起了更多的关注。当然，正如著者在《导论》中提到的："清代道教式微，但道教小说仍不少，囿于精力与篇幅的限制，本书未做介绍与论述。"这确实是个遗憾。（陈辞、申喜萍）

曹操与道教及其游仙诗研究

《曹操与道教及其游仙诗研究》，陈华昌著。西安：陕西人民出版社，2002年9月第1版，32开，220千字。

陈华昌，1945生，四川乐山人。历任陕西人民出版社编辑、文艺部副主任、副总编辑，太白文艺出版社社长、总编辑，编审。

本书是著者的博士论文。全书篇章结构为序文一篇、正文七章、附录与后记各一篇。

正文第一章为绪论，主要探讨本书的研究动机与目的，回顾学界对曹操研究的历史与现状，说明其研究方法，指出本书写作的动机与目的是要总结中国大陆20世纪关于曹操与道教及其游仙诗问题研究之得失。

第二章曹操家世与黄老道，考察曹操家世与黄老道的关系，认为"曹操是曹侠之后，其先祖为黄帝"，这一关于曹操家族源流的最早说法是比较可靠的，而流行于学界的"黄老道是曹家渊源"的观点是没有根据的。

第三章曹操与太平道，探讨曹操与太平道黄巾军的关系及其采取的政策，从宗教角度对早期道教经典《太平经》及太平道黄巾军性质提出一些新的看法，从中国历史发展走向的宏观角度对曹操镇压太平道黄巾军的功过是非做出新的评价。

第四章曹操与方术，考察曹操对待方士的政策及学习修炼方术的效果，以及由此而在思想上所受之影响。著者指出曹操早年的迷信思想很少，他招致方士的目的，一方面担心方士们在各地惑众作乱；另一方面则是要向方士学习方术。曹操晚年创作游仙诗，则反映了他希求长生、得道成仙的理想和追求。著者还认为，曹操将各地术士招致邺城，促进了方术文化的发展。

第五章曹操和五斗米道，探讨汉中张鲁五斗米道政权之性质及曹操优待张鲁之原因。著者认为，曹操讨伐张鲁，这与当年打青州黄巾军相比，思想上已经发生了很大变化。曹操由于服食方药、练习方术进而产生了对神仙世界的向往。曹操对张鲁的特殊优待，其原因在于他有了得道成仙的追求。

第六章曹操之游仙诗，对曹操游仙诗的宗旨、思想内容、艺术特色进行阐释。著者指出，曹操的游仙诗，吸收了楚辞和汉乐府游仙诗的营养，开创了文人创作游仙诗的风气。

第七章结论，对全书内容进行总要性概说。

本书除了对曹操及其家世的考究，还涉及当时的政治、科学、文学和宗教活动，力图提出自己的新见解。诚如香港大学赵令杨教授在《序》中所言，本书使读者对曹操在历史上的地位、文学上的成就和宗教上的影响有更进一步的了解，补充了有关魏晋研究这一段的不足。（胡瀚霆）

鹏翔无疆——《庄子》文学研究

《鹏翔无疆——〈庄子〉文学研究》，刘生良著。北京：人民出版社，2004年5月第1版，32开，303千字。

刘生良，1957年生，陕西洛南人。陕西师范大学文学院教授、博士生导师。主要从事中国古代文学的教学和研究工作。主要论著有《楚辞著作提要》等。

本书系在博士论文基础上修订、完善而成，全书由七章26节构成。

第一章《庄子》基本问题考辨。分别对庄子其人其书、籍贯故里、文化背景进行考证，包括辨析庄子的姓名字号、生卒年代、生平事迹、著作真伪等。

第二章论述《庄子》的文学类型。考察《庄子》与浪漫型文学、现实型文学和象征型文学的关系，著者认为《庄子》三者兼有，是以象征文学为主，三类合一的复合型有机统一体。

第三章论述《庄子》的文体形态。从散文、诗、赋和小说这四种体裁来分析《庄子》文学的具体形态，指出《庄子》是以散文为主体和表征，蕴含诗、赋、小说、寓言等多种文体要素的特殊形态。

第四章论述《庄子》的文本结构。指出《庄子》文本的纵向结构是由"言""象""意"三个层面组成的由表及里层层深入的内在审美结构；横向结构则是以"道"为核心的三重回环的圆融结构体系。而其行文铺叙，则可见并列式、连锁式、层进式、承接式和总分式的一般特点，以及多重组合、多种相间的复合样态。

第五章论述《庄子》的辩对艺术。从辩对文体、辩对结构、辩对方式、辩对艺术这几个方面入手，对《庄子》一书中的辩对内容进行了具体分析。将庄子与孟子相比较，进而分析宋玉对《庄子》辩对艺术的借鉴以及《庄子》辩对艺术对汉以及汉以后辩对艺术的影响。

第六章论述《庄子》的话语特色。总结出《庄子》一书的语言艺术及创作风格，提炼出汪洋恣肆、奇诡雄豪、空灵缥缈以及诙谐风趣这四个特色，指出《庄子》语言既富于变化又特色鲜明，对后世文学话语产生了很大影响。

第七章论述《庄子》的美学与文学思想。指出《庄子》在美学上是以道德为美、以大为美，体现了自然之美、生态之美的美学取向，而在文学上则以象征和浪漫主义为主要特色。

本书出版之后，引起学界广泛关注，揭示了《庄子》的文学特色及影响，令人耳目一新。（王丹、申喜萍）

杜光庭道教小说研究

《杜光庭道教小说研究》，罗争鸣著。成都：巴蜀书社，2005年12月第1版，32开，285千字，系"儒道释博士论文丛书"之一种。

罗争鸣，1971年生，河北承德人。本书出版时，著者任华东师范大学古籍研究所副研究员、硕士生导师。主要从事古代文学及古典文献学的教学与科研工作。其论著除了《杜光庭道教小说研究》之外，尚有《杜光庭记传十种辑校》、《顾炎武全集》（合撰）、《全唐五代笔记》（合撰）等。

杜光庭是唐末五代时期著名道士、道教史上承前启后的重要学者，也是具有很高艺文水平的文人。本书是对杜光庭道教小说的整体性研究，于导论之后分为七章，其后有附录。

导论包括道教小说的特征与分类、道教小说研究评述、道教小说研究方法、杜光庭道教小说的研究意义。

第一章杜光庭其人及其道教小说创作，包括杜光庭生平丛考、其法术思想，其对道经纂辑的贡献，以及杜光庭道教小说创作概况；

第二章杜光庭道教小说的创作背景，对唐五代道教与道教小说、唐五代道教小说的兴起和发展的具体情况进行介绍；

第三章《墉城集仙录》研究，包含《云笈七签》本《墉城集仙路》探赜、《道藏》六卷本《墉城集仙录》与《女仙传》之区别、《墉城集仙录》之编集背景与编集目的、《墉城集仙录》与前代仙传、道经的关系、墉城首领"金母元君"的再造、《圣母元君》的纂成及其神谱地位探微、《墉城集仙录》结构及女仙谱系之构成；

第四章《神仙感遇传》研究，分为《云笈七签》卷一一三（上）所收14则仙传归属献疑、《神仙感遇传》的著成、《虬髯客传》著者及其版本流传问题、《神仙感遇传》的叙事模式与主题分析；

第五章《仙传拾遗》研究，包含《仙传拾遗》版本著录及散佚时间小考、其材料来源及编纂目的蠡测、法术世界；

第六章《录异记》研究，探讨《录异记》的文学色彩、结构与内容，阐述本书与前蜀之图谶符命传说之关系；

第七章《道教灵验记》研究，内容包括《道教灵验记》之版本考异及原本蠡测、成书年代、编撰目的、善恶报应说及其护法目的、文学成绩。书末附有杜光庭简谱与杜光庭著述考辨。

本书从庞杂的史书、笔记和杜光庭存留的著述中发掘线索，细致辨析杜光庭生平、主要思想、道教小说研究情况，以"穷尽文献、明了史源"的态度来清理各书的来龙去脉。既指出杜光庭整理重编的文献依凭，又说明加工过程、后来流传散逸中发生的种种变化等，在此基础上分析杜光庭道教小说的文学成就，言之成理，令人信服。本书注意到杜光庭小说作为文学作品同时又作为弘道的宗教宣传品的双重意涵，一方面肯定杜光庭的文学成就，一方面也对其弘道价值进行恰如其分的评析。著者在掌握第一手文献史料基础上，尽可能掌握相关研究成果，尽管本书对于欧美方面的研究成果参考较少，但就总体而论依然是道教小说研究领域值得称道的一部有分量的学术专著。

（包力维）

汉魏六朝道教文学思想研究

《汉魏六朝道教文学思想研究》，蒋振华著。长沙：中南大学出版社，2006年4月第1版，32开，268千字，系"道教文学思想研究丛书"之一种。

蒋振华，1964年生，湖南新邵人。南开大学文学博士。现为湖南师范大学文学院教授、博士生导师。主要从事庄子寓言研究和古代文学思想研究。撰有《〈庄子〉寓言的文化阐释》《唐宋道教文学思想史》等专著、编著多部。

本书是探讨早期道教典籍和代表人物文学思想的学术专著。全书分为四章。

第一章早期道教典籍反映的文学观，分别就《太平经》的文学观、《老子想尔注》《老子河上公章句》的"去浮华"思想、《周易参同契》的隐喻系统进行说明和辨析。

第二章葛洪的神仙道教理论与文学思想，围绕道教义理与文学思想关系问题，考察葛洪的文学本体观及进化论、文学创作和鉴赏思想、养生理论对六朝文学思想的影响。

第三章陆修静与灵宝经系的文学思想，从陆修静道经分类入手，探索其中隐含的文学思想，考察灵宝斋醮仪式的文艺象征与表演、民间百戏的仙道色彩与寇谦之的吟诵理论。

第四章陶弘景与上清经系的文学思想，对陶弘景的道教文学思想、上清经系存神守静的文学观、追求曼妙幻美的上清仙歌、步虚词妙觉神通的艺术特征进行整理、总结。

结语概括和阐述汉魏六朝道教文学思想的总体特征，包括神秘玄奥的天文观、自然求真的思想倾向、质朴简洁的风格论、仙学影响文学思想等。

本书以道教自身的文学思想为论述对象，全面把握道教独特的思维方式和文化特征，不仅是文学思想研究，也是广义的文化研究。著者以研读《道藏》为其工作起点，索引资料翔实可靠，既对道教典籍中蕴含的文学观片言析疑，同时也有新发现。（包力维）

六朝南方神仙道教与文学

《六朝南方神仙道教与文学》，赵益著。上海：上海古籍出版社，2006年4月第1版，32开，345千字，系"中国典籍与文化研究丛书（第二辑）"之一种。

赵益简介详见《丘处机：一个人与一个教派的传奇》提要。

本书经由著者博士论文改编而成，分内、外两篇。

内篇第一章导论，阐述作为认识基础的概念系统，说明本书的研究对象、问题、内涵、六朝道教文献研究概况及本书所遵循的文献原则。

第二章六朝南方神仙道教：来源、整合及发展，由南方神仙道教的由来说起，进而稽考新道教的出现。

第三章南方新神仙道教上清系的若干考察：历史与宗教特色，以历史脉络的追溯为起点，循序渐进地阐发道教上清派系的组织形态、信仰特质。

第四章神仙世界的构造：六朝神仙传记考察，从神话、仙话概念的解析入手，考察神仙传记的缘起与流变、内容与形式，分析其艺术特色。

第五章怪力乱神的回归：神仙道教与小说的兴起，从小说的困境问题切入，引出六朝仙道类小说的议题，发掘该时期小说的神鬼怪内容，指出该类小说具备了世俗信仰与文士情趣相交融的两重性特质。

第六章宗教体验的艺术表达：六朝南方神仙道教与诗歌，以诗歌为主要对象，从道教本身到艺术表征，较为仔细地考察六朝神仙道教与文学的关系。

外篇就前文未尽之相关问题进行考证、梳理、论述，分别为"天师"与"天师道"综考、《真诰》的源流与文本、《抱朴子内篇·遐览篇》所列道经与葛洪的道教观念、《汉武帝内传》与《神仙传》关系略论。

本书以六朝这个特定历史阶段为限，考察文学如何被南方神仙道教所影响，探析其影响的发生原因，通过文化史的思路推进，以呈现道教与文学的具体关系。全书对"六朝""宗教""道教"这些文化史概念进行系统阐释，较为广阔地审视了研究对象，诠释了思想内涵、文艺审美精神，以现代学术方式梳理传统命题。在"史"的层面上，注重从现象中揭示当时社会的某种规律；在"文"的层面上，把主体精神、艺术创造活动与一般规律相印证，力求给出崭新的文化史意义上的阐释，使传统命题研究焕发活力。（包力维）

八仙信仰与文学研究——文化传播的视角

《八仙信仰与文学研究——文化传播的视角》，党芳莉著。哈尔滨：黑龙江人民出版社，2006年6月第1版，32开，325千字。

党芳莉，1972年生，陕西合阳人。复旦大学文学博士，复旦大学新闻传播学专业博士后，英国伦敦布鲁耐儿大学访问学者，上海财经大学人文学院新闻系副教授、硕士生导师。主要从事文化传播、传媒文化与批评研究。著有《百家姓书库·马》等书，参与编校《中华野史》，翻译《八仙考论》与《八仙文化与八仙文学的现代阐释——20世纪国际八仙论丛》。

本书先有陈尚君先生作序以及导言，正文分为四个部分：序编、上编、中编、下编，末有参考文献和后记。

序编探讨八仙信仰的形成及其演变问题，以数字崇拜为切入口，阐述"八"的吉祥象征，通过丰富的举证，论述淮南八仙、酒中八仙、蜀中八仙，考察八仙名目由来、信仰发生的社会心理背景和社会文化条件、八仙信仰的传播、变化。

上编八章，分别考察张果老、韩湘子、蓝采和、钟离权、吕洞宾、何仙姑、铁拐李、曹国舅。

中编为八仙文学研究，分三章论述八仙度脱剧、八仙庆寿剧、八仙小说。

下编为八仙传说专题研究，分四章论述八仙过海传说、吕洞宾黄粱梦觉传说、钟离权十试吕洞宾传说、吕洞宾三戏白牡丹传说。

八仙是中国家喻户晓的神仙群体，宋代以后流传很广，逐渐形成了丰富多彩的文艺作品和民俗传说，明清以后更是渗透于老百姓的日常生活。本书对八仙原型及其演变事迹做了比较详备的考察。既有群像总体概说，也有个体演变审视；既有宗教发展线索梳理，也有文学演变脉络追踪。既考虑历史政治因素，又顾及民俗风情。全书稽考补遗，史料翔实。著者从海洋文化意识角度剖析"八仙过海"艺术形象，颇有创意。总体而言，本书对于前人成果有总结补遗意义，对于后人进一步研究亦有参考价值。（张素、申喜萍）

唐传奇的道教文化观照

《唐传奇的道教文化观照》，曹晋秀著。北京：北京燕山出版社，2006年8月第1版，32开，210千字，系"青年学术方阵系列"之一种。

曹晋秀，1967年生，山西襄汾人。本书出版时，著者任忻州职业技术学院副教授；主要从事文化研究及语文教研工作。

唐传奇是标志着中国古代小说进入成熟阶段的文体，具有思想上和艺术上的突出成就。本书从道教文化角度，观察和研究以神怪题材为主的唐传奇的产生、发展，以至创作繁荣的历史传统和现实土壤。本书共六章，分别是：唐传奇的丰富文学意涵、唐传奇的道教文化基础、唐传奇神显题材与生命主题、唐传奇的人神婚恋与社会价值、唐传奇的神怪奇想与现实批判、唐传奇的浪漫主义与思维特征。著者从作家对待道教文化的态度、作品的宗教题材和美学理想的结合，以及艺术方法等方面探讨唐传奇与道教文化在各个层面上的内在联系，试图揭示传奇作为文言小说的一种新的叙事题材，在唐代出现的文学和文化的必然性，以及其叙事形态的基本特征。

本书将道教与唐传奇都当作文化现象来把握，从宗教文化与文学艺术的相互关系这个视角切入进行研究。著者立足于这一思路，考察道教文化与唐传奇的关系问题，在历史资源和现实感受的交汇点上，探讨唐传奇在道教文化影响下形成的深刻原因和历史形态。这个工作既包括对唐传奇的丰富文学意涵、道教文化基础、发展概况、文体艺术定位等的剖析，也包括唐传奇的神仙题材与生命主题、人神婚恋与社会价值、神怪奇想与现实批判、浪漫主义与思维特征这样一些具体内涵的发掘。

本书是近年来从道教文化视野上看待唐传奇的为数不多之论著，对于人们掌握相关知识，正确理解唐传奇和道教主题、文化相关脉络，具有积极作用。（包力维）

庄子文学研究

《庄子文学研究》，孙克强、耿纪平主编。北京：中国文联出版社，2006年8月第1版，32开。

孙克强，1957年生，河南开封人，复旦大学文学博士。现为南开大学文学院中国语言文学系教授，博士研究生导师，教育部人文社会科学重点研究基地复旦大学中国古代文学研究中心兼职教授。主要研究领域为词学文献的整理与研究、中国文学批评史。主要著作有《雅俗之辩》《词学论考》等10余部，主编著作有《民国词学史著集成》等7部，发表学术论文百余篇。

耿纪平，1970年生，河南信阳人，华东师范大学文学博士。现为河南大学文学院副教授、硕士生导师。主要从事中国古代文化和中国古代学术思想研究，发表学术论文20余篇。

本书主编将不同作者在十几年间各自完成的学术论文，围绕"庄子文学研究"这一中心议题分12章选编成书。在首章对《庄子》的主要思想进行介绍之后，自第二章起即围绕"庄子文学研究"这一中心议题从不同方面、不同层次阐发思想。

本书第二章庄子的母体文化及楚文化的关系指出，庄子身上虽有楚文化色彩，但其文学风格却与屈原不同。楚文化在他身上更多地表现为民族心理的积淀和潜意识的表露，带有更多的原始活力和下意识特点。与之相对的是，第九章庄子与屈原悲剧意识比较论中，作者则将视线聚焦在庄屈共同具有悲剧意识这一点上进行分析，从二人生活时代的文化背景、哲学基础、社会现实基础、心理形态以及解脱方式等方面，论证二者人生历程异同和呈现出来的文化意义。

在第三章《庄子》的寓言世界中，作者将庄子寓言作为一个整体进行了研究，在准确把握庄子生活时代社会特征及其极富主观色彩的生活感受的基础上，具有启发性地从哲学和审美的角度切入，系统揭示了庄子寓言的人生意蕴和美学意蕴。第四章《庄子》寓言叙事模式运用西方叙事理论对庄子寓言进行研究，论述其叙事模式、叙事谋略以及地位。

第五、六章则从文学发生的哲学基础这一更深层面探讨庄子文学，第五章

"三言"与《庄子》思想的表述重点在论述庄子独特的言说方式源于他对言意关系的独到认识；第六章庄子语言哲学论则重在论述隐喻是庄子文学的本质。

第七章庄子之梦：浪漫的梦象艺术，专论《庄子》书中有关梦的描写，指出庄子对梦文化的贡献和在文学史上的地位。此外，第十章庄子哲学与诗学——"从俗脱俗"与"以俗为雅"、第十一章《庄子》与中国艺术精神，也就庄子文学对后世的影响进行了视角新颖的论述。最后一章宋代庄学是一篇学术史方面的专论。作者清晰地展示了宋代以前，尤其是宋代庄学演变的历史面貌及特点。（王波）

文学庄子探微

《文学庄子探微》，孙雪霞著。广州：广东人民出版社，2006年10月第1版，16开，276千字。

孙雪霞，1975年生，广东汕头人，文学博士。本书出版时著者任华南师范大学文学院讲师，主要研究方向为先唐文学。著有《比较视野中的〈庄子〉神话研究》等书，发表论文十多篇。

本书分为上、下两篇，上篇文学庄子寻绎，包括第一章继承、第二章反思、第三章反动；下篇文学庄子观幾，包括第一章自然之情、第二章运思之言、第三章化裁之体。

著者对庄学的不同发展阶段进行了历时性梳理，强调"以庄解庄"，反对将庄子思想黑格尔化、海德格尔化、后现代化，或将庄子压缩为"道"导致的《庄子》思想固化。

在下篇中，著者指出自然界之"自然"、自然而然之"自然"、与自然不然之"自然"构筑起庄子自然的三境界，同时，对《庄子》之"言"和《庄子》的文体进行了探讨，对庄子的"文以载道"给予了极高评价。

关于庄子研究，历来多重视其哲学层面，本书侧重从文学角度展开，力图有所补充与完善。其最大特色在于"以庄解庄"，使"文学"成为走近庄子的路标，进而揭示本真庄子。（胡志祥、申喜萍）

《庄子》寓言的文化阐释

《〈庄子〉寓言的文化阐释》，蒋振华著。长沙：湖南人民出版社，2007年6月第1版，16开，293千字。

蒋振华简介详见《汉魏六朝道教文学思想研究》提要。

本书前有熊宪光先生与陈蒲清先生所作序以及著者引言。其后正文分为七章。末有附录一：著者已发表的"《庄子》寓言研究"的部分成果；附录二：中华人民共和国成立以来学界发表的《庄子》寓言研究成果辑目，最后是主要参考文献和后记。

内容包括：《庄子》寓言概述、《庄子》寓言与思维文化、《庄子》寓言与学术文化、《庄子》寓言与文学艺术、《庄子》寓言与农工商贾文化、《庄子》寓言与科学技术、《庄子》寓言与养生文化。

著者从《庄子》寓言中找到了"道"的三重内涵："道"成气，气成物，"道"为宇宙万物之母；"道"拥有认识、改造、支配世界的内在必然性和逻辑性，论及精神世界于生命活体的意义和作用；"道"是对社会、自然和人类自身的超越，对"等是非""齐生死""心斋坐忘""物我为一"、绝对自由的追求。

本书在彰显《庄子》寓言背后之"道"的基础上，具体考察《庄子》寓言与社会生活、文化科技等多方面的联系。一方面，彰显《庄子》寓言潜藏的社会历史信息；另一方面，通过出土文物对《庄子》寓言的内容进行佐证。

尤其值得注意的是，本书对《庄子》寓言蕴含的科学技术内涵进行深入发掘，指出庄子所讲的"道"体现了事物的内在规律性，其中涉及杠杆原理、音调传递共振等问题。著者认为，从《庄子》寓言中可以看到中国原始科学思想的萌动和发展。这种看法让人耳目一新。较之前人研究《庄子》寓言多侧重于思想内容和文学成就方面，本书则更加着力于《庄子》寓言与战国文化的发展关系，拓展了庄学的研究领域。（张素、申喜萍）

道教笔记小说研究

《道教笔记小说研究》，黄勇著。成都：四川大学出版社，2007年11月第1版，32开，213千字，系"四川大学哲学社会科学学术著作出版基金丛书"之一种。

黄勇，1972年生，河北邯郸人。本书出版时，著者为四川大学文学与新闻学院教师。主要著作除《道教笔记小说研究》外，尚有《历代文学艺术家传记》（合著）、《中外广告简史》等。

本书初衷在于改变以往机械套用传统小说研究范式来研究道教小说的倾向，主张以道教的宗教本位而非文学本位来考察道教笔记小说。按照这种立意，其研究材料主要在传世道教文献中选取，但在体裁上则注重以小说为方向，期盼为道教研究提供一个新的观察视角。著者认为，道教笔记小说这一题材在客观上反映了道教思想观念，在主观上有宣扬仙道思想的自觉，代表了道教小说的根本特质，与受道教影响的其他小说具有根本区别。

本书含导言共七章："道教笔记小说概述""济世体道教笔记小说""修道体道教笔记小说""游仙体道教笔记小说""谪仙体道教笔记小说""辅教体道教笔记小说"。七章的划分主要是以道教笔记小说所体现出的道教思想倾向为原则，每章依照思想原型、主题类别、宗教旨趣、文学价值、审美追求、美学特征等专题进行阐释。通过这种方式，著者力图把道教笔记小说从以往的模糊处理中划分出来，分析其主题、功能、文学价值等，展示道教笔记小说的内涵和外延。

在道教笔记小说这一范畴框架下，本书力主研究原生态的道教思想与信仰，通过文献资料所描绘的道教文化景观考察，领悟无形无相的"道"。实现这一目标虽然显得有些困难，但正如著者在其结论中所言："这种未能'备于天地之美'的'一察'之见，对认识'道'的真意也并非没有意义。"

本书取材比较广泛，不过主要还是集中在宋元以前的道教笔记小说文本，缺少宋元之后的文献整理。（包力维）

唐人的神仙世界
——《太平广记》唐五代神仙小说的文化研究

《唐人的神仙世界——〈太平广记〉唐五代神仙小说的文化研究》，霍明琨著。哈尔滨：黑龙江大学出版社，2007年12月第1版，16开，220千字。

霍明琨，1973年生，黑龙江大学历史学学士、文学硕士、文学博士。现任黑龙江大学历史文化旅游学院教授，兼任中国历史文献研究会理事等。主要论著除了《唐人的神仙世界》之外，尚有《迈向中国最北端：北极村纪行》《吉祥趣谈》等，发表学术论文40多篇。

本书先有序文一篇，次为正文，正文后有后记一篇。正文于绪论后分九章。绪论是对全书论题的总述，指出唐代留下的神仙文化，为后人研究唐代社会生活风貌提供了丰富资料。

正文共九章。

第一章神仙挂念的发展及唐人的向仙风气。该章追溯神仙观念的产生、发展，描述神仙道教对唐代社会生活各层面的影响。

第二章唐代神仙群体。该章从先天神圣、后天仙真、谪世之仙、入世之仙、混世之仙等五个层面介绍唐代神仙群体。

第三章唐代神仙特性。该章指出在《太平广记》的唐五代神仙小说中，仙人特性集中体现了唐人对长生驻颜、富贵多金、美色相伴、好酒相随的渴望。

第四章唐人成仙之路。该章指出唐人的成仙之路在《太平广记》的神仙小说中具体表现为：服丹食药和心性修炼。这集中体现了唐代神仙文化以人为本的特征。

第五章唐代仙乡与俗世。该章指出《太平广记》的唐五代小说中，仙乡与俗世的情节模式已经超越了道教的名山修炼之说，揭示了一定程度的社会文化心理，成为唐代神仙文化中一个甚有特色的部分。

第六章唐代女仙与仙凡之恋。该章认为，在唐五代仙凡之恋小说中，女仙角色的变化显示了男权视角下的女性地位的变化，也折射了社会生活中婚姻与恋爱的观念，同时，不同程度的情色内容则表明了在不同时期对性爱与情爱的不同态度。

第七章唐人神仙世界里的儒释道。该章指出《太平广记》神仙小说虽然主要受道教影响而形成，但唐五代时期是儒释道三教由分立、斗争逐渐走向合流的关键时期，因而儒释道的斗争与相融也成为这一时期神仙文化的一个特色。

第八章唐人神仙世界里的胡风。该章指出在《太平广记》唐五代神仙小说中，有很多对仙界的胡食、胡具、胡神以及胡商形象的描写，其中可见唐代民间对胡人的好奇心态。

第九章唐人神仙世界里的术数。该章指出唐五代处于前术数时期，大量神异诡谲的命数、方术内容因与神仙文化有极其密切的关系而杂糅在神仙小说里。

本书以《太平广记》中收录的大量唐代神仙小说为切入点，将文献学、文学和历史的视角有机地结合起来，互相参证，互为辅助，在分析总结的基础上归纳出类目，在读者面前展现了一幅丰富生动的唐代神仙世界图。另外，书中配有大量图片加强了读者对书本内容的感性认识。（胡瀚霆）

汉晋文学中的《庄子》接受

《汉晋文学中的〈庄子〉接受》，杨柳著。成都：巴蜀书社，2007年第1版，32开，180千字，系"儒道释博士论文丛书"之一种。

杨柳，1977年生，湖南醴陵人。主要从事中国古代文学、文献学、思想史研究。本书出版时，著者任北京联合大学助理研究员。

本书主要论述汉晋时期文学中的《庄子》接受情况。著者以为，汉晋时期是庄学全面复兴的时期，也是文化思想蓬勃的时期，对后世产生了深远影响。文人雅士对《庄子》的喜好直接影响着汉晋文学的特质。本书以此为切入点展开讨论，考察《庄子》与汉晋文学之间的关系，探讨士人选择《庄子》的原因，深入思考士人接受《庄子》的阶段性变化。

全书分为四章。

第一章概要介绍汉晋时期《庄子》的接受概况。

第二章讨论庄子的生命焦虑及庄子的生命意识对汉晋文学的影响。

第三章讨论《逍遥游》的主旨、庄子理想人生境界的三层次及汉晋文学对庄子三重理想人生境界的接受。

第四章对"卮言"进行辨析、分析其本质及特征，并探讨"卮言"与魏晋文学的言说方式的关系。

著者指出，汉晋时代的思想、文化的发展及士人的心理需要和《庄子》高度契合，《庄子》思想在汉晋时代展示了强大的复兴。（韩兵、申喜萍）

仙境仙人仙梦
——中国古代小说中的道教理想主义

《仙境仙人仙梦——中国古代小说中的道教理想主义》，苟波著。成都：巴蜀书社，2008年3月第1版，32开，280千字，系"宗教与社会研究丛书"之一种。

苟波简介详见《道教与神魔小说》提要。

本书是一部研究道教与文学关系的作品，是在著者《道教与神魔小说》写作过程中对故事演化产生兴趣之后，做进一步探究而逐渐完成的。重点研究道教理想主义以及受影响的八种古代小说类型，对应全书八章："中国古代的'原始乐园'神话""中国古代的仙境及访仙故事""道教的'仙境'说及游仙文学""中国古代的'人神恋情'故事""道教与'女仙降临'故事""道教与'凡男遇仙'故事""道教与'梦幻'故事""道教与'尘世考验'故事"，由此具体展开了先民理想生活图景。著者借用N·弗莱的观点，认为"仙境""仙人""仙梦"代表了中国先民"理想生活"的原型。著者也将"原型"批评的一些方法引入研究工作中。

著者注意到中国古代道教仙境、仙人、仙梦这些概念的"原型"的意义，并详细考察这几组概念作为文化系统的内涵，特别注重典型故事的典型情节，如"人神恋情""女仙降临""尘世考验"的叙事。这种研究，既是对古代小说中道教内容的具体梳理，也是对中国古代小说的内在精神的呈现。

正如著者在中国古代小说中所看到的道教内涵，理想主义的传统在小说这种文学形式中留下了深深的印记，而"仙境""仙人""仙梦"正是道教理想主义的内容，所体现的是中华先民对修道成仙高境界的追求和神仙"救世济人"的期盼。基于文学中与"仙"相关的各种要素，著者系统阐释这种理想主义。它有助于厘清文学作品中一直存在但表示得较为模糊的思想内涵，

无论对于古代文学研究还是对于道教思想研究，都具有现实意义。（包力维）

道家思潮与晚周秦汉文学形态

《道家思潮与晚周秦汉文学形态》，徐华著。武汉：华中师范大学出版社，2008 年 4 月第 1 版，32 开，200 千字。系"道家道教文化研究书系"之一种。

徐华，1973 年生，黑龙江鸡西人。本书出版时著者为华侨大学文学院汉语言文学系主任、硕士生导师、副教授。

本书共分七章。第一章概要介绍道家思潮的发生与演变，第二章论述道家学术地位与影响，第三章诠释道家理论核心，第四章讨论晚周秦汉文学创作及接受观念的演进，第五章分析道家思潮与文学本质意义的生成，第六章讨论道家思潮与文学理论的内在建构，第七章阐述道家思潮与文人心灵之关系。

本书将晚周（战国后半期）视为文学嬗变的开端，将秦汉之交视为文学嬗变的重要发生时期，将西汉末至东汉视为文学嬗变的继承和孕育下一次新变的传承期，将东周到秦汉视为文学嬗变的开始，以此为论述主线，回答学界在这方面的许多争论。著者以史学眼光观照临近学科的交错关系，立足古典文献，注重时代价值；着眼于发现、发展、变化，就原有文学史阶段划分、文学理论以及文人心态的转变等提出了新的见解。（吴道帅）

金元时期道教文学研究
——以全真教王重阳和全真七子诗词为中心

《金元时期道教文学研究——以全真教王重阳和全真七子诗词为中心》，左洪涛著。北京：人民出版社，2008 年 12 月第 1 版，16 开，306 千字。

左洪涛，1967 年生，河南信阳人。现为中南民族大学文学与新闻传播学院教授。研究方向为古代文学、古典文献学。参与编著《汉语成语辞海》《〈尔雅诂林〉索引》。出版专著尚有《两宋浙东高氏家族与文学研究》《高似孙〈纬略〉校注》等。

本书主体分为六章。

　　第一章金元时期全真道兴盛及文人弃儒从道的文化考察，从民族矛盾所造成的生存环境巨变、儒家文化的衰落与科举制度实施不利、文人心态发生变化及多元文化的空间出现、文人入道的内外因素兼备四个方面，描述金元时期道教文学的背景。

　　第二章金元时期的全真道，介绍全真道产生之前道教的发展情况、全真道创始人王重阳及其创教经过、金元时期全真道的发展过程以及全真道主要的教义教制。

　　第三章金元时期全真道教词总论，研究金元时期全真道教兴盛的原因、"三教归一"思想的继承和发展、全真道教词人在词曲转变中的贡献、与道教神仙有关的词牌、道教词中最常见的意象。

　　第四章全真教祖王重阳的词做分析，就王重阳的创教动机及重要作品、词作的主要内容、重阳词独特的艺术形式、其最长词调《莺啼序》进行考证、分析。

　　第五章金元全真道六子道教词的特点，对马钰、谭处端、刘处玄、王处一、郝大通、孙不二的生平、宗教活动、词作内容与形式特点等进行介绍。

　　第六章丘处机其人与其词做分析，具体考察丘处机生平及主要宗教活动，论析《磻溪集》及其其他著作，研究其词作的主要内容、形式特点。

　　另外，本书附上了著者有关金庸小说与全真教及主要人物的论文。

　　本书是国内继詹石窗先生的《南宋金元时期道教文学研究》以来，对相关历史时期的道教文学具有建构意义的著作。其主要考察全真教的道教诗词，对于金元道教文学（特别是道教诗词）的研究，完成了一次材料信息的整合，也触及了文学与宗教之间的互动、儒释道三家文化互融等问题，为我们打开了一扇全面了解金元时期道教文学乃至文化的窗户。（包力维）

六朝游仙诗研究

　　《六朝游仙诗研究》，张钧莉著。台北：花木兰文化出版社，2008年第1版，16开。

　　张钧莉，1960年生，湖北黄安人。台湾师范大学国文研究所博士。曾为台湾铭传大学应用中文系助理教授，中原大学应用华语文学系助理教授。研究领域为中国文学与高级华语文教学以及对外华语古典文学教学法。著有《中华文化思想中"天"的混同与"人"的失落——董仲舒天人合一说析评》《个性与风格——曹丕文气说的审美主体与审美对象观》等文，专著有《对酒当歌——六朝文学与曹氏父子》。

本书正文分六章，前有绪论，后有结论，依游仙诗的发展历程作论述，从汉代时的蕴酿、三国时的建立、南北朝时的成熟与拓展到衰落的探讨。

第一章游仙诗的蕴酿与产生——两汉诗歌。游仙诗最早可溯自秦汉的郊庙歌与乐府民歌，著者认为游仙诗的产生从表现功能与仙凡关系做讨论，才能渐从祭祀歌发展成对仙人描绘与长生追求的游仙诗。

第二章游仙诗的建立——曹氏父子。分述曹氏父子三人的游仙作品，从其渊源、特色与价值来说明游仙诗因曹氏父子而建立。此外论述曹氏父子，又分成信仙的曹操与曹植，与不信仙的曹丕，并以此论述三人对游仙诗的影响。

第三章游仙诗的拓展——嵇康、阮籍及西晋。依章名分述三主题，著者认为嵇康在游仙诗上的成就更甚于曹植，使其诗有避患游仙、追求长生、玄言隐逸与修炼思想的游仙特质。阮籍反对游仙，其游仙诗是一种瓦解成片段式的神仙概念。西晋时如张华等人，则将游仙诗中的仙境人间化，并保存"无我之境"的游仙形式，为游仙诗的重要拓展时期。

第四章游仙诗的成熟与转化——郭璞与东晋诗人。西晋的抒志言仙与叙述列仙结合，成为东晋游仙诗的特质，以郭璞十四首《游仙》诗为主要代表。

第五章游仙诗的沿袭与衰落——南北朝时期与隋代。因东晋多为沿袭前代之风，继之的南北朝此风更盛。著者认为这种只有沿袭未有创新的风气，造成只有仙意无仙趣，游仙诗沦为题咏道馆奉和酬答的工具，已失文学美感。

第六章六朝游仙诗的综合讨论。整理游仙诗的特质做总结说明，并论其影响与价值。

本书针对汉末六朝时期异军突起的游仙诗体，采取横向纵向的探讨方式，善用各朝游仙诗引以为证，展示了游仙诗的渊源、建立、成熟、拓展与式微及其时代意义，可为游仙诗研究的重要参考，也是研究六朝不能忽略的著作。

（萧百芳）

道家哲学与古代文学理论

《道家哲学与古代文学理论》，高起学著。北京：中国社会科学出版社，2009年3月第1版，32开，231千字。

高起学，1927年生，山西万荣人。曾任陕西师范大学中文系文艺理论教研室主任，"全国马列文艺论著研究会"理事，也是"全国文艺理论研究会"会员。主要从事文艺理论、古代文论的教学和研究工作。

本书在自序后分为九章。

自序阐述道家主要学派，研究道家哲学对古代文论的影响、学术意义、研究方法及原则。

第一章道家之道。从"道"概念出发，循序渐进地论述道家之"道"、老庄对"道"的认识之异同，概述"道"对中国古文论的影响。

第二章自然论。阐述老庄自然观中"道法自然""天人合一""清静无为""退让不争"等观念，继而论析古文论中"文源于道"、诗文自然美以及"超功利""宿命论"等专题，揭示道家"真""朴"的内涵和反对虚伪的态度。

第三章虚静论。辨析"虚无"与"虚静"两个概念的异同，以《庄子》《文心雕龙》等古籍为例证，阐述古代文论中虚静与文学创作、构思、想象、技巧手法运用等的联系，说明虚静论的性质、特点和意义。

第四章形神论。通过对比，阐释道家和魏晋玄学、佛家的形神观，列举刘勰、顾恺之、杜甫等历代理论家的观点，用以说明在写神和写形问题上"形似说""神似说""形神兼备说"等不同学说间的分歧与争论，重点说明形神论与文气说间的密切联系。

第五章言意论。分别阐释道家及魏晋玄、佛家有关言意之辨所持有的"言不尽意""得意忘言"以及"言尽意""言语道断"等理论主张。在"言不尽意"与古代文论方面，重点论析"意物文"间的关系，分析刘勰的言意观、唐人的"三外"说、宋人的言意观、言意论与"神韵说"等命题。

第六章意象论。从"意象"这一概念入手，以庄子的散文和受其影响小说中的意象为例，分别阐释哲学和古文论中的"意象说"；以后世重直觉、体悟、灵感的审美思想潮流以及在文学创作中对规矩法度、自由创作的评价为论据，阐明道家美学思想对中国文学的深远影响。

第七章方法论。将老庄思想中有关思辨、现实批判、人生理想部分，分别与文学艺术中的艺术辩证法、中国现实主义文学批判性、中国浪漫主义文学相对应，进行分析，阐明道家世界观和方法论对中国传统文学艺术的方法所产生的显著影响。

第八章风格论。从道家哲学对学说与文章风格两方面的影响进行分析。学说方面，主要论述老庄的筋骨学和养生学；文章风格方面，则主要探讨魏晋时期"以风骨品人"和"以风骨论文"两种取向；最后概括风格分类与特点，揭示道与"平淡""古朴"风格间的渊源联系。

第九章意境论。阐释老庄与魏晋玄、佛在意境说方面的理论，继而解读中国诗论、文论在不断发展过程中所产生的相关学说，力图理清意境说在不同历史阶段的发展脉络，揭示意境的民族特色。

本书是著者遗著，以古代文学理论的一系列范畴为框架，旨在探讨古代文学理论与道家哲学的密切关系，寻绎其思想内涵的渊源以及发展、衍变、延伸的过程，揭示其在整个文学活动中的价值取向和实践意义。（郑启林）

敦煌道教文学研究

《敦煌道教文学研究》，李小荣著。成都：巴蜀书社，2009年3月第1版，32开，390千字。

李小荣，1969年生，江西宁都人。福建师范大学文学院教授。主要学术研究领域为古典文献学、敦煌学、古代文学和宗教文学、敦煌佛教文献与佛教文学。

本书按照道教文体类别建构七章。

第一章从敦煌本宋文明《通门论》论道经文体。以宋文明的《通门论》等敦煌文献为中心，对道教经典的文体分类、来源、作用及其特色进行梳理。

第二章敦煌道教讲经仪式考论。著者对道教讲经的渊源流变、仪式的具体表现及其和儒、释两家讲经的异同进行比较和梳理。

第三章敦煌道教"唱道"考。考析了道教唱道的起源、含义、作用、效果，并进一步论述道教唱道的程序，比较佛、道唱道之异同。

第四章敦煌道教斋文愿文考。从道教斋文、愿文之"斋""愿"的含义，斋文、愿文的组织结构、类别、撰文方式及在法事活动中的作用进行考析，阐述二者的关系。

第五章敦煌道教之音乐文学。结合国内道教音乐文学研究领域对道教音乐文学的界定、分类，以及道教经典中对音乐文学的表述，对道教音乐文学及其概念的来源进行考证、分析，对道教音乐文学的类型、思想、功能及审美原则等进行论述。归纳敦煌道教音乐文学的类型，论述敦煌道教文学的音乐表现。

第六章敦煌道教之譬喻文学。总结道教譬喻文学的定义，对敦煌道教譬喻文学的来源、思想表现、影响等进行讨论。

第七章敦煌道教小说举隅。著者转换了以往学者关注敦煌道教小说中话本的视角，而将研究重点放在了对道教小说母题渊源流变的考析上，并注意将其与佛经故事进行比较，总结敦煌道教小说的特点以及它在道教文学之同型故事发展史上的地位。

本书以道教文体的分类进行谋篇布局，特别注意从历史的角度对敦煌道教文学进行考察，尤其注重佛、道方面的比较及三教相互关系和影响。从内容上看，基本上包含了道教所有文学形式。表述简练而不失丰富，观点简明而不失深刻，以科学、严谨的态度对敦煌道教文学进行了全面的梳理。（汪玉兰、申喜萍）

秦汉魏晋游仙诗的渊源流变论略

《秦汉魏晋游仙诗的渊源流变论略》，张宏著。北京：宗教文化出版社，2009年3月第1版，32开，330千字，系"蓬瀛仙馆道教文化丛书"之一种。

张宏，1967年生，湖北公安人。北京大学古代文学专业博士研究生毕业。分配到全国人大常委会办公厅工作，研究领域主要转向人民代表大会制度、立法、政治等方面。现为中国驻欧盟大使馆商务参赞。

本书由著者博士论文改编而成。全书分上、下两篇："渊源篇"和"流变篇"。

"渊源篇"含六章，分别是"导论""神仙思想的产生和昆仑蓬莱仙境神话的流传""老子的长生久视之道与乱世生命哲学""庄子的方外之游与真人境界""初次的神游幻境和浪漫精神""后世游仙之祖"。主要探讨神仙思想和游仙精神的产生及其对文学创作的影响，分析形成游仙诗三条发展脉络的源泉所在。

"流变篇"含十章，主要讲解"秦皇汉武时期的神仙方士文化和乐府游仙诗""汉魏晋郊庙歌辞中的神仙思想和游仙歌舞""汉赋中的神仙思想和游仙描写""楚辞借游仙以表象征寄托的浪漫主义艺术手法的流变"，分章论述曹操、曹植、阮籍、嵇康、郭璞、庾阐的游仙诗，重点论述魏晋时期游仙诗的思想内容和艺术风貌。

作为一部专门研究秦汉魏晋时期游仙诗的著作，本书从复杂的创作现象中勾勒出了游仙诗的历史发展脉络，从求仙思想的缘起、游仙与老庄哲学的关系、游仙与楚辞的浪漫精神三方面，对形成的渊源作了探讨和分析。在此基础上，宏观归纳出游仙诗的三个主要创作旨趣及其渊源流变，使全书研究具有系统性、宏观性和历史性。在论述中，著者屡有对前人研究的突破。如关于《楚辞·远游》研究，著者指出前人没有认识到的宗教性质的艺术境界；再如第八章所分析的《郊祀歌》，也大胆深入地挖掘"祀神迎仙""天人感性"的神秘境界。这些问题前人很少涉及或语焉不详。

著者抓住贯穿于游仙诗主题思想和表现方式发展过程中的一些基本问题展开论析，虽未在运思上面面俱到，却在具体解读中尽可能细致而中肯。本书资料发掘较为充分，为我们进一步认识游仙诗拓展了空间。（包力维）

陶渊明与道家文化

《陶渊明与道家文化》，吴国富著。南昌：江西人民出版社，2009年8月第1版，32开，370千字。系"庐山文化研究丛书"之一种。

吴国富，1966年生，江西武宁人。九江学院庐山文化研究中心副主任、学术委员会副主任、教授。已出版专著《全真教与元曲》《论陶渊明的中和》《陶渊明寻阳觅踪》等，发表学术论文40余篇。

本书主体由五章构成。

第一章结合陶渊明所处时代环境、人生经历及其作品来分析《易经》卜筮文化对陶渊明的影响。

第二章分析陶渊明回归人性的至善，主要论述陶渊明不羁功名的真孝有异于仁义的真善，指出陶渊明身上所体现的朴素人性美乃与道家提倡的至真至善思想相一致。

第三章论述陶渊明好饮酒以及道教服食养生思想对陶渊明的影响。通览陶渊明作品，著者发现其中有辟谷、存思、服食等道教修炼内容，进而考证陶渊明曾服用寒食散，分析陶渊明饮酒所包含的丰富思想内涵。

第四章论述陶渊明游仙忘我归本心。将魏晋士人的放纵与德国尼采的酒神精神进行比较，著者指出"婴儿之心"与尼采的肉体欲望的不同，陶渊明的诗歌与游仙诗也并无多少类同之处。陶诗体现了与道家一样的返璞归真思想旨趣。

第五章叙述陶渊明对道教的影响。著者指出，从唐代开始，陶渊明的形象逐渐由隐士演变为神仙。陶渊明笔下的桃花源也受到了历代道教人物的赞美和追寻。

本书从道家角度审视陶渊明，为读者了解陶渊明提供了一个新的思路。（贺云、申喜萍）

唐宋道教文学思想史

《唐宋道教文学思想史》，蒋振华著。长沙：岳麓书社，2009年10月版，32开，320千字。

蒋振华简介详见《汉魏六朝道教文学思想研究》提要。

汉魏六朝是道教自身发展的形成期，而唐宋是其繁荣期。本书正是著者在其2006年出版的《汉魏六朝文学思想研究》所构建的中国道教文学思想史研究基础上对唐宋时期思想史状况的进一步研究，全书结构清晰，逻辑严密，具有开拓性价值。

按照历史顺序，本书建构六章。第一章初盛唐时期的道教文学思想、第二章中晚唐五代的道教文学思想、第三章北宋时期的道教文学思想、第四章南宋时期的道教文学思想。第五章独树一帜女冠创作倾向，专列女性的道教文学创作，分别就李冶、鱼玄机、薛涛的创作进行解读，突出唐代女性崇道的"大气候"，第六章唐宋道教仙类文学的艺术特征，将道教仙类文学作为代表，解读唐宋神仙传记的真与幻、唐宋仙歌道曲的艺术旨趣。在结语中，总结了唐宋道教文学思想与传统文学思想，以及这两者之关系，认为它们是并行不悖的重要思想体系。

唐宋道教思想既受传统文学思想的影响，又表现出道教信仰的思想内涵，是一个融合了文学艺术和宗教艺术的跨学科成分的思想架构，体现了儒、道、释三教调和的发展趋势。著者审视了传统文学思想的理路，又富有开创性地构建出道教文学思想的范式，为之后的元明清道教文学思想研究勾勒出一个基本轮廓，对后学具有启发意义。（包力维）

道家、道教与中国文学

《道家、道教与中国文学》，张成权著。合肥：安徽大学出版社，2010年4月第1版，16开，460千字。

张成权，1964年安徽大学中文系毕业。合肥学院副研究员，安徽朱子研究会副会长。代表作有《道家与中国哲学（隋唐五代卷）》《王茂荫与咸丰币制改革》《中国文化：起源、形成与演进》。

本书在绪论之后建构六章，按照中国文学体裁的分类，分别探讨道家、道教与中国散文、诗歌、小说、戏剧及古代文论的关系。

第一章论析道家、道教与中国散文。界定"中国散文"，分析先秦时期道家散文的发端、秦汉时期道家散文文体的多样化、魏晋时期玄学影响下的散文、南北朝时期道家思想与骈文的关系、道教散文的发展、隋唐以后散文与道家关系等。

第二章论析道家、道教与辞赋。分析了从楚辞到汉赋的发展演变、楚辞与道家思想的关系、汉赋与道家思想、唐代以后的辞赋与道家思想，并简述道教辞赋的题材、语言等。

第三章论析道家、道教与诗歌。从上古歌谣中探讨道家思想的来源；考察道家、道教著作中的诗歌成分以及乐府民歌中的道家思想；分析盛行于魏晋南北朝的三种诗体，即游仙诗、玄言诗、步虚词，探讨其题材、内容、艺术风格和特色等多方面的文学性及其中所反映的与道家、道教的关系；论述魏晋时期田园诗、山水诗中的审美观念、审美意象、审美格调及其中渗透出的道家道教思想。

第四章论析道家、道教与中国小说。考察道家与中国小说的起源之间的关系；分析魏晋南北朝的笔记小说中的道家、道教思想；分析道家、道教与唐代传奇之间的关系；分析明清章回小说中所体现的道家、道教思想。

第五章论析道家、道教与中国戏剧。分析了包括巫觋、俳优等"前戏剧"、元明杂剧、明清传奇与道家、道教思想的关系，就题材内容、主题思想及艺术特点进行了讨论。

第六章论析道家与中国古代文论。考析中国古代文论形态的演进过程、先秦两汉道家与文论的萌芽、魏晋南北朝时期道家思想与文论、唐以后道家思想与诗文理论的关系等，对道家思想与明清戏剧理论进行了梳理。

本书内容丰富，著者选取道家、道教与中国文学的关系进行研究，遵循历史轨迹，按文学体裁的分类，抓住典型作品中所体现的道家、道教思想进行探讨和分析，较完整地梳理了道家、道教思想与中国文学的关系。（汪玉兰、申喜萍）

《老子》与中国诗学话语

《〈老子〉与中国诗学话语》，刘占祥著。成都：巴蜀书社，2010年8月第1版，32开，250千字。此书是著者在其博士论文基础上修改加工而成。

刘占祥，1968年生，山东烟台人。西南交通大学法学硕士、四川大学文学博士。现为西南交通大学政治学院教授、党委书记，马克思主义理论、中国哲学专业研究生导师。出版专著一部，发表学术论文多篇。

本书由导论与六章构成，从意义生成和言说方式两个方面，探讨老子与中国诗学话语之间的关系，通过中西方文明话语比较，突出老子话语的独特性，对于构建中国特色民族话语具有独到的意义。

第一章探讨《老子》的"无—道—有"思想体系，研究《老子》最高范畴——"道"的由来和演变，比较孔子之道和老子之道的不同，将孔子"仁学"体系与《老子》思想体系进行了比较。

第二章探讨由《老子》思想体系产生的《老子》的消解性解读模式——"无中生有"的意义生成方式，将孔子"依经立义"的生成方式与《老子》的意义生成方式进行比较，从而使《老子》的意义生成方式的独特性显现出来。

第三章探讨《老子》的意义生成方式与中国诗学话语之间的关系。认为《老子》的意义生成方式对中国诗学话语的影响主要体现在对语言和意义关系的阐述，以及"大音希声、大象无形、虚实相生"等命题中。

第四章探讨《老子》的意义生成方式和西方意义生成方式的不同，认为《老子》的"道"和赫拉克利特的"逻各斯"，分别是中国诗学和西方诗学的原点，各自生成着不同的意义，也导致中国诗学话语与西方诗学话语的巨大差异。

第五章探讨《老子》的诗性言说方式与中国诗学话语之间的关系。分析诗性的内涵、特征以及早期诗性表现，探讨《老子》诗性言说对中国诗学话语的影响。

第六章对《老子》的言说方式和西方的言说方式进行比较，指出与"道"的不可言说和不可把握相比，"逻各斯"是可以进行言说和把握的。中国诗学走向了诗性学说，而西方诗学走向了理性学说，二者根本上是两套话语体系，有着各自鲜明的话语特征。

本书立足于经济全球化的大时代背景，将《老子》进行多维研究。弥补了《老子》元典与中国诗学话语关系研究领域的空白，对于重建中国诗学话语系统具有重要价值。（郝春雨）

道教文献中孝道文学研究

《道教文献中孝道文学研究》，周西波著。台北：花木兰文化出版社，2010年9月初版，16开。本书初印于1995年，为硕士论文精装，由中国文化大学中国文学研究所出版，其后经花木兰出版社编为古典文学研究辑刊初编第二十八册，即目前所见之版本。

周西波简介详见《道教灵验记考探：经法验证与宣扬》提要。

本书为著者之硕士论文整理出版，共分五章。

第一章绪论，说明研究动机、范围、方法及目的。

第二章道教对孝道之提倡，透过历史的观点，由政治、社会、法律各方面的背景以及道教本身发展脉络等，探讨道教提倡孝道的原因，其中检讨了儒、释二教在此一过程中的影响力，对孝道在道教教义中所扮演的角色及其仪式之本质有所厘清。并对历代道教孝道文学主要经典加以介绍分析。

第三章道教孝道文学分析，按体裁形式，对道教孝道文学加以整理分类，并分析其特点。就不同形式之作品，归纳其内容之相似处、语言文辞之共通性及表现手法之变化。

第四章道教孝道文学之特质及与其他文学之关系，道教孝道文学在发展过程中，与儒、释作品有着吸收融合的密切关系，故亦取儒、释相关作品与其比较，以明其渊源或影响，并借以突显道教孝道文学之特色。

第五章结论，从表现形式而言，道教孝道文学在唐宋金元时期是以青词及仙传为主，间有全真道士劝孝诗词之作；明清时期则出现了针对报父母恩之报恩斋科仪的编纂，其中宣扬父母恩德的韵文深受佛教作品的影响，而因扶乩所产生的仙人诗文集，更形成集体创作形态的宗教文学。从内涵而言，则分为宣扬父母恩德、孝子故事传说及行孝方法之论述等三部分，深具淑世教化之功，其内容与思想影响深远。

本书以道教孝道文学的探讨为核心，是道教研究领域较少涉及的范围，因此在选题、文学形式及内容的分析上，均显出开创的眼光。（陈昭吟）

道教与明清文学

《道教与明清文学》，苟波著。成都：巴蜀书社，2010年10月第1版，32开，430千字，系"国家'985工程'四川大学宗教与社会研究创新基地丛书"之一种。

苟波简介详见《道教与神魔小说》提要。

明清是中国社会迈向近代化转型的最后一个时期，而这个时期的道教在中国的地位也发生了深刻的变化，其更加世俗化，与文学的联系更加紧密。著者以道教文化研究为基本内容，以道教的世俗化为基本线索，从道教与明清文学的相互影响的层面来考察道教在明清时期的特征，辨析道教与当时社会的关系，探索道教对社会心理及普通民众宗教意识的影响。其研究的重点置于"宗教—文学—社会"的互动层面，分"道教的神仙境界与明清文学""道教神仙境界学说的演变与明清文学""道教神仙体系与明清文学""神仙人物形象与明清文学""神仙群体的新特征和明清文学""道教法术体系与明清文学""道教伦理与明清文学""道教伦理的新特征与明清文学"八章，阐释了道教宗教观念在明清时期的变化，展示这一变化背后的社会意义、宗教意义，系统呈现道教宗教观念在明清的变化及其对这一时期文学的影响。

从研究的两方面内容看，在道教方面，著者详细解读发展到明清时期的道教神仙境界、神仙形象、神仙群体和法术体系、道教伦理，并联系到儒释二教与道教的融合、道教的世俗化进程：由上层至下层、由官方至民间、由重修炼到重伦理的转化，尽可能全方位考察作为中国封建精神支柱的道教文化。在文学方面，涉及了明清时期的文学理论、戏曲、诗歌、文言及白话小说、民间传说等文学形式与道教等相互作用等内容，展现明清文学的通俗性，人们对于道教文化观念的接受等。同时，本书致力于阐明明清道教与文学这两个部分之间的互动，与特定历史时期的社会环境之关系，从而形成"宗教—文学—社会"之互动的研究方向。

作为全面研究道教与明清文学关系的作品，本书对于我国道教文学领域的研究具有积极作用，有助于我们明晰道教、文学的时代性，把握道教所涉及问题的多元性，以及宗教、文学、社会之关系的动态平衡。（包力维）

忧与游：六朝隋唐仙道文学

《忧与游：六朝隋唐仙道文学》，李丰楙著。北京：中华书局，2010年10月第1版，16开，340千字。本书此前另有一种版本，即《忧与游：六朝隋唐游仙诗论集》，台北：台湾学生书局，1996年3月第1版。中华书局版较前书增加《严肃与游戏：六朝诗人的两种精神面向》一篇。

李丰楙简介详见《仙境与游历：神仙世界的想象》提要。

本书是著者针对游仙诗、涉道诗为主题的论文集，是著者关于这一主题研究内容的总回顾。全书先有导论，其次是12篇论文，最后为后记。

导论先稽考道教文学的流变，再说明游仙文学的主题为"忧"与"游"，进而分析唐代游仙文学世俗化的现象，对本书的主旨与框架进行了阐述。

在本书所选取的12篇论文中，《六朝道教与游仙诗的发展》《唐人游仙诗的传承与创新》《六朝乐府与仙道传说》三篇是著者较早的作品。其中，《六朝道教与游仙诗的发展》从道教史的角度考察游仙诗的发展与演变，肯定其为仙道文学的重要成就。《唐人游仙诗的传承与创新》将游仙诗置于唐代社会文化的历史脉络中，解读道教文学所透露的丰富讯息，借以肯定游仙文学的传承与创新。《六朝乐府与仙道传说》以《神弦歌》《上云乐》《步虚辞》等三种六朝乐府诗为分析文本，讨论其环绕的道教传说与斋醮仪制。

《唐代公主入道与〈送宫人入道〉诗》《唐人葵花诗与道教女冠》及《仙、妓与洞窟》三篇，将论述的焦点集中在道教与唐代社会、文学之间所发生的关联上，其中涉及女冠制的道僧格问题。

《仙诗、仙歌与颂赞灵章》是从六朝各派道经中整理出的歌、赞、咒等的全面性总论。

《孟郊〈列仙文〉与道教降真诗》则是从科仪实践及仙歌出世的角度对道教降真诗的论证，认为孟郊《列仙文》实非戏文，而是有如表演般的一种仙歌酬唱中的唱词。

《郭璞〈游仙诗〉变创说之提出及其意义》《曹唐〈大游仙诗〉与道教传说》《曹唐〈小游仙诗〉的神仙世界初探》三篇，以游仙诗人郭璞、曹唐及其作品为考察对象，探讨其在文学史上的意义。

最后一篇《严肃与游戏：六朝诗人的两种精神面向》考察六朝这一汉赋与唐诗之间的过渡期在诗史中的文学成就，肯定了六朝诗人在诗体运用、类型开拓乃至诗学建立上的整体表现。

本书是著者多年研究成果的汇集，所收论文中，除最后一篇是从文人的文学活动角度展开的论述外，其他各篇都是针对与道教相关的诗、歌、赞、颂等不同的韵文体，将它们放在道教的历史文化脉络中的论述与考证。著者力图以此为中国诗史增加新的篇章，丰富与拓展道教文学史。（胡瀚霆、李建德）

道家与汉代士人思想、心态及文学

《道家与汉代士人思想、心态及文学》，陈斯怀著。济南：齐鲁书社，2010年12月第1版，32开，321千字。

陈斯怀，1978年生，广东汕头人。现为河北师范大学文学院副教授，硕士生导师。主要研究方向为先秦两汉文化与文学。撰有《道家与汉代文学的游心之境》《先秦隐逸思想与士人心态》《陆贾：雅正与通达》等论文。

本书于前言之后分为七章。选取了无为、自然、自由、隐处、戒慎、"游"之精神、奇谲宏肆之风等具有代表性和涵盖力的几个论题，进行纵贯式的专题讨论，既追溯相关的思想文化渊源，又着重梳理、辨析各论题在两汉的演变，希望由此为理解道家与汉代士人的政治思想、生命意识、人生态度、文学创作等关系提供一些有意义的看法。

第一章，著者从"无为"展开，阐述道家与汉代士人的政治思想源头。

第二章，著者从"自然"着手，探讨道家与汉代士人的生命观。

第三章，著者从"自由"入手，探讨庄子与汉代士人的思想及心态，指出庄子的自然天放、齐物逍遥等思想情致给汉代士人带来别样的精神资源，拓展了士人的自由精神空间。

第四章，著者从"隐处"入手，描述汉代士人的自我安顿。指出儒家的隐处更具权宜性和暂时性，而道家的隐处则更具道德持守的意味。

第五章，著者从"戒慎"着手，探讨汉代士人的一种处世态度。儒道两家都秉承了戒慎谦恭的处世态度，只是儒家的戒慎更为谦恭温和，道家的戒慎态度则更为激烈、深透。

第六章，著者简要探讨道家与汉代士人文学中的"游"之精神。著者比较了儒道两家的"游"，指出道家的"游"之精神最具本色，展现了对自由无碍的高度追求，更具超越品质。"游"之精神对汉代士人的文学创作产生深刻影响，成为他们文学创作的重要内容。

第七章，著者简要探讨道家与汉代士人文学的奇谲宏肆之风。汉代士人的文学创作受到道家的深刻影响，形成汉代士人文学或关注人物世相、或善于渲染恢宏气象、或追求超越常轨的审美品质。

著者在每个论题上，力求以道家为线索，但又不是孤立片面地只关乎道家，而是充分考虑到当时的社会环境及其他思想文化渊源，采用全面发展的眼光看待问题。（徐敏）

庄子的奔腾

《庄子的奔腾》，王蒙著。长沙：湖南文艺出版社，2011年7月第1版。另有贵阳：贵州人民出版社，2013年3月版，16开。北京：人民文学出版社，2014年4月版，32开。北京：北京联合出版公司，2017年9月版，32开，233千字。

王蒙简介详见《老子的帮助》提要。

本书是著者译《庄》解《庄》中具有代表性的一部。著者一方面借助庄子言说人生哲学与处世之道，另一方面则用自己的人生历练、体悟感受、政治经历、社会经历、人生经历、文学经历，与庄生对话，携庄生共舞，对《庄子》进行富有独立见解的阐释，故能交映生辉。

以往学界研究庄子，对《杂篇》重视不够，许多人认为《杂篇》的意义远小于《内篇》与《外篇》，著者却将《杂篇》作为重要资料看待，将古今贯通，进行深入浅出的解读。

本书以接地气的形式解读《庄子》，见解颇有独到之处。本书每小节，著者都自拟一个特别有趣的小标题，其字眼不仅别有情趣，而且启迪人思考。

本书的延伸价值在于不知不觉状态中引导读者与庄子精神靠近、共鸣，让人意识到读《庄》需要有点灵气，而不是机械地死抠字眼；也让人明白，如果不能进入《庄子》的精神世界，就只能隔靴搔痒、得不到真谛。无论是研究《庄子》本身抑或是整个道家哲学，本书无疑能给人们带来意外的启发和美的享受。（胡志祥、申喜萍）

詹石窗正说西游——《西游记》解密

《詹石窗正说西游——〈西游记〉解密》，詹石窗著。成都：巴蜀书社，2012年5月第1版，32开，380千字。

詹石窗简介详见总主编简介。

《西游记》是中国四大名著之一，是古代小说经典中的经典。20世纪以来，更被改编为电影、电视剧，在海内外产生巨大影响。本书正是对于《西游记》的趣味横生的解读。娓娓道来之际，引领我们从全新的视野来理解这部古典名著。

本书分为32集，从《西游记》著者的争论、主题思想、情节脉络出发，探讨《西游记》的真意，从字里行间的深思和解析中，把握作品中包含着的道学内涵。其中第1、2集是对《西游记》著者和主题思想的探讨，从第3集"仙石化猴"到第32集"九九归真"，细致地讲解《西游记》故事情节的含义、重要关节、用词的隐意。著者的讲解既有趣，又通透，使人耳目一新的同时又引人入胜。著者这种多方位解读，既讲清楚了《西游记》著者言而未尽的意涵，又以故事的形式展开，给人以想象空间，还照顾到了日常生活中人们对一些词汇的理解，厘清它们的真实内涵，引领读者一步步进入道学精神的内在。

这种精神内在可以概括为"养性修真为特色的人格教化"，这是著者的独到见解，也是深植于《西游记》内在机理中的主题思想。其中既有道学文化的生命理论，也有完善人格的乙术塑造的方向，在本书的每一集中均可看出著者对这一精神内在的具体呈现。

本书本是基于兴趣的写作，却点透《西游记》的要旨，不仅充满信手拈来的知识和典故，更将道学义理贯通始终，激起人们进一步研究的兴趣。（包力维）

玄风道韵——道教与文学

《玄风道韵——道教与文学》，申喜萍、王涛编著。成都：四川人民出版社，2012年9月第1版，32开，150千字，系"中华道文化丛书"之一种。

申喜萍简介详见《南宋金元时期的道教文艺美学思想》提要。

本书根据道教与文学的历史发展时期，按照文学体裁分类对道教文学进行了全面梳理，主要对道教诗歌、道教戏剧、道教小说、道教散文进行了介绍，同时对作品的思想内容、题材、艺术特色及相关人物等进行了简要的评价和分析。

全书分为四章。第一章道教诗歌。该部分共三节，分别介绍了汉魏两晋南北朝时期、隋唐五代时期、宋元时期的道教诗歌，主要涉及道教徒和文人墨客创作的道教诗歌，著者选取较有代表性的作品，结合诗歌创作者的创作意图对诗歌的内涵、风格等进行了分析和评价。

第二章道教戏剧。本部分结合当时的社会状况及环境对道教戏剧的产生与发展进行了介绍和分析，进而对道教戏剧的分类、重要剧作家、道教戏剧的艺术手法以及道教戏剧与文化等进行了介绍、分析和评价。

第三章道教小说。本部分主要介绍魏晋南北朝道教小说、唐代道教小说、宋金元道教小说、明清道教小说。

第四章道教散文。分别对魏晋南北朝、唐宋时期、元明清时期的道教散文进行了介绍和分析，一方面列举道教典籍、道门中人的散文作品进行介绍，另一方面分析了文人散文中的道教意蕴，元明清时期的道教散文主要体现为游记散文和传记散文，著者分析了这些道教作品的内容、艺术特征及社会价值。

本书对汉魏道教建立以来的文学作品进行了详细的梳理，同时又结合道教特点以及时代背景等对这些道教文学作品进行了简明扼要的分析，对作品的题材、内容、艺术特色等进行了简要的评价，让读者能够清晰地把握道教文学发展的整个脉络，同时又能在著者的评价和分析中对这些作品进行品味和欣赏。（汪玉兰、申喜萍）

清代《庄子》散文评点研究

《清代〈庄子〉散文评点研究》，李波著。北京：学苑出版社，2013年1月第1版，32开，400千字，系"诸子研究丛书"之一种。

李波，1971年生，山东潍坊人。毕业于华东师范大学中文系，博士师从方勇，浙江大学博士后，《子藏》工程编委会委员。

本书系著者在博士论文基础上修订而成。全书正文共分11章，章下分节，数目不等，另有引言、结语、附录、后记各一。正文11章中大致分为两类，第一至六章为综论，第七至十一章为个案研究。综论部分依次为散文评点简论、清代以前《庄子》散文评点概述、清代《庄子》散文评点的政治文化背景与演变、方法论、清代《庄子》散文评点的艺术价值与思想价值。个案研究依次讨论了林云铭、宣颖、胡文英、孙嘉淦与刘凤苞的相关著述。附录部分为刘凤苞生平略考与年谱简编。

著者围绕最有代表性的清代《庄子》散文评点文献，梳理其发展脉络、学术价值及其关键性人物著述，认为清代是《庄子》散文评点的成熟期，与宋明时期的传统不同，清代《庄子》散文评点摆脱了侧重经义阐释的束缚，更注重文学意识，在总结《庄子》散文创作经验中，形成了一种新的文体批评范式，构建了较为成熟的《庄子》文章学理论，是一条纯文学研究的道路。

对于清代《庄子》散文评点的发展过程，著者先从子学复兴、制度影响、小说戏曲评点影响、文学批评理论与文章学发展等角度铺叙其政治文化背景；然后将其发展历史归纳为康乾之全盛期、嘉庆至同治之衰落期、光绪至民国之复兴期三个阶段。著者认为这三个阶段虽各有特色，但在以文解庄的实践中，清代的评点家已经具备相当程度的文体学自觉，对文道论、结构论以及文体论都有阐述。同时，著者将清代《庄子》散文评点的方法论归纳为以法解庄、文理并重、以诗解庄、因声求气四大类。对于研究个案的选择，著者认为林云铭为清代《庄子》散文研究之先锋；宣颖为《庄子》散文评点史上空前的丰碑；胡文英作品文学性强，美学意味浓厚；刘凤苞则可谓《庄子》散文研究之集大成者。（亓尹）

（三）道家道教与神话、传说、戏曲

道教与龙虎山传说

《道教与龙虎山传说》，周沐照、倪少才等搜集整理。南昌：江西人民出版社，1986年3月第1版，32开，122千字。

周沐照，鹰潭市贵溪文化馆工作人员，历史学研究者。

本书共有48篇文章，前47篇是采风搜集到的民间传说，有宣扬天师、神仙道法和无量功德的传说故事，如：《印剑石》《龙化池》《斩龙坑》《翻眼天师》《神仙担奇景》《铁柱锁金猴》《授法救白蛇》等；有以山岩比喻神灵精怪，旨在反抗神仙、天师的传说故事，如：《琵琶峰》《十不得》《莲花石》《仙桃石》等；还有直接讽刺嘲笑佛、道二教的故事，如：《王和尚谋宝》《米仓仓和盐仓仓》《九节狐狸戏皇帝》等，最后一篇是周沐照先生的研究论文，文章介绍了天师传说的分布、传说内容的分类及含义、传说反映的问题、少数民族民间流传的天师传说及其与道教的渊源关系。

本书虽然不是研究性的学术专著，但是这些民间传说对于道教研究乃至中国文学研究都有着重要的作用。首先，这些产生于民间、流传于民间的传说故事语言朴素简练，活泼生动，毫不矫揉造作，情节妙趣横生。有些民间传说虽有与道教神话相似之处，但又带有劳动人民的情感色彩。比如，《龙虎山》一文中，龙虎相斗的故事原本是道教宣扬张天师的神通和道教炼丹的玄妙，但在民间传说中，青龙则以不伏道教法旨的面目出现，而且在与张天师斗法时，竟然吐龙珠火烧张天师。其次，对于民间传说的研究，有助于了解和研究道教的传播和历史。流传于全国各地的天师传说，结合当地的艺术形式，形成了不同的故事。比如故事中所讲的"龙""虎""鬼"，是道教对当时巴蜀地区少数民族的贬称，张天师在蜀中传教时，曾改造少数民族杀人祀岁、杀人祀鬼和杀人祀盐井的恶俗，本书中《张天师降十二玉女》的故事就有相关信息。再次，本书所载的民间传说还有助于中国文学的研究。比如，中国四大民间传说故事之一的《白蛇传》的原始传说和张天师有着密切的关系，而龙虎山的山川传说与《水浒传》也有着密切的关系。

故而，本书既可以为研究者提供口头文学资料，又可作为道教爱好者的

通俗读物。当然，对于这些民间传说，研究者应该采取谨慎的态度，要重视其重要意义，更要注意分辨真伪，深入探讨。（张丽娟）

道教神话

《道教神话》，陈雄群编著。中国道教协会供稿。北京：新华出版社，1990年8月第1版，32开，92千字，与北京燕山出版社出版的《道教的传说》系姊妹篇。

陈雄群，中国道教协会会员，著有多本道教相关书籍：《中国神仙故事集锦》《道教的传说》等。

本书共收录38篇道教神仙故事。因道书中记载的故事，情节过于简单，且多是文言，不便阅读；民间传说的故事，则又较简略不全，为此编著者参照《历世真仙体道通鉴》《列仙全传》《七真传》《白云仙表》《韩湘子宝传》《何仙姑宝传》及台湾出版的《历代神仙史》等道书，结合民间传说，选择了一些故事，在尊重宗教信仰、宗教情感的前提下，增加一些人物和情节，进行加工、改编，写出了不少神仙故事，在闵智亭等编写的《道教仙话》中收录20余篇，而后又将38篇道教神仙故事收录于《道教神话》中。

道教是我国土生土长的宗教，有着源远流长的历史。道教又是多神宗教，信奉的神仙很多，神仙故事数不胜数，它吸收中国古代原始巫术、鬼神信仰、神话传说、民间风俗、各种方技术数，杂取百家九流，以道家黄老之学为理论基础，是在长生成仙的核心目标下长期发展起来的宗教文化体系。而道教神话与中国传统文化同生共长，在其发展过程中，它几乎将中国古代所有奇闻怪谈囊括其中。正如编著者所指出的，中国的道教神话是中华民族灿烂辉煌的文化遗产中的一部分。它既是宗教文学，也是民间文学，是人民群众智慧的结晶，表达了一部分人民的思想、感情、愿望和理想。

本书中收录的神仙故事有飘逸浪漫、优美动人、宣扬得道成仙的；有疾恶如仇、导人向善的；也有用哲理给人以启迪的。著者在目录下的每篇故事后都标明了朝代。从38个神话故事里也可窥见魏晋以前的神仙故事多以出世为主、充满远古神话的韵味，魏晋以后入世色彩逐渐增加，唐宋以后，世俗化色彩愈加明显。

本书用通俗易懂的文辞，歌颂真善美，高扬热爱生命的精神。带给读者

以思想的启迪。（袁艺睿、刘敏）

仙话——神人之间的魔幻世界

《仙话——神人之间的魔幻世界》，梅新林著。上海：上海三联书店，1992年6月第1版，32开，170千字。

梅新林，1958年生，浙江温岭人，现为浙江师范大学党委书记，教授，浙江大学兼职博士生导师。主要从事红学、明清小说及中国学术史的教学与科研工作。已出版《红楼梦哲学精神》等学术著作。主持编撰《中国学术编年》《四大奇书研究史》《红学通史》等大型著作。

本书分为导言、正文、后记。正文分为八章。

导言总述了仙话的诞生与价值。

第一章生命意识的觉醒。著者剖析了神仙思想产生的实质和核心内容。

第二章神仙方士的崛起。著者提出：神仙方士集团不仅仅是中国文化特殊的产物，还是仙话故事创作与传播的主要推动力量。

第三章神话的仙话化。著者分析了仙话与神话的渊源关系，指出仙话是在神话基础上的利用与变化，以及仙话逐渐独立与发展的过程。

第四章发展历程与规律。梳理仙话从战国时期的初步形成到秦汉以降的发展道路，以及其中的五个高潮点，尤以晚唐五代最为突出。

第五章仙界体系之构成。从构建神仙谱系的特定环境——仙境入手，由外到内，进入对神仙谱系内部结构与组合图示的考察，再由内返外，探讨仙界与外部世界的关系。

第六章故事系列：演化与整合。阐述了神话变形型、历史附会型以及传说衍生型三大故事的演化与整合，并探讨演化与整合的方法。

第七章基本主题及其内在冲突。从修道、婚恋、济世三大主题谈论仙话自身强烈的世俗性，并分析仙话内部冲突的原因。

第八章文化效应与意义。指出仙话作为一种中国特有的文化现象，体现了中华民族独特的文化意识和文化心态，有利于从广度和深度上对中国传统文化进行新的认识。

著者从人类生命意识发展的宏观进程上，对仙话这一特殊文化现象的远古渊源、发生过程、演化规律、谱系结构、故事类型、主题变奏及多重效应与深层意蕴诸方面进行了系统和深入的探讨。以仙话为窗口，对中国文化精神及其内在矛盾冲突有了新的体悟与认识，为中国神话、宗教、艺术、民俗等各个文化领域的专题研究以及中西文化的比较研究提供多方面的启示。（张静濡、刘敏）

道教与民间文学

《道教与民间文学》，刘守华著。北京：北京燕山出版社，1993年5月第1版，32开，164千字，系"道教文化丛书"第一辑之七，封面名为《道教与民俗文学》。后更名为《道教与中国民间文学》，北京：中国友谊出版公司，2008年3月修订版，16开，285千字，增添了"道教与谚语"一章。

刘守华，1935年生，湖北仙桃人，现任华中师范大学民间文化研究中心主任，兼任湖北省民间文艺家协会名誉主席、中国故事学会副主席、《中国民间文艺学年鉴》主编、亚洲民间叙事文学学会理事、湖北省道教学术研究会副会长等职。

本书共11章，对道教给予中国各族民众口头语言艺术的影响进行了系统评述。

第一章论析中国民间道教信仰，将之分为汉族地区和少数民族地区的道教信仰，指出民间道教信仰混杂，具有自发性，与民间原始宗教信仰联系密切。

第二章肯定了道教对保持中国神话的贡献，以盘古、黄帝、西王母为例，说明道教信仰和中国古典神话之间的相互渗透融合。指出宇宙起源神话、人类起源神话、文化起源神话中的道教信仰色彩，以及道经、道教方术与神话的联系。

第三章分别从八仙的由来、八仙的形象演变、八仙传说的艺术特色等方面对道教八仙做了考察，指出道教"中八仙"这组个性鲜明的生动群体，是浪漫主义的发挥，超出凡俗又兼具人情味，反映出了传说当地的历史风貌。

第四章论析受人敬仰的土地爷和不受欢迎的灶神的信仰，指出土地神的前身是社神，灶神信仰出于对火的崇拜，以农立国的传统强化了对土地神的信仰，对灶神的信仰则随历史不断下降。

第五章评析民间口头文学中的道士形象，以张天师、许真君、张三丰、济小塘以及各地区知名道士、道门败类为例，指出民间道教传说是历史性与传奇性的融合，体现了对神权的反叛精神和对宗教活动的清醒认识。

第六章列举了与道教相关的行业祖师传说，涉及李老君、葛玄、葛洪、孙思邈、邱长春、八仙演化的行业祖师、张五郎，并分析鲁班传说中的道教色彩，指出以道教人物为行业祖师同道教重视民间方技且对下层社会的影响较多有关。

第七章将道教信仰与中国的自然景观、奇伟建筑的传说联系起来，并拈出其中的道教色彩。

第八章选取民间故事中的求仙、遇仙、学法造反、各种角色、人物之间的斗法故事，说明道教文化背景对民间故事艺术境界有所开拓。

第九、十章围绕民歌和民间曲艺、戏曲，以道教"法事歌""经歌""仪式歌"以及道情、讲经说书等活动为例，论述这些民间文艺体裁的流传与影响与道教信仰的联系。

第十一章总论道教与民间文学的相互渗透，指出道教鬼神系统、道教法术对民间文学的巨大影响。

本书从民俗学角度勾勒出了道教在民众中流行的基本态势，主要论析非宗教性内容的民间文学，指出其既含有道家对宇宙人生的哲思，又是对社会现实的象征，兼具浪漫主义与现实主义特色。（李利）

中国仙话研究

《中国仙话研究》，罗永麟著。上海：上海文艺出版社，1993年5月第1版，32开，192千字。

罗永麟（1913—2012），四川自贡人。民间文学理论家。原中国民间文艺家协会理事、华东师范大学中文系教授、华东师范大学民间文学学科开创者。早年毕业于日本早稻田大学，曾任自贡市政府督学、四川《国民日报》副刊主笔。中华人民共和国成立后在上海震旦大学、华东师范大学、华东戏剧学院任教。多年来从事民间文学教学与研究工作，对民间传说故事颇有研究，著有《先秦诸子与民间文化》《论中国文学发展规律》等。

本书由九篇专题文章构成，另有附录两篇和后记。

专题一论仙话及其对中国文学的影响。著者阐述了仙话产生的根源、范围、特征、社会根源和分类，接着又以浅析南北方文学风格为铺垫，进一步阐述仙话对诗歌、散文、戏曲和小说的影响，为神仙故事的研究提供参考。

专题二中国仙话与神话的关系及其异同。从仙话与神话产生的社会背景、界限的划分、本质和特征来阐述中国仙话与神话的区别。

专题三神仙思想与乱世哲学。以人的生命、欲求等来探讨神仙思想产生的根源，阐述神仙思想与乱世哲学的关系。

专题四屈原与神仙思想。通过屈原的作品《远游》《离骚》来阐述屈原的神仙思想。

专题五仙话与秦汉文化。阐述了秦汉（初）文化思想，并分类说明仙话对部分秦汉文化思想所起的影响，从而分析仙话的不同性质。

专题六《淮南子》中道论、神仙思想和仙话。著者从《淮南子》的道论入手，研究其和神仙思想的关系，讨论其思想渊源。

专题七神仙思想与魏晋名士及其文学。著者对比了秦汉时与魏晋时神仙思想的区别，阐述了魏晋名士的性格与风貌，进一步论证魏晋名士与神仙思想的关系，最后阐述神仙思想与魏晋文学以及魏晋志怪小说的关系。

专题八八仙故事形成的社会历史原因和影响。著者阐述八仙故事形成的社会历史原因和影响，又附上八仙小传，进一步为读者展示仙话故事。

专题九《封神演义》与神仙、道教思想。著者对《封神演义》的内容、结构及文学价值进行深层次的分析研究，从而阐述故事中的神仙思想和道教思想。

附录一论《山海经》的巫觋思想，附录二浅议神话与宗教的关系。

本书以专题的形式，通过历史文献与考古资料的相互印证，彰显不同时期仙话变化与影响，著者将仙话研究推向了前所未有的高度和深度，将仙话作为研究重心，着力解决一系列仙话研究最根本的问题，摆脱神话研究思维的束缚，还原仙话研究应有的独立性和创新性，使之前零散的讨论开始向着自觉、严谨、系统化、条理化的方向发展。（张静濡、刘敏）

道教的传说

《道教的传说》，陈雄群著。北京：燕山出版社，1993年8月第1版，小32开，190千字。2009年1月再版。

陈雄群简介详见《道教神话》提要。

本书先有前言、目录、正文，末有两个附录：史志资料、本书参考书目细目。本书收集神仙故事和民间传说，进行文字加工，编纂成书。本书极具趣味性和可读性，是了解道教文化的入门书籍。

本书共由62个小故事构成：

体现老庄哲学思想：老子出函谷关；再会青羊之肆；孔子问道于老聃；秦失吊丧；橘园奇观；月夜访花神；睡翁；会羊倌。

反映道教"贵生"思想：贲生；绝境逢仙；酒楼赠丹；梯仙国；哑童奇遇；畅游仙境。

弘扬道教济世利人的优良传统：仙人桥；沉香救母；孙思邈进龙宫；天师渠；仙人指路；呼风唤雨；神钱。

道教的养生：青牛道士、孺子飞升童子峰；天上无愚仙。

劝人清心寡欲，充满"士大夫道教"的高雅脱俗情趣：孙策掊镜；曹操慕道；又玄悔过；君子盛德　容貌若愚；诗仙焚庵；白龟年巧遇李太白；宜哥会兄；谏诤道士；蓬莱揽胜；牧童遇仙记；神奇的竹林；马钰献瓜；迷途难返；夺服仙丹。

阐述忠奸善恶斗争，反映社会底层次"因果"报应信仰：张天师力战群魔；天师剑传奇；裴老除害；火枣授牧童。

仙人之间的情爱故事及鬼圣、风物、仙境的传说：麻婆说媒。

道教神仙人物故事：包括道教教主太上老君的故事；东王公、西王母、彭祖、东陵圣母等神仙和道教创始人张道陵天师的故事；全真七子修仙故事；八仙故事等。

历史名人的修仙故事：如葛洪、陆修静、陶弘景、司马承祯、寇谦之、孙思邈、赵抱一等。还有根据传说故事改编的《弈棋赢华山》，讲述了赵匡胤成为皇帝之前的故事。

本书普及道教文化中的神仙传说，具有浓厚的浪漫主义色彩，含有一定的哲理，给人以启迪，发人深思。（张蕊、刘敏）

道教神仙故事

《道教神仙故事》，袁志鸿编著。北京：华夏出版社，1995年5月第1版，32开，210千字。另有北京：大众文艺出版社，1998年5月第1版，32开，246千字。香港：香港中华儿女出版社，2007年12月版，19开。

袁志鸿简介详见《当代道教人物》提要。

华夏版内容包括100则故事。全国政协常委、中国道教协会第五届理事会傅圆天会长题写了书名。中国道教协会第五届理事会常务副会长谢宗信大师为之题词："寓道的精神于最平常的事情中，使人易于理解和认识，也就是弘扬道教。"当代著名道教学者李养正先生作第一篇序言，社科院宗教所原当代室主任冯今源先生作第二篇序言。大众文艺版内容包括108则故事；保留了原有题词、序言的内容，增入了傅圆天会长"开展道教文化研究，弘扬中华民族文化，以贡献于今天的人类"的题词，由道教正一派名宿、中国道教协会第五届理事会副会长陈莲笙大师为作再序。作者为之作了前言和后记，并且重新编定规范了目录。香港中华儿女出版社版本较大众文艺版字数和故事内容均无太大变化，但版式进行了美化，并且文中增加了数十幅插图，并对全部的内容进行了认真的校对，对前两版出现的错误，尽量予以纠正。

本书由108篇神仙故事及两篇后记组成，将中华民族传统社会文化、寓言、民俗及神仙故事与道教文化相结合，批判地吸收了儒家、墨家、医家、天文家、地理家、科学家等诸家精髓，将道教主张的澄心涤虑、宏施博爱、先人后己、公正廉明、济世救人等优秀思想融入一则则神仙故事中，讲述了生动有趣、发人深思的宗教哲理。书中每篇故事命名都是11个字，工整易读，朗朗上口，并都较明确地表明善恶是非标准和伦理道德观念，旨在启迪世人思想，弘扬中华民族的传统文化。从篇章结构看，书中每个道教神仙故事都独立成篇，读者可不必拘泥于章节，从兴之所至处研读。同时，篇章之间排列也有一定的关联性。《道教神仙故事》注意传统的寓言故事、神仙故事的搜集、整理和使用，并多对寓言或哲学典故进行改写和发挥，语言流畅。在思想性和故事性齐头并进的同时，也不失创新精神。对于道教文化的初学者来说，本书算是道教知识入门的不错选择。

本书通俗易懂，雅俗咸宜。意在弘扬道教文化，歌颂真善美，增益情操，并以道德观念导人向善、学道为人。本书较多地保存华夏民族的文化特色，对弘扬中华道教文化及"道教之真精神"具有积极意义，对社会学者以及大众了解道教文化有促进作用。（梁逸、刘敏）

道教传说大观

《道教传说大观》，祁连休、冯志华编。南昌：百花洲文艺出版社，1996年11月第1版，32开，528千字。

祁连休，1937年生，四川叙州人，民间文艺学家。原名祁瑞麟，笔名朱尊友、耿之、蜀舟等。1959年毕业于四川大学中文系。长期从事民间文学研究，主攻故事学。历任中国社会科学院文学所研究员、学术委员会委员、民间文学研究室主任，中国社会科学院研究生院文学系教授，中国社会科学院文学学科片专业技术职务评审委员会委员，《文学评论》《民族文学研究》编委等。

本书主要通过搜罗全国各地与道教有关的故事，对口头流传的道教传说进行了系统的编排和整理，汇成了三方面的内容。

第一部分是道教神祇传说。按内容来分主要涉及三类：一是神仙得道成仙的故事；二是神仙斗法故事；三是神仙与凡人故事，特别是点化故事。

第二部分是道教人物传说。这类传说相比第一部分而言，主人公大部分是历史中现实存在的且与道教相关的人物的奇闻异事。这部分人物故事更富传奇性，同时也从不同的侧面拓宽了读者对于历史人物的理解。

第三部分是道教风物传说。这部分所涉及的主要是与道教相关的道教胜地、宫观一类自然物、人工物以及物产、习俗等传说，在加深读者对于名胜古迹的文化内涵、历史底蕴了解的同时，也增强了对于道教的认识。

本书形式上，口语性强、朴实无华、短小精悍、生动有趣，故事情节较为完整；内容上，人物形象生动、性格特征鲜明，人神同性，取材民间、贴近生活。本书是一部想象瑰丽、内容丰富的道教传说集。（谭翠微、刘敏）

道教对联大观

《道教对联大观》，谭大江搜集整理。北京：宗教文化出版社，2002年6月第1版，32开，250千字。

谭大江简介详见《武当山千古之谜》提要。

本书由序和正文两部分构成，正文分为11章223篇，共收集整理全国各地道教对联2435副。

第一章天神，共收集整理和天神有关的道教对联173副，将玉皇、盘古、真武、天线圣母、三清和炎帝等相关对联纳入一个篇章。

第二章地神，收集整理关于地母、女娲、城隍、徒弟、山神、河神等地神的对联202副。

第三章俗神，主要收集人间的俗神，如送子娘娘、观音、财神、灵官、二郎神、月老、灶神、痘母等神仙的对联共计404副。

第四章仙真，收集仙真对联50副。其对象囊括了皇帝、太乙真人、老子、吕洞宾、张三丰等后天得道的真人。

第五章圣贤杰义，共收集关于神农、三皇、大禹、姜子牙、孔子、韩信、关羽、华佗等品德高尚之圣贤对联553副。

第六章忠孝贞烈，收集对联167副，将屈原、伍子胥、刘昆、岳飞、包公、文天祥、花木兰等忠孝贞烈之人纳入其中。

第七章宫观庙宇，收集国内庙宇等建筑的对联152副。

第八章道居道俗，整理有关道居和道俗的对联291副。

第九章斋醮祭祀，共有关于斋醮祭祀方面的对联75副。

第十章仙学养生，共有对联148副，都是有关道教养生修道的精粹。

第十一章洞天福地，收入关于牌坊、阁楼、亭、台、山、岩、洞、潭等自然景观和人文景观的对联共220副。

道教对联是集文学、艺术、哲学、伦理思想为一体的文化精粹，是道教思想的体现，也往往以简练的语言融缩神仙故事。本书收集道教楹联两千余副，以短小精练的文体反映了华夏千年的道教文化，为保护中国传统的对联艺术形式做出了贡献。书中楹联涉及的地域广泛，楹联数目多且种类齐全。

同时，编者也注意对道教楹联的出处、著者、内容进行注释、说明。

本书的出版，让人从微观的楹联入手，得以宏观把握道教文化的思想因素和历史影响，为弘扬中国道教文化做出了重要的努力。（梁逸、刘敏）

道教的故事

《道教的故事》，张松辉、周晓露编著。广州：广州出版社，2003年12月第1版，16开，400千字，彩色图文版。系"民间宗教小故事丛书"之一种。另有呼和浩特：内蒙古人民出版社，2004年4月版，32开。

张松辉简介详见《老子译注与解析》提要。

本书由近百个小故事组成，基本以朝代为线索阐释道教的起源以及道教在每个朝代的具体发展与转变。内容上大致分为三类。

第一是道教神祇传说，包括神仙得道成仙故事、神仙斗法故事以及神仙度化凡人故事。例如韩湘子蓝关度叔等。

第二是道教人物传说，这类故事的主人公基本都是历史上确实存在的且与道教相关的人物的奇闻异事。例如徐福为秦始皇求仙药故事。

第三是历史著名人物与道教的关系，例如王羲之《道德经》换鹅等等。

本书从总体上讲，可算是一部道教文化的普及读物。故事简单质朴，生动有趣，情节较为完整，人物形象生动，取材于民间，贴近生活，有利于读者简便快速、轻松愉快地了解道教文化。（谭翠微、刘敏）

道教与戏剧

《道教与戏剧》，詹石窗著。厦门：厦门大学出版社，2004年4月第1版，32开，186千字。另有台北：文津出版社有限公司，1997年5月版，系"道教文化丛刊"之一种。

詹石窗简介详见总主编简介。

本书于绪论后共分八章。

绪论部分对戏剧范畴、道教与戏剧的关系、研究道教与戏剧关系的意义及原则方法进行了阐述。

第一章从梨园神看道教对旧式戏班的思想支配。该部分共两节，分别从二郎神的真面目及其演变和梨园神的行业性与道教入手，阐释了道教在旧式戏班中的特殊影响。

第二章道教与戏剧关系的原因探讨。该部分共两节，论述了道教与戏剧关系形成的信仰基础、道教与戏剧关系形成的民俗基础：民心皈向。

第三章道教与戏剧关系的媒体及渊源。指出文人作为沟通的"媒体"和创作主体，使道教与戏剧之间的关系得以建立，并从思想蕴含、艺术特征等对戏剧与道教关系的渊源进行了再追踪。

第四章元代神仙道化剧的主要题材。主要以《元曲选》及《元曲选外编》为主要文献根据，对元代的神仙道化剧作了一番探讨，且将元代神仙道化剧题材分为传道度人、点化精怪、断案明戒、隐居修真这四类。

第五章元代神仙道化剧的艺术特征。著者将其归纳为动作性、复杂性与象征性。

第六章道教对元代非神仙题材杂剧及散曲的思想渗透。阐述了道教对元代军事、历史题材杂剧的影响，以及散曲之道教意蕴。

第七章神仙道化剧的沿袭与嬗变。本章由"愤世到崇道的思想历程""娱人、济世与讽喻之作的崛起""神仙典型的社会意义与戏剧的象征审美"三节构成，提出明代神仙道化剧是元代的延续和变迁，在明杂剧中占有重要地位，其出现及发展有其特定的文化氛围。

第八章道情弹词与传奇戏曲。该部分为三节，讨论了从道情到长篇弹词、传奇戏曲的神仙思想内容、传奇戏曲的艺术手法与道教审美情趣等。

余论部分，著者提出了道教与戏剧之间关系的复杂性。

本书主要研究道教与中国古代戏剧的关系，阐述道教思想在戏曲题材、主题中的体现，对剧作家的影响；道教仪式和道教音乐对戏曲体制、表演、音乐的影响等。对重点剧作家、作品做了深入而全新的阐释，并对一些专题，如八仙戏剧、道情艺术等进行了探讨。将宏观把握与微观发掘、历史考察与"心史"探索、审美意义与伦理分析、本原认识与现实评估相结合，显示了彼此联系的深层底蕴。（王尚静、刘敏）

明清道教与戏剧研究

　　《明清道教与戏剧研究》，李艳著。成都：巴蜀书社，2006年12月第1版，32开，163千字，系"儒道释博士论文丛书"之一种。

　　李艳，1975年生，河北保定人。四川大学艺术学院教授，主要从事道教与中国古代戏剧方面的研究。

　　本书分六大章节进行阐述，分别是："明清道教与戏剧总论""神仙道化剧在明清时期的沿袭与发展""超凡入圣与人欲横流——道教与明清传奇""道教与地方戏的结合——明末清初道情戏的繁荣""八仙与明清戏剧""道教与传奇巨擘汤显祖"。

　　道教与中国古代文学艺术有着双向互动的关系。文学艺术受道教影响，创作的内容体裁更加丰富，道教也借文学艺术的形式来自我宣传，扩大影响。元代诞生了道教文学的重要体裁——神仙道化剧，创作极其繁荣，这是道教对戏剧产生的最大、最直接的影响。明清时期，道教与戏剧的关系问题不如元代那样集中、线索单一而清晰，呈现出纷繁复杂的局面。

　　本书从明清两代的道教与戏剧总体情况入手，分别对神仙道化剧、明清传奇、地方戏这三大重要组成部分作了分析研究，考察了道教法术、神仙故事在明清戏剧中的展示，以及对戏剧创作想象力的滋养。从总体上探讨了明清时期道教重要的文化现象，如三教合一、劝善书的传播、道教法术等与戏剧的关系；对重点剧作家、作品做了深入而全新的阐释，如朱权、朱有燉、汤显祖、徐渭、叶小纨等，尤其以汤显祖为代表；还对一些专题，如八仙戏剧、神戏和道情艺术进行了探讨。在总结前人已有研究成果的基础之上，做了更加细致的研究工作。（宋婵娟、刘敏）

道教神仙戏曲研究

　　《道教神仙戏曲研究》，王汉民著。北京：人民文学出版社，2007年2月第1版，32开，230千字。

　　王汉民，1964年生，湖南新宁人，曾任教于湘潭师院、广西大学，现为福建师范大学文学院教授、博士生导师、戏剧戏曲学硕士点学科负责人，兼任福建古代文学学会副会长。出版有《八仙与中国文化》《中国戏曲小说初论》《简明中国戏曲史》等著作。

　　本书先有序一、序二、前言、目录，正文共有九章，末有结束语、重要参考书目、后记。

　　第一章宗教意识与戏曲的起源，论述了歌舞百戏与宗教的关系、傀儡表演与宗教意识的关联、宋金杂剧中的宗教故事。

　　第二章道教神仙戏曲的发展，从元代道教神仙戏曲的宗教环境、宗教意蕴和作家心态三个方面进行论述。

　　第三章道教神仙戏曲兴盛，从明代的宗教环境与文化政策、明代剧作家的淡泊修行与韬晦明志、明代的宗教意识与世俗情感三方面分析了这一时期神仙戏曲出现多样化主题的原因。

　　第四章道教神仙戏曲的式微，论述了清代的宗教环境与文化政策、清代道教神仙剧重要的忠孝伦理与富贵神仙的主题以及清代神仙戏剧日渐衰落的状况。

　　第五至八章著者根据道教神仙戏曲社会功能的不同，将其分为神仙度脱剧、驱邪除魔剧、庆寿喜庆剧、神仙爱情剧四大类，并分别进行了探讨。

　　第九章著者对于神仙剧独特的表现手段和艺术风格做了专门的论述，通过神仙形象、法术神通、梦幻境界等为我们构建了一个个神奇和谐的艺术世界，使整本书构成了一个比较完整的统一体。

　　本书展示了道教神仙戏曲发展的基本线索，从宗教文化研究的角度，将道教神仙戏曲置于当时的文化大环境中，结合宗教理论、民俗信仰等探讨其深层的文化意蕴，并从文艺学的角度，探讨神仙戏曲的独特艺术魅力。对道教神仙戏曲做了较为全面、系统和科学的考察。（袁艺睿、刘敏）

张天师传说汇考

　　《张天师传说汇考》，刘守华主编。武汉：华中师范大学出版社，2009年4月第1版，32开，200千字。

刘守华简介详见《道教与民间文学》提要。

本书是关于中国道教信奉的张天师这位神圣人物的口述故事及研究文章的汇编。于序言之后分三编。

序言阐述道家道教文化研究书系中"张天师传说"命题的含义与研究对象，说明其撰写价值和现实意义。

上编包含宗教与艺术的关系、张天师传说的历史文化价值、张天师传说和佛本生故事的关系、中国民间叙事中的道教色彩、龙虎山道教与民间文学的关系、张陵与陵井之传说六个小节。

第一节宗教与艺术的关系。著者通过对各地周详史料的举例和情节分析，论证张天师传说在形象构成、道教历史和艺术价值上独特的光彩。

第二节张天师传说的历史文化价值。以张天师传说的民间流传分布和民间口头文学领域为基础，从其形象构成的复杂多样性、民间口头叙事的文学特征、道家人物典型的艺术光彩三个方面，就其在中国历史、民间文学、宗教学、宗教史、道教文化等多个方面的价值进行了深刻的探究。

第三节张天师传说和佛本生故事。著者将两类叙事作品从不同文化意蕴和审美意趣上加以体味区分，并通过对两类作品的艺术渊源，以及与普通民间故事的艺术关联研究，阐述两类神秘叙述作品的不同艺术价值。

第四节中国民间叙事的道家色彩。著者通过对植根于悠久历史与繁荣文物的中国民间传说的列举，讲述道教对中国民间叙事长期积淀的影响，挖掘其给人们带来的浪漫主义精神和邪不胜正的心灵慰藉。

第五节龙虎山道教与民间文学。通过阐述中国道教发源地的由来、发展和特点，论述张天师传说所反映的道教仙学思想和历史迹象。说明我国少数民族民间流传的张天师传说与道教的渊源关系。

第六节张陵与陵井之传说。著者通过搜集各个朝代各类地方的各种史料，强调张天师传说是建立在四川地区民族宗教的文化传统基础之上的，世人应对其保持客观的正确认识。

中编、下编搜集与张天师传说相关的口述故事及研究文章共61个，其中，中编46个来自现当代不同地区的资料选集，下编15个来自古代史料记载。

本书注意文献史料的搜集整理和使用，力求保持其本来风貌和文化经典特质，选取的作品以科学性、代表性及雅俗共赏为标准。张天师传说既染有宗教色彩，又是饱含世俗生活情趣的民间口头叙事文学，既有一定的历史真

实性，又是充满神奇幻想的浪漫主义之作。（王悠菡子、刘敏）

中国民间崇拜——道教仙话

《中国民间崇拜——道教仙话》，［法国］禄是遒著，王惠庆译。上海：上海科学技术文献出版社，2009年4月第1版，16开，131千字。系"上海图书馆徐家汇藏书楼文献译丛"之一种。

禄是遒（Henri Doré，1859—1931），神父，法国耶稣会士，在勒芒神学院预科毕业后，于1882年晋铎。1884年来到中国。他在上海和江南一带传教达30多年之久，在上海、江苏、安徽等地调查中国民间的迷信习俗，并收集了大量包括中国年画、符咒在内的民俗图片资料。后因健康受损，回徐家汇藏书楼工作，从事著述、研究和教学活动。1931年12月在上海去世。

本书的法文本是禄是遒神父花费毕生精力，结合文献研读和田野调查，撰写而成的关于中国民间宗教的皇皇巨著。法文本18卷，每卷有彩图20—70幅不等，于1911—1938年陆续出版。此书面世不久，即受法国汉学界高度关注，被授予法兰西学院特别奖。同时，著者与爱尔兰籍耶稣会士甘沛澍（Martin Kennelly，1859—?）和芬戴礼（Daniel. J. Finn，1886—1936）一起将前16卷翻译成10卷的英文本。1966年，台湾成文书局全套影印了英文版。

本书现在版本是依据英文版《中国民间崇拜》第10卷翻译而成。全书在出版前言与目录之后有《〈中国民间崇拜〉中文版序》《〈道教仙话〉英译版序》，再后为禄是遒收集的36张道教神仙彩图。

正文部分是著者对道教神仙及其相关故事的介绍。著者从雷部、天医院、水府、火部、瘟部、太岁、五岳、驱邪院这八个职能部门对天宫的神仙情况进行详细介绍。对天宫各部门存在的神仙、神仙之间的关系以及与之相关的神话故事进行了记载与梳理。著者在描述道教神仙时还将之与他国文明相比较，如在介绍五雷神时，著者指出"上述五雷神，大抵同印度最古的宗教文献和文学作品《吠陀本集》中所说的雷电神——摩录多（婆罗门教风神）相仿"；在介绍雷公时，著者称"雷公同北欧斯堪的纳维亚神话中手执神斧的雷神'托尔'很相似"。另外，著者对其在民间考察时见过的庙宇及其中的神像进行了描述，在《道观主殿雷部诸神概略》一节，著者复制了一张江苏如皋斗母宫的平面图；在描述火神庙时，又拟取江苏如皋火星庙作为具体实例来阐述。

本书作为《中国民间崇拜》第十卷始作于100多年前，著者的主要目的是要帮助当时在乡间传教的同事。而书中的一些观点和结论在今天看来已经过时，有些人物和史实经后来学者考订，多有修正。但全书是著者花费毕生心血作成，是一部19世纪中国民间宗教的资料大全，有助于我们了解祖先的生活，追溯我们文化的来源。（胡瀚霆）

中国道教与戏曲

《中国道教与戏曲》，童翊汉著。北京：宗教文化出版社，2009年7月第1版，32开，180千字，系"蓬莱仙馆道教文化丛书文艺系列"之一种。

童翊汉，1929年生，江西余江人。中国戏剧家协会会员，剧作家、作家。发表戏曲剧本《借衣劝友》《过秤》《喜相逢》《李大嫂》等；专著有《石凌鹤传》《龙泉山一脉》；长篇小说有《未了情》《箫》。发表中短篇小说、散文、报告文学、剧评、诗歌及文史资料等百余万字。

本书由缘起、序、前言、正文及附录、参考书目、后记构成。正文共八章，包括："道教戏曲发端的诸因素""道教戏曲的形成与初步发展的过程""元代道教戏曲的大发展""明代道教戏曲的蓬勃发展""清代的道教戏曲""辛亥革命前后的道教戏曲""中国当代戏曲改革与神话剧""道教龙虎宗与赣剧的关系"。附录有"张天师断风花雪月杂剧""吕洞宾度铁拐李岳杂剧""马丹阳三度任风子杂剧"三篇。

本书对道教戏曲的历史脉络进行了相对系统的梳理。从道教戏曲发端的诸因素入手，引出道教戏曲从汉末到两宋的形成与初步发展的过程，随后用四章篇幅对元代、明代、清代及当代的道教戏曲发展进行阐述。最后一章，专论龙虎山道教与赣剧，是对地方戏剧与道教之间关系的专门研究。在论述道教与赣剧音乐的关系时，著者对赣剧的两种腔系（高腔体系、乱弹体系）、弋阳腔曲牌结构、曲体形式均做了讲解，并直接列出了赣剧音乐与天师道音乐比较谱例，专业性强，也便于理解。最后将赣剧表演与龙虎宗科仪的异同进行对比，得出赣剧与龙虎山道教关系非常密切的结论。

本书从纵横两个方面论述中国戏曲与中国道教之间的关系，梳理了从汉唐到元明清，以至现代的道教戏曲历史脉络，对历朝道教题材的剧作搜集较为全面，揭示了道教文化与传统戏曲之间血脉相连的紧密关系，对传统戏曲的道教渊源做了有益的探索与研究。（宋婵娟、刘敏）

流传千年的道教故事

《流传千年的道教故事》，彭友智编著。北京：华夏出版社，2010年7月第1版，16开，312千字。后更名为《关于道教的100个故事》，南京：南京大学出版社，2013年11月第1版，16开，242千字，系"人文社会科学通识文丛"之一种。

彭友智，台湾民俗专家。

本书由前言、目录、正文三部分构成，其中正文分为五个部分，分别是：道教诸神传说、道教八仙故事、道教人物传奇、道教经典教义、道教历史故事和民间传奇。

本书展示了道教这个广博而复杂的体系，涉及的内容很多，但编著者却进行了有意义的归整。一方面，本书的五个篇章中分别列述了神、仙、人、教义、传奇；另一方面，对我们所熟知的一些故事进行"另类"解读。通过历史文献与资料的相互印证，用平实、风趣的语言向读者讲了一个又一个引人入胜的道教故事，内容有深度、广度，严谨而扎实。（张蕊、刘敏）

中古道书语言研究

《中古道书语言研究》，冯利华著。成都：巴蜀书社，2010年11月第1版，32开，190千字，系"儒道释博士论文丛书"之一种。

冯利华，1976年生，湖南湘潭人。现为长沙理工大学文法学院副教授。主要研究方向为中古汉语词汇训诂及相关文化史研究。

本书是以中古道教文献为语料的研究专著，全书共分为六个部分：绪论、道书与词语研究、道书俗字研究、道书与辞书编纂、道书与古籍整理、道书隐语研究。

第一章绪论部分回顾了道教文献研究的历史和现状，在明确中古道书的成书年代之后，着重从词语、俗语和隐语三大方面来论述，对某些研究视点提出了新的思考。

第二章首先概括性地对道书中出现的词语进行通释，在具体考释时尽可能地将这些零散的词语放到整个中古词汇史的背景中来研究，重点突出那些道教文献中特有的新词新义以及词汇特点，之后选择陶弘景编撰的道教文献作为研究个案，对里面蕴藏的语料价值进行逐一剔析，对其中语义晦涩的疑难词语进行了考证。

第三章对道书中大量俗字做了类型分析和具体考释，如增加意符、改换意符、改换声符、类化、改变结构、书写变易。

第四章主要从注音、释义、例证等方面阐述道书在辞书编撰方面的意义，如道书与字典的编纂、道书与词典的编纂。

第五章利用道书中的音义、引文对古籍进行校勘、整理。

第六章对道书中大量存在的隐语从定义、类型、起源、发展、生成原因、表达功能、存在状况以及文化特色等诸方面进行了讨论。

本书在词语研究方面，重在考词，但不是孤立地解经，将道书词语置于中古汉语词汇系统的大背景下来考察。在取材上注意点面结合，重点突出，揭示道经词汇的特色，抉发新义，补正成说，考释校勘，注重实用。此外，著者对道书的俗字和道书的隐语的研究也多有新意，给读者以启发，对辞书编纂和古籍整理也有促进意义。（高宝滨、刘敏）

（四）道家道教与绘画

道教美术史话

《道教美术史话》，王宜峨著。北京：燕山出版社，1994年1月版，32开，138千字。

王宜峨，1941年生，北京人，原籍河南南阳。1965年毕业于北京大学历史系。1979年起在中国道教协会研究室工作，主要从事道教和道教艺术研究，先后担任《中国道教》杂志副主编、道教协会研究室副主任。同时兼任中国道教学院教授。曾经担任《中国道教风貌》《北京白云观藏历代道教水陆画》和《中国道教神仙造像大系》等大型图册的主要撰稿人，也是《辞海》道教条目的主要撰写人。代表作品有《中国道教艺术》《道教美术史话》《道教与艺术》《中国道教》等。发表的论文有：《山西龙山石窟造像》《老庄的美学思想》《道教的宫观建筑艺术》《北京白云观观藏道教文物》《陈抟的生平考与思想》《道教的妇女观》《南洋潮汕德教》等。

本书共五章。第一章道教与道教美术及其美学思想的形成。主要讨论道教与道教美术产生的渊源、道教美术和传统美术的不同、推动道教美术发展的主要原因、道教美术对佛教美术形式的吸收和创新、道教神仙画对我国传统绘画和造型艺术的吸纳以及道教美术对道教教理教义的宣传与抒发等。

第二章道家与道教的美学思想。通过总结先秦两汉时的道家美学思想和魏晋时期道教审美思想，分析了我国传统美术与传统的哲学思想之间的密切联系。

第三章魏晋南北朝及隋唐时期的道教美术。著者分别对魏晋南北朝时期、隋、唐、五代十国的道教美术，包括宫观造像与壁画的特点等进行了总结。

第四章宋元时期的道教美术。对宋、金、元道教美术的发展概况、宫观造像、壁画、文人道画、道士画家及作品进行了具体分析，特别阐释了元代道教美术发达的缘由以及在我国绘画史上的重要地位。

第五章明清时期的道教美术。分别介绍明、清道教美术的发展概况，总结了其各自的特点。特别指出明代道教美术浓厚的世俗色彩。

本书介绍了先秦两汉至明清近两千年的道教美术发展情况，从艺术风格、审美观念、艺术发展等方面，分析了道教美术在中国美术史上的思想和艺术价值，为发掘和整理祖国文化遗产，恢复道教美术在中国美术史上的地位，做了十分重要的贡献，肯定了道教美术在东方艺术宝库中的位置。（余虹、千乾艺）

元代壁画——神仙赴会图

《元代壁画——神仙赴会图》，景安宁著。北京：北京大学出版社，2002年10月第1版，精装，16开，160千字。2016年10月修订版，精装，16开，293千字。

景安宁，青海人。1978年毕业于上海外语学院，1994年获美国普林斯顿大学博士学位，现为美国密歇根大学美术、美术史、设计系教授。主要著作包括《道教全真派宫观、造像与祖师》等。

本书是以现藏于加拿大多伦多安大略皇家博物馆的《神仙赴会图》为对象的研究著作。《神仙赴会图》系19世纪20年代流失海外之珍贵文物，其原属庙宇名称、确切的地理位置以及买卖过程等均不清楚。但其精美宏大并不亚于永乐宫的《朝元图》，其艺术水平、图像内容、学术价值等均可与后者媲美，而造型、设色、细节、空间处理等则有其特点。它们共同代表了中原古代宫观壁画传统的最高水平。

本书第一版的研究主体为：第一章壁画的来历与现状；第二章壁画的研究；第三章壁画新探；第四章六御体系的形成；第五章四圣；第六章壁画的风格和年代；总结。

第二版对于第一版的修订主要有：第一，提高了全书图片的清晰度，全书图片从38张增加到了83张，且有两张清晰的壁画全景图。第二，增加"再论《神仙赴会图》"为第三章，原第三章，推后为第四章，其他依次后推一章，因此，二版全书为七章。其他章节亦有少许文字修改。

第一章壁画的来历与现状，有四个部分：壁画的来历、壁画的揭裱、壁画的修护和壁画的现状。

第二章壁画的研究。本章详细介绍了怀履光主教对这幅壁画的研究，并提出一些疑问。

第三章系第二版加入的一个部分。主要讨论了2002年版《元代壁画——神仙赴会图》出版之后，学者对这个问题的深入研究成果，以及在此基础上著者对这幅壁画形成的新认识。

第四章，著者回顾了蒙元政治环境对道教发展所产生的不利影响，提出《神仙赴会图》不是一幅道教壁画，而是佛教壁画，是蒙元统治者打击道教的产物。

为了支持这一结论，著者在接下来的几章里详细考辨壁画中道教神系的形成和在道教中的地位。

第五章，著者在这一章里详细分析了壁画原始稿的六个主神，即北极、天皇、玉皇、后土、圣祖、圣祖母，形成于宋代的具体情况，并阐述了六主神在宋代的演变。

第六章，本章详细考察了道教四圣——天蓬、天猷、黑杀和真武的形成过程。猜测在一幅佛教壁画《神仙赴会图》中为什么出现道教四圣的原因。

第七章，研究了壁画的风格和创作年代。得出《神仙赴会图》与永乐宫三清殿壁画在风格和图像上相似，两者同出一个祖本，但产生于不同年代的结论。

本书以一幅流落海外的壁画为研究对象，通过回归壁画创作的年代，深入挖掘道教神祇演变历史，以及绘画关系比例等问题，卓有见地地提出了自己对这幅壁画的理解，是中国古代道教美术史研究的重要著作。（苏宁、邢飞）

明代彩绘全真宗祖图研究

《明代彩绘全真宗祖图研究》，王育成著。北京：中国社会科学出版社，2003年12月第1版，12开，217千字。

王育成简介详见《道教法令印牌探奥》提要。

本书除前言、彩版、后记外，共分为5章，配图284幅，其中插图181幅，彩图104幅。

第一章明代皇家写本古籍中的全真祖师彩绘。对《宝善卷》《群仙集》及其彩绘进行了介绍，尤其突出全真宗祖像的重要性。

第二章老子与道门全真前四子彩绘研究。著者针对《宝善卷》《群仙集》

中出现的"太上道德天尊始末遗像"图像，进行比较研究，并根据书中人物的排序，对通玄、洞灵、南华、冲虚四位真人的彩像做了研究和分析。

第三章全真北南五祖彩绘与相关问题研究。通过大量文献、图片的引证，为读者展示了多面貌的全真南北五祖的生平事迹以及相互之间的故事。

第四章全真北七真彩绘与相关问题研究。著者根据图片顺序依次探讨了刘处玄、马钰、王处一、谭处端、孙不二、郝大通、丘处机七人的生平资料和图像上不同的表现。尤其结合明宪宗《群仙集》《金莲正宗仙源像传》等资料对北七真彩绘做了结论性的总结。

第五章结论。将全真宗祖图的22位祖师（包括老子），大致划分为5种不同的类型。

本书是国内外关于全真派祖师图像研究的首部学术专著，著者利用中国社会科学院历史所藏明皇太后功德书《宝善卷》全真宗祖图，配合明宪宗编订的《群仙集》全真祖师彩绘以及大量元、明、清版画资料，从图像内容角度对全真宗祖师彩绘进行了深入的、开创性的研究。有关专家认为，这套宗祖图是目前所知全真派唯一一套彩绘的、成系谱的、次序相接的明代祖师画像。本书所采用的全真派祖师，尤其是两部皇家写本中的祖师彩绘画像等资料，皆配以大幅彩图首次公布，其论点亦系第一次提出，可谓图文并茂，具有很强的学术性、资料性和观赏性。（余虹、千乾艺）

道教天尊地仙吉神图说

《道教天尊地仙吉神图说》，禾三千、吴乔编著。哈尔滨：黑龙江美术出版社，2006年12月第1版，16开，400千字。

本书分"天尊""护法神将""地仙""民间吉神"四部分将经常出现在大众视野的道教神仙、民间神仙进行整理归纳，按照四种不同的地位和作用进行分类，每位神仙皆通过故事性的文字向读者做基础介绍。值得一提的是，本书一共介绍了149位神仙，每位神仙都有2—3幅艺术形象的配图，这些图片均来自全国各地的人物画、壁画、年画、木雕、石雕、瓷器等，著者标明了每一件艺术作品的年代和来源。全书共有插图400幅。

第一部天尊。著者根据远古神话、民间传说、道教神谱整理出32位归类为天尊的神仙，并对这32位神仙做了详细的介绍。

第二部护法神将。主要介绍了百姓熟悉的9位护法神：托塔天王李靖、哪吒、关羽、二郎神、雷祖、北极四圣、护法四元帅、岳飞、王灵官。

第三部地仙。罗列了63位住在人间的神仙。述其凡人时期的故事、修炼成仙的经历、特点以及民间对他们的崇拜。

第四部民间吉神。著者按照专统将吉神分为9类。包括带给人们吉祥的神、生活中的保护神、与家庭息息相关的神、结婚生子的许愿神、祈求自然和谐的神、植物和动物的主神、保佑人们出行的平安神、创造各种行业的先祖以及世人熟知的另类神。

本书结构清晰，按照不同神仙不同排位的划分，结合民间故事、神话传说、个人传记等资料对神仙生平、趣事和特点进行梳理和分析，帮助读者了解到大部分广为流传的道教尊神、护法、地仙、吉神的事迹及特点，同时也能够正确认识到那些生活在我们身边的神明形象所蕴含的文化意蕴。（余虹、干乾艺）

中国画与道家思想

《中国画与道家思想》，王永亮著。北京：文化艺术出版社，2007年6月第1版，16开，260千字。

王永亮，1958年生，安徽太和人。现为中国国家画院研究员、专职画家，国家一级美术师，中国美术家办会会员，中国画学会理事，中华慈善美术家。先后出版《王永亮写意山水》《美术家——王永亮》《中国画廊推介画家精品——王永亮》《王永亮山水作品集》等9本个人画集，参加全国性美展20余次，发表学术论文多篇。本书是著者第一部公开出版的学术著作。

本书主体共10章，后有结语和附录。附录为中国美术史及中国道家思想史大事年表。

第一章浅论道家思想与中国画之关系。以老庄思想为主线，对早期道家影响下的中国画进行了举证。

第二至九章分别论述秦汉、魏晋南北朝、隋唐、五代、宋代、元代、明代、清代各个不同历史时期，道家思想对中国画的创作思维、表达方式、画面效果等方面的影响。

　　第十章中国绘画对道家思想的吸收。指出中国画在审美取向、绘画风格以及创作过程中对道家思想的全面吸收。

　　本书溯本求源，以道家思想的发轫为源头，从老庄开始，以道家思想为经线，以中国画的发展演进为纬线，把道家思想在历代文化背景中的作用逐一剖析，以受道家思想影响的中国画作品和画理画论为依据，对两者进行梳理。著者以一个画家的独特视角，探究中国画与道家思想相互影响的文脉源流，揭示了中国画两千多年的历史发展进程。（余虹、千乾艺）

道教美术新论

　　《道教美术新论》，李淞主编。济南：山东美术出版社，2008年11月第1版，16开。

　　李淞，本名李松，笔名李淞，1956年生，湖北荆州人。北京大学艺术学院教授，美术学系主任、博士生导师。主要研究领域为汉唐美术史、佛教美术史、道教美术史。主要著作有《长安艺术与宗教文明》《论汉代艺术中的西王母图像》《远古至先秦绘画史》《陕西古代佛教美术》等。

　　本书是2007年5月在西安美术学院召开的"向老子致敬——首届道教美术史学术研讨会"的会议论文集。收录来自中国、日本、美国、法国、荷兰的大学和研究机构的学者正式发言32篇，并作修改。编者按研究的年代顺序给这些论文分为四个部分——前奏与初始、借鉴与变革、道统与皇统、糅合与延伸。

　　"前奏与初始"含五篇论文，研究早期道教（魏晋以前）问题。第一篇研究道教法器神仙镜中的图案，推断图案中人物的身份和各自代表的意义；第二篇与第三篇都是研究道教羽人的来源；第四篇研究汉代画像石中的神仙信仰；第五篇考查"五色令人目盲"的本义。著者无一例外都将道教与中国的历史和传统联系起来。

　　"借鉴与变革"含七篇论文，研究魏晋南北朝时期的道教造像。第一篇讨论《灵宝经》中关于天尊像的问世与流变的问题；第二篇考证耀县（今铜川市耀州区）药王山博物馆魏文朗造像碑的制作年代；第三篇研究北朝老子造像神像产生的历史过程和造型探索；第四篇研究姚伯多造像碑；第五篇研究道教主尊"褒衣博带"的装束；第六篇分析北魏茹氏合邑一百人造像碑的宗教性质；第七篇研究泾阳文庙北周佛道造像碑。

"道统与皇统"含九篇论文，研究唐宋元明清时期的道教美术。第一篇考证《八十七神仙卷》与《朝元图》的年代和著者；另外研究造像的有四篇，研究壁画的有三篇；另有一篇研究《朝元图》与道教科仪。

"糅合与延伸"含11篇论文，大多是对道教艺术作品年代和著者的考证，以及当代对道教艺术的继承和传播。

作为一本会议论文集，本书在前人研究基础上聚焦于道教文化的视觉材料，有以下几大特点：1.对新材料的发现；2.对新方法的寻觅；3.对新视野的拓展；4.对老材料的反思。这些研究无疑开拓了道教研究的视野。（余虹、姜红）

道教与明清文人画研究

《道教与明清文人画研究》. 张明学著。成都：巴蜀书社，2008年12月第1版，32开，200千字，系"儒道释博士论文丛书"之一种。

张明学，1964年生，吉林省吉林市人。现任广西大学艺术学院教授、博士研究生导师，中国美学家协会会员，国家社科基金艺术学科评审专家、广西高校教职委委员。主要从事宗教美学、艺术史论研究及中国画创作与教学。出版专著《道教与明清文人画》《中国抗战漫画》，在《世界宗教研究》《美术》等专业学术期刊上发表学术论文80余篇。

本书共分五章。第一章道教哲学思想与明清文人画的艺术精神，著者详细论述了道教哲学思想对明清文人画的影响。首先指出"道"是宇宙事物的核心，道在绘画中的体现就是画道；其次论述了道教的意象与文人画的意象，提出"神仙"就是"道"的意象化，文人画绘画之道的重要内容之一就是意象造型；并将道教的"形、气、神"与文人画的"形、气、神"进行了对比，指出二者是同步产生、发展起来的；文人画的"意境"说与道教追求的"天人合一"观一致。

第二章文人画神仙题材历史溯源，著者运用个案研究法，分别对"《洛神赋图》中的道教神仙意蕴""魏晋道教与王羲之书法艺术""从三官信仰解读《三官大帝出巡图》"'从《庄周梦蝶》试析道教神仙思想"四个方面探讨了道教对文人画的影响。从文学、书法、道教斋醮、哲学等四个不同的维度对文人画的神仙题材进行了历史溯源。

第三章明清文人画中的神仙意蕴，著者仍以个案为考察对象，"从'老子'题材绘画作品诠释道教核心信仰""从《瑶池霓裳图》解读西王母文化信仰""从《葛仙炼石图》看葛洪炼丹修道思想""从'钟馗'题材绘画作品探鬼神文化""从道教济世度人思想说八仙"，分别从道教核心信仰、道教文化信仰、道教修道思想、道教鬼神文化、道教济世思想五个方面论析了明清文人画中的神仙意蕴。

第四章明清文人山水画与道教情怀，主要论述了道教山水观对明清文人山水画的影响。著者指出，文人与山水、道教结缘，原因在于，画家在画中创造的自然实现了向现实自然回归的满足。

第五章"三教合一"与明清文人画，著者指出，明清时期，儒、释、道三教思想文化相互交融，形成了中国文化的互补结构。文人画家将中国儒家的"理"、道教的"无"、禅宗的"空"带入了绘画。在"诗中有画，画中有诗"的基础上，更加追求写意与神似，讲究绘画的书法用笔，创作态度上追求游戏三昧，成为明清文人画的重要特点。

本书运用到跨学科的研究方法，从横向与纵向的角度详细分析了道教对明清文人画的影响，将明清文人画与道教哲学思想联系起来，考察其艺术精神，开拓了道教研究的领域，也为研究道教对明清文人画的影响提供了新素材。（余虹、赵鹏程）

道经图像研究

《道经图像研究》，许宜兰著。成都：巴蜀书社，2009年11月第1版，32开，250千字，系"儒道释博士论文丛书"之一种。

许宜兰，1968年生，河南洛阳人。现任教于洛阳师范学院美术学院，研究方向为道教艺术。

本书分为绪论、正文、结语、参考文献、附录、后记几大板块。正文部分共分三章。

第一章道经中的神仙图像。著者采用个案研究方法，分别从道经中的神仙谱系图像、道经中的裨灵图像、道经中的仙真图像三个方面对道经中的神仙图像进行了论析。

第二章道经中的修炼图像。著者从道经中的修炼图像着手，分别从存思修炼、内丹修炼、道德修炼三个方面对道经中的修炼图像进行了详尽的论析。

第三章道经中的洞天福地图像。首先概述了道经中洞天福地图像及其渊源，接着分析了《罗浮山图》中所蕴含的山水情趣之美。最后，通过对《大明玄天上帝瑞应图录》的分析，解释了其与武当山的关系，并讨论了图像的艺术特征，指出道经图像和传统绘画形式在道教传播过程中的互相借鉴、互相影响。

本书以道教神仙信仰为入口，结合中国美术史中相关美术作品，通过道经中的图像来窥视道教传统文化，为研究道教文化开辟了一个新视角。著者重点收集了两方面的材料，一是关于画论、笔记、小说等方面的文字材料，二是关于神仙、修炼、洞天福地的图像材料。运用图文结合的方法使著者的论述更加有理有据。在选择图像资料时，著者精心选择其中最具代表性的作品，运用宗教学、美学、文献学的方法，将整体叙述与个案分析相结合，为我们描绘出道经图像的历史演变以及其中的道教思想，一定程度上填补了道经图像研究方面的空白，具有一定的创新性。（余虹、赵鹏程）

魏晋南北朝升天图研究

《魏晋南北朝升天图研究》，张倩仪著。北京：商务印书馆，2010年2月第1版，32开。

张倩仪，毕业于香港大学，本书为其学位论文。

本书主要研究魏晋南北朝时期的墓葬升天图，也涉及战国至汉代的升天图的形态和数量，力图探究魏晋南北朝时期人们生死观念发生变化的原因，即佛教和祆教的传入使人们找到了死后灵魂的栖息之所。全书前有胡守为序，后分为引论、正文和结论三个部分。

引论包括本书的写作目的、写作结构、研究角度、研究方法以及对前人研究成果的回顾并提出问题。

正文部分分为三章。

第一章魏晋南北朝的升天图，介绍魏晋南北朝以前（战国至汉代）的升天图及其研究成果，罗列出这段时期形成的升仙系统，探寻当时人们的升仙愿望、升天者身份以及从中反映出来的生死观，并介绍魏晋南北朝墓葬的升天图的变化，如数量减少，出现新的象征图像——孝子图与高士图等。

第二章魏晋南北朝的生死观，探讨魏晋南北朝时期生死观发生的变化以及原因，包括追求长生在当时所遭遇的挫折，人们对死后世界的想象，佛教和祆教的出现。

第三章敦煌个案研究：道佛祆和升天图，通过对敦煌西魏洞窟天花与传统墓葬升天图的关系研究，得出时人将不死永生的愿望投射到信仰佛教净土和祆教天堂中的结论；并通过祆教墓中的飞升图像、天堂图像进一步证明祆教对中国古人生死观的影响；最后分析了道佛祆图像得以融合的时代和地理因素。

结论分为两部分，第一部分升天图与魏晋南北朝社会，论升天图与魏晋南北朝社会的发展、变化及初唐后消失的情况，总结魏晋南北朝升天图研究的意义。第二部分升仙思想的中外元素，探讨中国长生思想的产生与中、西方（如中亚、西亚、波斯）因素的关联。

本书从考古学和民俗学的角度，以近数十年发现的大量考古图像资料为根据，深入探究人类共同关注的生死话题，探究中国人在长期历史发展中死亡观念的变化，并以传统经典以及广大民众的丧葬文献为依据，将图像与经典，民俗、考古与文学、哲学结合起来，为中国文化的研究打开了新的研究视角。（余虹、姜红）

卧游仙云——中国历代绘画的神仙世界

《卧游仙云——中国历代绘画的神仙世界》，王宜峨编著。北京：五洲传播出版社，2011年5月第1版，16开。

王宜峨简介详见《道教美术史话》提要。

本书是一本关于中国神仙世界的绘画集，分为总序、序言、上篇、下篇等几个部分。

上篇道影仙踪——历代文人笔下的神仙画，内容分为文字总述与绘画作品介绍。著者对不同时期的文人画进行概括性的文字综述，并选择晋唐至明清的44幅文人神仙画，如顾恺之的《洛神赋图》、晁补之的《老子骑牛图》、吴道子的《天官图》《地官图》《水官图》、王蒙的《葛稚川移居图》、唐寅的《烧药图》、龙眉子的《金液运丹印证图》、崔子忠的《云中鸡犬》、黄慎的《炼丹图》、戴敦邦的《老子图》等，展现了历代文人笔下绚烂多姿的神仙世界。

下篇林泉洞天——历代著名道士笔下的文人画，共选取著名道士笔下的文人画25幅。著者将道士画分为皇帝的绘画与高道的绘画两种类型，进行了图文并茂的介绍。包括赵佶的《瑞鹤图》、黄公望的《富春山居图》、倪瓒的《筠石古槎图》、方从义的《崇冈独眺图》、长春真人的《墨龙图》、朱耷的《双禽图》、傅山的《傅眉山水花卉合册》、闵智亭的《幽兰山谷图》、孙明瑞的《梅花四条屏》等。这些绘画都是著名高道对他们向往的理想山水的描绘，绘画中蕴含着浓郁的道教色彩。

本书从历史的纵向维度及文人神仙画、道士文人画的横向维度，介绍了历代道教绘画的艺术特色与艺术成就。其主要价值在于：

第一，从时间上说，选材历史跨度大，基本上涵盖了道教发展各个时期的绘画作品。

第二，从作品上来说，精选名家作品，具有极高的艺术价值。

第三，从内容上来看，以图为主，文字为辅。还顺带介绍了中国传统绘画的一些基本手法、基本术语、基本常识。

第四，从资料的完整性来看，书中所收录的绘画作品除了国内各大博物馆的藏品外，还包括许多流失海外的艺术珍品，具有重要的艺术史料价值。

（余虹、赵鹏程）

瑰奇清雅——道教对中国绘画的影响

《瑰奇清雅——道教对中国绘画的影响》，胡知凡著。上海：上海辞书出版社，2011年8月第1版，32开，204千字。系"上海城隍庙现代视野中的道教丛书"之一种。

　　胡知凡简介详见《十大道士》提要。

　　本书除引言、后记外，正文部分分为四章。

　　第一章凝神遐想　妙悟自然——道教对中国古代山水画艺术的影响。著者主要论述不同历史时期道教对中国山水画的影响。著者认为，在道家和道教思想的影响下魏晋南北朝时期山水画才得以产生。这一时期的山水画论影响深远；两宋至元代的山水画向表现主观感受的方向发展，至元代，文人画成为画坛主流，以元季四大家为代表；明代学者画论，与道教思想相得益彰，影响着当时文人、画家的思想与创作；清初"四王""四僧""金陵八家"等山水画家作品中透露出强烈的道教思想色彩。

　　第二章仙神灵怪　神韵气象——道教对中国古代人物画艺术的影响。著者详细地论析了道教在不同历史时期对中国古代人物画的影响。魏晋南北朝时期，受道教神仙信仰的影响，道教人物画以表现凡人得道成仙的题材为主；隋唐五代时期，随着神仙谱系的创立，道教绘画的题材中除了神仙画像以外，还增加了天尊神像；宋代道教人物画又出现了新变化，体现了宋代神仙信仰开始从飞升成仙理想转变为关心世俗百姓生老病死，祈福免祸的思想；元代的道教人物画，表现八仙题材的作品逐渐增多；明清时期，与老百姓追求吉祥、驱恶、长寿的心理相契合，道教人物画以表现八仙、关羽、钟馗、福禄寿之类的神仙人物为主。

　　第三章天尊仙真　满壁生辉——道教对中国古代壁画艺术的影响。著者从"道教与宫观壁画艺术""道教与墓室壁画艺术"两个方面论述了道教对中国壁画的影响。

　　第四章消灾纳福　驱邪逐疫——道教对中国古代民间绘画艺术的影响。著者从道教与水陆画、道教与道教书籍插图、道教与木版年画、道教与民间绘画的色彩观、道教与传统吉祥图案五个方面，探讨了道教对于中国古代民间绘画艺术的影响。

　　本书按照中国传统绘画中的门类划分，分别论述了道教对山水画、人物画、壁画和民间绘画的影响，全书逻辑清晰，浅显易懂，图文并茂，具有一定的可读性。另外，本书中引用了大量的画家生平资料、画论，具有较高的参考价值。（余虹、赵鹏程）

大美不言——道教与艺术

《大美不言——道教与艺术》，邢飞著。成都：四川人民出版社，2012年9月第1版，32开，150千字，系"中华道文化丛书"之一种。

邢飞，1976年生，山东济南人。四川省社会科学院文学与艺术研究所助理研究员。主要从事中国道教文化研究。已出版专著《道家精神与成都休闲文化》，校注《儿童绘画与中国神话世界》。

本书介绍了不同朝代的道教艺术，包括道教绘画、书法、音乐、雕塑和建筑的发展状况，并阐述了道教思想对道教艺术的影响。全书除总论和后记外，共分五章。

第一章道教与绘画艺术，介绍道教思想对中国画的影响，包括道教宗教画和受道教思想影响下产生的绘画作品、历代著名的道教画家及其作品、各朝代道教壁画；道教水陆画及其艺术性。

第二章道教与书法艺术。总述道教与书法的关系，介绍魏晋道教世家与书法艺术的关系、敦煌道教经卷中的书法艺术、道教符箓与天书云篆。

第三章道教与音乐艺术，介绍道教音乐的起源及其流变、道教音乐的地域性、青城山道乐的历史发展概况及其艺术特色。

第四章道教与雕塑。介绍道教雕塑种类及其历史发展概况、巴蜀地区道教石刻艺术、青城山、都江堰道教造像艺术。

第五章道教与建筑艺术，包括道教宫观建筑和道教思想影响下的园林艺术。著者介绍了道教宫观的起源及其发展状况、道教思想对中国古代园林艺术的影响、青城山道教建筑的历史及其现状。

本书语言简洁，概括详尽，图文并茂，可作为了解或研究道教艺术史的入门书籍，也能作为研究地域文化、特别是蜀文化很好的资料补充。（余虹、姜红）

道教与书法

《道教与书法》，聂清著。北京：中央编译出版社，2012年10月第1版，16

开，307千字。

聂清，1971年出生，山东莒县人。北京大学哲学系博士。中国社会科学院世界宗教研究所副研究员，从事中国宗教与艺术的研究工作。

本书先由北大哲学系许抗生教授作序，正文共分九章叙述。全书将道教与书法的关系作为论述重点，深入揭示道教思想对中国书法艺术的深刻影响。

第一章本土宗教与早期艺术。论述本土宗教的祭司气质与萨满精神对早期艺术风格的影响。认为在中国宗教艺术系统内，祭司艺术与萨满艺术形成内在张力。

第二章早期宗教与文字艺术。主要阐述早期宗教在文字起源、文字艺术风格中所起的重要作用。分为三代宗教思想概述、书写的神圣起源、祭司及其书写、楚地的巫风与书风四方面论述。

第三章汉代的凝重与飞动。从四个方面论述汉代书法凝重与飞动结合的艺术风格。其一，隶书的渊源。其二，波磔的宗教内涵。其三，从隶书到草书。其四，凝重的碑刻隶书。

第四章初期道教与书法艺术。从道符与篆书、王羲之与道教、书圣郑道昭与道教的关系、道教写经四个方面论述了早期道教与书法之间的关系。

第五章唐代狂草的萨满之舞。主要论述唐代"狂草"与萨满精神的内在关联，著者认为唐代"狂草"与萨满精神有内在关联。通过考察不同时期酒、醉与艺术间的关系、萨满的舞蹈、唐代胡舞的萨满元素，总结了唐代"狂草"放纵与法度合为一体的艺术风格。

第六章尚意书风的渊源。主要介绍皇室与文士不同书风背后艺术理念的差异，得出结论：宋代皇室刻板书风背后的理念，是重视道教中方术形式轻视精神层面的结果。文士尚意书风的理念则主要来自道家、道教，以老庄角度切入道教的精神世界，在遵循古典与张扬自我之间形成张力。

第七章元代逸士及其书法。主要介绍元代逸士的精神风貌及其影响下的书风，分析了不同历史时期的逸士与道家隐逸思想的关系；以张雨、倪瓒、杨维桢为代表，详论其书法艺术成就与道教信仰间的关系；介绍在赵孟頫的"古意"思想影响下的元代书法复古运动。认为这一时期的逸士在维持传统与寻求精神自由间取得了平衡。

第八章明末变局、第九章张力的消失。这两章主要讲萨满精神与祭司气质间的平衡被打破，进而对书法艺术形成的影响。

本书选用了独特的视角探讨道教与书法，不仅局限于书法本身而是重视书法背后的宗教精神内涵，为研究道教与中国古代书法艺术的关系拓展了新的思路。（余虹、杜建明）

道教壁画五岳神祇图像谱系研究

《道教壁画五岳神祇图像谱系研究》，赵伟著。北京：文化艺术出版社，2013年4月第1版，16开，204千字。

赵伟，1970年生，河北沧州人。中央美术学院人文学院教授。本书由其博士论文修改而成。

本书除导言、结语、致谢外，正文部分共三章。包括"五岳壁画图像形成与分布""道教壁画之五岳神祇位业""道教壁画五岳神祇图像谱系"。著者选取以五岳山神为核心的道教壁画，分析道教壁画五岳神祇位业及其谱系建构以及各类神祇进入谱系的原因，通过考察道教壁画中五岳神祇谱系的建构，探讨我国古代以五岳为题材的壁画所隐含的逻辑构思。

第一章五岳壁画图像形成与分布。探讨"五岳"一词形成时间，介绍汉至唐宋以来有关山岳壁画情况，以及对现存寺观壁画五岳图像情况的考察列表，涉及寺观名称、绘制年代、题材、主要神祇位置等。

第二章道教壁画之五岳神祇位业。著者通过考察，确定金允中编纂的《上清灵宝大法》为判定永乐宫主要人物身份的依据之一；确定三清殿东壁主像及附属神祇身份，得出四极大帝所处方位系刻意为之；对《神仙赴会图》的保存情况及研究现状进行介绍，重点对其中东西两壁神祇身份进行深入探讨，指出前人错误；通过壁画的个案研究，对国家与民间的山川祭祀进行比较，得出岳庙神祇降水、护佑的主要职能，以及国家与民间信仰上的交叉互动。

第三章道教壁画五岳神祇谱系，通过对五岳壁画中神祇位业的归纳整理，建立起以道教朝元系统、国家岳庙祭祀系统、民间岳庙祭祀系统为主体的道教壁画五岳神祇图像谱系。通过分析这三个谱系间的关系，勾画出了由五岳神、雩祭神、方位神、时序神及福佑、惩处神组成的道教壁画五岳神祇谱系。考察职能相近神祇在图像上的演变及它们进入五岳谱系的原因。

本书研究方法独特，立足于中国本土的思维方式与文化心理，并合理借鉴西方的研究方法研究中国问题，为研究方法的本土化、中国化提供了借鉴。道教壁画中的五岳神祇图像直观反映古代国家的宗教观念与社会文化形态，对这些图像的考察有助于理解古代五岳祭祀文化、社会信仰及其与国家观念、宗教信仰、民间信仰间的复杂关系。（余虹、杜建明）

（五）道家道教与建筑、造像

四川道教、佛教石窟艺术

《四川道教、佛教石窟艺术》，胡文和著。成都：四川人民出版社，1994年6月第1版，16开，500千字。

胡文和，1950年生，曾任职于四川省社会科学院历史所，从事藏学研究。1984年调回中国社会科学院文学所从事宗教考古艺术研究。20年来致力于收集中国道教、佛教石刻和石窟艺术、建筑方面的图文资料。

本书是国内第一本收集、整理最完善、真实性最强的四川道教佛教资料。全书由四川石窟群分布图例、重要研究成果目录、序言、道教石窟碑帖图例、佛教石窟碑帖图例、目录、四川道教佛教石窟分布、四川道教佛教石窟分期、四川石窟中道教佛教题材内容研究、四川石窟的艺术价值、附录、后记组成。图片276幅，插图48幅，其中有许多石窟和碑刻现已损灭，仅存照片，十分珍贵。

本书分为四个部分。

第一部分介绍四川道教佛教石窟分布，涉及其分布情况、年代、大小、内容等。

第二部分介绍四川道教佛教石窟分期，按道教和佛教两个部分，通过龛窟形制、造像题材、造像形象与服饰特点三方面进行介绍，图文并茂，讲述细微精湛。

第三部分介绍四川石窟中道教、佛教题材内容的研究，分为两个部分：四川道教神祇系统、造像的由来、发展和演变以及佛教龛窟题材内容的分类。

第四部分介绍了四川石窟的艺术价值，分道教、佛教各代造像的艺术特色来阐述。道教部分结合隋、唐、宋三代分析其艺术特征，突出其呈现的时代共性与地方特色，以及继承的脉络。佛教部分主要体现其丰富的题材内容、多样的构图形式、"气韵生动"的形象造型、神奇入化的雕刻技艺。

本书全面展现四川道教、佛教石窟艺术，图片丰富，资料翔实，还原了遗迹，是考古爱好者、宗教专家、研究者的重要参考资料。（张苏、王慧珠）

道教与艺术

《道教与艺术》，王宜娥著。台北：文津出版社，1997年5月第1版。编案："娥"字为"峨"字的手民之误。系"道教文化丛刊"之一种。

王宜峨简介详见《道教美术史话》提要。

本书共五章。第一章道家、道教及其审美思想，指出老子认为美的存在是以"法自然"为宗旨，离开了自然，也就不存在美。反对对于声色等感官美的无止境的追求。美与丑是相对的，没有美也就没有丑。庄子认为"道"是无所不在的，自然之美也是无限的。《逍遥游》中所描述的神仙境界和生活，正是庄子所热烈追求的人生最高境界。他首次提出了外在的丑并不妨碍其内在所具有的精神美，这对后世的绘画和造型艺术有着深远的影响。人们要体验到自然无为的审美感受，必须通过人们自身内心的修养，进入特殊的心理状态，即"心斋"。老庄道家美学思想，尤其是执着追求自然无为之道的审美思想，成为后人冲破封建伦理道德束缚的有力武器，更是道教审美思想的重要部分。

第二章古老的道教宫观建筑，认为道教视天地与人事相互对应，把人世间的一切事物变化，都看成是天界的反应。道教宫观便是本着法天、法地、法道、法自然的思想来建造的。按照八卦方位，使供奉尊神的殿堂都设在中轴线上，这种对称的建筑格局，表现了追求平稳、持重和静穆的审美情趣。

第三章多姿的道教造像，指出因道教徒崇拜神仙，所以在神像制作上逐渐形成了一整套符合宗教要求的模式和规范，包括选料、雕刻、裱糊，其中还特别注重装脏、开脸、开光点眼等仪式。方使神像具有了神格，才能显出其神威。

第四章辉煌的道教壁画，指出道教壁画自魏晋南北朝时已应运而生，大多直接在白粉泥墙或土红底上打稿，勾勒线条较粗，颜色多用红、绿、蓝三色，树木山川等景色多用图案方式来表现。如：敦煌莫高窟现存可见的东王公、西王母、伏羲、女娲等道教题材的壁画，构图生动，线条流畅，形神俱佳。道教壁画在唐代发展蓬勃，至宋代达到鼎盛。在帝王与官方的提倡推动下，不仅数量多，水平也很高，有许多是著名画家所作。以画风细腻、壮丽鲜艳具感染力为特色。

第五章瑰丽的文人道画和著名的道士画家，介绍了历史上知名的文人道画与道士画家，如魏晋南北朝时的李意其、王献之，唐代吴道子、梁令瓒，宋代石恪、孙知微等。

本书简要地介绍了道教审美思想、道教宫观建筑艺术、道教造像和道教壁画的产生、发展、变化；也介绍了历代文人道画和著名的道士画家及其作品。道教艺术随着道教的产生而产生，在近二千年的历史长河中不仅有其独特的艺术风格，并且对道教的发展传播，以及中国的传统文化都有重要影响。著者肯定老子、庄子等道家著作中有着丰富而深湛的审美观。这种审美观思想是道家艺术发展的主要理论依据，并对口国的美学思想也有着重大的影响。（林翠凤）

太原龙山道教石窟艺术研究

《太原龙山道教石窟艺术研究》，张明远著。太原：山西科学技术出版社，2002年4月第1版，32开，165千字，系"山西大学百年校庆学术丛书"之一种。

张明远，1952年生，山西大学美术学院美术史论专业教授，博士生导师。山西美术家协会会员、山西雕塑家协会理事。1998年被评为山西省中青年骨干教师。1994年以来，专门从事山西美术史研究。

自1995年以来，著者一直围绕龙山石窟的分期及其艺术特点做一些断断续续的研究工作。她曾十数次赴龙山，对该窟群的地理形态、窟形建筑、石刻题记、台座形制、造像题材与组合、造像样式与风格做了反复的调查研究，相继发表了《唐代龙山石窟研究》《龙山石窟考察报告》《龙山石窟历史文献勘误》《龙山石窟历史分析问题研究》等文章。以上文章内容被全部纳入了《太原龙山道教石窟研究》一书中，并在此基础上对个别处做了新的更正和添加了新的内容。因此，《太原龙山道教石窟研究》全面反映了著者对龙山石窟问题研究的成果。全书分五个章节：一、龙山石窟现状考察；二、龙山唐代石窟考察；三、龙山元代石窟考证；四、龙山历史文献考疑；五、龙山石窟的题材内容和艺术特点。另附上古至元道教和道教美术略说。

著者对包括"龙山石窟的时代判定""1994年才被发现的龙山道教石窟第9窟为何时开凿"等问题逐一说明，并为此分出第二章龙山唐代石窟考察和第三章龙山元代石窟考证来论述龙山石窟的历史分期问题，并且对包括各家争议颇多的龙山石窟时代判断等问题，做出了更加合理详细的解释。此外，著者逐一对太原龙山道教石窟九个洞窟的名字、题材内容、艺术特点进行了详细的描述、归纳。

本书凸显出太原龙山道教石窟独有的魅力和珍贵的历史艺术价值，为龙山石窟的历史定位做出了实际的贡献。（张苏、吉丽）

中国道教石刻艺术史

《中国道教石刻艺术史》，胡文和著。北京：高等教育出版社，2004年8月第1版，全2册，16开，960千字。

胡文和简介详见《四川道教、佛教石窟艺术》提要。

本书分为三卷，一为北朝至隋唐的道教造像碑、石；二为巴蜀道教石窟；三为山西太原龙山道教石窟。其中北朝至隋唐的道教造像碑、石独占上册，巴蜀道教石窟和第三卷的山西太原龙山道教石窟为下册，三卷的内容不仅是地区的划分，同时也是时代的划分，著者将所研究的道教石刻按时代横向和纵向排列，并与各自时代的佛教石刻做比较研究，总结探究其艺术特性及发展过程。

第一卷北朝至隋唐的道教造像碑、石，其内容分为北朝至隋唐的道教造像碑、石分布及保存现状，北朝至隋唐的道教造像碑、石内容及发愿文题刻，北朝至隋唐的道教造像碑、石统计表，北朝至隋唐的道教造像碑、石类型，北朝道（佛）教造像碑的宗教内容研究，北朝道（佛）教造像碑的历史价值六个部分，该卷的实物资料，分布较集中，大部分保存在陕西耀县（今铜州市耀州区）药王山博物馆碑林、临潼市博物馆、西安碑林博物馆三个博物馆中，另有一部分则流失于海外。这段时期的道教石刻艺术主要为陕西流派，整体的雕刻艺术风格是朴实、简练、自然，不太注重形象细部的刻画，有着当时居住在中国北方汉族的审美情趣。

第二卷巴蜀道教石窟，分为巴蜀道教石窟遗址的分布、巴蜀道教石窟的分期、巴蜀道教石窟题材内容的研究、巴蜀道教造像的艺术特色、巴蜀道教石窟的历史价值以及中国唯一的石刻唐代道藏经目六个部分。该卷的实物资料，主要以隋代至宋朝，还有少部分明清时期为主，地点主要出自四川省和重庆市。这段时期的道教石刻的风格既具有民间性，又显现出与北朝至隋唐的道教造像迥然不同的风格，其雕刻艺术风格主要以面相清俊、雅致，衣着轻薄而飘逸为主，其代表作品更有宋代大足的那些超凡脱俗的道教雕刻造像。

第三卷山西太原龙山道教石窟，分为历来对龙山道教石窟的考察研究述议、龙山道教石窟的形制和造像内容、龙山石窟每窟内容和名称辨证、龙山石窟的形制、形象造型及服饰特征四个部分，该卷的实物资料保存在山西省太原市，共有9个石窟，其中，有7个石窟雕刻道像，造像共65尊。这段时期的道教石刻的形象大部分是全真派的开派祖师，其雕刻艺术风格的面相为中国北方人，造像神态高雅古朴。

本书内容严谨、知识系统、结构清晰、涵盖广泛，著者采用图像学和比绞学的研究方式，通过实地考察、记录、拍照，对书中所涉资料进行收集、整理、鉴别，文字描述与图像资料相结合，清晰明了地勾勒了中国道教石刻艺术的发展线索。（张芝、吴艺璇）

道教邮票欣赏

《道教邮票欣赏》，潘明权著。北京：宗教文化出版社，2006年9月第1版，16开，80千字。

潘明权，1947年生，江苏南京人。中国宗教学会理事、上海宗教学会理事。曾任上海市民族和宗教事务委员会佛道教工作处处长、研究室主任、政策法规处处长。编著（含合著）有《世界佛教邮票欣赏》《上海佛教寺院纵横谈》《上海佛寺道观》等书，发表论文数十篇。著者长期从事宗教工作，精心收集了大量以宗教为题材的邮票，由于2006年4月出版的《世界佛教邮票欣赏》一书反映尚好，在宗教界人士的鼓励下，作者将自己多年来收集的邮票按照不同宗教分别整理出版，再编《道教邮票欣赏》《基督教邮票欣赏》和《伊斯兰教邮票欣赏》三本，本书就是其中之一。

本书由中国道教协会会长任法融道长题写书名；由中国道教协会常务副会长张继禹道长撰写序言；由中国道教协会陈莲笙、黄信阳、唐诚青、丁常云，上海市道教协会史孝进、吉宏忠、戴敦邦等诸领导题词。本书于序言之后分三编，书末有后记。

序言阐述"道教邮票欣赏"命题的含义、研究对象与基本特点，说明其理论价值、现实意义与研究方法。

第一编道教神仙在人间，论析世界各国与道教神仙题材相关的邮票，主要从中国发行的道教邮票入手，分别阐述老子、庄子、黄帝、炎帝、药王孙思邈、妈祖林默娘、八仙、关帝、门神、灶神、财神、土地爷等道教尊奉的神仙其形象和寓意以及时代特征。

第二编洞天福地五岳行，论析中国已发行的与中国五岳、洞天、四大名楼以及崆峒山、庐山、崂山、青城山、武当山等中国各大名山道观相关的道教邮票。著者侧重于介绍"三山五岳"的历史文化特征，进而赏析与解读这一题材的道教邮票的内涵与意蕴。

第三编中华节庆民俗风，论析中国传统节日与道教文化之间的关联，并收集和赏析与中国节庆和中国民俗民风题材相关的道教邮票。这一编内容丰富，不仅包含了春节、元宵节、端午节、中秋节、重阳节等传统节庆，还包含了中国风水五行、鬼狐传说、文学戏剧等众多题材的道教邮票赏析。

最后，著者在后记中表明自己撰写本书的初衷，对书中的内容进行了系统总结，并对道教邮票研究的现代价值做出了新的评估。

本书收集与道教相关的邮票400枚，通过方寸之间的精美画面，从社会政治、经济、文化、思想、民俗、节庆、饮食等诸多方面，反射出道教与中国传统文化、中国民间生活密不可分、乳水相融的渊源关系，有利于人们了解道教知识，传承道教文化。（张苏、王庭）

佛教道教图典：壁画白描精选

《佛教道教图典：壁画白描精选》，雷鸣东、郭中强绘图，李鸿安、雷静撰文。北京：九州出版社，2007年10月第1版，16开，20千字。

雷鸣东，1945年生，河南开封人，号三乐庐主，书法家、国画家，古玩鉴赏家、收藏家、教授、博士生导师。出身书法世家，任中国国学书画院院长、中国书画艺术研究会会长、中国名人书画研究院院长、中国书法艺术研究院副院长兼中国画委员会主任、中国美术家协会会员、中国书法家隶书研究会副会长、中国书画艺术报社社长、北京道教协会艺术委员会副主任、政协委员、研究员。北京大学特聘教授，中国民间文物藏品鉴定委员会顾问。中华书画名家研究院顾问。

郭中强，1962年生，河南郑州人。中国书画艺术研究会理事，中国名人书画研究院专业画家。自幼酷爱美术，师从著名书画家雷鸣东教授30余载，与老师一起潜心研究历代佛教、道教壁画，成绩斐然，以非凡的白描功力，再现著名佛教、道教壁画传神画卷。1996年以来连续拍卖出《千手千眼观音》《永乐宫壁画》等多幅作品，并和老师合作出版了《雷鸣东郭中强师生白描精选》。

本书是从雷鸣东先生和他的弟子创作的壁画白描中精选出来汇集而成，每一组白描图均配以精略的文字说明，由李鸿安、雷静撰文，从艺术角度对这些白描图做出简当的批评。本书前有中国美术家协会常务副主席、著名画家刘大为先生题词："雷鸣东郭中强师生白描精选"，后有自序，主干部分为19幅壁画白描和文字说明，最后附雷鸣东常用印和郭中强常用印。

本图典含《释迦牟尼佛像》《观音菩萨像》《千手千眼观音像》《文殊菩萨像·文殊变》《普贤菩萨像·普贤变》《白描罗汉图》《五百罗汉图》《维摩演教图》《十六罗汉图》《十八罗汉图》《七佛图》《四大天王像》《五方佛像》《帝释梵天图》《番王礼佛图》《八十七神仙卷》《朝元图》《大傩图》。图典的文字说明大都从其背后的缘由和故事情节开始，再从艺术角度分析其线条技法的表现性。（张苏、唐咏梅）

形神俱妙——道教造像艺术探索

《形神俱妙——道教造像艺术探索》，胡知凡著。上海：上海辞书出版社，2008年6月第1版，32开，197千字。系"上海城隍庙现代视野中的道教丛书"之一种。

胡知凡简介详见《十大道士》提要。

本书除引言、附录、后记外，正文共分五章。

第一章道教造像艺术的渊源，上溯道教形成以前中国史前宗教造像艺术，以及先秦时期宗教造像艺术、秦汉时期神仙造像艺术的渊源。

第二章道教造像艺术的萌发与兴起，介绍从东汉末年道教的产生、道教造像艺术的萌发至魏晋南北朝时期道教与造像艺术的兴起这一时期的简况。

第三章道教造像艺术的发展与兴盛，从隋唐时期的道教、隋唐道教造像碑艺术、唐代宫观中的道教造像艺术、四川地区道教摩崖石窟造像艺术四个方面，指出隋唐时期道教造像艺术的发展达到鼎盛。

第四章走向世俗的道教造像艺术，介绍了宋元时期的道教概况、宋元宫观中的道教造像艺术、宋代重庆大足道教造像艺术、金代宫观中的道教造像艺术、元代宫观中的道教造像艺术、金元时期石窟中的道教造像艺术，总结了宋元时期道教的造像艺术开始走向世俗化的特点。

第五章趋于衰落的道教造像艺术，介绍了明清衰微的道教及明清两代宫观中的道教造像艺术、明清石窟中的道教造像艺术、民间道教造像艺术等。

本书全面论述了我国古代道教造像艺术发展的历史及不同时期的特点，在具体制作上，道教造像艺术与中国其他艺术异样，注重意境的表达，注重对各种神像内在精神面貌的刻画。在表现手法上，采用以写实为主，辅以浪漫主义因素，体现道教造像艺术以形宣道的审美追求。在神像的装饰上，则采用中国传统雕塑艺术塑绘结合的手法，从而增添了造像的艺术魅力。

本书插图120幅，图文并茂。著者对各时期道教造像的规范、艺术特点，及其继承、发展等都有精辟的论述，对于普通大学文物考古、雕塑艺术和旅游专业师生而言，都是很好的基本教材，也是道教文化爱好者鉴赏的工具。

（张苏、唐咏梅）

苏州道教艺术集

《苏州道教艺术集》，中国舞蹈艺术研究会研究组编。上海：上海社会科学院出版社，2009年7月第1版，16开，系"近代中国艺术史料丛书"之一。本书曾于1957年由中国舞蹈艺术研究会以内部资料名义出版线装油印本，此版即影印1957年本。

中华人民共和国成立初期，以对民间文化艺术的保护为宗旨，国家陆续组织人力和物力开展了一系列考察整理工作，其中道教艺术是重要的一部分。《苏州道教艺术集》系以苏州玄妙观一场名为"巩固山河，保卫社稷"的斋醮活动为对象，考察人员拍摄的一部道教艺术文献纪录片，记录了斋醮仪式的全过程。在对斋醮活动的考察整理结束后，由中国舞蹈艺术研究会研究组的工作人员共同合编而成。本书为中华人民共和国成立之初对苏州道教文化调查整理之成果，可谓近代道教田野调查之最全者。

本书总体分三部分。第一部分为苏州道教的醮事。第二部分为苏州的道教音乐，以工尺谱的形式收录道教音乐90多首曲谱。第三部分为苏州道观的各种实景照片，共一百多幅。

第一部分苏州道教的醮事，对苏州玄妙观正一道派的"全符""全表""火司朝"等科仪乐舞进行了系统的整理与解释，记录了苏州道教醮事的音乐表演、舞步技法和手诀等等，突出了苏州道教醮事礼仪的特点。

第二部分苏州的道教音乐。道教音乐是中国宗教音乐之一，是醮事中必不可少的内容。苏州道乐，历史可追溯至西晋，属于正一派。在本书中收入了余尚清教授撰写的《苏州的道教音乐》一文，详析了苏州道教音乐的源流、特点，特别肯定了其音乐的艺术独创性及其在中国民族音乐史上的贡献和地位。

第三部分记录了苏州当地道观一百多幅真实照片。照片中包含了苏州当地道教的建筑、雕刻、神画等。如醮坛仪式进行时必需的设置和用品，仪式中道士所穿戴的法衣、帽、冠、鞋等等。还有各个道观的神像雕刻图片以及各种摆件的详细图片。除此之外，本书中还有各项物器的清晰线描图，可以分析各项物器的结构以及具体的特征。这些照片记录了20世纪50年代苏州道观的原始风貌。

苏州道教音乐植根于吴文化的沃土之中，除了具有道教音乐的共性外，还有鲜明的地方特色。斋醮科仪一直是各家道观的独门秘法，由师徒间口传心授，历来秘而不宣，未见著录，更无详细的步法记载。本书中有关的科仪中的位置、步法图形的记录十分珍贵。本书记录的道教艺术，其重要价值是无可替代的。（张苏、易婷月）

神韵：武当道教造像艺术

《神韵：武当道教造像艺术》，武当博物馆编著。北京：文物出版社，2009年9月第1版，16开。

本书分为序言、序、前言、目录、内容、后记几个部分。主体部分系造像图片，后记总结了武当山馆藏文物的研究及其文化内涵。

本书精选唐、宋、元、明四个朝代的造像，以明代为主。共包括铜像122尊，木像20尊，石像3尊，铁像2尊，玉像1尊，其中通高最高的神像是木雕彩绘金童站像，通高为169cm；通高最低的神像为铜铸灵官站像与木雕彩绘五百灵官组像，通高为22—24cm；书中展现了坐像50尊，站像88尊，组像4尊，裸体男像2尊，裸体女像2尊，天尊1尊，舞神1尊。

武当山古建筑群现保存各类文物近万件（套），其中，铜、铁、木、石道教雕塑造像1400余尊，基本为明代以前作品。武当山宫观造像多为皇室敕谕铸造、道士化缘铸造、官吏或民间信徒朝山进香的团体或信士进奉。这些道教造像已达到十分高超的艺术水平，人物形象生动逼真，面部表情丰富，人物性格突出，衣纹简洁，刀法粗犷，不论是艺术表现手法还是工艺技巧，都对中国的雕塑艺术发展有着重要的影响。武当博物馆拥有丰富的道教资源，本书中道教造像品类繁多，工艺精湛，包含了各朝代擅用的不同技法（如：鎏金、錾刻、石雕等等），表现力强且形式丰富，具有观赏价值与研究价值。

道教造像艺术是中华民族道教造像艺术的瑰宝，也是道教美术研究中的重镇。本书图文并茂，集武当道教造像精华于一体，为进一步研究各时期道教造像艺术、铸造工艺提供了极其重要的资料。（张苏、宋南昕）

中国古建筑之美：道教建筑

《中国古建筑之美：道教建筑》，中国建筑工业出版社编。北京：中国建筑工业出版社，2010年1月第1版，32开，189千字，系"中国古建筑之美"全集之一种。

本书是继《中国建筑艺术全集》精装版之后，为满足广大读者要求，并考虑到简装版的价格优势而推出的平装本。本书内容大致分为四大部分：论文、彩色图版、建筑词汇、年表。

本书前有周谊、刘致平、叶如棠序，主体部分采用图文结合的编排形式。文字部分的主要内容，阐述道教建筑的产生背景、道教的义理与信仰、道教的神仙体系以及道功与道术。并通过"道教建筑概说"，归纳了道教建筑的形制、选址与布点、布局、构造、艺术特点等，并通过发展沿革展示了道教建筑的独特艺术魅力。彩色图版大体按照道教建筑分布区域或建成年代为序进行编排。全书收录精美彩色图片（包括论文插图）约1700幅。全部图片均有图版说明，概要说明该建筑所在地点、建筑年代以及艺术技术特色。图版部分主要分为东北、华北和华中三大板块，图片精美并附有平面图、复原图、沿革图、建筑类型比较等图标。另外还附有建筑部分分布图及导览图，标注名建筑分布地点及周边名胜古迹。词汇部分按照笔画编列与道教建筑有关的建筑词汇，例如：八字墙、三合院、山墙、台基等转移建筑词汇的系统讲解。方便广大普通道教建筑爱好者阅览。中国古建筑年表的增加使广大读者能够清晰地看到中国古代建筑的发展脉络，对更深入地研究中国古代建筑提供了方便检索与梳理的便利。

　　道教建筑从早期至当代，无论从艺术特色上还是技术更新上都经历了很大的转变。道教建筑在艺术上也有不少异于传统建筑之处，造型、造像、壁画、雕饰、题刻都别具一格。本书的出版，全面展现了道教建筑艺术的独特魅力。（张苏、王晶）

中国道教造像研究

　　《中国道教造像研究》，汪小洋、李彧、张婷婷著。上海：上海大学出版社，2010年5月第1版，16开，354千字，系"中国本土宗教美术研究丛书"之一种。

　　汪小洋，1958年生，浙江富阳人，东南大学艺术学院教授、博士生导师。江苏省"333"跨世纪人才培养工程、江苏省教育厅"青蓝工程学术带头人"。中国艺术人类学协会理事、中国散曲研究协会会员、江苏省美术家协会会员、江苏省书法家协会会员、江苏省作家协会会员。主要研究方向为中国宗教美术、中国美术考古和中国古代文学。出版专著《汉赋史论》《美术考古与宗教美术》《汉画像石宗教思想研究》等。

　　本书共分三部分。

　　第一部分即引言部分，著者分别以中国道教三个发展阶段的划分、宗教仪式意义的理解、皇权文化的推动作用和石窟造像与宫观造像的辨析来揭示道教发展与道教造像艺术的本质与特点。

第二部分是本书主体部分，共分四章。第一章魏晋南北朝造像遗存梳理，第二章隋唐五代宋造像遗存梳理，第三章元明清造像遗存梳理，第四章主位神与神仙系统考释。

前三章依照年代顺序，分石窟、造像碑和宫观造像等不同类型、不同地域，分别梳理不同历史时代的道教造像遗存。

第四章对宫观造像中的神仙进行深入研究，并指出研究中遇到的具体问题。关于主神位的各代碑文考释，此处仍按照朝代顺序进行了系统的阐述，并对主位神考释进行了理论的梳理，特别提到了对神仙谱系中女仙的认识。

目前，我国佛教美术有着庞大的理论研究结构，道教美术还缺少这样的研究结构。本书具有全面而深刻的理论意义，其中有些研究角度也颇为新颖。（张苏、邓桦）

长江中游道教造像记

《长江中游道教造像记》，胡彬彬、朱和平著。长沙：湖南大学出版社，2011年8月第1版，16开，189千字。

胡彬彬，1959年生，湖南双峰人。中南大学文学院教授、博士生导师。中国村落文化研究中心主任，国家社科基金重大项目首席专家。其主要学术思想与论文见于《民族研究》《光明日报》等国家重点报刊和专著。

朱和平，1965年生，湖南湘乡人。现任湖南工业大学校长助理，湖南省设计艺术家协会副主席，湖南省陶艺家协会副主席，株洲市设计家协会主席。

本书是一部图集，收录长江中游地区（以湖南、湖北、江西为主）的道教造像记80件，连同细部特写，共计为140幅图片。这些资料是著者二十多年的田野考察所得，属于首次公开出版的新资料。

全书由概论和图版与说明组成。概论系著者从新资料出发，结合我国古代宗教、文化制度和乡规民俗进行的学术研究成果，也是引导读者阅读《长江中游道教造像记》的钥匙。每个图版的介绍都包括基本信息和解说文字。

概论部分讲述了有关造像的肇始、长江中游地区道教造像记的内容与形式、题材与类型、所反映出的信仰特点以及长江中游地区道教造像记的价值。

本书所记载的道教造像记，是明清道教造像记的文字档案，直接来自长江中游地区民间，是研究明清历史时期这一地域道教文化重要的第一手资料。这些造像记绝大多数是由当时处于社会基层的民众所撰写的，是既没有被官方审查修改过，也没有被文人们加工提炼过的一种类型特别的珍贵文献。这些文献除了记录相关信息也呈现了当时社会的大量信息，生动地呈现了当时社会的文化生态，客观真实地展示了当时的社会生活、民俗风情，人们的思想观念、信仰追求。

这部图集多为平民百姓所书，记录的文字毫无章法顾忌，恣意书写心中所愿。造像记的书法形态自由，书写个性化、随意化、自然化成为这一时期造像记书法艺术的通识特征。主要是撰写人胸臆率真的流露，与情随笔发的书写，正是造像记书法的魅力之所在。（张苏、王慧珠）

中国道教神仙造像大系

《中国道教神仙造像大系》，张继禹主编。北京：五洲传播出版社，2012年1月第1版，8开。

张继禹简介详见《太岁神传略》提要。

神仙造像艺术是中国道教信仰的一部分，本书收集了中国历代流传下来的现存最为经典的神仙造像361种、图片400余幅，所有图片都由中国道教协会组织摄影队伍在全国行程上万公里进行考察拍摄而成，这也是中国道教历史上由道教界自己编辑出版的第一部系统全面介绍道教神仙造像的图册，是填补宗教研究领域道教艺术空白的一部大型画册，是中国道教协会一项重大弘道的文化工程。

中国道教造像有近两千年的历史，供奉造像的宫观遍及全国各地和国内外博物馆，参与者首先要面临的问题就是如何在如此众多的造像中选择出一批能够反映中国道教神仙造像艺术发展脉络并具有一定代表性的造像。因此，编辑这一图册的首要重点工作便是搜寻历代神仙造像的资料、摸清道教神仙造像现状。其工作量之大可想而知。中国道教协会本书编辑组耗时三年多，先后走访了全国多省市的道教宫观和文物单位，收集资料和拍摄图片，也通过众多的图书馆、出版社、书店查阅已出版的图书资料，确保选择的图片不仅具有代表性，而且能够正确反映中国道教神仙造像艺术发展脉络。可以说，整个编辑过程都伴随着这一资料的收集工作。

图册可分为两部分。

第一部分文字为主，图片为辅，论述了道教的神仙信仰与神仙造像的基础理论。著者张继禹首先梳理了道教的神仙信仰及其造像的各个朝代发展状况以及现状，其次指出了根据道教的信仰宗旨和美学思想，神仙造像制作上也形成了自己的一整套模式和规范。最后，强调了本图册编辑出版的目的及意义。

第二部分为该图册的重点部分，运用了大量的图片并辅以简短文字，按照道教神仙谱系的排名顺序，以历史纵向和区域横向的方式全面系统地呈现了中国道教造像艺术发展的真实面貌。神仙造像的种类之多，图片数量之大，图片质量之高，令人叹为观止。例如以（老子）太上老君为例，著者首先以简洁的文字引经据典，介绍了太上老君在道教中的具体神仙身份。随后的图片展示分别为：《老君造像碑》，北魏延昌四年（515），十字高浮雕，美国奥窿卡博物馆；老君像碑，隋代开皇七年（587），苏遵造，石质高浮雕，美国波士顿美术馆；隋老君像，隋开皇年间（581—600），青石圆雕，陕西三原博物馆；老子像，唐代（618—907），石雕，陕西西安碑林博物馆；老君造像，唐代，石质圆雕，上海博物馆；常阳天尊像，唐开元七年（719），石质圆雕，山西省艺术博物馆（太原市纯阳宫）；老君像，唐代，石质圆雕，德国科隆东亚艺术馆；清源山老君像，北宋（960—1127），石质，福建泉州；老君像，元代（1271—1368），泥塑彩绘贴金，湖北省武当山南岩宫；白云观老君像，年代不详，汉白玉石圆雕，北京白云观；老子骑牛造像，明代（1368—1644），青铜，北京白云观陈列室；老子画像，唐代，石碑拓片，苏州市玄妙观；道德天尊像，明宣德年间（1426—1435），金漆彩妆，北京白云观三清殿；道德天尊像，明代（1368—1644），铜铸贴金，湖北省武当山紫霄宫陈列室；道德天尊画像，清代（1644—1911），工笔重彩，北京白云观。由此可见，该画册展示了老子（太上老君或道德天尊）的神仙造像在中国历史发展不同时期具有代表性的面貌，从造像碑到宫观造像再到画像，现收藏地从海外博物馆、美术馆再到中国的石山宫观，使读者深刻感悟到，道教神仙自产生以来，经过了一千多年的发展，由历代能工巧匠们的不断探索和造像技术的不断进步，更因为道教思想内涵的不断丰富，在体现道教信仰和反映道教"仙道贵生"方面审美观的不断深化，逐渐形成了自身独特的造像艺术风格和表现手法，创作出了众多精美的神仙造像作品。

本图册的意义在于能够使世人更加深入与完整地了解中国道教造像艺术的魅力与价值，满足国内外学者们研究中国传统文化特别是道教文化的需求，其更为重大的意义在于为各地塑造道教神仙提供合适的造型范本，以达到逐步规范道教宫观的神仙造型格式的目的。（张苏、邓桦）

第七辑

道家与道教的特别专题研究（科仪法术）

（一）道教科仪研究

步罡踏斗——道教祭礼仪典

《步罡踏斗——道教祭礼仪典》，张泽洪著。成都：四川人民出版社，1994年7月第1版，32开，150千字，系"中华道学文化系列丛书"之一种。

张泽洪简介详见《张天师》提要。

本书有五章内容。引言部分斋醮作为道教祭礼仪典在道教文化中的研究意义。

第一章斋醮之源。著者首先简要考释了道教"斋""醮"之由来，其次着重论析太平道与五斗米道的斋醮活动，并总结科教三师南朝宋陆修静、中唐张万福、晚唐杜光庭在斋醮仪范形成与修订方面的建树，提出对道教仪式史分期的初步看法。再则系统梳理唐宋元时代斋醮法事盛况。整章内容纵向勾勒斋醮科仪的发展简史。

第二章宫观仪范。著者侧重规制性仪范，通过对宫观规制、宫观执事、道士品位、道士服饰、挂单仪范、法箓阶品、授箓仪式、玄科戒律、传戒仪式的文献梳理与意蕴说明，解析了道教宫观在宫观威仪、修道仪范、授箓传戒方面的仪范要求。

第三章醮坛仪范。著者着眼于斋醮行演的仪范要求，分别从坛仪法式、醮坛法器、醮坛执事说明醮坛规制；从祝颂偈咒、醮坛神符、步罡踏斗、掐诀叩齿、存想通神解析醮坛科仪；从步虚声韵、醮坛道乐、青词绿章详论法乐词章。

第四章斋醮仪式。针对道教斋醮史上的一些常行仪式，著者聚焦投龙简仪、醮坛灯仪、拜斗科仪、施食科仪，分别对这四类科仪的形成、衍化、演习程式、相关道法等内容进行了阐述与分析。

第五章当代斋醮巡礼。著者整理了1988—1993年间大陆各大著名宫观举行的开光大典、冠巾仪式、拜师仪式、进表科仪、罗天大醮，记录了当代斋醮传承发展概况，保存了当代大陆斋醮科仪恢复期间的一些文献资料。

本书史料翔实，分析精当。著者基于教内外史料挖掘与分析，对道教祭礼仪典进行了完整系统的学术整理，特别是运用宗教学原理，建构起了道教科仪格式的理论，逻辑缜密，结论精到，体现了著者渊博的学术修养与材料取舍方面的学力。本书拓展了1978年以降中国大陆学界关于道教仪式研究的新领域。（张晟）

道教全真科仪

《道教全真科仪》，闵志亭著。台北：文津出版社，1998年2月版，32开，系"道教文化丛刊"之一种。

闵志亭即闵智亭。

闵智亭简介详见《玄门日诵早晚功课经注》提要。

本书分为绪论、宫观常行科仪、诸真圣班、斋醮道场科仪、诸真疏文、诸符类等。绪论部分论述了斋醮科仪之意涵、道教斋醮之源流以及现行斋醮。宫观常行科仪收录早晚坛功课、祝寿科、庆贺科、接驾科，并详载玉皇、三清、三元、九皇、真武等重要神圣、仙真之专属朝科及未具专属朝科之诸真通用朝科。诸真圣班收录九天圣母、五祖七真八仙、太阳太阴、南极寿星、药王、龙王、关帝、东岳、礼斗等科仪之圣班。斋醮道场科仪收录开坛、荡秽等吉、幽兼具科仪，三元午朝、摄召、施食、破五方狱、亡魂沐浴、亡魂朝真、度桥、十王转案、放河灯等斋仪，请水、祀灶、扬幡、请圣、送神、上大表、大回向、礼斗、解厄顺星、供天等醮仪，以及诸真圣号、所治宫阙名称。诸真疏文收录腊月廿五日迎銮接驾疏、接驾大表、三坛大戒拜《皇忏》疏、月斗疏、朔望祝将疏、朔望天地疏、名山进香疏、太岳修醮疏、度亡榜、护表关等文检。诸符类则收录开坛符、卷帘符、开天符、宝篆符等四种斋醮常用符命。

本书收录之斋醮内容，多为全真道"高功密旨"范畴，记载科仪流程应搭配之文检、存思法讳、掐按法诀、步罡顺序、韵腔曲牌，使学界得以窥见全真道师弟相传的奥秘。唯道教向有"传非其人，恐遭祸患"之传统，故书中部分内容之行文，仍须经过拜师、过经、拨职等教内重要程序，方能理解其意旨与义法所在，未经传度的道教信徒或教外人士，不宜独自依记载而行法，否则，将流于"剽学""没传承"，行之无验矣。而本书亦开全真道推广斋醮科仪之先河，其后则有任宗权道长推动"高功学"，出版《道教仪范概览》，彭理福道长印行《道教科范——全真派斋醮科仪纵览》，不仅为全真法脉陆续传薪，亦使学界更加了解全真道的斋醮科仪，而任、彭二位道长之前著作，亦多受闵道长启发，足见本书之影响。（李建德）

道教斋醮符咒仪式

《道教斋醮符咒仪式》，张泽洪著。成都：巴蜀书社，1999年4月第1版，32开，250千字。

张泽洪简介详见《张天师》提要。

本书于引言之后分四章共15节。第一章论述道教斋醮源于先秦时期的祭祀文化，道教历代科仪宗师编撰出丰富的斋醮经典，创制出完备的斋醮仪格，使道教斋醮在唐宋元明时期成为国家祭祀仪礼。

第二章探讨道教斋醮法坛的科仪格式，内容涉及建坛、仪仗、法器、法师、清规等，对斋醮的符咒、文书、禹步、掐诀、存想等法术有详尽的论述。

第三章具体探讨道教斋醮常行的黄箓斋仪、施食炼度、投龙简仪、礼灯科仪、传戒授箓仪式。

第四章通过对仪式内容及宗教功能的探讨，以揭示道教斋醮符咒蕴涵的文化意义。著者分析了斋醮体现的神仙思想、济度思想、斋醮济世度人的祈禳功能，并附论道教斋醮焚香的象征意义。认为斋醮符咒是道教思想的仪式化演绎，是道教之"道"的生动体现。

著者曾于1997年8月赴北京白云观进行学术考察，其间中国道教协会秘书长张继禹，中国道教文化研究所所长李养正，中国道教学院院长闵智亭、教务处主任袁志鸿，白云观观长黄信阳，以及中国道教学院教师陈信一、周高德、闻依峰及白云观众道士，均提供了热情帮助。基于丰富的田野调查资料，著者采用实证研究的方法，将田野调查与文献相互印证，古今比较、史论结合、分析精当，道俗两界都能接受。

本书是研究道教斋醮符咒的力作。已故道教专家王家祐先生曾在《中国道教》1999年第5期、《中华文化论坛》2000年第3期，先后撰文给予好评，"感叹著者引证之广博，辨析之精审，思路之缜密，文笔之流畅"。日本研究科仪的学者丸山宏教授，亦在日本学术刊物撰文评介。（张晟）

道教斋醮科仪研究

　　《道教斋醮科仪研究》，张泽洪著。成都：巴蜀书社，1999年9月第1版，32开，210千字，系"儒道释博士论文丛书"之一种。

　　张泽洪简介详见《张天师》（中国篇）提要。

　　本书于导言之后分四章共15节。导言简要说明道教斋醮科仪研究的理论学术价值、本书选用文献、研究方法与框架等。第一章论道教斋醮仪式的源流及影响。著者通过对斋醮的孕育与发生、"斋"与"醮"的区别及科仪格式的形成、斋醮科仪经典的编撰、唐宋元明时期的道教斋醮概况四个维度详加说明，力图廓清道教斋醮科仪千余年纵向发展的基本历史线索。第二章道教斋醮科仪的坛仪格式。著者从丰富的科仪文献中钩沉出坛仪法式、法坛供器与法器、醮坛威仪与仙乐仪仗、醮坛执事与醮坛清规、法坛的祝颂偈咒、法坛的神符、步罡踏斗、掐诀叩齿、存想通神、青词表文的类型与撰写等内容，在横向结构上建立起科仪格式的理论框架，展示了坛仪法式的基本内容。第三章道教斋醮仪式分析。著者选取黄箓斋仪、施食炼度、投龙简仪、礼灯科仪四类常行科仪，详细考察其科仪格式，剖析其思想意蕴，对斋醮科仪进行了个案式解读。第四章斋醮科仪思想及其宗教功能。著者从文化意义视角对斋醮科仪的神仙思想、济度思想、祈禳功能给予理论阐释，并对斋醮与民俗的关系高度概括总结。

　　本书的研究特色有三：一是重视道教典籍的文献学研究。本书引述了《正统道藏》《藏外道书》中上千卷的科仪经本，对文献进行钩沉梳理与分析。二是善于发现新资料。本书广泛征引历代史籍、笔记、小说、文集、诗集、金石碑刻、方志文献中保存的斋醮史料，为研究道教斋醮科仪提供了道经之外的佐证材料。三是重视人类学田野调查的研究方法。多地走访，参与观摩，获取田野资料并与历史文献相互印证。四是对道教科仪史中诸多问题提出了独特见解，如认为早期天师道"三官手书"仪式源于先秦时期的天地山川祭祀，发展为唐宋金元时期十分盛行的投龙简仪式。

　　本书是20世纪80年代以后我国学者关于斋醮科仪的首部通论性专著，属于斋醮科仪的基础性研究。四川大学道教与宗教文化研究所卿希泰先生为此书作序，认为本书"是一部颇有创见的学术成果"，"全书不乏真知灼见"。（张晟）

打猫大士——民雄大士爷祭典科仪探讨

《打猫大士——民雄大士爷祭典科仪探讨》，郑志明、黄进仕著。嘉义：南华管理学院宗教研究中心，2000年版，25开。

郑志明简介详见《神明的由来》（中国篇）提要。

本书第一章论述民雄大士爷信仰的起源与发展，其内容为民雄乡的地理环境与人文发展、大士爷信仰的起源、民雄大士爷信仰传说之历史文献回顾、清朝时期大士爷的神明会组织。第二章介绍民雄大士爷庙的历史背景与现状以及大士爷庙的建筑风貌。第三章介绍大士爷祭典仪式基本资料，包括有仪式人员介绍、场合布置、时间择定及仪式之用品法器与过程说明。第四章论述坛班法师渊源和"慈辉坛"坛班概况。第五章论述大士祭典的文化意涵，包括仪式的历史意义与现代意义。

以打猫街为核心的"大士爷普渡祭典"，系自清乾隆年间，打猫街上的四个"大士爷神明会"，从早期"有祭无庙"的"大士爷信仰"，到今天三级古迹的"民雄大士爷庙"，其历史发展不仅完整说明了一种信仰文化的演变过程，而且把先民与恶劣生存环境搏斗的情形，一一呈现出来，大士爷祭典正是先民消除对不可知环境的恐惧所产生的一种宗教行为。

有关民雄大士爷信仰的研究已有相当的数量，但少有将重心置于大士爷祭典科仪与"释教瑜门"法师的研究上，本书希望对大士爷祭典中，由释教瑜门"慈辉坛"法师所主持的三天法会科仪，做一完整详尽的记录。本书借由科仪本与实际的田野调查工作，能将大士爷祭典科仪的内涵意义彰显出来，分析其背后所反映出来的象征意义，同时对该释教法师的发展脉络，做一厘清与定位的工作，并探讨"释教"及"斋教"与民雄地区发展的关系。（简一女）

道教信仰、神仙与仪式

《道教信仰、神仙与仪式》，郑素春著。台北：台北商务印书馆，2002年版，25开。

郑素春简介详见《全真教与大蒙古国帝室》提要。

本书运用各种历史文献资料，建构出道教信仰本质、神仙的由来，以及探索斋醮仪式的内涵。本书共12章，分上、中、下三篇。上篇信仰，分五章。第一章绪论，简要说明本书的研究方法与目的。第二章讨论道的本质与早期道教的修道思想。第三章讨论道教的理论与教团成立，并认为祖先崇拜、自然崇拜、上帝信仰皆为道教所承袭。第四章讨论道教、宗教与宗派的意义，并介绍了五斗米道、太平道、天师道、上清派、灵宝派以及全真道等。第五章讨论道教与道家和儒、佛的关系。中篇神仙，分四章。第六章探讨古代有关神、神人与仙及仙真的意义，以及道教神仙的发展。第七章讨论葛洪、寇谦之和陶弘景的神仙观。第八章介绍孙思邈、陈少微等著名道士的丹经，以及唐宋的仙道观与神仙思想的转变。第九章论述改善宋代崇尚法术弊端的全真教如何承袭传统的道教仙学并做出的变革。下篇科仪，分三章。第十章探究古书中的斋戒，以及五斗米道的斋戒受箓的情况。第十一章讨论科仪发展与内容。第十二章结论，认为道教研究可朝三个方向发展：一是研究道教仪式与生活礼俗的关联；二是通过对道的体认，增进对身、心的了解；三是道教有关于科学的层面，应加以重新诠释。

本书讨论了道教的信仰、神仙与仪式，大致上先作溯源，以时间为纵轴说明其发展的过程，并以经典、文献作内容的说明，旁及衍生的相关论述。由此，阅读本书可以了解道教的信仰、神仙与仪式，亦能了解道教于各朝的发展，并掌握道教的文献资料。（萧百芳）

道教神仙信仰与祭祀仪式

《道教神仙信仰与祭祀仪式》，张泽洪著。台北：文津出版社，2003年1月第1版，系"道教文化丛书"之一种。

张泽洪简介详见《张天师》提要。

本书分为四章。从斋醮科仪的知识建立、坛仪格式的论述、日常斋醮仪式的介绍，到思想及功能的剖析，为道教祭祀仪式全面性探讨的专论。第一章道教斋醮仪式的源流及其影响，主要为道教斋醮仪式知识的建立。第二章道教斋醮科仪的坛仪格式，涉及三方面的探讨：分别为斋醮科仪祭坛空间、步罡踏斗、掐诀叩齿与存想通神三种科仪格式，斋醮的符咒文书，发愿、赞颂、唱偈与念咒。第三章道教常行斋醮仪式举要，主要以五种常用的斋醮科仪作为案例进行说明与介绍，分别为黄箓斋、施食炼度、投龙简仪、礼灯科仪、授箓传戒仪。第四章斋醮的道教思想与宗教功能，从思想、功能讨论斋醮仪式，探究祈禳科仪的形成与法事，探讨斋醮在民俗信仰里的角色与地位。

本书为全面讨论道教斋醮仪式的专书，从渊源、斋与醮的释析、道坛祭祀空间、斋醮仪式的举要到思想与信仰的讨论，细腻地把道教斋醮科仪的各面向作了剖析，呈现道教斋醮科仪全面性的完整概念。此外，每一范围的探讨，又巨细靡遗地细分许多子题，透过每一子题的论述，可以完整地认识该项科仪，如讨论法坛的祭祀空间，从法坛的祭坛样式建坛的坛仪，主导法事的高功人员，以五供象征五行到使用的法器幡幢等，完整地将斋醮仪式坛场相关人、事、物论述清楚。读本书既可较易地认识斋醮科仪，又能较深地理解斋醮科仪的内涵。（萧百芳）

杜光庭道教仪范之研究

《杜光庭道教仪范之研究》，周西波著。台北：新文丰出版股份有限公司，2003年3月版，32开，附有图表。另有嘉义：中正大学中国文学系，2001年版，16开。

周西波简介详见《道教灵验记考探：经法验证与宣扬》提要。

本书分七章。第一章绪论，说明研究动机、目的、选材与研究方法，又以年谱的方式简介杜光庭，并对道教斋醮略做叙述，斋与醮的区别，以及六朝至唐代的斋、醮类别做了整理。第二章杜光庭整理之金箓与黄箓斋仪，分析杜光庭所整理修订的金箓与黄箓斋仪。第三章杜光庭整理之明真、三皇与神咒斋仪，杜光庭所整理之明真斋仪式有《太上灵宝玉匮明真斋忏方仪》《太上灵宝玉匮明真大斋忏方仪》《太上灵宝玉匮明真大斋言功仪》共三卷，三皇斋仪则编有《洞神三皇七十二君斋方忏仪》及《太上洞神太元河图三元仰谢仪》一卷，在洞渊神咒斋仪部分，杜光庭所整理的斋仪现存有《太上洞渊三昧神咒斋忏谢仪》《太上洞渊三昧神咒斋十方忏仪》《太上洞渊三昧神咒斋清旦行道仪》。第四章杜光庭整理之阅箓仪与传授道德经箓仪，本章整理了敦煌道教遗书中的法箓与阅箓材料，包括法箓 S.203，阅箓 P.2457、P.2394、S.1020 等。第五章杜光庭仪范中韵文作品之考察，分析仪范中之韵文包括《三皈依颂》《唱导赞》等颂赞类作品30种；整理其《太上黄箓斋仪》中的步虚词22首；以及仪范中的咒语等。第六章杜光庭仪范中散笔作品之考察，包括启、表、青词、忏文、发愿文等各类文体的形式、内容，以及在仪式中的功能与作用的分析。第七章结论，总结本书成果如下：一是可突显杜光庭仪范所具稀有文献之价值。二是可借杜光庭仪范以校补、认定敦煌道教写卷之文字与性质。三是可订正杜光庭仪范中部分文学作品时代认定之错误。四是可考察六朝至唐代道教斋仪之消长情形。五是可确定杜光庭促使黄箓斋仪普及与兴盛之贡献。六是可归纳杜光庭仪范中规格化、程式化之现象。七是可呈现杜光庭道教仪范中典雅化、文学化之倾向。（陈昭吟）

道教礼仪

《道教礼仪》，陈耀庭著。北京：宗教文化出版社，2003年12月第1版，32开，220千字。

陈耀庭简介详见《道教在海外》提要。

本书于绪论之后分10章计34节。绪论概要阐释了道教礼仪在中国文化中的独特地位、道教礼仪的主要内容、影响其变化的主要因素、研究方法等问题。第一章道教宫观的日常礼仪。著者在考述与解释早晚功课、诵经、节庆、出家、传戒、授箓、斋堂、作息、拜师、侍奉、凶事、挂单、晒经、开光等礼仪内容与节次的基础上，阐述了道士的日常生活礼仪，并对其进行分类。第二章道教礼仪的形成与分类。著者首先论析道教礼仪与中国古代礼仪之间继承与变化的关系，扼要概括道教礼仪简史。其次辨析斋醮一词与道教礼仪其他专称的意涵，从而说明道教礼仪的形成。再则基于斋醮仪式的传统分类方法，从微观上系统地详解三箓七品。第三章道教的主要科仪。著者广征博引史籍道经，从科仪本义、形成与演变，科仪程式三个维度对常行科仪与科仪节次等属于科仪中相对动态变化的内容予以详尽解析。第四至九章就宫观、坛场、法器、供品、道士服饰、坛场文检、道士称谓、礼仪规戒等属于科仪中相对静态的内容进行系统总结。第十章道教斋醮的欣赏。著者分别从道教义理、文学艺术等视角对斋醮经文、科仪坛场、道教音乐的文化价值做了解读。

本书研究特色有二：一是史论结合，以史为据，以论为主，融会贯通。且行文质朴，深入浅出，考论精当，逻辑清晰，是学教两界可资参考的学术精品。二是对道教礼仪史研究提出了一些创解，如：首次提出道教礼仪概念，并把道教礼仪放置于中国礼仪学的背景下阐发其内容、形式及其历史与特点；把道教礼仪分类为道士的日常生活礼仪与道士宗教生活礼仪，并将宗教生活礼仪的主要部分名之为"斋醮"；依据现存有限史料，论证早期道教存在授职类、忏悔章奏类、符水祈禳类仪式；在方法论上提出道教仪式元的科仪分析方法等。本书可为道教礼仪通识教本。（张晟）

道教仪范

《道教仪范》，闵智亭著。北京：宗教文化出版社，2004年9月第1版，32开，200千字。

闵智亭简介详见《玄门日诵早晚功课经注》提要。

本书于前言之后由五部分构成。第一部分道教仪范概述。简要阐释道教仪范的定义、三大分类以及按时诵经仪（即早晚功课经仪）与存思的修道作用。第二部分道教宫观仪范。著者引经据典地详细说明道教宫观的由来、宫观属性、十方常住执事体制与管理方法。第三部分是玄科戒律。著者辑录了全真道派相关戒文、威仪、清规等戒律，包括有初真戒律、中极戒、天仙大戒、碧玉真宫大戒规、孚佑帝君十戒、智慧上品大戒、三洞众戒文、长春真人规榜、玄门持戒威仪、三洞修道仪、持戒诸咒品、太霄琅书十善十恶、妙林经二十七戒、老君二十七戒、老君说五戒、说百病、崇百药等戒学内容。第四部分是全真斋醮科仪。著者分别从宫观常行科仪、诸真圣班（祝神）、斋醮道场科仪、诸真圣号与宫阙、诸真疏文、诸符类六个维度对全真道常行的24个科仪进行历史梳理与总结。第五部分为附录，略论道教徒的修养。闵智亭道长参同历代全真宗师语录，结合时代发展的需要，就道教徒的道德品质方面的行为准则，提出自己的解读。

作为全真道一代高道，闵智亭道长撰写的《道教仪范》较之学者研究斋醮科仪颇为不同：一是作为道教学院的专业教材，本书梳理总结了全真道教务活动必须掌握的基本知识，较少学术性探讨；二是基于闵道长本人多年高功的经历与经验所得，书中记录整理有不少教内秘传的口诀、讳、符等，甚为珍贵。本书是1978年以后大陆道教学院首批专业教材之一，大陆和台湾曾正式出版和刊印了本书，在教内外产生了很大的影响。（张晟）

道教仪式与戏剧表演形态研究

《道教仪式与戏剧表演形态研究》，倪彩霞著。广州：广东高等教育出版社，2005年6月第1版。2011年5月第2版，32开，340千字，系"广东中华文化王季思学术基金·黄天骥学术基金丛书"之一种。

倪彩霞，1973年生，广东湛江人。现为中山大学中文系副教授。主要研究方向为中国戏曲史、戏曲民俗、传统戏剧与非物质文化遗产。

本书于绪论后共分五章，末有附录：师公戏"三元"祖师考、从角抵戏《东海黄公》到粤剧《寄白虎》、道教与琼剧的酝酿——琼山县新坡镇"闹军坡"调查报告（附图）、琼剧团生存现状调查报告——道教与琼剧的现状（附图）、道教与琼剧考论，参考文献与后记。第一章道教音乐与戏曲音乐。著者从曲牌、曲谱、地方声腔和地方戏等角度力图完整地勾勒出道教音乐对戏曲音乐的影响。第二章道教仪式与戏剧舞蹈。著者就宋杂剧、金院本中的道教内容、戏曲剧本中的道教仪式表演、来自道教仪式的舞蹈程式详加考论，特别是考查自宋至清七百多个戏曲剧本并作列表统计，以说明宋元以降戏曲剧本中保留的有关祭祀、斋醮、法事等各类道教仪式的插入表演，从而论证道教仪式对戏剧舞蹈的影响。第三章道场与戏剧舞台、服饰及化妆。著者首先从建筑形制、使用功能、活动内容等角度分析考证道坛对露台形制变化的影响问题。其次考查道教服饰的渊源及其对戏曲服饰的影响。第四章道教活动与演出习俗。著者根据戏剧文献与地方志资料，考论道教活动对节庆聚戏、法事聚戏等敬神演出戏剧习俗的影响，解读清源祖师、翼宿星君、九皇神、张天师、张果老、华光大帝、九天玄女、三元真君等道教神演变为戏神的三种主要途径；运用符号分析法，比较道教净坛仪、散坛仪与戏剧表演"破台""净台"仪式两个组合的符号形式以及象征意义的异同，认为后者继承了道场的结构模式和宗教功能，沿用了道场的很多仪式行为。第五章道教与仪式剧。著者首先厘清学界关于宗教戏剧、祭祀戏剧、仪式戏剧的概念分歧，其次，就傩戏、目连戏、打城戏的道教化形态给予说明，再则考证来自道教仪式的《跳灵官》和《祭白虎》两个仪式剧。

著者曾于2002年深入广东粤西地区的南三岛、吴川等地进行主题为"面具舞蹈"的田野调查，又于2005年两度独自赴海南，深入海口、琼山、文昌、澄迈等地乡村进行主题为"道教活动与琼剧表演"的田野调查，对道教仪式如何影响了戏剧舞台、音乐、舞蹈、服饰化妆、演出习俗、仪式剧等表演形态的形成和发展，不仅立足于大量的田野调查，更有基于扎实的戏剧文献与地方志史料的微观考论，故而本书研究比较深入，有较高学术价值。（张晟）

道教科仪概览

《道教科仪概览》，任宗权著。北京：宗教文化出版社，2006年12月第1版，32开，335千字。2012年3月第2版，16开，350千字，系"任宗权道长讲道系列"之一种。本书第1版内容为著者教学讲义，在教内外颇受好评，第2版在第1版基础上有所更正与增补。

任宗权简介详见《道教戒律学》提要。

本书先有再版前言、出版说明、序两则、概论，而后是正文三篇，末有《科仪补遗》、参考书目、后记。概论部分阐述道教斋醮科仪之文化内涵，着眼于道教斋醮理论与远古祭祀礼仪之间的变迁关系，就道教的"斋""醮"进行考述与解释，并简论道教斋醮科仪理论的历史形成过程。正文部分包含阳事道场、阴事道场、科仪中常用的《诸真宝诰》三篇，共收录115种科仪。其中阳事道场分为诸神系列科仪与宫观常用科仪，主要包括有天地、日月、北斗、诸神系列、诸真系列科仪，丛林常用科仪，传戒诸科仪。阴事道场分为宫观常用科仪与其他外出科仪，主要包括有济孤科、摄召科仪、安灵科、三元午朝科、发城隍牒、救苦朝科、赞台科、施食科、送亡科、焰口小渡桥、太上全真灵宝朝真科仪、羽化落塔科，太上玉皇更衣度亡科、度亡安魂科、太上灵宝起灵科、羽化登仙科、三周度亡还魂科、太上灵宝七七度亡科、散花科、太上灵宝入殓度亡科、转棺科、太上灵宝破狱科、十王转案科、大渡桥科、沐浴科、发车夫科、化屋科、谢血湖科、放河灯朝科。科仪中常用的《诸真宝诰》辑录124则宝诰。相较于第一版，著者在《科仪补遗》中增补和合科仪、放赦科仪和开路科仪。

本书是任宗权道长在长期教学过程中，通过阅读大量高道手抄笔记，并采用收集、对比、校对等方式撰写而成。除收藏的有关科仪资料以外，还参考了原中国道教学院闵智亭道长的《道教仪范》24种科仪，并参照了龙门洞王嗣林和陈法永、原上海白云观张理宽、云南魏宝山、江永德、武当山龚金焕、华山邹通玄、兰州白云观王至全、西安八仙宫魏至仁、楼观台任法玖、湖南南岳黄至安、黑龙江齐齐哈尔关帝庙王理砚、闵智亭等道长珍藏的手抄《全真秘旨》以及相关内容篇章。（张晟）

文化传播与仪式象征——中国西南少数民族宗教与道教祭祀仪式比较研究

《文化传播与仪式象征——中国西南少数民族宗教与道教祭祀仪式比较研究》，张泽洪著。成都：巴蜀书社，2008年1月第1版，32开，420千字，系"国家'985工程'二期四川大学宗教与社会研究创新基地丛书"之一种。

张泽洪简介详见《张天师》提要。

本书共九章。第一章首先从方法论层面综述宗教信仰与仪式研究在宗教学研究中的学术意义，其次结合中国西南少数民族宗教的生态环境及西南少数民族与道教的历史联系，认为西南少数民族传统宗教与道教存在相互融摄与影响的关系，道教在促进中华民族多元一体格局形成中具有精神文化纽带作用。第二至九章以中华民族多元一体的文化观为指导，从共时状态入手探究中国西南少数民族宗教与道教的历时性发展，内容涉及早期道教的创立与西南少数民族、中国西南少数民族与道教关系的专题考察、中国西南少数民族的神仙信仰、中国西南少数民族宗教的坛场科仪、中国西南少数民族祭祀的科仪格式、中国西南少数民族传度仪式的道教色彩、中国西南少数民族宗教与道教的超度仪式、中国西南少数民族民俗信仰与道教。

本书研究特色有三：一是研究视角独具匠心。著者对来自田野民族志的西南少数民族道教资料，从史籍、道经等大传统的文本资料入手予以阐释，展示道教文化所产生的凝聚力。对大小传统相互结合的原因，尝试从社会历史文化方面作出解释。全书力图通过西南少数民族与道教祭祀仪式的比较研究，来探索大传统与小传统相互结合的路径，以说明少数民族文化是中国传统文化的组成部分。而从西南少数民族与道教的相互影响融摄，更可以探索中国传统文化的结构及其形成发展规律。二是综合运用多种研究方法。著者充分吸取比较宗教学的理论方法，运用西方人类学的文化传播理论、象征理论，对中国西南少数民族宗教与道教的祭祀仪式进行实证研究。三是研究观点颇多创新。西南交通大学艺术与传播学院教授汪启明曾在《宗教学研究》2009年第1期撰写书评，认为本书"是中国比较宗教学理论与实践的成功范本"。（张晟）

唐前道教仪式史纲

《唐前道教仪式史纲》，吕鹏志著。北京：中华书局，2008年12月第1版，16开，250千字。本书初稿原为著者参加"仪式、诸神和技术——唐以前的中国宗教史"国际学术交流会议的论文，约有十余万字。修改稿发表于《宗教学研究》季刊（自2007年第2期至2008年第1期），后由香港蓬瀛仙馆资助出版。

吕鹏志，1969年生，四川遂宁人。现为西南交通大学教授。研究领域包括道教文献、道教思想、道教史和中国宗教，近期侧重研究天师道、古灵宝经和道教仪式史。已出版专著《道教哲学》、译著《西方道教研究编年史》，发表学术论文40余篇。

本书于序言与自序之后分13章，章内未分节。第一章为引言。第二至十三章分别为教团道教仪式的滥觞——东汉天师道仪式，曹魏天师道仪式的混乱与整顿，《抱朴子内篇》所见东晋以前的南方方士传统及其仪式，两晋南朝时期的外丹经、"三洞"经与南方方士传统及其仪式的承传和更新，东晋、南朝时期天师道对南方方士仪式的影响，东晋末南朝宋初融摄天师道、佛教和方士传统的灵宝科仪，《太上洞渊神咒经》所见5世纪初南方的民间道教仪式，南朝宋陆修静对灵宝科仪的整理和发展，东晋南朝时期南方的天师道及其仪式，北魏寇谦之对天师道的改革与北方天师道仪式的演变，5世纪以降道教法次的逐步形成与道教仪式的发展趋向，南方道教的北传与南北道教科仪的统一——北周道教类书《无上秘要》中的道教仪式。全书通过上述内容较为完整地论述了道教仪式在唐代以前的历史演变过程，认为在5世纪以前，天师道仪式与南方方士仪式各自发展，到东晋时期互相产生影响。自5世纪以降，融摄南方方士传统、天师道和佛教的灵宝科仪兴起，且因南朝宋陆修静加工整理而变得更加成熟完善，新旧各种道教传统大都借鉴或仿效灵宝科仪，道教仪式向灵宝化的方向发展。南方和北方的道教仪式原有较大差异，至北朝后期，北方道教几乎全盘采纳南方灵宝化的道教仪式，南北道教仪式基本上趋于一致。

本书研究特色主要有四：其一，宏观层面就唐前道教仪式的历史演变过程与一般性规律进行了总结。著者认为唐前有天师道仪式、南方方士仪式、灵宝科仪三个道教仪式传统存在，并从三者交互关系进行探讨，得出结论。其二，微观层面丰富了唐前道教仪式史的细节内容与论证。其三，对早期佛道关系的研究有所突破，初步揭示了佛教对早期道教仪式的影响。其四，为道教史研究提供了新视角。对天师道、上清派、灵宝派存在密切交流与相互影响进行论证。（张晟）

道教科仪研究

《道教科仪研究》，卢国龙、汪桂平著。北京：方志出版社，2009年11月第1版，16开，370千字。

卢国龙简介详见《马丹阳学案》提要。

汪桂平，1967年生，安徽桐城人。先后获北京大学历史系学士学位与硕士学位。现任中国社会科学院世界宗教研究所道教与民间宗教研究室研究员、博士生导师。主要研究方向为道教史、道教文献及民间信仰等。著作有《东北全真道研究》《道教知识读本》等，合作主编《三洞拾遗》，参编《中华道藏》。

本书于前言之后分三篇六章，附录《鄂东地区民间道士所用度亡科书的研究》。上篇为道教科仪的历史沿革。该部分共四章，从斋醮科仪释义、科仪文献资料的分类、斋法的种类、醮仪的划分、道教的传度仪式、道教宫观日常仪轨的概述入手，阐述道教科仪的历史沿革，揭示道教科仪发展变化的内在文化机制。中篇为道教科仪与民俗。该部分共三章，主要就道教的斋醮仪式与民俗的关系展开讨论，并着重选取了三个方面展开论述，如道教科仪对人生礼俗的影响，道教斋醮对社区祭典的渗透，道教节日与岁时风俗的关系等。下篇为道教科仪与当代农村社会。本篇通过对湖北省花湖乡的一场民间丧礼和民间道士举行的超度仪式进行田野调查，考察道教仪式传统在当代中国乡土社会的存在状态及其对民风民俗的深刻影响。著者认为在当地农村的丧葬礼俗中，道士举行超度道场是一项必不可少的仪节，而超度的仪式仪节基本上沿袭着古老的科仪格式。这不仅印证了中篇提出的道教科仪对民俗有深刻影响的观念，而且反映了当代农村社会中道教文化乃至传统文化的深厚积淀。

本书研究特色主要有三：一是问题意识鲜明。全书以道教科仪发展变化的内在文化机制为问题意识，着眼于道教科仪与民间礼俗之间的变迁关系，挖掘斋醮科仪的古今之变，丰富了道教科仪研究的学术内涵。二是拓展了道教科仪研究力度。中篇对道教科仪与民俗的交织关系进行分析，特别是选取人生礼俗、社区祭典、岁时风俗三类民俗事象详加说明，深化了学界关于道教科仪与民俗关系研究的系统性。三是研究方法多样。本书运用了传统的文献研究和历史研究的方法、宗教人类学的田野调查法等。（张晟）

民间信仰与仪式

《民间信仰与仪式》，郑志明著。台北：文津出版社，2010年7月第1版。

郑志明简介详见《神明的由来》（中国篇）提要。

本书共15章。第一至四章阐述台湾神明信仰的特点，以及台湾民间信仰的宗教形态的复杂性。还分析了《西游记》与《封神演义》两个文本中所体现出的民间信仰因素与佛道教思想。第五至十一章讨论了观音信仰、哪吒信仰、关公信仰、妈祖信仰、陈靖姑信仰、西王母信仰以及台湾母娘信仰。第十二至十五章重点探讨了台湾民间的鬼神信仰，对客家族群的大伯公与义民信仰、台湾民间鬼灵信仰以及凉山彝族《驱鬼经》中的鬼信仰进行论述。基于上述讨论，著者认为民间信仰与仪式是人与鬼神的交感礼仪，在儒、道、佛等思想与仪式的融合下，积淀了庞大的文化内涵。

本书主要研究台湾的民间信仰与仪式，分析了民间信仰的价值与鬼神崇拜的文化意义。此外，本书采用主题式的方式撰述，每一主题皆有独立的论述与主旨，又能与其他主题相结合，完整地呈现了民间信仰与仪式的各层面。

（萧百芳）

道教科范——全真派斋醮科仪纵览

《道教科范——全真派斋醮科仪纵览》，彭理福著。北京：宗教文化出版社，2011年8月第1版，2册，32开，650千字。

彭理福，1977年生，甘肃兰州人。道教全真龙门派第二十二代传人，师从于全真龙门派第二十一代高道王至全大师。1999年毕业于中国道教学院。经前任中国道教协会会长闵智亭大师推荐，彭道长被北京白云观聘请，教授全真正韵。2002年中国道教协会依旧章于千山五龙宫启建全真玄都律坛开期放戒，彭道长得戒坛诸大师诫勉，授为"地字号"戒子。2005年马来西亚三清观传授全真三坛大戒，中国道教协会组织传戒团，彭道长被聘为护坛大师。现任甘肃省政协委员、甘肃省道教协会副会长、兰州市道教协会副会长、兰州白云观管理委员会成员。

本书首先为四则代序，分别由已故全真教著名高功大法师、原中国道教协会常务理事、甘肃道教协会会长王至全道长，中国社科院研究生院教授、全国老子道学文化研究会会长胡孚琛教授，现任中国道教协会常务理事、湖北省道教协会会长、武汉长春观主持吴诚真道长，现任甘肃省道教协会会长无聊子道长撰写。其后为体例说明、引言，再则为四篇正文，末有附录、参考文献与后记。

本书正文内容分为三部分。第一部分为引言，对道教科范进行历史梳理，并解说斋醮法坛威仪的构成。第二部分内容多以王至全大师所收藏《斋醮科仪集》《全真斋醮秘旨》等资料为底本，并以已故中国道教协会会长闵智亭大师所著《道教仪范》、武汉任宗权道长所著《道教科仪概览》、楼观台任法久大师、华山邹通玄监院的科仪、秘旨为参校本，将各式科仪按照阳事道场（宫观常行科仪、祈禳科仪、神仙诞辰科仪、丛林专用科仪、戒坛科仪、其他等科仪），阴事道场（常行度亡科仪、其他济度科品、三朝仪品）进行分类整理。诰号礼请篇依照圣真总话部、太上先天部、三界散仙部、日月星辰部、祖师仙真部、仙翁天医部、雷霆民俗部、四圣天将部、五岳山川部、冥界诸司部、墉城妙韵部进行分门别类，全书共收辑全真科仪137篇，宝诰近300篇。第三部分则附录了一些在教门内传承的本子和著者的学道经历等。

本书是基于道门中人立场所写。全书集著者本人多年做道场的经历与经验，参阅先贤经典并分类整理而成。特别是书中载有许多教门内秘传的口诀，便于后学，颇为不易。同时，著者也就五斗米之斋醮来源、道教肇始时间、全真科仪源头等问题提出个人见解。（张晟）

威仪庄严——道教科仪及其社会功能

《威仪庄严——道教科仪及其社会功能》，史孝进著。上海：上海辞书出版社，2012年4月第1版，32开，169千字，系"上海城隍庙现代视野中的道教丛书"之一种。

史孝进，1965年生，江苏海安人。1986年9月入道，宗奉正一派，道名鼎渊，大专文化。现任上海市道教协会第六届理事会顾问。曾任上海市道教协会第三届理事会秘书长，上海市道教协会第四、五届理事会会长，上海市第九届政协委员，上海市第十届政协常委。主要著作有《道教风俗谈》（主编）等，发表相关论文多篇。

本书于绪论后分7章共21节。绪论说明古老的道教科仪在现代社会存在的必要性。正文内容可分为三个部分。第一部分展示与论述道教科仪的基本面貌，包括科仪在道教历史发展中的作用，走进现代的古老科仪。著者更新视角，将道教科仪分为自我修行的道教科仪与度人的道教科仪两大类。于前者着重介绍了道教徒宗教生活科仪中的出家科仪、全真道传戒科仪、正一道授箓科仪，道教徒日常生活科仪中的开静科仪、用斋科仪、早晚功课、诵经科仪、节庆科仪。于后者着重介绍了阳事科仪中祈禳科仪，包括有延生醮、礼斗科仪、过关科仪、解星科仪、金箓灯仪、祈雨科仪、送瘟仪，阴事科仪重点介绍了九幽斋和祭炼仪。第二部分详述道教科仪的历史影响，内容涉及科仪的规整对道教面貌的重大影响。第三部分着力于道教科仪的现代功能，包括科仪为信众提供宗教服务，科仪与现代社会人际关系的调节，科仪与信众心态的调节，当代科仪与文化传递。著者分别从道教科仪可以满足中国民众的宗教需要，促进对共同利益的关心，增进社会和谐，为当代人诸多的心理问题提供消解的渠道，调整个人心态，改善社会心态，具有文化娱乐和欣赏功能、文化教育和陶冶功能，促进人伦和谐、人与自然和谐相处等视角，探讨了道教科仪在现代社会可发挥的功能。

本书基于著者多年的修道经验，对学界关于科仪研究的相关成果兼收并蓄，以通俗易懂、图文并呈的方式解说道教科仪。尤其是结合现代心理学、美学、文化学、伦理学、传播学等学科视角阐发道教科仪的功能，体现了丛书所言的现代视野，即是"站在现代立场，以现代人的眼光，去审视道教，探索道教"。同时，本书有助于读者了解上海正一道科仪的地域特色，可资研究。（张晟）

道教礼仪学

《道教礼仪学》，张泽洪著。北京：宗教文化出版社，2012年10月第1版，16开，358千字，系"厦门朝天宫道学教材丛书"之一种。

张泽洪简介详见《张天师》提要。

本书于绪论之后分10章共31节。第一章为道教礼仪的源流。著者首先就道教礼仪、道教礼仪学及相关概念详加辨析。其次把道教礼仪放置在中华传统祭祀文化背景之中探源，考论道教斋醮礼仪对先秦儒家礼仪文化、先秦宗法宗教祭祀文化以及西南少数民族原始宗教法术等因素的融摄。再则阐释道教斋醮祀神仪式的悠久历史，道教斋法、醮仪的区别和联系，先斋后醮的仪式程序。第二章为斋醮科仪经典的编撰。著者详述晋、唐、宋、元、明、清直到20世纪科仪经典的编撰情况，并选择其中的重要科仪经书给予介绍，同时还就中外学界对道教科仪经典的研究进行总结评述。第三至六章详细探讨了道教礼仪的建坛、仪仗、法器、法师、文书、清规等科仪格式，认为道教丰富的祭祀经典、完备的科仪格式、系统的祭祀理论、深邃的文化意蕴，在世界各大宗教中独树一帜，是道教发展为神学宗教的重要标志。第七至十章介绍了几种重要且具有代表性的道教祀神礼仪，包括每种祀神礼仪的宗教功能及其仪式程序等。

本书主要研究特色与创新之处有三点：一是概念辨析精准，考论精当。如著者对于道教礼仪、道教礼仪学、道教斋醮礼仪、道场、仪范、功德等相关概念给予精准界定，并引经据典阐释它们的内涵与相互关系。这对道教礼仪学研究的进一步发展有助推作用。二是内容丰富系统。全书既有关于道教斋醮礼仪理论的系统性提炼建构，又有基于检录道藏外史料文献为佐证的常行科仪的历时性演绎的钩沉梳理。相关梳理包括黄箓斋、施食炼度仪、投龙简仪、礼灯科仪、正一道授箓仪、全真道传戒仪等仪式。其中关于投龙简仪式的宗教功能，金龙玉璧的形制及其象征意义，特别是投龙简与早期五斗米道天、地、水三官信仰的关系，黄箓斋投简仪的结构和神仙信仰等内容，填补了学界关于投龙仪式研究的空白。三是文辞凝练、深入浅出、道俗共赏。作为道学教材，本书包含著者长年致力于道教仪式研究的心得，体现了"总结成果，准确系统，面向社会，深入浅出"的道学丛书编撰方针要求。云南社科院宗教研究所胡小柳曾在《宗教学研究》2013年第4期撰写书评《一部优秀的道学教材——评〈道教礼仪学〉》称本书是"一部优秀的道学教材"。
（张晟）

台南传统道坛研究

《台南传统道坛研究》，洪莹发、林长正著。台南：台南市政府文化局，2013年12月版，系"大台南文化丛书系列第二辑信仰文化专辑"之一种。

洪莹发，台北"中央研究院"数位文化中心博士后研究员，东华大学中国文学系民间文学博士。曾任新港奉天宫世界妈祖文化研究与文献中心执行长、民俗与文化半年刊执行编辑等职务。著有《解读大甲妈——战后大甲妈祖信仰的发展》等。

林长正，台南市文化研究员。独立搜集台湾道教和释教科仪以及传统音乐资料。曾参与2011年善化庆安宫金箓谢恩保禳五朝祈安大醮醮志编纂等。

本书分道法传承篇和道坛传承篇两篇，前篇主要介绍了灵宝道坛的基本信息，后篇则通过田野调查、访问并记录了台南各区重要道坛。

　　本书主要讨论了四个方面的内容：第一，记忆与传承华人历史文化。著者认为道教与民间宗教大多是模拟帝国官僚制度建构而成，如其神仙的等级制度、仪式模拟等。而道教在台南华人世界中同样保存了悠久的汉人传统，尤其在道坛科仪方面，呈现出台湾汉人长期的宗教文化累积与民间信仰的思考脉络。第二，台南灵宝道坛的传承。著者认为在台南地区，道教文化传统十分丰富，如相关从业人员多，宗教活动丰富以及仪式祭奠举办固定化等。在道坛方面也表现得极为突出，如三代以上的道坛数量众多，而七、八代以上的道坛也有数个。同时，不少道坛以功德科仪为主要工作而获得日常收入来源。在道坛传承上，除师传关系外，更多是一种传承者之间的亲戚关系。此外，知名道长也能吸引道众前来学习。第三，台南灵宝道坛的特点。著者认为台南灵宝道坛的行业圈以曾文溪为界，分为溪北与溪南，二者在科仪安排上有较大差异，其中功德科仪的安排差异最大。在演法风格上也有差异，一方面因师承与地方习俗而产生演法差异，另一方面因早期道法传承而区分为"湖街法"与"白街法"两种。台南灵宝道坛与台湾其他地区灵宝道坛演法风格有所差异，可能因其师承来源多为漳州区域内的道坛，而云林褒忠坛系统、彰化海线等几个道坛的师承来自泉州。第四，灵宝道坛受社会变迁之影响。著者认为战后早期天师赴台后，可以到该处奏职认证，不一定要有真正的师承与学法，且要求加入各种道教组织。解严后经济起飞，寺庙办理的祭改、补运等活动增多，医药进步，因而民众较少到道坛办理法事。近期台湾丧葬仪式产生结构性变化，如大型企业集团化运作，丧葬仪式简化并融入商业机制中。这深深影响传统功德仪式的安排，使道坛业务大为减少。（林翠凤）

台南王爷信仰与仪式

　　《台南王爷信仰与仪式》，吴明勋、洪莹发著。台南：台南市政府文化局，2013年12月版。系"大台南文化丛书系列第二辑信仰文化专辑"之一种。

　　吴明勋，社团法人台湾淡南民俗文化研究会理事、世界妈祖文化研究暨文献中心研究专员、观佑文化工作室负责人。主要著作有《湾里万年殿醮志：戊子科五朝王醮》（合著）等。

洪莹发简介详见《台南传统道坛研究》提要。

本书分为"信仰篇""重要神明类型与庙宇篇""仪式篇"三篇，着重对台南王爷信仰进行了探讨。著者认为在台南王爷信仰中，除早期大陆原乡移植过来的王爷信仰外，还有许多本地文化下所产生的特有本地王爷信仰。还指出台南有许多历史悠久的王爷庙，而这些王爷庙往往也是台湾各地王爷庙的祖庙或进香中心。著者通过对台南市王爷庙时空分布上的分析，认为王爷是台南市主祀神明类型的第一位，王爷信仰在台南相当盛行。著者还指出台南市王爷庙的香火来源与传说可分为五大类，即祖先与先民携来、拾得王船神像香火圣物、分灵、神明指示与神迹显化以及其他。

在对台南王爷信仰的祭祀仪式研究中，著者指出除庙宇"固定式"的祭祀外，"流动式"的代天巡狩祭典也极为重要，并在迎、送"代天巡狩"仪式中呈现出繁、简两种不同文化。因而多元的"代天巡狩"祭典，不能以"王船信仰""王船祭"来窄化代称，反而台南地区传统庙宇常用的"瘟王祭""王醮""王献大典"才最为贴切。

此外，在传统的恭迎"代天巡狩"祭典中，请王仪式常于海边、溪河畔举行，而著者在田野调查中发现也有在庙前马路直接迎请代天巡狩千岁爷的例子。迎请代天巡狩莅境的目的各地也有所不同。北门"游巡王"祭典是"游县吃县，游府吃府"的单纯仪式，曾文溪流域三年一科的王醮则有祈求达到驱疫保境的目的。二仁溪出海口的王醮则认为代天巡狩是奉玉皇大帝旨令前来视察祭典，但其同时也有驱瘟押煞的职能。（林翠凤）

台南传统法派及其仪式

《台南传统法派及其仪式》，戴玮志、周宗杨、丘致嘉、洪莹发著。台南：台南市政府文化局，2013年版，系"大台南文化丛书系列第二辑信仰文化专辑"之一种。

戴玮志，台南归仁区人。台南大学台湾文化研究所硕士。

周宗杨，台南佳里区人。曾发表《台南地区吉字辈家将团访查吉观察比较》。

丘致嘉，台南府城人。台南大学台湾文化研究所硕士。

洪莹发简介详见《台南传统道坛研究》提要。

本书主要介绍台南地区传统法脉及其近五年内的现况。著者分别论述了府城、溪南、溪北等地区的门派及法师，整理出各主要传承脉络的系统表，并配合重要法师的生命史，对各传统法脉进行分析。著者通过实地调查安平地区的进钱补运科仪、溪北山线地区法脉的天地进钱仪式、溪南地区的赏兵仪式，分析法师的职能。

本研究中著者认为，"法师的职业特性"，即时间运用弹性大、收入不固定、各门派各有戒律或禁忌限制、需要创新模仿、擅长执行民间信仰科仪等。"科仪的在地化"，法师需要因地制宜地进行为当地信俗所认同的科仪项目程序。"执业的跨域性"，法师为增加收入常跨越地理区域，应聘前往各地办科仪，甚至与寺庙存在长期合作关系。"法派的多样性"，府城内传统法派众多，包含红头、黑头、黄头三类，都有较明显的师承系谱可追溯。府城外几乎都是红头法师，以闾山派为最大宗，且府城外对门派的概念和区分不如府城内明显，门派不明者众多。"血缘与地缘关系"，法师的传承有两种：一为常见的家族世传，父子相承，以血脉来维系，祖传不易变质；二为拜师传授，因神明指定、兴趣或经人介绍等就近拜师学法，此类多于血缘师承者，但较易变动。"法师分布与地理环境"，山内地区人口少且多务农，对法师科仪的需求也较少，故法师大多为兼职，但维持传统做法，保存了纯粹朴实的法师风格。近市区地区人口较多，职业法师较多，法师所学科仪项目最多，承接寺庙常例与私人科仪最多，收入最丰，创新与改良传统科仪最多。府城内人口集中且市场化，门派繁多，参与者多为联谊或义务性质，法脉与法师人数最多。（林翠凤）

（二）道教音乐研究

中国武当山道教音乐

《中国武当山道教音乐》，史新民主编。北京：中国文联出版公司，1987年8月第1版，32开，190千字。

史新民，1930年生，武汉音乐学院音乐学系教授，现已离休。主要研究领域为中国道教音乐。已出版著作《全真正韵谱辑》等，发表论文《曾侯乙编钟五音顺序中道的意涵》《中国大陆与香港道教音乐之现行研究》等多篇。

本书包括序、图片、概述以及武当山道教音乐、谷城火居道音乐、道人小传、后记和补遗的四首曲谱。"概述"部分论述了武当山道教音乐沿革与宗派、法事与音乐、音乐分类、典型韵腔等内容。"武当山道教音乐"部分主要介绍了武当道乐分为韵腔与曲牌两类，这是由法事活动中不同科仪用途决定的。其中韵腔包括讽经腔、念咒腔、诵诰腔和韵腔四种不同歌腔形态，并介绍阳调部分玄门日诵早晚课曲选14首、玄门日诵早晚课全套2首、上祖师表曲选9首、玉皇本行集经曲选4首、小启朝曲选1首；阴调部分萨祖铁罐施食祭炼科范全套22首、玄门应用荐亡科曲选10首。曲牌包括正曲、耍曲、法器牌子三类，并介绍正曲10首、耍曲9首、法器牌子10首。"谷城火居道音乐"，著者阐述了火居道音乐由韵腔和曲牌两大部分组成，以及对火居道音乐与山上出家道音乐风格差异做比较研究，并介绍谷城火居道韵腔部分玄门日诵早晚课曲选7首、赈济曲选5首、曲牌13首。"道人小传"，主要介绍了全真道高功、职业道家音乐家喇万慧，正一道三茅派传人方继权、全真道龙门派吴理瀛、全真道经乐师何本均、火居道音乐家经学家周炳相、火居道笛管演奏家袁学训等高道对道教音乐的贡献。

本书作为新中国第一部道教音乐专著，引起学界和新闻界的广泛关注，香港中国通讯社的《新闻通讯》于当年8月7日刊发了本书出版的消息，胡军、孙凡主编《武汉音乐学院道教音乐研究文选》评价本书为"中国宗教音乐中的一份重要文献"。《中国道教》于1991年第3期发表了题为《翔实准确、刻意求精——〈中国武当山道教音乐〉编辑札记》的书评，指出著者对本书的版本结构、曲谱的核实与校正、曲谱的分类与选编、道人小传的撰写，以及在编辑过程中所遇到的问题及所采取的处理办法都做了详细的说明。认为本书是一部专业性很强的文献、史料性书籍，文字撰写力求真实、准确，而且翔实选录的80余首韵腔、曲牌的曲谱，是著者亲自采录到的近30小时的原始录音所记曲谱中选编的，将20多本记谱手稿与原始录音作音。所记曲谱中的音符及其各种音乐符号、术语一般都能忠实、准确地反映原始录音的本来面貌。（廖玲）

全真正韵谱辑

《全真正韵谱辑》，武汉音乐学院道教音乐研究室编。北京：中国文联出版公司，1991年8月第1版，32开。

本书包括全真道著名高功闵智亭作的序、李养正写的《我所认识的玉溪道人》、道教《全真正韵》、本辑收录的53首全真正韵、附录15首全真道常用的经韵和后记。

道教《全真正韵》阐述了全真道的历史，全真派通用的科仪音乐《全真正韵》及其经韵音乐风格特点，全真道在科仪中使用的法器和乐器等。其经韵音乐风格清幽、典雅、重声韵而不尚华彩，具有浓厚的殿堂气息与宗教韵味，有着明显的重宫音的调式特点，各经韵不论是何音阶调式与中间乐句是何结音，但末尾大多数是终止到宫音，这就显示了《全真正韵》音乐的庄严、肃穆、恬静与稳重，并具有导引修持者入静进入清虚之境的宗教音乐气质。全真道在科仪中使用的法器一般为铛、镲、铃、铙、钹、鼓、木鱼等，有的地方也加用锣。在乐器使用上多为管、笙、笛、箫，个别地方也用拉弦乐器与弹拨乐器。全真道也还有地区性的经韵，如东北韵、北京韵、崂山韵、武当韵、广成韵等。

本辑收录的53首全真正韵及另外15首全真道常用的经韵，均为玉溪道人闵智亭传谱与校正。53首全真正韵包括澄清韵、举天尊、双吊挂、大启请、小启请、天尊板、中堂赞、小赞韵、大赞韵、步虚韵、下水船、干倒拐、反八天、早饭依、午饭依、晚饭依、风交雪、仙家乐、白鹤飞、三宝香、三宝词、送化赞、焚化赞、三尊赞、单吊挂、倒卷帘、云乐歌、青华引、大救苦引、圆满赞、幽冥韵、三炷香、慈尊赞、黄箓斋、仰启咒、三信礼、三拿鹅、王召请、阴小赞、五供养、悲叹韵、小苦救引、召请尾、返魂香、十伤符、金骷髅、银骷髅、咽喉咒、梅花引、反五供、出生咒、宝箓符、跑马韵。附录15首全真道常用的经韵包括七宝赞、天花引、混元赞、开天符、光明满月、三奠茶、两头一样赞、破丰都板、歌斗章、洒净韵、五厨经、河南三上香、柳枝雨、达摩引、快澄清板。

　　本书以原始性、真实性、资料性为宗旨，本谱辑力求保持所传经谱的本来面貌，也开创了全真道教经韵音乐第一次用简谱记写的先河，补充了15首全真道教常用经韵，均为玉溪道人闵智亭传谱与校正，基本上完全继承了四川二仙庵的《重刊道藏辑要·全真正韵》。余兰森《"全真正韵"与信息场——〈全真正韵谱辑〉读后》评价道："该书的出版，正是中国道教音乐研究向深层发展，特别是有许多学者在研究中涉及'地方韵'与'全真正韵'这个课题的时候可谓是雪中送炭。"（廖玲）

道教与中国传统音乐

　　《道教与中国传统音乐》，蒲亨强著。台北：文津出版社，1993年3月第1版，32开。系"道教文化丛书"之一种。

　　蒲亨强，1952年生，重庆人。现为西南大学音乐学院教授，博士生导师。主要研究领域为中国道教音乐、中国民歌、音乐文化。已出版著作《道教音乐学》等多部，发表论文有百余篇。

　　本书于自序后共分12章。第一章阐述中国道教音乐的历史脉络和分布状况及现状。第二章探讨道教音乐的功用、音乐形态和风格特点。第三章阐述道教科仪内涵概念，道教科仪音乐的三种基本类型即课诵音乐、斋醮音乐和纪念法事音乐，进而分析它们的形式结构及在道教仪式活动中的运用特点和内在规律。第四章探讨道教仪式常用音乐曲目来源、流变及风格。著者按照标题性曲目、源于科仪程序的由目、取自经文首句词曲目、沿用古代音乐之曲目、借用民间音乐的曲目等分类体系分别展开讨论，深化读者对道教音乐曲目特点及其历史渊源的认识。第五章介绍历代皇宫中道教音乐的渗透和运用情况，为了更深入地了解宫廷音乐同道教音乐的相互关系及其特点，选择一些同道教音乐关系最密切、资料相对较翔实的帝王和朝代做个案研究。第六章探析道教科仪音乐在仪轨、经词方面的佛教影响以及佛道音乐形式上的某些共性因素，以把握佛道音乐相互关系的一般特点。第七章论述道教哲学对文人音乐美学观念所产生的影响。第八章着重从题材的剧目、创作主题、科范动作等面向探讨道教对传统戏曲的一些影响，进而从实证角度说明了道教与传统戏曲音乐有极为密切的关系。第九章着重对中国古谱源头声曲折的渊源、流变的考论，以及分析描述声曲折的形式，说明声曲折与道教有特别密切的关系。第十章剖析道教器乐艺术在道教科仪中的运用特点，传统器乐结构思维中的道教影响，说明道教与民间合奏乐种的复杂关系。第十一章就道教和民歌文化的相互渗透及其相互关系等问题，做了深入细致的分析。第十二章揭示道教在中国音乐史上占有独特的重要地位，并对于各种传统音乐品种的发生发展起到了多方面的影响和积极作用。

管建华发表《中国道教音乐研究的首部专著——〈道教与中国传统音乐〉简评》一文指出："该书中不仅立足于音乐形态学，而且也考虑到文化文学、民族学、历史学等学科背景来考察道教音乐现象，大大拓展了道教音乐的研究视野和方法，并揭示出道教音乐特有的丰富内涵。使人感到中国音乐文化之博大深邃，儒道佛的互补相成所构成的音乐文化精神世界与西方基督教音乐文化精神世界相比各有特色。该书有利于推动中国宗教研究的深入和进一步发展，也将有助于比较宗教音乐研究的发展，使道教音乐在世界宗教文化中获得应有的国际地位。"（廖玲）

中国道教音乐

《中国道教音乐》，王纯五、甘绍成著。成都：西南交通大学出版社，1993年6月第1版，32开，120千字。

王纯五简介详见《青城山志》提要。

甘绍成简介详见《青词碧箫——道教文学艺术》提要。

本书于序之后分上篇和下篇，末有后记。

上篇道教音乐的历史，概述道教音乐的发生、发展、历史演变、衰落和现存状况，并且通过大量的文献资料，对道教音乐在各个历史时期的特点均做了论述。该篇由王纯五撰稿。著者论述道教音乐的产生和发展与古代祭祀音乐及各地民间音乐的密切关系，指出一国早期的祭祀音乐是道教音乐的生成之源。道教的重要经书《太平经》和《老子想尔注》等均有较详细的音乐理论论述。汉末直到南北朝是道教音乐的重要创立期，确定了自身的框架。唐代道教音乐有了较大的发展，与民间音乐的关系更加密切。宋代是道教音乐发展的又一高峰期。元明时期有脱颖而出的全真道派，它对道教音乐产生了重大影响，有别具道乐特色的宫廷祭祀乐章。清代道教音乐在继承明代规范的基础上，进一步向民俗化和地方特色发展，各地道教宫观音乐逐步展示自己的个性，形成道教音乐中异彩纷呈的地方韵。清末民初，对于道教音乐的研究处于停滞状态，仅有少数学者和民间艺人自发地进行搜集、传习和研究。新中国成立至20世纪末期，道教音乐研究水平也日益提高，在向深层次的理论探索发展。

下篇各地道教音乐概述，对各地道教音乐及其构成特点、运用情况、风格流派、器乐形式以及道士在音乐中的仪职称谓和分工等均作了一定程度上的论析。该篇由甘绍成撰稿。著者还对北京、上海、四川、山东、山西、河北、辽宁、黑龙江、陕西、湖北、湖南、江苏、云南、台湾、香港等地的道教音乐概貌及其特点进行了简略介绍。

本书受到学界好评。正如朱泽民在序言中所说："该书是从纵向和横向详细论述了中国道教音乐的理论专著。选用资料宏富、阐释得当、文笔流畅、曲谱准确，具有较强的文献性、学术性和可续性，填补了这一研究领域的空白，是一部可供宗教界、音乐界以及从事其他领域工作的同好研究、参考的重要书籍。"（廖玲）

中国龙虎山天师道音乐

《中国龙虎山天师道音乐》，武汉音乐学院道教音乐研究室、江西龙虎山道教协会编。北京：中国文联出版公司，1993年8月第1版，32开。

本书于前言、序、龙虎山天师道音乐之后共分15个部分。前言部分由龙虎山嗣汉天师府主持张金涛简略介绍天师府道观的历史及天师道音乐的概况。中国道教学院副院长、研究员李养正作序，指出龙虎山道教正一派音乐在道教醮仪中的重要位置。

本书正文部分为龙虎山天师道音乐历史概貌，从龙虎山与天师道、天师道与斋醮科仪、龙虎山天师道音乐的渊源及其影响、龙虎山天师道音乐的构成及其基本特点四个面向进行论述。全书收集了106首龙虎山天师道乐曲，通过初步梳理，总结出龙虎山天师道教音乐由经韵音乐和曲牌音乐两大部分构成。一是经韵音乐，为龙虎山天师道音乐的主体，数量多，涉及面广，贯穿整个天师道科仪活动。书中列举这些经韵科目为：课诵及通用经韵7首、请水安龙奠土科5首、发奏科10首、请圣科1首、拜斗科4首、三官忏科5首、社司经忏科4首、玉皇忏科1首、三朝科4首、酌饯科2首、慈航经忏科7首、灵宝济炼度孤科21首、召亡科10首、度幽科11首。二是曲牌音乐，于数量上所占比例不大，但这些曲牌运用频繁，一个乐曲可以在不同的科仪中运用，显得十分灵活。书中列举这类曲牌共有14首，包括小开门、望妆台（同名异曲共3首）、小过堂、山坡羊、小桃红、尺字大开门、乙字大开门、小工调、凡调、龙灯调、路罡调，另有一首佚名。本书通过对这些乐曲的研究，认为龙虎山天师道音乐是一个包容量相当博大的载体，包括由纯道教乐曲、源于佛教的乐曲、儒释道兼容的乐曲、源于民间世俗的乐曲、源于传统戏曲和民间器乐曲牌的乐曲成分组成。进而就龙虎山天师道音乐的基本特点总结概括为：音乐丰富多彩，应用灵活多变；即道即艺，亦神亦俗；风格迥异的弋阳腔与上清腔；儒释道兼容并包四个方面的特点。

本书的106首乐曲，目前尚不是龙虎山天师道音乐的全部，但是仍反映出了龙虎山天师道音乐之概貌。其经韵音乐部分的经词，大都是老道长或抄录或据回忆写就的，为准确起见，本书研究组专请熟谙道教经忏科仪的当代道教大师玉溪道人闵智亭作了校正。本书在天师道主持张金涛道长及道众的热情帮助和直接参与下，通过实地调查、访问、采录，收集了丰富的道教经韵音乐和曲牌音乐。年青道友黄有胜为获取较多的音响资料，不辞劳苦深入远僻的山乡采访散居道人，其功实不可没。正如序言中李养正指出，此书的问世有两点好处：一为研究传统宗教音乐文化提供了新的资料；二为道教界传承龙虎山道教正一派斋醮音乐提供了书面的、方便的教材。（廖玲）

武当山道教音乐研究

《武当山道教音乐研究》，曹本冶、蒲亨强著。台北：台北商务印书馆股份有限公司，1993年12月第1版，32开。

曹本冶，1946年生，上海人。哥伦比亚大学硕士、匹兹堡大学博士，香港中文大学资深教授。多年来致力于对中国仪式音乐传统的研究，以及民族音乐学在中国的学科建构。主要著作有《中国传统民间仪式音乐研究：西北卷》等；编有丛书20多本；发表中英文学术论文多篇。

蒲亨强简介详见《道教与中国传统音乐》提要。

本书于前言之后共分八章，末有附录、主要参考文献与后记。前言部分是两位著者对道教音乐在道教文化中的研究意义的概略简介。

第一章武当山概况，粗略勾勒了武当山道教派别的历史沿革、现状的大致轮廓，以及武当道乐流传范围的古今演变情况。第二章阐述武当山道教科仪类型及各类科仪音乐在不同历史时期各有不同程度的变化。著者重点分析课诵科仪、斋醮科仪和纪念法事三大类科仪及其音乐的运用情形、风格特征及相关文化背景，以期更清楚地了解其各自的特点及其异同关系，也详细介绍了武当道教仪式音乐所用的法器及乐器。第三章旨在研究武当道乐的类型特点及分类法。著者首先对道人固有的口头分类术语及含义做介绍和分析，然后提出一种侧重于音乐自身形态及类型特征的音乐形态分类法，即韵腔的音乐形态分类、主腔与分类之整体关系、主腔在曲调中的运用、各类韵腔典型曲目音乐分析和器乐曲牌的音乐分类及基本特色。这也是本书的研究观点和分析技术的部分，试图在传统分类基础上深化音乐部分的分类意义。第四章从曲式结构这一整体性音乐形式要素入手，探讨武当道教科仪音乐的形式结构特质及其内在的动态规律。一是侧重从横面的静态角度分析归纳道教音乐的曲式结构类型；二是侧重从动态角度探索道乐创腔和结构过程的内在逻辑及系统性。第五章从地域风格探析武当道乐的超地域风格之形态表现，证明武当道乐融合了很多外地音乐因素，具有明显的超地域性风格，继而从更深广的历史文化背景中去探索其所以形成的内在原因与机制。第六章就武当道乐的两大流派在观派与在家派音乐风格的共性与个性问题做了系统的总结和实证性的研究，认为两派韵腔的异同关系有三种类型，包括基本相同的韵腔、部分相同的韵腔、完全不同的韵腔。进而探讨导致两流派音乐风格形成之文化背景，从演出者的社会地位、音乐来源及传承方式、音乐传授方式及演出范围、演出目的及对象四个面向说明。第七章考察道乐曲目之来源及道乐曲目命名上的特殊思维和仪式音乐的流变现象。各种曲目按其不同来源大致划分成三大类，即源于经文主旨内容的，源于仪式节目的，源于歌词首句词的，认为武当道乐曲目的命名大都与科仪的程序和经文内容紧密相关。第八章研究武当道教音乐同全真十方韵之关系，证明了武当道乐不但在科仪内容或音乐曲目上同十方韵存在着很强的同一性，而且在其曲调上也同样是靠近十方韵的。（廖玲）

道教音乐

《道教音乐》，周振锡、史新民、王忠人、向思义、刘红合著。北京：北京燕山出版社，1994年1月第1版，32开，177千字，系"中国道教文化丛书"之一种。

周振锡，1939年生，武汉音乐学院教授，原《黄钟》主编。已出版著作《中国艺术歌曲选：1978—1995》等，发表论文多篇。

史新民简介详见《中国武当山道教音乐》提要。

王忠人，武汉音乐学院教授，原武汉音乐学院音乐研究所副所长，代表性论文有《龙虎山天师道音乐》等多篇。

向思义，1946年生，武汉音乐学院副教授，已出版著作《新世纪音乐入门丛书·笛子》等，代表性论文有《道教音乐之法器之刍议》等。

刘红，民族音乐学专业哲学博士，博士后。现为上海音乐学院教授，研究领域包括民族音乐学、中国传统音乐、道教音乐文化、仪式音乐文化等。为《中华道教大辞典》《道教大辞典》等大型辞典的分科主编及主要撰稿人。已出版《中国道教音乐史略》等著作，同时在《中国道教》、SINICA等国内外刊物发表学术论文多篇。

本书于序之后正文共分十章，末有附录及后记，附录一：道教音乐韵腔、曲牌选曲，附录二：本书主要征引、参考书目及文论举要。

第一章阐述道教音乐的产生与形成，发展与演变，以呈现其历史之梗概。第二章从道教经书、典籍和道家著作中有关音乐的来源、社会功能与宗教功能、乐律理论、审美等方面的记载挖掘道教音乐理论。第三章对道教的两个不同流派正一派与全真派及其科仪音乐，在形式与特点、乐器与乐谱、历史演变及风格特征等面向进行了比较研究。第四章阐述道教音乐的结构与道教特定的法事内容和形式及其思想理论体系的密切关系。著者首先介绍道教音乐形式的种类、韵腔的唱法、曲牌的奏法，然后分析道教音乐在不同科仪中与道教关系的亲疏程序，继而分析道教音乐的结构形式特点，再则介绍典型的道教音乐节奏，以及对道教音乐的旋法归纳，发现道乐旋法上的一些规律。第五章介绍道教科仪音乐中法器种类、法器发展演变状况、法器的功能及运用，常用的乐器以及器乐曲牌等内容，并整理部分宫观使用的打击法器和乐器，并列及形制图画予以说明。第六章首先概述斋教科仪音乐中的课诵科仪音乐，并以武当山宫观内的宗教活动为例，叙述了其中玄门日诵早课和晚课的程序，然后介绍并剖析道教常用的典型阴事荐亡道场科范《萨祖铁罐施食祭炼科范》的坛醮的五项程式和五部曲式，以武当山区域为例予以说明。第七章论述道教经韵乐章与宫廷祭祀乐章、道教音乐与唐代宫廷音乐和明代宫廷音乐的千丝万缕的关系。第八章探析道教音乐与民间音乐中的民歌、曲艺、戏曲、民间器乐曲等的密切关系。第九章概略介绍北京白云观道乐、山东崂山道乐、沈阳太清观东北新韵、湖北武当山道乐、川西道教音乐、苏州玄妙观道乐、上海道教音乐和台湾、香港地区道教音乐及其特色。第十章叙述了我国近现代部分地区对道教音乐的收集、整理研究情况，并指出道教科仪音乐的研究趋向。

本书受到学术界好评。本书是当时国内第一部较全面系统地对道教音乐进行理论研究的学术专著，对弘扬我国的传统民族文化、促进道教音乐研究的纵深发展有着积极的意义。（廖玲）

杭州抱朴道院道教音乐

《杭州抱朴道院道教音乐》，曹本冶、徐宏图著。台北：新文丰出版公司，2000年2月版，系"中国传统仪式音乐研究计划系列丛书"之一种。

曹本冶简介详见《武当山道教音乐研究》提要。

徐宏图，1945年生，浙江温州人。先后任职于浙江省艺术研究所、浙江艺术职业学院，现为浙江省非物质文化遗产专家委员会研究员。主要研究领域包括中国戏曲史、宗教仪式、昆曲、浙江地方戏曲等。已出版著作《南宋戏曲史》《浙江戏曲史》等，发表《昆曲〈十五贯〉补论》等论文多篇。

本书共分八章，第一至五章由徐宏图撰写，第六至八章由曹本冶撰写。

第一章对杭州地区的年中祭祀、迎神赛会、进香、丧葬习俗、道场音乐以及历代高道在杭州传播道教的情况、重要宫观的发展及其宗派归趋等方面进行叙述。第二章专就抱朴道院在历代的发展与宗派认同、宫观道士、宫观建筑、奉祀神祇与仙真等方面加以介绍。第三章介绍抱朴道院保存的重要经忏科仪，并说明四月十四日吕祖宝诞在抱朴道院特别重要的原因。第四章记录抱朴道院庆贺吕祖1200岁宝诞所举行斋醮科仪，斋醮科仪使用的文检、坛场配置、道士司职。第五章记录1996年此次庆贺道场早课、闹台、跑五方、开坛、拜《玉皇忏》、供饭、上大表、放焰口的详目与运用之道乐韵腔，并对上述各项科仪之流程进行叙述。第六章先对道教科仪音乐分类，再详列各科仪运用之韵腔与曲谱。第七章对此仪使用的144首道曲（105首韵曲、39首器乐曲）之调式、节奏形态与结构形态、曲调特点进行分析，并讨论法器、器乐音乐所具备的功能。第八章摘录参与此次斋醮科仪的神职人员的受访记录与运用的道教音乐源流，并把道乐与民歌进行比较，分析抱朴道院道乐体现的地域文化特性，以及比较各地全真道宫观"十方韵"与抱朴道院使用的韵腔异同所在。

透过本书，读者能够对于道教在杭州地区的历时性演变与高道、宫观发展，有一个清晰的理解，而书中记载的各首道乐曲谱，更是从事道教斋醮科仪音乐研究的宝贵资粮。（李建德）

温州平阳东岳观道教音乐研究

《温州平阳东岳观道教音乐研究》，曹本冶、徐宏图著。台北：新文丰出版公司，2000年8月版，系"中国传统仪式音乐研究计划系列丛书"之一种。

曹本冶简介详见《武当山道教音乐研究》提要。

徐宏图简介详见《杭州抱朴道院道教音乐》提要。

本书共分八章，第一至五章由徐宏图撰写，第六至八章由曹本冶撰写。第一章概述平阳县的地理位置、人口结构、音韵特性、历史发展、年中祭祀、迎神赛会以及历代高道在平阳地区弘道的情况、重要宫观的发展及其宗派归趋等。第二章对东岳观在历代的发展与宗派认同、重要高道、宫观属性与常住道士、宫观建筑、奉祀神祇与仙真等加以介绍。第三章介绍平阳东岳观保存的重要经忏科仪，并引据历代文献，说明中元普度科仪的重要性，进而介绍东岳观现行《萨祖铁罐焰口》的节次与重要环节。第四章首先说明1996年6月27日提前举行的中元普度科仪，系为了追悼抗日战争无辜殒命亡魂，使其早日受度生天的缘故。然后介绍平阳东岳观于1996年举行中元普度科仪使用的文检、坛场配置、道士司职。第五章详细介绍中元普度各项科仪之流程，包括发奏、开五方、进表、五师供、诸真朝、焰口的详目与运用之道乐韵腔。第六章介绍道教科仪音乐分类，再详列各科仪运用之韵腔与曲谱；第七章根据此次科仪及《早晚功课经》的调查成果中，对选录134首道曲（117首韵曲、17首器乐曲）之调式、节奏形态与结构形态、曲调特点进行分析，并讨论法器、器乐音乐所具备的功能。第八章根据参与此次斋醮科仪的神职人员的受访记录，发现当地的"子孙板"具有地方戏曲音乐的特性，并将道乐与当地民歌进行比较，分析平阳东岳观道乐体现的地域文化特性，并比较各地全真道宫观"十方韵"与东岳观使用的韵腔异同所在。

本书对温州平阳地区的道教历时性演变、宫观发展、高道，有一清晰的理解。从1979年以来，平阳东岳观的"十方板"流传到其他地区，并多次应邀到华人世界各国展演，在现当代道教音乐传播的层面，有着举足轻重的地位，因此，书中记载的各首道乐曲谱，更是从事道教斋醮科仪音乐研究的宝贵资粮。（李建德）

中国道教音乐简史

《中国道教音乐简史》，胡军著。北京：华龄出版社，2000年8月第1版，32开，160千字，系"中华音乐家书系"之一种。

胡军，1966年生，湖北宜昌人。武汉音乐学院音乐学系副教授。主要从事民族音乐理论、音乐基础课程的教学与研究。专著有《茅山道乐研究》等，合著有《中国茅山道教音乐》《武当道教音乐》等，代表性的论文有《茅山道乐器乐曲牌调查报告》《唐代的茅山道教与宫廷音乐》等多篇。

本书包括前记、序、前言和正文七章内容，末有主要征引、参考书目与文论。正文分为七章二十五节。

第一章道教音乐之缘起，概述远古时代的巫术、巫觋祭祀乐舞，荆楚巫风乐舞，以及自然崇拜和鬼神崇拜是道教音乐生成与发展的主要来源，而且老庄哲学与秦汉道家学说为道教音乐的兴起与发展奠定了理论基础。第二章道教音乐之生成，著者从道教斋教仪典之形成，早期道教科仪音乐、北魏道士寇谦之改直诵为乐诵，陆修静创建科仪音乐传统模式，陶弘景创茅山宗及其科仪音乐体系等方面论析。第三章道教音乐之兴盛，著者从道乐与燕乐、法曲的相互渗透关系，唐玄宗对道乐创作的倡导和亲制道曲，以及道乐的表演等大量史料记载说明道教音乐的发展离不开上层政权与统治者的大力扶植。第四章道教音乐之流派，阐述全真派和正一派两大乐派音乐自成体系，各具特色。著者主要介绍了第一部经韵谱集《玉音法事》、全真道与《全真正韵》和伙居道及伙居道乐的音乐形态及呈现的音乐特征。第五章道教音乐之发展，主要表现在明代宫廷所特有的音乐机制神乐观与乐舞生的产生，明御制的道教祭祀乐章《大明御制玄教乐章》，元明时期各地宫观道乐也迅速发展。第六章道教音乐之倾斜，阐述科仪音乐转向民间与社会生活和民俗风情密切结合，包括道教思想越来越世俗化、民间化，道乐与元杂剧，道情的产生与发展，道乐与民间音乐，道乐传承谱式等。第七章道教音乐之现状。著者对近百年来道乐研究的状况作了简略梳理，以呈现其研究概貌。

闵智亭为本书作序说："全书结构以历史时序为线，叙述各历史时期道乐的发展、流变与特点，既从整体上把握道教音乐的历史轨迹，又对道乐在自身发展过程中有着重要影响的人与事做较翔实的描述，本着立言有据、求实存真的意愿，力图描绘出道乐的简略历史面貌。"（廖玲）

神圣礼乐——正统道教科仪音乐研究

《神圣礼乐——正统道教科仪音乐研究》，蒲亨强著。成都：巴蜀书社，2000年8月第1版，32开，220千字，系"儒道释博士论文丛书"之一种。

蒲亨强简介详见《道教与中国传统音乐》提要。

本书于序论后分上、下篇计十章。序论就20世纪40年代至90年代的道乐研究现状与基本特点进行综述，并说明本书研究动机、方法、结构、对象与范围及预期成果。上篇论历史与现状。著者从研究正统科仪音乐史的发展规律着眼，通过分述葛洪、寇谦之、陆修静、杜光庭等高道对科仪音乐的贡献，分析经典科书所载科仪音乐的一般面貌和特点，结合典型实例剖析科仪程序结构和音乐运用特点，再借古鉴今地描述当代科仪音乐的现状与历史渊源，从而基本廓清了自东汉魏晋南北朝、隋唐北宋、南宋金元、明清直至当代科仪音乐的传承发展脉络和演变轨迹。下篇论艺术、审美特点及其文化基础。著者通过解析道教的音乐观、科仪与音乐的相关性、科仪音乐的体裁分类、曲调构成、十方韵系统构成及风格差异等内容，透视道教科仪音乐的艺术特点。其次，通过综合分析主体曲调的形式要素与典型特点及审美情趣，探讨道教科仪音乐的审美特点。再次，透过道教音乐审美风格现象挖掘其文化基础和成因。

本书拓展了道教音乐的研究领域，一是揭示了正统道教科仪音乐发展演变的轨迹和基本规律；二是依据《道藏》《藏外道书》中相关文献资料，就正统科仪音乐与民间道乐的主要区别、上清派对科仪音乐的影响、陆修静而非寇谦之创立科仪音乐、科仪音乐框架"起、承、合"的三部性结构、当代道乐对南方风格超地域文化属性的确认、昆曲中"主腔"概念移植于道乐以为结构的理论依据等诸多问题，提出个人独创性的见解。

本书出版之后，中国传统音乐学界有较大关注。《中国音乐》于2005年第1期发表了福建省艺术研究所研究员孙星群题为《研究中国传统音乐的重要成果——读蒲亨强君著〈神圣礼乐——正统道教科仪音乐研究〉》的书评，作者认为："著者把道教科仪音乐的形态、结构放在中国历史、中国道教史的背景下研究，因而视野广阔；放在中国文化、中国传统音乐的大环境里研究，因而底蕴深厚；放在中国传统审美的哲学的高度上研究，因而容易看到道教音乐深层次的思想。"（张晟）

青城山道教音乐研究

《青城山道教音乐研究》，甘绍成编著。台北：新文丰出版公司，2000年11月第1版，系"中国传统仪式音乐研究计划系列丛书"之一种。

甘绍成简介详见《青词碧箫——道教文学艺术》提要。

本书于序之后有自序、共分12章，末有后记、附录有照片26幅。自序部分，著者回顾在这一研究领域的心路历程。概述部分，著者从青城山的地理概貌与历史沿革、青城山的道教渊源、青城山的历代道派等方面阐述青城山的道教文化背景。

第一至二章概述青城山道教音乐的历史与现状，及其两个流派静坛派和行坛派的各自派属、组成、传人等特点。第三至六章分别介绍青城山道教音乐演礼的场所和陈设；青城山一带静坛派和行坛派道士演礼时使用的行具，包括行头、法具、道书和文符；两派道士在道教音乐中使用的乐器、乐队编制与各种乐谱；青城山道教音乐参演者的称谓、分工、对参演者的要求与评价，以及表演形式中演礼人员在演礼道教科仪音乐时，从演礼队形、演唱形式、演奏形式和伴奏形式等方面所体现出的自身规律和特点。第七至九章首先探析青城山道教音乐的类型与特征，包括道教科仪中演唱的曲调声乐曲和演奏的曲调器乐曲两个方面。其次分析青城山道教音乐在科仪中的运用情况，如道教音乐在《早坛功课》《晚坛功课》经仪中的运用，《铁罐斛食》斋仪中的运用，《静斗燃灯》斋仪中的运用几个方面展开论述。再则对青城山道教韵曲的主腔类型及其音乐，按同名同词同曲类、同名异词同曲类、异名异词同曲类等三种类型进行讨论。第十至十一章首先论述青城山道教音乐与四川地区流传的地方戏曲、曲艺、佛教、歌舞、民间歌曲和民间器乐等品种有着不同程度的联系，进而对青城山道教音乐与湖北、湖南、陕西、北京和云南等地流传的道教音乐实际存在的关系也做了比较，发现全真道十方经韵音乐及器乐曲牌有同源异流的关系，并分析其原因，说明道教音乐的地域性和跨地域性是客观存在的。第十二章探讨青城山道教音乐参演者中专门从事科仪职业的道士演礼者的传承和训练方式。

本书受到学界好评。《音乐探索》2014年第2期载全国著名道教学者王家祐先生《推荐〈青城山道教音乐研究〉》一文，指出："此书经著者历时十几年之搜集整理研究，对文化史、道教、古代音乐具有多面性探讨。尤其是深入民间调查，苦心经营，可谓'存亡继绝'之佳作，划时代的里程碑……可谓辑青城道教音乐之大全，唯此一家。"（廖玲）

云南剑川白族道教科仪音乐研究

《云南剑川白族道教科仪音乐研究》，罗明辉著。台北：新文丰出版公司，2001年8月第1版，系"中国传统仪式音乐研究计划系列丛书"之一种。

罗明辉，1957年生，现任教于中央音乐学院音乐系。主要研究清代音乐、清代音乐史料和中国传统民间仪式音乐等。合著有《中国传统民间仪式音乐研究》等，发表论文有《清代宫廷燕乐研究》《剑川白族道教"奠土"仪式与音乐》等。

本书于序、引语后分六章，末有结语、参考书目、两个附录。附录一为掐斗、步罡、手诀图以及附图一：掐斗，附图二：踏斗（步罡），附图三：手诀。附录二为图片。

第一章简述白族历史源流、地理位置、分布概况等，并论述道教在大理地区的传播及道教与白族固有的本主崇拜的关系。第二章通过实地考察大理州的剑川、鹤庆、云龙等几个主要白族聚居县及巍山彝族自治县发现至今仍有道教科仪及其音乐流行，其中尤以剑川白族道教科仪及音乐最具特色和代表性。著者对剑川的地理文化、剑川白族道教的历史与现状，剑川现有道教组织的构成情况、剑川白族道教法事活动等展开论述。第三章根据实地调查材料，介绍剑川白族道教仪式与音乐的参与者及其所扮演角色，并从仪式及其音乐的进行时间空间两方面，论述道教仪式与音乐的生态环境的密切关系。第四章以剑川白族道教仪式中最具代表性的"超度仪式"为例，著者从仪式的应用、仪式的场合与坛场设置、仪式的参与者，以及仪式的构成与进行程序等面向，明确指出剑川白族洞经坛场与剑川白族道教坛场的不尽相同之处，并提出"局内"与"局外"不同的洞经音乐概念，揭示剑川白族道教仪式的程式特点和构成特色。第五章根据实地考察录音记谱，包括乐器、乐队编制，器乐和韵腔等音乐形式，以及音阶、调式、腔型、旋法和曲式结构的音乐基本形态，曲调与韵腔唱词的关系以及音乐的使用特点等方面就剑川白族道教科仪音乐进行详细分析，揭示其形体特征和使用特点。第六章围绕剑川白族道教科仪音乐的地域特征及其与剑川民间音乐的关系，对剑川白族道教有机组成部分的洞经音乐的有关问题进行探讨，并将剑川白族仪式音乐同龙虎山天师道音乐进行比较，反映了剑川白族道教仪式音乐的跨地域性特征。

本书著者根据实地调查获取一手资料，解读云南剑川白族道教仪式与音乐，推动了民族学和音乐人类学的发展，受到学界好评。（廖玲）

上海郊区道教及其音乐研究

《上海郊区道教及其音乐研究》，朱建明、谈敬德、陈正生著。台北：新文丰出版公司，2001年9月第1版，系"中国传统仪式音乐研究计划系列丛书"之一种。

朱建明（1944—2000），江苏无锡人。1981年入上海艺术研究所，后任副研究员。先后参加《中国戏曲剧种大辞典》等中国重大科研项目的编撰，担任《昆曲辞典》的主要撰稿人和编辑。

谈敬德，1942年生，上海浦东人。曾担任锣鼓书保护机构民间社团海曲乡音艺术研究中心主任。已出版著作《上海锣鼓书》等，发表论文《试论锣鼓书艺术特点》等。

陈正生，1937年生，江苏南京人。曾任上海艺术研究所研究部副主任，研究方向为中国传统音乐。发表论文《律管研究》等多篇。

本书于序、前言后正文分为上、下两篇，末有余论、图表、图片。通过对嘉定锄经道院和川沙龙王庙道教音乐研究，探索上海郊区道教音乐的基本特征及其发展面貌。

上编为嘉定道教及五七道场音乐，分5章14节。第一章概述上海古代道教庙观、散居道院、21位道士及其事迹简介，以及清末上海地区流行堂名班，嘉定堂名的历史源流、发展情况、堂名分类等内容。第二章对1995年10月24日以石季通为首的石家班道士，用锄经道院名义在嘉定县娄城邵宅村一组邵宝康家做的五七道场、参加该道场的道士、每个环节唱赞的经书，整个道场的程序全程进行叙述。第三章就嘉定锄经道院五七道场的韵曲谱，以及器乐曲谱、海螺吹打曲、锣鼓乐等的记谱进行分析讨论。第四章整理锄经道院五七道场所运用的韵曲曲目列表，并对韵曲旋律形态、韵曲的节奏和结构形态及运用特点进行分析。第五章就锄经道院五七道场音乐中的韵曲和器乐曲，西乡道教音乐同昆曲及苏南吹打音乐之间的关系做比较，发现记谱法、旋律法、伴奏、齐唱等几方面有类似之处。

下编为川沙道院及拜观音法事音乐。分5章14节。第一章介绍川沙的祭祀民俗活动、川沙古代道观与道士，八九團乡的道观，以及考证龙王庙建庙的年代和介绍观中祭祀的主神。第二章概述 1995 年 7 月 16 日著者考察了地处县城东北龚路乡钦公塘龙王庙的观音公醮，并对拜观音法事全程做了记述。第三章就拜观音活动的韵曲谱，包括南北斗经、孔雀明皇经、发符、齐天、进表等，以及器乐曲谱等进行分析。第四章整理川沙龙王庙科仪音乐韵曲曲目表，并分析川沙龙王庙的拜观音所运用的韵曲及演唱形式特点，该韵曲的旋律形态、韵曲的节奏和结构形态。第五章分析韵曲、器乐曲和调高与音律。著者重点讨论了龙王庙法事音乐的特点，以及就道教音乐研究问题也提出了看法。（廖玲）

茅山道乐研究

《茅山道乐研究》，胡军著。北京：宗教文化出版社，2002 年 3 月第 1 版，32 开，108 千字。

胡军简介详见《中国道教音乐简史》提要。

本书是著者在硕士论文《茅山道教三茅表科仪音乐研究》基础上完成的。

本书结构包括一则代序，史新民撰写的"三峰混合，万古圣乡——茅山道乐巡礼"，前言、正文内容共七章 25 节和结语，征引、参考书目与文论举要，附录包括茅山道教音乐韵腔、曲牌选曲，后记。

第一章概述茅山道教、茅山道教科仪沿革及特点、茅山道教科仪音乐源流及现状，及其在中国道教音乐的流布与发展中所起的重大作用。第二章介绍茅山道院流传的三茅忏两个科仪版本，以及科仪内容、仪式结构和音乐程序。第三章归纳总结出三茅忏科仪音乐的两种表现形式经韵和咏唱。在三茅忏科仪进程中，著者根据具体法事情节的不同，总结所使用的韵腔有讽咏式、陈述式、诵念式、表白式四种不同歌腔形态；在诵唱形式上，有众唱、领唱、独唱等；所使用的乐器主要有击乐、吹管、拉弦、弹拨等四大类；其乐器组合从整体上可分为细乐和粗乐两种形式；其演奏形式可归纳为大奏、细奏、节奏、清奏、击奏；还分析三茅忏仪式音乐的结构、音调、腔式等要素；进而对三茅忏音乐风格与特点进行归纳总结。第四章根据田野调查资料，概述茅山道院所举行的三茅表科仪。著者对三茅表科仪仪式版本、科仪内容、演仪进程、演仪仪师、结构及音乐、仪式环节以及三茅表音乐的程式法则，即齐杂兼容之句式、变速发展之板式、偈曲贯穿之联曲和高功变坛之演仪等进行介绍和分析。第五章论述三茅表、三茅忏科仪音乐的功能多重性特征，包括神道与礼仪、宣教与修性、演仪与娱人和德教与怡情四个面向。第六章探析三茅表、三茅忏科仪音乐的文化特征，包括规范性与灵活性、地域性与通用性和宗教性与民俗性三个面向。第七章阐述茅山道乐受到当地文化和民俗风情的影响与地方民间音乐之间存在着紧密的联系，具有鲜明的吴越风韵与特色，以及昆曲之影响和江南丝竹、苏南吹打之痕迹。

本书是以现行"三茅表"和"三茅忏"等科仪为研究对象，从音乐史学、音乐形态学、音乐民族学、地域文化学等学科，对"三茅表""三茅忏"科仪音乐进行全面、系统、深入阐释，并旁及茅山道教相关的音乐文化现象，以此来窥视茅山道教音乐的整体风貌与特征。（廖玲）

斋醮科仪　天师神韵
——龙虎山天师道科仪音乐研究

《斋醮科仪　天师神韵——龙虎山天师道科仪音乐研究》，傅利民著。成都：巴蜀书社，2003年10月第1版，32开，240千字，系"儒道释博士论文丛书"之一种。

傅利民，1960年生，江西丰城人。先后获江西师范大学音乐系学士学位、上海音乐学院文学硕士学位、中央音乐学院文学博士学位。现为中国音乐学院教授、博士生导师。主要著作有《傅利民音乐作品集》等。

本书于绪论之后分上、下篇共计六章。绪论概述龙虎山天师道科仪音乐之渊源与流变。上篇为科仪程式及其音乐，共三章六节。著者选取龙虎山天师道当今常用的"启请告歇科仪""灵宝济炼度孤科仪""传度授箓科仪"为个案，分别描述其历史与文化背景，完整记录各科仪的乐器、乐队、坛场、程式、经韵歌腔等，由特殊推及一般，从而对天师道科仪音乐进行本体的形态研究。下篇为音乐形态及艺术审美研究。该部分共三章十节。在上篇形态研究的基础上，著者分别就天师道科仪音乐的宗教功能、音乐艺术特征、天师道人的音乐价值观与美学观等问题进行论析，归结阐述天师道科仪音乐的内在规律及本质属性，探析天师道科仪音乐风格的成因，及其形成的历史与文化背景。

本书研究特色有二：一是宏观架构上综合运用音乐学、人类学、宗教学、历史学、美学等学科相关研究方法，对天师道音乐进行历史、艺术、文化三重维度考论，形成一套天师道音乐文化研究体系；二是在微观音乐学分析中，针对科仪经韵的旋法特征、器乐曲牌的旋法特色、曲式结构的类型、龙虎山天师道科仪音乐对民间歌曲的吸收及与佛教音乐的融合等诸多问题提出一些创见，促进了龙虎山道乐研究的深度与广度。

著者对天师道常行三种科仪音乐进行全面实录收集与整理，这为道乐的后续研究积累了资料。须注意的是，著者实录内容多为20世纪80年代以后天师府恢复过程所行演的科仪音乐，它与民间音乐的关系还有待进一步挖掘。中央音乐学院袁静芳教授为本书作序，以为"在道教音乐文化研究的领域中，这是一部有创见性的学术著作，相信它对中国道教音乐学科的进一步拓展有着积极的作用"。（张晟）

道乐论——道教仪式的"信仰、行为、音声"三元理论结构研究

《道乐论——道教仪式的"信仰、行为、音声"三元理论结构研究》，曹本冶、刘红著。北京：宗教文化出版社，2003年12月第1版，32开，307千字。

曹本冶简介详见《武当山道教音乐研究》提要。

刘红简介详见《道教音乐》提要。

本书于前言之后共有五章，末有附录以及参考书目和后记。附录一：实地考察备忘；附录二：音乐分析研究备忘；附录三：乐谱节选（包括几个全真观的"早课音乐"、几个正一道观的"器乐曲牌"选曲）。

第一章道教仪式音乐的研究理论概念与方法。著者首先阐述仪式音乐研究的主旨及意义；然后概述海外学术界对仪式学的研究，以及国内学术界对道教仪式音乐、民间信仰仪式音乐的研究情况；再则通过整理总结仪式音乐研究中的若干问题，进而思考仪式音乐研究的课题重新定位，提出了仪式音乐研究的理论架构，即"信仰、仪式行为、仪式中的声音"的三元理论结构模式。第二章道教科仪音乐的整体格局与主要宫观音乐概述。著者在前辈的

研究成果基础上，再作了补充。书中就北京白云观、崂山太清宫、西南八仙宫、武当山、川西青城山、上海白云观、苏州玄妙观、龙虎山天师府、茅山道院、温州平阳东岳观、杭州抱朴道院、佳县白云观、香港道观、台湾道观等的宫观性质、宫观历史、宫观规模、仪式活动情形、音乐使用状况等方面进行了探讨。使读者对地理概念上的中国道教音乐有一个概观性的认识。第三章道教科仪音乐的传承系统，包括全真道乐与正一道乐。著者在简要介绍道教宗派的演衍情况的基础上，探讨了两个道乐系统的历史背景、发展演变方向及文化环境、传承途径与特点。第四章道教科仪音乐的结构系统及其发生环境。道教科仪音乐是道教科仪这一整体结构中的一个组成部分，著者把道教科仪音乐作为一个整体结构来分析，使读者从其构成这一结构体系的诸种因素中，对道教科仪及其音乐有一宏观性的认识和了解。著者就学术界道教科仪及其音乐之结构概念界定、道乐的诵唱与演奏在仪式结构中的意义、结构系统的相关要素，以及音乐在仪式中扮演的互动性角色等内容进行了讨论。第五章道教科仪音乐的风格系统，著者以音乐形态特征为参照和依据，于宏观、整体视角，把道教科仪音乐分为"跨地域性风格区域"和"地域性风格区域"两类，并分析两种风格形成之原因。

　　本书是一部学术性理论著作，著者基于国内外仪式音乐史料挖掘与分析，对道教科仪音乐进行了完整系统的学术整理，建构起了道教科仪音乐的理论，逻辑缜密，结论精当，体现了著者渊博的学术修养与材料取舍方面的学力，在学术界受到好评。（廖玲）

道乐通论

　　《道乐通论》，蒲亨强著。北京：中央音乐学院出版社，2004年12月第1版，大32开，附CD一张。

　　蒲亨强简介详见《道教与中国传统音乐》提要。

　　本书于前言之后分四篇，末有主要参考文献、四个附录和后记。附录1：20世纪的道教音乐研究；附录2：本书曲谱；附录3：蒲亨强主要论文索引；附录4：蒲亨强专著、译著、合著目录索引。

　　第一篇为历史考。共七章21节。本篇阐述道乐的渊源和产生、形成、发展的历史轨迹，以对道乐史的发展脉络获得一个简明概要的印象。著者参考了大量的历史文献，从先秦汉道乐之渊源、东汉道乐的萌芽、东晋南北朝道乐传统模式的形成、唐代北宋道乐的巩固及上移、南宋金元道乐的下移及扩容、明清道乐的进一步下移及定型直到现当代时期道乐的延续及保存，进而基本理清了道乐历史发展的线索，并归纳总结其中隐含的规律，包括传统的延续性和超道派特点、依附官方和上层雅化的属性、偏重南方的超地域属性以及兼收并蓄的动态性神圣性的贯穿等面向，使读者对道乐有一个清晰的历史感。第二篇为形态论。共五章13节。本篇分别从基本特点、音乐形态、音乐曲目、仪式类型等角度多侧面考察论述道乐的形态特点，使读者更理性更准确地认识道乐的基本面貌及其区别于一般民族民间音乐的本体特点，从宏观把握与微观透视结合起来有一种全方位的认识。第三篇为风格论。共三章九节。本篇从思想观念层面和风格层面来探究和把握音乐实践的意识背景和本质。道乐外在形态已表现出了诸多不同于世俗音乐的特征，与道士们不同寻常的思想观念有密切关联。了解这些隐秘奇异的观念，无疑可加深我们对道乐品质的认识，拓宽对道乐审美体验的理解，从而把握道乐的风格特征和道乐的功能。第四篇为关系论。共七章29节。本篇从宏观视野下把道乐置身于华夏音乐体系构架中，客观论述道乐与中国音乐诸多品种形式的关系。辨析道乐不同于其他音乐品种千丝万缕而又错综复杂的相互联系，帮助读者加深对道乐特点和历史地位的理解。最后附录了两篇道乐学术研究的综述文章，以便读者了解道乐研究的整体情况。

《音乐探索》2007年第1期发表吕婧《一部揭示道乐奥秘的著作——评蒲亨强著〈道乐通论〉》一文，指出："该书是一部全面介绍道教音乐的专题论著，以其清晰的历史脉络、典型的仪式类型、奇特的音乐观念、特殊的历史价值，对道教音乐进行了全方位的论述和诠释，使读者受益匪浅，对道教音乐在我国传统音乐中的地位、作用、意义也能有一个明确的认识。"（廖玲）

道教音乐

《道教音乐》，史新民编著。北京：人民音乐出版社，2005年9月第1版，32开，系"20世纪中国音乐史论研究文献综录·宗教音乐卷"之一种。

　　史新民简介详见《中国武当山道教音乐》提要。

　　本书分为三大部分：综述、论文、著作。综述部分论述了本学术领域的简要历史，20世纪的发展、成就和新课题。著者把20世纪以来道教音乐的整理研究工作分为三个阶段：零星采集阶段（1901—1963）。这一阶段的道乐研究尚未引起更多音乐工作者的关注，其研究人员也屈指可数；一些研究部门也只是把工作重点放在收集整理上，少有研究探讨，成果也多是体现在曲谱资料的汇编上。所取得的成果有33件之多，其中曲谱26件，文章7篇。为以后留下了极其可贵的原始资料。全面收录阶段（1979—1986）。从这一阶段对道乐学科的收录、研究状况看，成果有29件之多，其中论著27篇（部），谱集两部。而且道教音乐研究范围逐渐扩大，参与人员也不断增多，出现了一批在道教音乐研究方面深有影响的知名学者。不少海外学者也参加了道教音乐的学术研究活动，为后来更深入地开展道教音乐的研究工作奠定了基础。重点研究阶段（1987—2000）。这一阶段是我国道教科仪音乐研究的论文和专著问世最多的时期，其成果有425件。其中论文378篇，著作47部。进而归纳总结20世纪以来道教音乐研究的四个特点：在全面收集整理的基础上进行研究，在道内外时贤学者的共同关注与身体力行下进行研究，在有重点、有中心的格局下进行研究，在汉族与少数民族中同步进行研究。与此同时，还介绍现今道教主要名山、宫观以及不同地区的道教科仪音乐。著者通过对前人研究专著和论文的整理，还总结了道教科仪音乐的五个研究趋向：一是道教音乐的本体性研究，即道教音乐的本质属性、曲体、风格、调式、调性、乐队编制等诸多方面；二是道教音乐的历史性研究，包括道教音乐的通史、断代史、乐曲索源、乐器考源和古谱研究等；三是道教音乐的民族性研究，也是对道教音乐的民俗性研究；四是道教音乐的地域性研究，也是地域文化范围的道乐研究；五是道教音乐的审美性研究，也是音乐美学的研究。论文部分从论文目录、论文提要和论文选登三个方面进行介绍。论文目录收录了20世纪以来的学术论文400余篇，列举论文提要42篇，论文选登13篇。著作部分从著作目录、著作提要和著作选登三部分进行介绍。著作目录81部，著作提要12部，著作选登3篇。（廖玲）

上海道教音乐集成（第一卷）

《上海道教音乐集成（第一卷）》，陈莲笙主编。上海：上海音乐学院出版社，2006年10月第1版，16开，220千字。

陈莲笙（1917—2008），原名吴良叙，法名鼎昌。上海市人。自幼生长在世代信奉道教的家庭，深受道教文化的熏陶。知名的道教科音乐大师，中国道教界德高望重的正一派一代宗师，也是上海宗教界爱国爱教的楷模。历任中国道教协会副会长，中国道教协会顾问，上海市道教协会会长，上海市道教协会名誉会长，上海城隍庙住持，上海道教学院院长，《上海道教》杂志主编。上海市宗教学会理事，上海市政协第七、八、九届委员，上海市政协第八、九届常委，《藏外道书》和《中华道教大词典》顾问，《中华道藏》总顾问。著作有《太岁神传略》等。

本书于序之后有引言、前言、正文，末附乐谱。第一部分是文字部分，阐述上海道教音乐的历史概貌。著者具体介绍上海道教庙观，包括上海城隍庙、松江东岳庙、上海白云观、诸翟关帝庙、南汇东岳庙、朱家角城隍庙、青浦城隍庙、钦赐仰殿、崇福道院、龙王庙、浦东三元宫、浦东陈行关帝庙、浦东陈王庙、社庄庙、施王庙以及上海城隍庙道乐团及演出情况；上海的道教音乐自外地传入至今的八百多年的历史中，经过近三十代道士的学习、创造、提高，发展成具有上海风格特色的音乐；道教斋教仪式中的音乐形式；上海道教音乐演奏中使用的乐器；《玉音法事》曲谱、明代更加规范和统一的道教音乐曲谱《大明御制玄教乐章》等内容。概述了上海道教音乐构成有四种来源，包括纯道教音乐、源于民间戏曲音乐、源于佛教音乐、源于宫廷音乐。上海道教音乐地域的分布，分为东乡、西乡和市区三种。东乡以浦东、川沙、南汇为典型，其特色为热闹，演奏上注重锣鼓打击乐，有时还用京胡为主要旋律乐器。东乡道教音乐具有清新、活泼、欢快、明朗和浓郁的生活气息。西乡以嘉定、宝山为典型，以粗乐为主，打击乐套路与十番锣鼓相近，曲牌音乐所用昆曲和京剧多。市区主要是市内本帮道士为主，注重音乐的文静、细腻，讲究演唱风格和乐器配奏，以丝弦细乐伴奏，钟鼓上板眼分明，具有在闹市里一种宁静、超凡脱俗的感觉。上海道教的斋醮法事有独唱、对唱、齐唱、鼓乐、吹打乐和器乐合奏等音乐形式。上海道教音乐演奏中使用的乐器包括弹拨乐器琵琶、大阮、中阮、三弦、扬琴，吹奏乐器笙、唢呐、曲笛，拉弦乐器中胡、二胡。第二部分是乐谱部分，阐述道曲按科仪分类编排情况。介绍了上海道教仪式包括早晚功课、净坛科仪、上供科仪、发符科仪、进表科仪、炼度科仪、九幽朝、灯仪、斋天科仪等，并列举了每一种科仪相应的道教音乐曲谱，以及道教十番锣鼓谱，另外收录经过音乐工作者重新整理编写的乐队总谱。上海道教音乐曲牌丰富，不但具有明显的江南特色，而且和江南戏曲紧密联系，除了可以单独以器乐表演形式演奏外，还可以有机地缀合在一起，作为法事进行中的过场音乐。著者指出这些道曲大多是由老道长诵唱，专人记谱整理，这些都值得我们学习研究和参考借鉴。（廖玲）

扬州道教音乐考

《扬州道教音乐考》，朱瑞云编著。南京：江苏文艺出版社，2007年5月第1版，16开，200千字。

朱瑞云，1929年生，山东博兴人。曾为歌剧《排筏号子》、李白《送孟浩然之广陵》《二十四桥明月夜》等谱曲。主要论著《柳琴戏、四平调、徐州琴书音乐介绍》《扬州道教音乐（宫廷音乐）考》等。

本书于两序之后有引言，正文共分四章，末有附录、后记、扬州道教曲谱。附羽士说仙乐。

第一章论述扬州道教音乐继承并保存了汉、唐、宋、元、明以来历代宫廷音乐的部分乐曲，其音乐语言和演奏风格具有典型的宫廷雅乐特点，旋律流畅、优雅，节奏平稳，感情细腻。第二章阐述扬州道教科仪概况及其音乐在科仪中的运用。扬州的宫、观、庙、阁做功课，都十分重视音乐的演奏效果。早中晚功课各有唱赞曲和伴奏曲牌。以早朝活动为例，早朝唱奏套曲，其曲式为：散板（序、开场、引子）；慢板（唱赞）；遍（数支曲牌联奏，常伴以舞蹈——禹步，或只奏乐无舞蹈）；紧板（二至三支曲牌联奏）；慢板（一至二支曲牌联奏）；散板（结束）。并列举了几首早朝凑唱乐曲。第三章根据扬州城隍庙乐队的田野调查探讨近现代扬州城隍庙乐队的体制。扬州城隍庙乐队分为文场、武场。文场乐器有笛、箫、二胡、四胡、琵琶、筝、笙、阮、武场乐器有磬、云锣、堂鼓、板鼓、檀板、木鱼等。演奏形式有三种：一是外坛，文场、武场分列坛前两边，八字队形，站立演奏，称为立奏。二是于外坛前右前方围桌三面（或四面）而坐，主要乐手面向听众演奏，称为坐奏。乐止，器置桌上。三是内坛，乐头坐于坛左前侧，唱赞道人面向尊像行礼唱赞、朗诵。以钟鼓为号。外坛道众有唱念二十二名，包括知磬四名、正仪一名、表白四名、清道一名、宣读一名、词忏二名、引揖二名、手鼎二名、知钟一名、知鼓一名、侍职二名。内坛奏乐十五名，包括云锣一名、笙四名、管二名、笛二名、札二名、板二名、鼓二名。第四章分析扬州道教音乐《清吹笛谱·十番鼓》及其他乐曲，按制声度曲的指导思想、配器及音响效果，《清吹笛谱·十番鼓》所用音列、曲式与结构、曲式和调式、转调采用的手法、感情表达等几个面向展开，深入探索扬州道教音乐的艺术特色。扬州道乐总数为192只，其中器乐齐奏曲集（含锣鼓乐曲）122首、唱赞曲集30首、合奏曲谱48首、扬州民间音乐15首。（廖玲）

当代正一与全真道乐研究

《当代正一与全真道乐研究》，胡军著。武汉：华中师范大学出版社，2008年4月第1版，32开，320千字。系"道家道教文化研究书系·华大博雅学术文库"之一种。

胡军简介详见《中国道教音乐简史》提要。

本书于绪论之后共九章二十节，末有参考文献、附录及后记。附录：道教音乐韵腔、曲牌选辑。绪论阐述当代道教音乐在道教文化中的重要地位，当代道乐流派研究的主要内容正一道音乐、全真道乐，道教音乐流派之间的比较三个方面内容。同时，对本书的研究对象、研究范围和研究的基本思路也作了说明。

第一至四章概述道乐两大流派正一道乐、全真道乐的历史沿革、分布格局，正一道音乐类别韵腔与曲牌、乐器与乐谱；全真道"朝暮课"音乐、乐器与乐谱等，力图呈现两大道乐流派清楚的历史全貌。著者分别介绍正一道乐包括龙虎山、茅山、苏州玄妙观、无锡、扬州、台湾、澳门等地道乐及洞经音乐和火居道乐。全真道乐包括北京白云观、山东崂山、沈阳太清宫、陕西、湖北长春观、川西、湖南衡山、香港等地道乐及"十方韵"与"地方韵"等。第五至六章深入探讨正一道乐与全真道乐各自的音乐特征与区别。著者从音乐形态上进行比较分析，总结出正一道乐的特点体现在经韵的地域性、应用的民俗性、传承的古老性。全真道乐的特点体现在经韵的规范性，词、腔、板的程式性，传承的稳定性。并且从人文、历史、地域文化等层面阐释两流派音乐异同之原因。第七至九章阐述正一道乐与全真道乐两派科仪音乐的运用状况，就道乐的功能特性与美学特质及道乐的现代文化价值进行研究与探讨。

本书在研究资料的运用上，通过查阅历史文献与开展田野工作相结合的方式进行。著者先后到全国各地道教宫观做了大量的田野调查，搜集到原始音乐信息和口碑资料。从民族音乐学、宗教学等视角，把握道乐流派的本质特征及其内在规律，对道乐各流派发展过程中有着重要影响的人与事做较翔实的描述，同时对当代道教音乐与现实社会之关系及其发展趋势进行探索性思考。（廖玲）

诸天隐韵：道曲概述与鉴赏

《诸天隐韵：道曲概述与鉴赏》，张兰花、张振国著。上海：上海辞书出版社，2008年6月第1版，32开，212千字，系"上海城隍庙现代视野中的道教丛书"之一种。

张兰花，1963年生，河南许昌人。文学博士。现任许昌职业技术学院人文系副主任。主要研究领域为三国曹魏文化及道教文学。已出版专著《解读许昌——曹魏胜迹》《三曹七子之外建安作家诗文合集校注》等，合著有《庄子文学研究》，发表论文《陶弘景道教文学论略》《曹叡崇文观儒学文化传播考论》等。

张振国简介详见《道教源流三字经》提要。

本书前有总序、正文内容分五章、末有后记。第一章首先论述道曲的概念，本书的道曲特指杂散方士琴歌传唱、道士诵经歌吟及道教斋教科仪中所使用的步虚、祝、颂、赞、偈、韵、咒、诰，以及玄歌、仙歌、变文、道情等的总称，是一种具有声、辞属性，能合乐演唱的道教韵文，属道教音乐文学范畴。然后根据道曲的使用场合及用途分娱神曲、修道曲、法事曲、传道曲四种道曲类型。进而对道曲构成形式的诸要素进行全面探讨，即道曲的文本形式步虚、颂、赞、偈、祝、咒、诰、韵；道曲的制作人群神仙、道内人士、道外文人；道曲咏唱对象神、仙、鬼、人、仙境；道曲的演唱方式歌唱、念唱、诵念和念白。第二章以历史时序为线，廓清道曲随道教的兴衰变迁而呈现出较为明显的阶段性特点，即先秦是道曲的孕育期，汉魏晋南北朝是道曲的开创与定型期，唐宋是道曲的发展鼎盛期，明清是道曲的分化期，现当代为道曲的多元化发展期。并介绍了在道曲发展中起过重大影响的历史人物和经典作品。第三章就道教的宗教思想神仙信仰、修道养炼、济世度幽和道德伦理四个方面展开探讨，并列举重要的道曲作品的曲辞、基调，予以阐释道曲的社会功用与道教思想一脉相承。第四章阐述道曲的文学风貌，包括文本形态的特征及艺术特征两方面：具体表现在文本形态博杂繁巧，艺术特征鲜明独特，有宗教趣理炼形明心和诗乐视听悦神娱人。第五章阐述道曲文化价值发掘的现实意义。道曲与当前构建和谐社会的理念内涵是相通的，具体来讲道曲有弘扬人文精神、服务和谐社会、宣传善恶报应、实施素质教育的意义。

本书是一本以道教音乐歌词为研究对象的著作。既从历史发展的角度梳理了道曲的发展脉络及演变轨迹，又从理论上初步探讨了这一特殊艺术样式的社会功用，提出了开掘其文化价值的现实意义。（廖玲）

白云山道教音乐

《白云山道教音乐》，张明贵、康至恭讲说，申飞雪收集整理。西安：陕西旅游出版社，2009年12月第1版，16开，753千字。2010年2月第2版，16开，730千字。

张明贵（1931—2016），陕西佳县人。佳县白云山白云观道士，道号希仙子，全真道龙门派第二十代传人，国家级非物质文化遗产保护项目白云山道教音乐传承人。

康至恭（1918—1995），俗名召成，陕西佳县人。佳县白云山白云观道士，全真道龙门派第二十一代传人。著名笙演奏家。1927年出家，拜全真道龙门派第二十代传人张明魁为师。

申飞雪，1946年生，陕西佳县人。中国民族民间舞蹈理论研究会会员，陕西省音乐家协会会员。1968年毕业于陕西省绥德师范学校，1993至2006年任佳县人大常委会副主任。多年致力于抢救民族文化遗产，搜集整理陕北民间音乐、舞蹈，研究陕北黄土文化。

本书前有序言、前言和《白云山道教音乐概论》及《白云山道教音乐》两大部分；末有四个附录：《屈圆恩道长手抄白云山道教笙管曲牌工尺谱》《佳县佛教笙管曲牌》《榆林青云山笙管曲牌》《陕北遹榆民俗宗教音乐散编》前言（摘要）。书中共收入白云山道教经韵曲调137首、笙管曲牌107首、打击乐曲27首，共计271首。

据考证，白云山道教音乐是明代从北京白云观传到佳县白云山的。至清代，白云山道士云游大江南北，学习南方正一道音乐，充实丰富了自己的音乐。概论中阐述白云山道教音乐的基本内容、历史渊源、乐器及乐队编制、演奏流派，并介绍白云山道教音乐所在区域及其地理环境。

本书根据张明贵道长、康至恭道长讲说，介绍了音乐在道教科仪活动、庙会活动、民间祭祀和民俗丧事中的功能运用；收录了白云山道教音乐历代传承道士名录、历代知名传承道士简介、近现代传承道士谱系，和现今主要演唱及演奏者的名录；最后基于白云山道教音乐基本特征和价值，探讨了现今道乐的濒危状况和相关保护措施。第二部分白云山道教音乐。整理者得到众位道友、诸位同志的帮助，采录并整理了大量的经韵曲调、笙管曲牌和打击乐曲，为保存白云山道教音乐资料做出了巨大的贡献。

本书之音乐史料，勾勒出白云山道教音乐历史传承和发展现况，并收集、整理和校正了大量调查资料，具有较大的学术意义及史料价值，为音乐史、区域史、道乐研究者的必备资料。（卢彦融）

山西道教音乐

《山西道教音乐》，孙秀华、张磊著。太原：三晋出版社，2010年5月第1版，16开，230千字，系"山西文化六十年丛书"之一种。

孙秀华，1944年生，山西交城人。1963年毕业于山西省戏曲学校。山西省音乐舞蹈曲艺研究所研究员，中国音乐家协会会员，退休前曾任山西省音乐舞蹈曲艺研究所音研部主任，山西省音协民委会副主任。

张磊，1974年生，山西大同人。2000年毕业于山西大学音乐学院。山西省音乐舞蹈曲艺研究所助理研究员。

本书前有7页彩图，包括道教神仙、壁画、宫观、科仪现场、著者工作图像及道教乐器等。本书文字部分有总序、序、正文五章、附录与后记。

第一章山西道教史略。对北魏至明清时期的山西道教情况做简要介绍。第二章山西道教科仪分类与程式。从目前所能看到的一些科仪形式，根据其功能及举办斋醮之目的，把这些仅存的科仪形式分为修道法事、纪念法事和民俗法事三类，并对这三类法事的操作程式做了简要介绍。第三章山西道教音乐概述。以对山西道教音乐的历史与现状的介绍为切入点展开对山西道教音乐的概述。对山西道教音乐的分类与应用、声腔与器乐曲的曲体结构进行了细致的介绍；对不同教派的音乐风格与色彩做了分析比较；还介绍了山西道教音乐的传习乐谱与乐队的器乐构成。第四章山西道教音乐选录。选录了部分科仪诵唱乐曲、器乐曲和锣鼓乐曲。其中科仪诵唱乐曲主要是著者根据民间道士的诵唱内容整理。如全真道华山派科仪诵唱乐曲大多是由该派第二十二代传人李祥河、李祥清道长诵唱；全真道随山派科仪诵唱乐曲则由该派第二十三代传人杨承德道长和第二十四代传人孟旅珠道长诵唱。第五章山西道教音乐随记。第一节录入了部分工尺谱，第二节介绍了山西道教各派系的谱字表，第三节是为本书提供资料的道长名录。

本书较为全面地介绍了山西道教的历史与山西道教音乐的概况，从道教音乐的分类与应用以及曲体结构、音乐风格与特色等角度阐释了晋文化对山西道教音乐的深刻影响。全书选录山西道教的诵唱乐曲71首，器乐曲59首，这在山西道教音乐的保存与传承方面亦有着重要意义。（胡瀚霆）

苏州道教科仪音乐研究
——以"天功"科仪为例展开的讨论

《苏州道教科仪音乐研究——以"天功"科仪为例展开的讨论》，刘红著。北京：文化艺术出版社，2010年11月第1版，16开，系"中国仪式音乐研究丛书"之一种。本书为著者于1996年在香港中文大学完成的博士学位论文，并于1996年6月在台湾新文丰出版公司出版。

刘红简介详见《道教音乐》提要。

本书前有序、弁言、前言，绪论之后有正文六章、余论《苏州道教音乐之发展——传统与现实的挑战》、参考书目和后记。

第一至二章首先阐述苏州道教概况和苏州道乐的历史和特点。苏州道教系龙虎山天师道之一支脉，属正一道。然后对正一道及其科仪活动做简要叙述，再介绍苏州道教科仪之沿革及现状。第三至四章论析"天功"科仪版本及其结构，并分析"天功"科仪音乐之类别划分、经韵唱诵的表现形式，以及旋律、节奏和结构的各项形态。第五章比较苏州道教科仪音乐与苏州地方民歌和弹词、苏南吹打及昆曲之间的关系。著者从苏州道乐与苏州民间俗乐之关系的社会文化背景入手，探究生成这些关系的原因，其中以地理环境和民俗习惯为主要因素。第六章分析苏州道教科仪音乐文化，阐释其音乐概念及其价值观念，从道教生命观、道教仪式环境和苏州道乐中，认知出道乐与宇宙的关系，实乃道教系统性与宇宙关联的诸行为方式中的一个层面环节。最后介绍仪式行为人的训练和经历、宫观管理制度与音乐风格形成之关系。

本书著者于1994年8月和1995年8月分两次在苏州玄妙观和苏州春申君庙，对"天功"科仪做现场采录。这些珍贵的田野资料可让读者更直观地了解苏州道教仪式音乐的曲目和风格，以及在仪式中的运用与功能，不失为苏州道教研究者的必备参考资料。（卢彦融）

龙虎山天师道音乐研究

《龙虎山天师道音乐研究》，曹本冶、刘红著。北京：文化艺术出版社，2011年4月第1版，16开，系"中国仪式音乐研究丛书"之一种。

曹本冶简介详见《武当山道教音乐研究》提要。

刘红简介详见《道教音乐》提要。

本书于前言之后共分六章，末有附录：天师道器乐曲牌14首、天师道弋阳腔40首、天师道上清腔52首，主要征引与参考书目，后记。

第一章论述天师道历史与龙虎山得名的由来，以及天师道音乐缘起、产生、形成及发展，并且探析天师道音乐因天师道在道教中的显赫地位，而随之在教内具有了正统性和权威性，以至于对整个道教音乐乃至中国传统民间音乐文化都产生了深远影响。第二至三章首先阐述龙虎山天师道科仪音乐之作用及社会历史背景。现存龙虎山天师道音乐之总体面貌，基本上是由科仪经韵音乐和曲牌及伴奏音乐组成；然后论述天师道科仪十四科目之音乐和天师道科仪音乐之三大层次；最后分析龙虎山天师道音乐旋律、节奏、结构形态和韵腔特点，及器乐曲牌在科仪中之运用。第四至五章对龙虎山天师道弋阳腔和天师道上清派在承传社会背景、道人身份、演法目的及对象，以及固定因素与非固定因素等方面进行了比较分析；并归纳出龙虎山天师道音乐之特点，进而探究天师道音乐特点之文化土壤、道人结构和素质以及在各历史时期政治因素与其所产生的影响。第六章论述当代龙虎山天师道音乐的传承与发展，社会诸因素对天师道的影响，天师道音乐传统的传授方法，与社会因素导致的接班人问题等。

本书著者以1992年7月及1994年7月在龙虎山天师府所搜集到的录音资料为基础来论述天师道科仪音乐。为学界研究龙虎山天师道音乐发展史、科仪音乐运用及形态，提供了一个可供参考的范本，有着一定的学术意义和史料分析价值。（卢彦融）

中国民间仪式音乐研究
——华北、西南、华东增补合卷

《中国民间仪式音乐研究——华北、西南、华东增补合卷》，曹本冶主编。北京：文化艺术出版社，2011年5月第1版，16开，系"中国仪式音乐研究丛书"之一种。

曹本冶简介详见《武当山道教音乐研究》提要。

本书收录杨玉成《蒙古族"乃日"仪式及其音乐模式——以乌珠穆沁婚礼仪式为例》、杨晓《南侗正月萨玛祭祀仪式音声声谱与社群结构研究》、肖文礼《赣南客家宗族祭祖仪式音乐研究》、王新磊《山东临清清真某寺仪式音声考察研究》、林莉君《仪式中的音声——磐安仰头"炼火"仪式田野考察》，以及吴凡《碎片与重构——民族—国家体系中的红瑶岁时仪礼阐释》等。

杨玉成《蒙古族"乃日"仪式及其音乐模式——以乌珠穆沁婚礼仪式为例》从乃日这一特定的礼俗仪式入手，将乃日仪式音乐放置在它所发生的仪式语境当中，观察人的音乐行为，回答在仪式上音乐是如何通过礼俗角色之间的互动而被符号化的；如何形成一个意义系统，并结构成为礼俗模式和行为模式。并论述这些模式与具体表演之间的关系和所衍生的问题。

《南侗正月萨玛祭祀仪式音声声谱与社群结构研究》著者杨晓于1999年涉足南侗音乐，通过长期深入的田野积累，对南侗音乐体验经历了由微观而中观、由个案而比较的实践过程。南侗祭萨仪式引起著者的研究兴趣，不仅因其内在丰富的音声形式，更重要的是在一个祭祀仪式当中，声音如何表述地方性知识中的天人关系，达成民间信仰的认同与延续，并建构起操弄者间复杂而有序的人际关系。

肖文礼《赣南客家宗族祭祖仪式音乐研究》论述宗族祭祖是客家人最为隆重的古老礼俗之一，祭祀活动至今普遍盛行于赣南客家聚居地的村村店店，具有典型的传统文化特征。此文以赣南客家祠堂中的祭祖仪式及音乐活动为研究对象，从民族音乐学的视角探讨仪式中音乐何以发生、发展、变迁以及发挥其特殊社会与文化功能。

王新磊《山东临清清真某寺仪式音声考察研究》首先介绍临清历史文化、地理环境、宗教信仰及人口概况。其后阐述临清穆斯林群体及其宗教概况、穆斯林信仰和其基本宗教制度，探讨穆民日常遵行的最基本的功课"五时拜"，探讨"聚礼"之意义，介绍其仪式与声音的结构及形态分析。最后论述临清清真寺仪式声音的传承，及清真某寺"五时拜""聚礼"诵经音调的文化内涵。

《仪式中的音声——磐安仰头"炼火"仪式田野考察》著者林莉君于2006年年初至2009年2月间多次实地考察，以仰头村2007年农历八月十五举行的"炼火"仪式为个案，对其场景及其声音过程进行记录，描述了其人文地理背景、仪式相关要素、仪式主持者及其传承。此文为上海音乐学院仪式音乐研究中心申报的国家重点项目"仪式音乐的地域性与跨地域性、传统与变迁的个案与比较研究"之子项目。

《碎片与重构——民族—国家体系中的红瑶岁时仪礼阐释》著者吴凡在2008年5月和7月两次田野调查所收集资料的基础上，以广西龙胜龙脊红瑶"六月六"半年节为例，将该庆典设为一幅镜像，从广义的音乐文化的视角探讨少数民族于新世纪如何在强大主流文化的边缘，坚守与维系着自己的历史感与族系特质，并试图探寻国家与红瑶之间的相互想象与实践及彼此距离的"知识考古"证据。

这部增补合卷的出版，对于读者初步了解华北、西南、华东民间仪式音

乐研究和对于促进民族音乐学、历史学之研究，均颇有益处。（卢彦融）

道教仪式音乐：
香港道观之"盂兰盆会"个案研究

《道教仪式音乐：香港道观之"盂兰盆会"个案研究》，曹本冶著，吴艳、秦思译。北京：文化艺术出版社，2011年12月第1版，16开，系"中国仪式音乐研究丛书"之一种。另有香港：香港海峰出版社，1989年英文版。2011年再版。

曹本冶简介详见《武当山道教音乐研究》提要。

秦思，上海音乐学院音乐学系博士。研究方向为音乐人类学。求学期间，一直专注于中国传统音乐理论，尤其是戏曲曲艺音乐理论的学习和研究，曾在《中国京剧》等期刊上发表过学术论文。

吴艳，2011年毕业于上海音乐学院音乐人类学专业，获博士学位。现为南京师范大学音乐学院教师，主要学术论文包括《黄梅戏的起源及其形成探析》《淮剧陈派形成原因探析》等。

本书于前言、导言之后分上、下篇共七章、总结，末有一个附录韵曲记谱和参考文献。上篇为仪式语境。著者认为，道教自古以来一直在中国民众的生活中扮演着至关重要的角色，作为一个中国本土孕育的信仰体系，它在对宇宙生命本源的阴阳、五行以及人与宇宙之间天人合一、天人感应关系认知的基础上，构成了一个庞大的多层神仙系统，加之教义、经文和仪式规范，以内向性修炼和其外向性仪式行为取得人与宇宙万物之协调平衡而获得生命的永恒。继之介绍香港全真道观圆玄学院历史、建筑结构和仪式执行者，并以1987年圆玄学院"盂兰盆会"仪式做个案探讨。下篇为仪式中的音乐。"盂兰盆会"所运用的科仪音乐分为声乐和器乐两种类型。著者分析介绍韵曲之词曲结构，将声乐曲目分为"念诵"和"唱诵"两个部分。论析科仪中的器乐音乐由打击乐器和管乐器组成，包括经生们使用的法器、宗教科仪乐器磬以及醮师吹奏的旋律管乐器和打击乐器。以"盂兰盆会"的四个仪式环节做案例探讨。对实地考察所收集的64首韵曲的曲目进行分析，并以香港全真道观仪式传统中的韵曲风格与地域性民间音乐之间"神圣—世俗"的互融做比较分析。

本书研究聚焦于1987年在全真道观圆玄学院内举行的为期七天的"盂兰盆会"运用的仪式音乐曲目。其研究目的是在实地考察的基础上，收集、整理以及分析归纳仪式中所使用的音乐，从而揭示音乐在仪式环境中的运作机制。（卢彦融）

中国道教音乐之现状研究

《中国道教音乐之现状研究》，蒲亨强著。南京：南京师范大学出版社，2012年1月第1版，16开，595千字，系"随园文库"之一种。

蒲亨强简介详见《道教与中国传统音乐》提要。

本书于总序、序论之后分四篇16章，末有两个附录：本书曲例和本书图表索引、主要参考文献和后记。第一篇从"经韵曲目"角度考察其现状、特点及源流，研究产生于东晋、南北朝时期，唐、北宋时期，南宋、金、元时期这些历史阶段的主要经韵，揭示其表现形态及其文物价值。第二篇从仪式角度研究当代道乐之现状及历史来源。论述施食仪式的历史源流，大致萌芽于北魏的"亡人设会"、南朝的"中斋仪"，形成于唐代的"玄都大献仪"，发展于宋元的"黄箓斋"，完善于明代的义理，定型于清代的"施食仪"。以及介绍了"上表""课诵"科仪的现状概况和历史源流。第三至第四篇研究中国两大道派全真道与正一道音乐的全貌和本质特点。两大道派的音乐风貌具有较大差异，通过分别描述比较，在认识道派差异性基础上，可更完整、准确地把握中国道乐之全貌和特点。主要从历史、型态、风格、文化、实例五个角度切入，对两派道乐作立体的多侧面的分析研究。

本书基于著者长期亲自考察和收集研究工作的积累，为本书研究的原创性提供了可靠保障。特别体现在现存道乐曲目历史渊源的翔实考察和历史价值及发展规律的清楚展示；另一层面在强调调研视角的深入性和本质特征的发现，特别体现在对于现存道乐状况的揭示。

本书从音乐本体的研究，逐渐扩展到其与神学仪式、宗教派别和地缘文化要素结合情况，由此全面清晰地展现中国道乐的现状。适合教内人士学习，以及让教外读者体认道乐的面貌、本质、神韵、价值及历史地位。（卢彦融）

海上白云观施食科仪音乐研究

《海上白云观施食科仪音乐研究》，曹本冶、朱建明著。北京：文化艺术出版社，2012年7月第1版，16开，系"中国仪式音乐研究丛书"之一种。

曹本冶简介详见《武当山道教音乐研究》提要。

朱建明简介详见《上海郊区道教及其音乐研究》提要。

本书于序、前言之后共分九章，末有附录：图示、图片、科仪影印本四种、法器谱影印本及后记。本书第一至五章由朱建明执笔，第六至八章由曹本冶执笔，第九章由曹本冶、朱建明编写。第一至二章介绍上海道教概况、区域文化背景、宫观道士、宫观建筑及海上白云观的历史现状，其中亦有对白云观全真与正一两派主神祭拜的叙述。第三至五章介绍白云观施食经忏与法事科目，及施食科仪在法事中的地位和作用，并对1994年中元节施食科仪作实录介绍，就该法事的净坛、十献、斋天、炼度等科仪程序进行分析研究。第六章为施食法事音乐实况记谱。著者对道教科仪音乐进行分类，阐述了施食科仪音乐的运用程序，并附上相关经忏之韵曲谱及用于伴奏韵曲的法器器乐谱。第七至八章介绍施食法事韵曲的旋律型态、节奏型态、结构型态、运用特点及法器、器乐音乐的运用与功能，以及对道人的采访摘录、科仪音乐功能、上海道乐地域性和跨地域性文化属性的分析讨论。第九章是对白云观道乐传承和展望进行探讨。

著者在1994年7月至翌年的5月之间，对海上白云观的科仪活动进行了实地考察，特别以1994年8月21日的中元节公醮及8月27日白云观为陈府所作的施食展开专题调查。因海上白云观是近代上海道教的主要宫观，有一百多年的历史，观内全真与正一两派合一，并以正一为主，具有一定的代表性。而施食法事是观内道士经常举行的，也是包含较多音乐的法事，因此对法事活动进行研究，有助于读者了解上海道教音乐的主要面貌与特征。也为研究上海道教概况、科仪音乐运用及形态，提供了一个可供参考之数据，有着一定的学术意义和价值。（卢彦融）

乐于仙俗——刘红音乐论文集

《乐于仙俗——刘红音乐论文集》，刘红著。上海：上海音乐学院出版社，2012年11月第1版，16开，298千字，系上海音乐学院国家重点学科——音乐学特色学科建设项目。

刘红简介详见《道教音乐》提要。

本书收录的21篇论文，包括民间音乐研究6篇，主要有《"潜天沔"一带语言及民歌特异性探源》《"声曲折"考释》《论"竹枝歌"》《民族音乐研究中的记谱问题》等。道教音乐研究15篇，主要有《试论"武当韵"——兼谈道教音乐的哲学蕴含》《论"武当韵"与楚文化的渊源关系》《"虚"——道乐审美之一层次》《释道乐"步虚"》《论道教音乐种类及其层次划分》《龙虎山天师道音乐》《论全真派道教音乐的形态特征》《道教科仪音乐研究之概念和方法讨论》《仪式环境中的道教音乐》《道内人与道外人的"现代"道乐观——基于道教音乐之概念与价值观念的讨论》等。

本书是著者1988—2012年24年间所发表的有关道教音乐和民间音乐研究的系列论文的合集，共收录论文21篇，按原论文发表的时间顺序排列。为时空与学识交互作用的沉淀与升华之作。故而这部论集的出版，对于读者初步了解道教音乐及民间音乐之间错综复杂的关系，以及促进区域道教派别及民族学、历史学之研究，均颇有益处。（卢彦融）

中国道教音乐史略

《中国道教音乐史略》，刘红主编。北京：文化艺术出版社，2013年1月第1版，16开，系"中国仪式音乐研究丛书"之一种。另有台北：新文丰出版公司，1996年1月版。

刘红简介详见《道教音乐》提要。

本书共分六章，末有附录：历代有影响的道乐谱集。第一章阐述远古先秦时期的生产力及社会状况和道教的孕育。著者对道教的纷繁源头，以及祭祀乐舞与道乐的渊源关系进行讨论。第二章论述汉晋南北朝的道教音乐。汉末直到南北朝是道乐的形成期。道乐发端于东汉天师道斋教科仪音乐，至两晋南北朝，经寇谦之、陆修静等人对斋教科仪音乐的改革、制定，形成了具有自身特点的道教科仪音乐体系；而且道教也形成了一套自己的音乐理论。第三章论述隋唐五代的道教音乐。隋唐五代是道乐发展的兴盛期，文人对道乐的喜尚，促使了道乐与宫廷音乐，佛教音乐和民间音乐的相互交流，以至产生了大量的道曲、道调形式；道乐已形成创作、表演、培训一体化的格局；道教科仪也得到了进一步整理、编撰和修订，这是此时段道教音乐的特色，具有承上启下的作用。第四章论述宋金的道教音乐。宋金是道乐的继续发展期，南北方道乐表现出各自的特点。而且在北宋统治者的倡导下，道乐与宫廷音乐进一步融合。政和年间问世了一部道教声赞谱集《玉音法事》，此时段还产生了一种以演唱道教故事为主要内容的新型说唱音乐形式道情。第五章论述元明清时期的道教音乐。全真道、正一道两派的道乐也开始各成体系。受全真教义顺应儒释道三教合一思潮之影响，丛林制度的建立和课诵音乐的完善，标志着全真道音乐规模完备。正一道音乐进一步趋于完整和规范，《灵宝领教济度金书》不仅是一部斋教科仪全书，也是一部道教科仪音乐的要典。元杂剧和南戏与道乐互为影响，这也构成了元代道教音乐发展的一个特点。明清道教总的趋势是从停滞走向衰落，明代后期道教开始趋于民间化、民俗化，清代则大大加快了这一进程。第六章归纳当代道教音乐的特点及研究情况。50年代中后期有一批音乐家对部分地区的道教音乐资料作了收集和整理，其研究基本停留在记谱、稍加介绍、说明阶段。80年代中后期开始至今，学术界对道乐的研究从记谱整理过渡到理论性分析研究，已取得一些学术成果。本书最后阐述当代道教音乐研究的学术价值和意义、研究中相关问题、道教音乐持续研究与继承发扬之展望。（卢彦融）

道教音乐学

　　《道教音乐学》，蒲亨强著。北京：宗教文化出版社，2013年4月第1版，16开，300千字，系厦门朝天宫"道学教材丛书"之一种。

　　蒲亨强简介详见《道教与中国传统音乐》提要。

本书于总序、导论之后分15章，末有一个附录：本书曲例名目。按照不同的研究角度，大致分为如下几个板块：第一至三章为历史板块，概要地从萌芽变革与正式形成传统、继承发展并走向社会、转型与定型等三个历史阶段来描述道教音乐产生发展，在各朝代的全部历史过程，以使学者对道教音乐的历史脉络和重要现象有一个整体而清晰的把握。第四至六章为仪式音乐类型及音乐运用的板块，介绍其历史与现状，并从古今最常用的"课诵""祈禳""度亡"三种基本仪式类型入手，分别介绍各类仪式的运用程序和音乐形式特点，以使学者从中能够全面认识道教仪式音乐的基本性质、用途和运用特点，还可掌握各种仪式的基本范式。第七至十章为道派板块，其中第七至九章先从审美形态、审美风格和生态背景的侧面，论述当代两大主要道派的音乐面貌特点和文化背景，分析了其间的区别和联系因素，揭示了其内核与世俗化的层次结构，接着从古今联系的角度，论述古老的灵宝派仪式音乐是统一三大道派，并承载仪式音乐传统的主体。第十一至十四章为综论板块，分别从音乐观及审美风格、教育传承、曲目系统和修道养生功能等方面论述道教音乐的一般特点，以使学者对道教音乐的面貌和特点获得更广泛深入的认识。第十五章为关系与地位篇，分别论述了道乐与民歌、戏曲、文人及宫廷音乐等民族音乐品种的相互关系，在指出道教接受中国传统音乐影响的同时，更强调道教音乐对于中国传统音乐的辐射影响力是广泛而巨大的。

本书基于著者多年的调研心得，兼收并蓄前人相关成果，运用音乐形态学、美学以及跨学科的方法阐释道教音乐，尤其是仪式音乐之现状、历史、风格、价值及功能，非常适合教内人士学习，以及让广大读者了解道乐之面貌、本质、神韵及历史地位。（卢彦融）

云南瑶族道教科仪音乐

《云南瑶族道教科仪音乐》，杨民康、杨晓勋著。北京：文化艺术出版社，2014年1月第1版，16开，360千字。另有台北：新文丰出版公司，2000年版。

杨民康，1955年生，中央音乐学院研究员、《中央音乐学院学报》副主编。

杨晓勋，1953年生，天津音乐学院硕士研究生、香港中文大学音乐系博士研究生。在云南艺术学院音乐系、深圳大学艺术学院艺术教育系工作。

本书包括前言、绪论、正文、附录与后记。附录有三：（一）主要参考文献；（二）曲例，一共收录49首道教音乐的谱曲；（三）图例，包括法器、经书、服饰等照片22张。

第一章云南瑶族道教科仪与科仪音乐概况。该章首先介绍瑶族道教的分布与源流特征，其次对瑶族道教中的"师派""道派"的宗教特征进行辨异，再次介绍道教科仪的类型与功能概论，并分析其中的音乐、唱词、乐器和舞蹈。著者指出，云南瑶族道教与道教音乐的存在是与古代瑶族先民与中原汉族频繁接触、相互学习的必然结晶。而如今的瑶族道教与道教音乐在与本民族自然宗教融合之后，已经发展成具有某些民族宗教特点的宗教信仰类型。第二章云南瑶族道教科仪与科仪音乐。著者先根据各地瑶族度戒仪式的一般性科仪仪程、仪范及其音乐特征简略地加以介绍，然后再以文山、河口两地瑶族度戒仪式的仪程、仪范及其音乐为例，对瑶族道教科仪及科仪音乐的一般性与特殊性规律进行讨论。第三章云南瑶族道教仪式音乐分析。该章分析瑶族道教仪式音乐的旋律调式、曲体节奏等音乐元素后，指出其中的复唱型韵腔与瑶族世俗歌曲中的某些民歌，在歌词结构、旋律风格、调式特征和节奏形态等方面有着极为紧密的内在联系，它们共属于一种音乐风格和形态类型。第四至五章云南瑶族道教科仪音乐的社会文化属性与功能特征，以及云南瑶族道教音乐文化的跨民族、跨地域比较研究。

本书是在对云南瑶族的道教科仪及科仪音乐进行了多次田野调查工作的基础上完成的，材料翔实，论证有据。著者在以音乐为主要考察对象的同时，还穿插了许多有关瑶族道教文化内容的论述，避免了陷入单纯音乐学研究的窠臼。（胡瀚霆）

六朝上清经用韵研究

《六朝上清经用韵研究》，夏先忠著。成都：西南交通大学出版社，2017年6月第1版，32开，262千字。

夏先忠，1968年生，湖南溆浦人。现为怀化学院文学院与新闻传播学院院长，从事汉语音韵、汉语方言、道教韵文用韵与成书年代方向研究。代表性的论文有《从〈上清大洞真经〉用韵看它的成书年代》《从六朝上清经看文化对文献用语的影响》等。

　　本书系著者博士论文的一部分，共分10章34节，末有附录、参考文献与后记，附录为本书所用的《道藏提要》中注明年代的上清经、本书所用的《道藏提要》中未注明年代的上清经、注明年代的上清经韵谱、未注明年代的上清经韵谱。

　　第一章绪论，介绍六朝道教文献上清经的研究现状及本书研究内容、方法及意义等。第二章探索六朝上清经用韵的句式和用韵韵例。从每句的字数来看，句式有三字句、四字句、五字句、六字句、七字句以及四字与七字、四字与六字混押句。从句数来看，可分为奇数和偶数句，奇数句只见于七言。用韵情况主要有首句用韵的隔句韵、句句用韵、偶句用韵、一韵到底，中间不换韵、换韵和虚字入韵。第三章分析六朝上清经独用、通押用韵特点。著者根据六朝上清经共1368个韵段，把六朝上清经韵部归纳为24部、其中阴声韵10部，阳声韵8部，入声韵6部。第四至九章首先把已归纳出来的韵部同先秦韵部、汉魏诗歌用韵进行比较，使用的方法是按阴声韵、阳声韵、入声韵分别展开探讨，旨在找出二者之间的用韵演变轨迹。然后把上清经用韵与王力先生的《南北朝诗人用韵考》进行比较，分析二者用韵的异同点，所使用的方法是分韵部列出各韵独用、通押表，发现分化和合流是形成彼此韵部差异的主要原因。再则把六朝上清经用韵与《广韵》的独用、同用规定比较，以表格形式分韵摄进行说明，从而找出其演变轨迹及彼此用韵的异同。同时分析六朝上清经中是否具有吴方音现象，以及所含吴音成分的多少，从而探讨出六朝上清经的大致地域。著者依据的是周祖谟先生《魏晋南北朝韵部之演变》中所归纳的各历史时期的韵部特征以及七言诗的用韵和句式，探讨六朝上清经用韵、七言诗的句式角度特征。第十章结语部分总结本书研究的意义。

　　四川大学中文系俞理明教授曾在《现代汉语》（语言研究版）2011年第6期撰写《六朝道教文献语言研究的新探索——评夏先忠〈六朝上清经用韵研究〉》指出本书"是六朝道教文献语言研究的新探索"。认为著者通过细致阅读早期上清文献的基础材料，搜寻其中的韵文，逐一记录其中的韵字和通押关系，描写各段韵文的韵谱，归纳出当时用韵的基本情况，并通过与其他同时代文献韵文韵部押韵情况的对比，分析其中的异同，为描写当时的语音面貌、考察各段韵文的语音特点，进而分析相关文献的写作年代和著者的方言背景，做了十分有益的尝试。（廖玲）

（三）道教术数学研究

道教风水学

《道教风水学》，詹石窗著。台北：文津出版社，1994年10月初版，系"道教文化丛书"之一种。

詹石窗简介详见总三编简介。

本书分成上、中、下三编，每编下有数章，旨在探讨道教风水学渊源、实践与衍生。上编为传统的沿袭：道教风水学渊源。分三章，旨在讨论道教风水学的生殖崇拜与卜居。第一章道教风水学与生殖崇拜，讨论青乌子神仙化及其象征，以及青乌术信仰。第二章道教风水学与生殖崇拜的泛化，提出道教风水学是由生殖崇拜逐渐衍化到环境的观察与居住地的考察的重要论点。第三章道教风水学与传统卜居实践及意识，讨论《太平经》中的"相宅事"观念，以及《淮南子》中的九州概念。中编为两面观：道教风水实践与学说。分三章，旨在探讨道教风水学的实践、文献与特征。第一章道教风水实践活动，讨论了从汉到唐宋的道士风水学上的实践。第二章道教风水文献考察，讨论《黄帝宅经》《真诰》以及郭璞《葬书》《李公龙法》等经。第三章道教风水学之特征与要则，讨论了道教风水学的世俗性与仙家性。下编为奇特的交叉：道教·风水巫术与科学。分两章，旨在讨论巫术与科学。巫术方面，以动土仪式、石敢当安镇来说明道教对于巫术的影响；科学方面，认为不能说风水学是完全伪科学而应说风水中有科学的内容或成分。

本书系统论述道教风水思想与实践，旁征博引，涉及历史、哲学、宗教、艺术、科学、神话诸多领域，为讨论风水学的不二之书。本书有两大特点：其一，本书从根源追溯风水与古老文化的关系，认为风水源自中国古老文化，并厘清其与道教的关系。本书还从生殖的角度切入，论证了风水与人丁兴旺的关系。其二，本书对道教风水学文献的掌握与介绍由浅入深，结合道士的实践理论，以科学的工具、制图等方法来验证，让后世的学术研究者或实际运作风水的专家都能有效运用。（萧百芳）

道教法术

《道教法术》，刘仲宇著。上海：上海文化出版社，2002年1月第1版，32开，331千字，系"道家文化研究丛书"之一种。

刘仲宇简介详见《钦赐仰殿与东岳信仰——一个宗教人类学视角的考察》提要。

本书于总序、前言和绪论之后共分八章，末有结束语与后记。绪论介绍道教法术之内涵、在道教中的重要地位和其多重的学术价值。第一至二章讲述道教法术形成，探讨初期道教和巫术文化的关系和早期道法体系的形成，论述道法理论与巫术原理两者之间的关系。第三至四章阐释道教法术的方法与手段，和其法师行法资格、资材和内在修持。并分析历代的道教法术理论家的主张，介绍道符和法箓以及施法的咒语（特殊语言）、步罡踏斗（步伐）、掐诀（手势）、药（要件）、法器（用具）等。第五至六章论析道法的行持。道教法术的内容不一，但在施行中都有一些共同的程序方法，在道坛环境布置方面也有要求。并介绍法术行持的主要环节，道法科仪的编制、结构、规范和法术的整体演示及细节表演，以及论述音乐、舞蹈在道法仪式演示功能中的作用，并比较道法表演与戏剧表演的异同。第七至八章分类道法的类型，认为法术依其内涵是指用各种虚拟的手段、方法控制自身、外物以及鬼神世界变化的技艺。著者从这个角度把道教的法术分成控制自身变化的修仙术、通灵术以及控制鬼神外物变化的召役鬼神、变化外物之术两大类。于此书中，著者自述以一己之见再分类讨论的基本类型有变化之术、考召驱邪、祈祷禬禳、治病遣瘟和度亡破幽等五大类。

本书可以说是著者多年研究心得的总结，分析有理有据，阐明了道教法术的演变及运用，让读者了解到道教法术的形成背景和内涵，有助于人们对道教法术之研究进行整体把握。（卢彦融）

道教符咒选讲

《道教符咒选讲》，张振国、吴忠正著。北京：宗教文化出版社，2006年

5月第1版，32开，200千字。

张振国简介详见《道教源流三字经》提要。

吴忠正，1976年生，江苏海安人。1995年就读于上海道学院，正式入道。现在上海市道教协会文化研究室工作。

符图咒语是道教沟通人神的契印凭证和隐言秘诀，是道教不可或缺的重要法术，千百年来，其神秘魅力一直不减。本书于序言、弁言之后主要从道经中选录了常用咒语261则，包括驱邪制鬼、祈福保身、养身修炼、设醮召神等内容，同时配有一定的符图供欣赏，结合道教的教理教义逐条做了通俗讲解。其中第1至125条由张振国释释，第126至261条由吴忠正道长解释，最后由张振国统稿。道教为传承有许多符图咒语，在道经籍中被大量地保存，在斋醮科仪活动中被大量地使用，以表述道教的教义精神。本书于教内有助于道教徒阅读经典，提高素养；于教外可以帮助研究道教和关注道教文化的人士，深化对道教教义和道书经籍的了解和认识。（卢彦融）

道教章表符印文化研究

《道教章表符印文化研究》，任宗权著。北京：宗教文化出版社，2006年6月第1版，32开，280千字。2012年3月第2版，16开，320千字。

任宗权简介详见《道教戒律学》提要。

本书先有序言，绪论之后共六章正文，末有附录：百诀图、参考书目和后记。绪论阐述"道教斋醮科仪之文化内涵"，以上古祭礼礼乐与道教斋醮科仪的形成与历史发展，说明根植于中华传统文化土壤的道教斋醮，从先秦祭祀文化中汲取营养，是道教主要特色之一。

第一章论析道教青词文化，论述了青词文化形成的多方面原因。第二章道教符箓文化。著者先从符文化谈汉字的起源，并据图腾崇拜痕迹和原始灵魂信仰，认为用红色书符是原始灵魂不死信仰的遗传，以及道符摄魂、招魂、度魂等功能受图腾崇拜影响。然后阐述道教符文化在斋醮中的宗教内涵，道教符文化影响尤为深重的书法艺术和绘画艺术。第三章道教咒语文化。著者着眼于早期咒语的形成和道教咒语的驱使性，分析道教斋醮法事的用咒与法物修持、道教持戒、持咒与内修存想功能的相互关系。以及分析道教符箓、咒语和四种持咒形式，指出咒本是符箓文化之一部分，但咒语的发展使咒这种形式逐渐脱离了符箓，独自与道法术数相结合，形成庞大的咒语文化体系。第四章道教篆印文化。著者从道教篆印的探源，论述了道教佩带印篆之功用和章函用印的作用，探讨了道教造印相关问题，分析了形色各异的道教印篆。第五章道教章函文化。著者认为道教章函文化是道教文化的主要组成部分之一，也是斋教科仪不可缺少的部分，指出道教章函致真降圣思想主要表现在科仪仪式上。并阐述道教章函理论，探讨书章的功能与具体操作，章函书写的其他规则，道教章函和现通行全真章函的各种文式做分类整理。第六章道教斋醮坛场用联。著者论述道教斋醮用联的重要功能，指出随法事和所请神圣的不同，用联也不同，但借以传达降真致圣赐福的思想却是相同的，且可烘托醮坛气氛使坛场增色。并列出道教坛场常用联选录如庙门用联、道院用联、殿堂用联、荐亡用联、清醮通用联供读者信众观看。

本书是一部别出心裁的道书，对于探究道教章表符印文化，具有重要的参考价值，能够使读者对道教法事有较细致的了解。（卢彦融）

道教天文历算一本通：紫微斗数

《道教天文历算一本通：紫微斗数》，林庚凡著。西安：陕西师范大学出版社，2009年11月第1版，12开，452千字。

林庚凡，台湾人。台湾政治大学毕业，河洛派嫡传弟子。主要著作有《癸巳蛇2013年运程》《一定招来好桃花》《形相好女人》《图解紫微斗数》（上下部）等。

本书于编者序之后共分七章。第一至二章带领读者认识紫微斗数的创立、派别、典籍和地位；并介绍命盘与十二宫的架构原理、各级星曜的核心内涵、星曜象征体系的封神人物和其紫微斗数的基本术语，讲述紫微斗数的排盘步骤。第三至五章论述紫微斗数的星曜特性，认为星曜是紫微斗数命盘的最重要组成要素。只有对星曜特性有完整的了解，才能深入探讨命盘所蕴含的奥秘。故从五行所属、星曜主化、相互映照的凶吉等方面对星曜的特性进行详尽的介绍。并因不同星曜组合产生不同格局，不同格局又产生不同的命理阐释，故于第四章中对一些常见的格局做简要的介绍。而紫微斗数对于命理的参断以星曜为基本依据，不同星曜坐身命宫有不同的命理参断。而在所有星曜中，又以十四星为最根本。第五章就对十四主星中紫微星系诸星坐身命宫的命理参断。第六至七章介绍财运、健康的论断方法，认为在紫微斗数中，不同星曜、格局、命盘不仅对个体整个命理产生不同的影响，对于个体的财运所产生的影响也各不相同，有损有益，有灾有福。第六章中详细分析星曜、格局、命盘与财运、健康的关系。而紫微斗数的重要特色正是统计学的应用与高度的归纳，故于第七章中列举144种常见命盘格局并作简要说明。

本书选入众多珍贵的明代绣像画插图，配以生动、详细的图说，进一步扩展了本书的阅读内容。内容深入浅出，可读性强，对《紫微斗数》这部道藏经典进行了全面演绎，有助于读者更深入地了解博大精深的中华传统文化。本书也在参考权威古本的基础上，对斗数命理知识进行高度浓缩，是研习紫微斗数的最佳通俗读本。（卢彦融）

拜太岁

《拜太岁》，香港蓬瀛仙馆、上海城隍庙编著。北京：宗教文化出版社，2010年6月第1版，32开，130千字，系"蓬瀛仙馆道教文化丛书道教科仪系列"之一种。

香港蓬瀛仙馆创立于1929年，乃香港道教丛林之一，崇奉太上老君（老子）、吕纯阳、邱长春三位祖师，属道教全真龙门派，秉承全真教历来珍护中华文教的精神。上海城隍庙历来由正一派道士任住持，庙务管理委员会下设"四部一会一中心"，负责庙内具体工作。

本书内容简介太岁神崇拜，古已有之。从崇拜太岁神进而独立出一项专门的祭拜太岁和酬谢太岁的礼仪活动，并且得到广泛的流行，却是当代道教之事。祭拜太岁神已经成为人们每年新春节日中一项重要的活动项目，各道教宫观也有了一整套祭拜太岁神的科仪。

本书于缘起、总序之后，介绍太岁神崇拜的由来及其时代意义、祭拜太岁神的礼仪，并以上海城隍庙法事科仪程序为例，第一部分介绍拜太岁礼仪中祈福法会的通知坛场及神位布置、祈福法会科仪安排，并将太上灵华至德岁君解厄延生法忏、先天大梵礼斗玄科、建生本命星灯法科、上海城隍庙太岁祈福法会榜文、上海城隍庙拜太岁法会意文三种、本命元辰祈福文疏和提供信众诵唱的《礼斗诰》也书写于本书之中。第二部分介绍谢太岁礼仪中酬恩法会的通知坛场及神位布置、酬恩法会科仪安排，并将谢太岁之进表科仪和酬恩法会意文也书写于本书之中，使读者更可清晰地了解道士们所诵唱的经忏内容，以及演法的科仪意涵。

本书文字浅白、通俗易懂，以图文并茂的方式呈现，并在附录列举"拜太岁"相关问答。致力于推广道教太岁信仰于民众的生活之中，使得本书更能够被民众所接受和喜爱，从而更能实践与弘扬道教思想文化。（卢彦融）

拜太岁二集
——新加坡韭菜芭城隍庙拜太岁仪式

《拜太岁二集——新加坡韭菜芭城隍庙拜太岁仪式》，新加坡韭菜芭城隍庙、香港蓬瀛仙馆编著。北京：宗教文化出版社，2012年3月第1版，32开，120千字，系"蓬瀛仙馆道教文化丛书道教科仪系列"之一种。

新加坡韭菜芭城隍庙所奉祀的是"清溪显佑伯主"，渊源自中国福建省安溪县城隍庙之"清溪显佑伯主"第五副身。1980年为配合庙宇重建工作，成立"韭菜芭城隍庙联谊会"筹委会，1981年申请注册并获得批准。

香港蓬瀛仙馆简介详见《拜太岁》。

本书内容简介祭拜太岁神已经成为海内外道教信众每年新春佳节中一项重要的节庆活动。约于1993年，新加坡韭菜芭城隍庙根据时代的发展、地域的变迁和信众的要求，创新性地编制了一套既符合道教的传统又具有新加坡特色的拜太岁礼仪，得到新加坡信众的广泛认同。同时也得到中国内地、港澳台地区以及海外信众的认可，并且已经在有的地区开始流行。

本书于缘起、总序之后，介绍拜太岁科仪创新发端于新加坡道教，拜太岁科仪创新的基本原则，并以新加坡韭菜芭城隍庙庙务活动和法事科仪程序为例。第一部分拜太岁简介和关于新春节庆庙会活动的通告。于书中提供拜太岁疏文内容供读者信众观看，且因道门祭拜疏文有一定格式，担心信众不熟悉书写方式，也以图文并茂方式介绍由专人代信众书写拜太岁疏文，等候引领进入太岁殿上供和敬香。将相关祭拜太岁之科仪程序，如道士请神安座、洒水净坛、诵经祈福、玄门顺星等呈现于本书之中。第二部分谢太岁礼仪，介绍新加坡韭菜芭城隍庙关于谢太岁大法会的通告、简介和祈福斗灯法器之意涵。以图文并茂方式呈现新加坡韭菜芭城隍庙沄事团谢太岁（五天）科仪安排，和江苏茅山乾元观法事团（坤道）谢太岁大沄会科仪安排并做比较，并在附录列举《广成仪制·送太岁科》和陈耀庭"拜太岁"相关问答。

　　本书有助读者清晰了解道士们所诵唱的经忏内容，以及演法的科仪程序和意涵。提纲挈领、便于阅读，以图文并茂的方式呈现，和《拜太岁》一书均是了解和研究道教太岁神文化的重要参考书籍。（卢彦融）

道教手印研究

　　《道教手印研究》，任宗权著。北京：宗教文化出版社，2013年10月第2版，16开，450千字，系"香港道教学院丛书任宗权道长讲道系列"之一种。

　　任宗权简介详见《道教戒律学》提要。

　　本书于序言和著者自言之后分四编19章。第一编论析道教手印的来历与演变。著者论析了早期手文化，以及因手指解放产生文字、绘画、制作、音乐等手指文明。还分析了手印在早期巫文化中的模仿性、娱神与降神功能，相关图腾崇拜所象征手印的形成研究，礼乐思想观念对道家手印的影响等，以及则阐述道教全真手印的革新与完成。第二编我国传统手指文化的宝贵遗产道教手印详解。著者阐述道教手印力度的训练以及手印的起法，并整理《全真秘旨》《全真青玄济炼铁罐施食全集》《萨祖铁罐焰口科仪》中对相关手印的记述，论析道教礼仪及常用裛表法事，阴阳道场中的手印，以及现行天师道手诀、龙虎山天师府秘传手诀图以及《道藏》中有关诀、印的记载研究。第三编道教手印与养生。著者着眼于手指与经络，指型、手纹与健康之间的相互关系，以十指通络论析了道教手印的治疗功能、十指延命，指出人体保健及其有关原理，以十指养生分析道教修炼与手印，在人体各部位的配合关系，并介绍社会、《道藏》和武当山三个不同范畴的养生手印。第四编道教手印与法术。著者从《万法归宗》一书、闾山派、陕西陇县龙门洞阴阳派，介绍其书其人其历史源流和其中流传的手印，分析道教九字护咒法的作用和释义，以及结印手势的演变和传播。著者也加以对湖南梅山、新化傩事与道教进行考察，并从《还都猖大愿》傩事中所应用的手诀了解其仪式始终。最后则通过比较流传于东北道教《灵宝济炼施食》，认为应是早期正一道教经典科仪，其年代要比全真道教《青玄济炼铁罐施食》早，从中窥出道教施食科仪流传与演变过程。

　　道教手印文化历史久远，可追溯到上古的巫文化。门派间传授各异。全真正乙印名不同，或同印异名，或同名异印且各师间秘用分歧很大。从四川到陕西，一个诀、一个印的用法及用处各有传授上的不同。因此，收集各派之说，涵盖各师传授，为研究这一课题的学者提供详尽的第一手数据，是本书的宗旨所在。（卢彦融）